ROBO-ONE을 위한
二足步行
2족보행로봇
제작 가이드

ROBO-ONE위원회 편

홍선학 · 김송미 · 이범로 共譯

JN386304

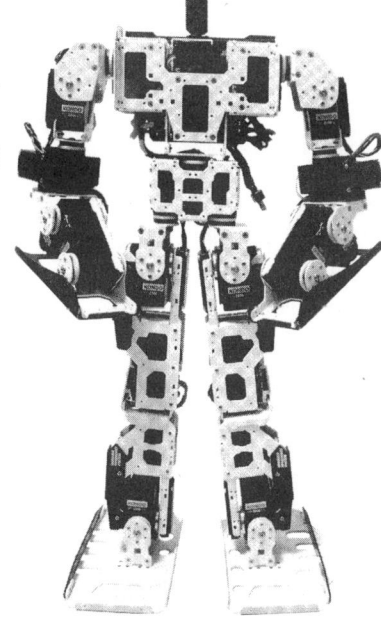

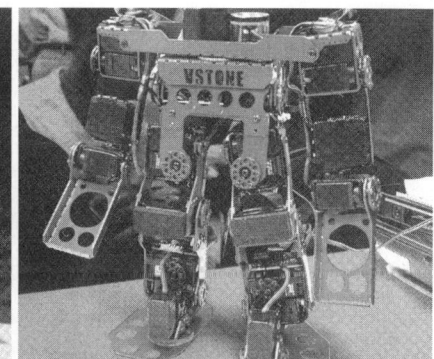

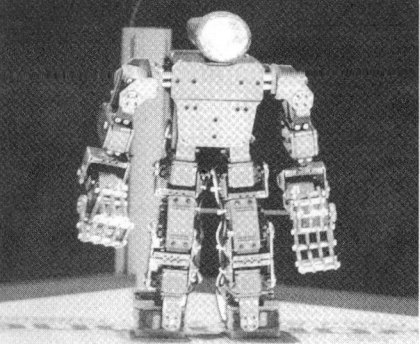

ROBO-ONE
Biped Robot Entertainment

since 1973 도서출판 +iT
성안당.com
日本옴사 · 성안당com공동출간

ROBO-ONE을 위한
2족보행로봇 제작 가이드

Original Japanese edtion
RoboBooks
RoBo-ONE no Tame no Nisoku Hoko Robot Sesaku Guide
By Terukazu Nishimura, Koichi Yoshimura, Eiichiro Morinaga, Yusuke Sugawara,
Takeshi Maeda, Satoru Tsuto and Hajime Sakamoto
Copyright©2004 by Terukazu Nishimura, Koichi Yoshimura, Eiichiro Morinaga,
Yusuke Sugawara, Takeshi Maeda, Satoru Tsuto and Hajime Sakamoto
Published by Ohmsha, Ltd.

This Korean Language edition co-published by Ohmsha, Ltd.
and SEONG AN DANG Publishing Co.

Copyright©(2006)

All rights reserved.

판권 소유. 이 책의 어느 부분도 성안당.com 발행인의 서면 동의 없이 전기적, 기계적, 사진 복사, 디스크 복사 또는 다른 방법으로 복제하거나 정보 재생 시스템에 저장하거나, 또는 다른 방법으로 전송할 수 없음.

한국어판 판권 소유 : 도서출판 성안당.com
©2006 도서출판 성안당.com Print in Korea

※ 이 책에 기재되어 있는 회사명, 제품명은 각 사의 등록상표 또는 상표입니다.

머리말

혼다의 아시모, 소니의 SDR, 후지츠의 HOAP-2 등과 같은 휴머노이드(인간형) 로봇의 인기가 높긴 하지만, 당분간 우주소년 아톰이 탄생하리라는 꿈은 실현되지 않을 것 같다. 인간형 로봇이 우리에게 꿈을 주지만, 로봇이 진화할수록 사람들도 더욱 진보된 꿈을 요구한다. 그래서 우리들 마음 속의 우주소년 아톰은 영원히 꿈으로 남을지도 모르겠다.

그러나 이러한 우리들의 꿈을 실현해 가는 2족보행 로봇 대회가 있는데, 바로 ROBO-ONE이다. 꿈을 쫓아가는 인간형 로봇을 만들어서 ROBO-ONE에 도전하는 사람들이 점차 많아지고 있다(ROBO-ONE 참가 자격의 난이도가 매번 높아지고 있음에도 불구하고, 참가자 수가 증가하고 있다. 2002년 2월 개최된 제1회 대회에 참가한 로봇의 수는 38대, 2004년 2월 개최된 제5회 대회에 참가한 로봇의 수는 129대가 참가했으며, 2006년 9월에 제10회 대회가 개최되었다). ROBO-ONE에서는 참가자가 가능한 한 기술 공개를 함에 따라, 참가자들이 로봇을 만드는 데 있어서 보다 더 쉬운 환경을 구축하고 있다. 지금까지는 초보자가 2족보행 로봇을 만드는 것이 불가능하다고 생각했지만, 지금은 ROBO-ONE 위원회의 활동이 결실을 맺어 초보자도 도전할 수 있게 되었다.

이 책에서는 ROBO-ONE 대회에 출전하고 싶은 사람과 출전자 그리고 2족보행 로봇을 만들고 싶은 사람을 대상으로 FREEDOM(ROBO-ONE 대회를 개최하면서 베스트테크놀로지社가 교육용 샘플로 개발한 2족보행 로봇)을 기반으로 2족보행 로봇의 제작 방법을 설명한 뒤, 역대 ROBO-ONE 대회에서 우승하거나 상위 입상 로봇 또는 기술적으로 훌륭한 로봇에 대하여 제작자의 해설을 실었다. 그러므로 이 중에서 로봇의 제작 노하우를 얻을 수 있을 것이다. 실제로 로봇을 제작함에 있어 "ROBO-ONE 자립형 로봇 제작 바이블(西山一朗 매가딘 공저)"을 참고해서 이 책을 읽는다면 이해하는 데 도움이 될 것이다.

또한 ROBO-ONE 위원회에서는 ROBO-ONE Technical Conference를 개최하여 참가자들이 개발한 로봇 기술을 가능한 한 공개하고 있다. 발표된 자료는 ROBO-ONE 사이트에서 다운로드할 수 있으므로 참조하길 바란다.

ROBO-ONE 사이트 http://www.robo-one.or.kr, http://www.robo-one.com

로봇을 처음 제작하는 것이라면 로봇이 움직이는 것만으로도 환상적인 감동을 느낄 수 있을 것이다. 우주소년 아톰을 실현할 수 있는 사람은 이 책을 읽고 있는 독자 여러분들의 몫일지도 모르겠다.

꿈과 감동, 그리고 그것을 현실로.

ROBO-ONE 위원회 대표
니시무라 테루카즈(西村輝一)

차례

1장 ROBO-ONE 소개

1-1. ROBO-ONE의 매력   10
1-2. ROBO-ONE의 탄생   12
1-3. ROBO-ONE의 꿈   13
   1.3.1 꿈과 감동 그리고 사랑   13
   1.3.2 아톰은 실현 가능할까?   13
   1.3.3 꿈과 감동이 기술을 발전시킨다   14
1-4. ROBO-ONE의 경기 규칙   15

2장 2족보행 로봇 만들기

2-1. ROBO-ONE FREEDOM   24
   2.1.1 FREEDOM이란?   24
   2.1.2 FREEDOM의 사양   27
   2.1.3 전체도   28
   2.1.4 다리의 구조   29
   2.1.5 동체의 구조   31
   2.1.6 팔의 구조   32
   2.1.7 머리의 구조   32
   2.1.8 CPU와 마더보드   33
   2.1.9 저가격화의 포인트   33
   2.1.10 ROBO-ONE에 참가하기 위한 로봇 기술   34
   2.1.11 로봇 제작 순서   34
2-2. 개발 환경   37
   2.2.1 CPU 선정   37
   2.2.2 컴파일러 선정   37
   2.2.3 PC 선정   37
   2.2.4 무선 시스템   40
   2.2.5 SH7045F 마이컴보드 세트 (BTC050)   41
   2.2.6 GCC   48
   2.2.7 GCC Developer Lite 사용 방법   49
   2.2.8 GCC Developer Lite의 기능   50
   2.2.9 SH7045F 보드를 대상으로 한 개발 순서   51
   2.2.10 GCC Developer Lite에서 GCC의 수학 함수를 사용하려면   59
2-3. SH2에서 무선조종 서보 모터 제어   61
   2.3.1 무선조종용 서보 모터의 제어   61
   2.3.2 SH2에 의한 무선조종 서보 모터 제어   61
   2.3.3 타이머 I/O 컨트롤 레지스터 (TIOR)   69
   2.3.4 16축의 PWM을 출력한다   72
   2.3.5 I/O 기판   73
2-4. 서보 모터의 개요와 현황   87
   2.4.1 서보 모터의 조사   87
   2.4.2 후바타 전자공업 사의 서보 모터   87
   2.4.3 콘도과학 사의 서보 모터   88
   2.4.4 콘도과학 사의 서보 모터 구조   89
   2.4.5 HITEC 서보 모터   92
   2.4.6 2족보행 로봇용 서보 모터   93
   2.4.7 서보 모터의 특성 조사   97
2-5. 시뮬레이션에 의한 해석   101
   2.5.1 3차원 도면 작성   101
   2.5.2 MATLAB Simulink   105
   2.5.3 MSC.visualNastran4D   107
   2.5.4 중심 이동 시뮬레이션   108

차례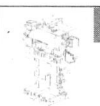

- 2.5.5 구부리기 동작 시뮬레이션 111
- 2.5.6 보행 시뮬레이션 112
- 2.5.7 MSC.visualNastran4D로 시뮬레이션 112
- 2.5.8 ROBO-ONE on PC 113

2-6. 다리 부분 만들기 114
2-7. 보행 패턴 생성 116
- 2.7.1 보행 패턴 생성 방법 116
- 2.7.2 계산하지 않고 동작시키는 방법 116
- 2.7.3 샘플 프로그램 118
- 2.7.4 간이 보행 패턴 생성 127
- 2.7.5 제자리걸음 129
- 2.7.6 한쪽 발을 들어 올리는 프로그램 131
- 2.7.7 제자리걸음 프로그램 133

2-8. 발바닥 센서의 활용 방법 143
- 2.8.1 발바닥 센서에 의한 검출 143
- 2.8.2 압력 센서 144
- 2.8.3 SH7045로 아날로그 데이터 읽기 146

3장 R-Blue 시리즈

3-1. 시작하면서 150
3-2. 목표는 ROBO-ONE 로봇 151
3-3. 로봇의 전체 모습 152
- 3.1.1 RC 서보 모터 152

3-4. 로봇의 관절 구조 153
- 3.4.1 반대축 153
- 3.4.2 반대축 고려하기 154
- 3.4.3 상세 검토 155

3-5. 프레임 부분 157
- 3.5.1 단위체(unit)로 생각한다 157
- 3.5.2 서보 모터 연결 158
- 3.5.3 자유도 159
- 3.5.4 연결 방법 159
- 3.5.5 수직축·요축 보강 159
- 3.5.6 프레임 두께 162
- 3.5.7 재질 163
- 3.5.8 나사의 종류 163
- 3.5.9 나사의 경량화 164

3-6. 동체 검증 165
- 3.6.1 마이컴 보드 165
- 3.6.2 배터리 166

3-7. YDH-PDS 169
- 3.7.1 크기·무게 169
- 3.7.2 허벅지 축간거리 169
- 3.7.3 서보 모터 고정 방법 170

3-8. R-BlueV 172
- 3.8.1 개념 172
- 3.8.2 Autodesk Inventor 시리즈 172
- 3.8.3 iMCs05 173

3-9. 마무리 175

4장 Metallic Fighter

4-1. 시작하면서 178
4-2. Metallic Fighter 시리즈 179
4-3. Metallic Fighter 1 (제1회 대회 참가) 180
- 4.3.1 목표 181
- 4.3.2 설계 방향 182

차례

4.3.3 대회 결과	183
4.3.4 강도 부족	184
4.3.5 감동	184
4-4. Metallic Fighter 2	185
4.4.1 목표	185
4.4.2 일어서기	185
4.4.3 자유도	186
4.4.4 프레임	187
4.4.5 알루미늄 서보 혼	188
4.4.6 제어 유닛	188
4.4.7 목표 달성 그리고 우승	189
4-5. Metallic Fighter 3	190
4.5.1 목표	190
4.5.2 자유도	191
4.5.3 일어서기	191
4.5.4 비밀 장치	192
4.5.5 예선 2위	193
4.5.6 패인 분석	193
4.5.7 큰 기술 개발	193
4.5.8 공중제비(재주넘기)	194
4.5.9 아시아 대회	194
4-6. Metallic Fighter 4	196
4.6.1 목표	196
4.6.2 발목의 회전축	197
4.6.3 개폐 가능한 손	199
4.6.4 가슴의 회전축	201
4.6.5 제어 유닛	203
4.6.6 자세 제어	204
4.6.7 배선	205
4.6.8 결과를 얻지는 못했지만	206
4-7. 마무리	207

5장 A-Do

5-1. 시작하면서	210
5-2. 역대의 A-Do	211
5.2.1 A-Do의 탄생	211
5.2.2 A-Do 1호	212
5.2.3 A-Do 2호	213
5.2.4 A-Do 3호	214
5-3. A-Do 4호	216
5.3.1 주제가 있는 로봇 제작	216
5.3.2 A-Do 4호의 사양	219
5.3.3 무게 줄이기	220
5.3.4 액추에이터	221
5.3.5 ICS	223
5.3.6 서보 모터의 발진 억제	224
5.3.7 KRS-2346ICS	225
5.3.8 ROBO-UNICON	225
5.3.9 리튬-폴리머 전지	232
5.3.10 로봇의 구조체	234
5.3.11 Inventor7	236
5.3.12 A-Do의 관절 구조	237
5.3.13 A-Do의 하중	237
5-4. 마무리	239

6장 OmniHead

6-1. 시작하면서	242
6-2. 목표	243
6.2.1 손쉽게 만드는 방법	243
6.2.2 작지만 다양한 동작	243
6.2.3 목표는 Metallic Fighter	243

6-3. 기구 설계　　　　　　　245
　　6.3.1 액추에이터는 무선조종용
　　　　　서보 모터　　　　　245
　　6.3.2 아날로그 서보 모터와 디지털
　　　　　서보 모터　　　　　246
　　6.3.3 알루미늄 판 자르기와
　　　　　구부리기　　　　　246
　　6.3.4 가능하면 병렬로　　248
　　6.3.5 관절의 기본 구조　　250
　　6.3.6 직교화는 하지 않는다　251
　　6.3.7 다리의 축 배치　　　251
　　6.3.8 팔의 축 배치　　　　253
　　6.3.9 동체 설계　　　　　254
　　6.3.10 편리한 CAD　　　　256
6-4. 전기계(電氣系)　　　　　257
　　6.4.1 PIC? H8? SH2?　　　258
　　6.4.2 PWM은 소프트웨어로 할까?
　　　　　하드웨어로 할까?　　258
　　6.4.3 무선은 무선조종으로 할까?
　　　　　시리얼로 할까?　　　259
　　6.4.4 센서와 자율성　　　260
　　6.4.5 배터리　　　　　　261
　　6.4.6 배선　　　　　　　261
6-5. 펌웨어　　　　　　　　263
　　6.5.1 로봇의 움직임　　　263
　　6.5.2 동작　　　　　　　264
　　6.5.3 펌웨어의 구성　　　264
　　6.5.4 수신기 신호 읽기　　264
　　6.5.5 가속도 센서 읽기　　266
　　6.5.6 조종 모듈　　　　　266
　　6.5.7 오토 데모 관리 모듈　266

　　6.5.8 동작 관리 모듈　　　267
　　6.5.9 자세 보간 모듈　　　267
　　6.5.10 펄스 발생 모듈　　　268
6-6. 동작 에디터　　　　　　269
　　6.6.1 시스템 구성　　　　269
　　6.6.2 동작 에디터 "TopDancer"　270
　　6.6.3 관절 슬라이더　　　270
　　6.6.4 자세의 연속 동작(시퀀스) = 동작　271
　　6.6.5 송신기 조작 분배　　272
　　6.6.6 마스터 슬레이브 모드　274
　　6.6.7 오토 데모 편집　　　275
　　6.6.8 그 밖의 기능　　　　276
6-7. 동작 작성의 예　　　　　277
　　6.7.1 보행　　　　　　　277
　　6.7.2 일어나기　　　　　277
　　6.7.3 아이들링　　　　　279
6-8. 마무리　　　　　　　　280

7장　강왕환(剛王丸)

7-1. 시작하면서　　　　　　282
7-2. 강왕환의 시작　　　　　283
　　7.2.1 가능할지도 모르겠다　283
　　7.2.2 강왕환의 제작 목표　283
7-3. 강왕환의 특성　　　　　284
　　7.3.1 하드웨어의 구성　　284
　　7.3.2 모터　　　　　　　285
　　7.3.3 제어계 CPU　　　　287
　　7.3.4 제어계 부-CPU　　　287
7-4. 기기 설계　　　　　　　289
　　7.4.1 컨트롤러 설계　　　289

7.4.2 마스터 암 설계	291
7.4.3 팔 설계	294
7.4.4 다리 설계	295
7.4.5 동체 설계	298
7-5. 실장 애플리케이션	300
7.5.1 다축 제어 알고리즘	300
7.5.2 보행 알고리즘	303
7.5.3 마스터 슬레이브 제어 알고리즘	308
7-6. 마무리	313

8장 하지메 로봇 4호기

8-1. 시작하면서	316
8.1.1 하지메 로봇 4호기의 사양	317
8.1.2 하지메 로봇 4호기의 성적	317
8-2. 개발 목표	318
8.2.1 하지메 로봇의 개발 배경	318
8.2.2 하지메 로봇 4호기의 개발 목표	319
8-3. 디자인	320
8.3.1 하지메 로봇 4호기의 모습	320
8.3.2 하지메 로봇의 설계 포인트	322
8-4. 하드웨어	327
8.4.1 구조재(프레임)	327
8.4.2 액추에이터	327
8.4.3 마이컴	328
8.4.4 배터리	328
8.4.5 무선	329
8.4.6 센서	329
8.4.7 그 밖의 부품	330
8-5. 소프트웨어	331
8.5.1 소프트웨어 개발 환경	331
8.5.2 소프트웨어 구성	331
8.5.3 보행 알고리즘	332
8.5.4 자이로에 의한 제어	337
8.5.5 가속도 센서에 의한 제어	338
8.5.6 동작	338
8-6. 마무리	341

집필자 약력	343
찾아보기	344
부록	350

1. 로봇 제조업체
2. 액추에이터(전동기) 제조업체
3. 배터리 및 전원장치 제조업체
4. 통신(RFID/적외선) 제조업체
5. 로봇 정보 제공 사이트
6. ROBO-ONE 대회 참가자들의 홈페이지
7. 일본의 로봇 제조업체
8. 완구용 장난감 로봇 제조업체
9. 로봇용 센서 제조업체
10. 로봇용 카메라/바퀴 제조업체
11. 국내 로봇 대회
12. 국제 로봇 대회

1장

ROBO-ONE 소개

니시무라 테루카즈(西村輝一)

1.1 ROBO-ONE의 매력

　2족보행 로봇 경기대회 ROBO-ONE은 2002년 2월 처음으로 개최된 이후, 6개월마다 열리고 있다. 1회 대회에서는 로봇이 걷는 것에 만족하였고, 2회 대회에서는 일어설 수 있었다. 3회 대회에서는 일어서기 동작은 당연한 것이 되었고,. 3점 거꾸로 서기를 하는 로봇이 출현하였다. 4회 대회에서는 2점 거꾸로 서기를 하는 로봇이 몇 대 나타났고, 마침내 1점 거꾸로 서기를 하는 로봇까지 등장했다.

　자세한 것은 http://www.robo-one.or.kr 또는 http://www.robo-one.com을 참조하길 바란다.

사진 1-1 ▲ 4회 ROBO-ONE 대회 예선을 통과한 로봇들

사진 1-2 ▲ 1회 ROBO-ONE 대회 모습

사진 1-3 ▲ 2회 ROBO-ONE 대회 모습

1.1 ROBO-ONE의 매력

무엇이 이렇게 엔지니어들에게 흥미를 느끼게 하는 것일까?

ROBO-ONE에는 꿈과 감동이 있다. 기술적 진보는 바로 꿈을 실현하고 싶다는 엔지니어의 소망에서 시작되고, 엔지니어는 이것을 실현했을 때 받는 박수갈채에 감동한다. 이처럼 좋은 제품을 개발한 연구자가 느끼는 감동은 사용자들이 이들 제품으로 인해 느끼는 기쁨이나 감동과 같다고 할 수 있다.

오늘날 젊은 엔지니어들은 자유롭게 생각하고, 꿈을 향한 즐거움에 굶주려 있다. 미래를 책임질 젊은 엔지니어들을 육성하는 ROBO-ONE은 더욱 발전할 것이고, 그들의 노력이 오늘날의 낡은 개발 체제를 변화시켜감으로써 기술대국이라는 목표를 달성하게 될 것이다.

사진 1-4 ▲ 3회 ROBO-ONE 대회 모습

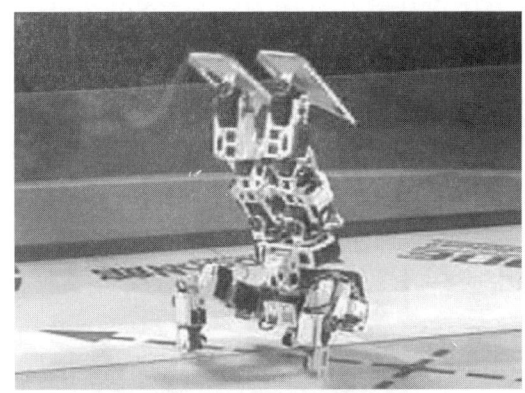

사진 1-5 ▲ 3점 거꾸로 서기를 하는 로봇(3회 대회)

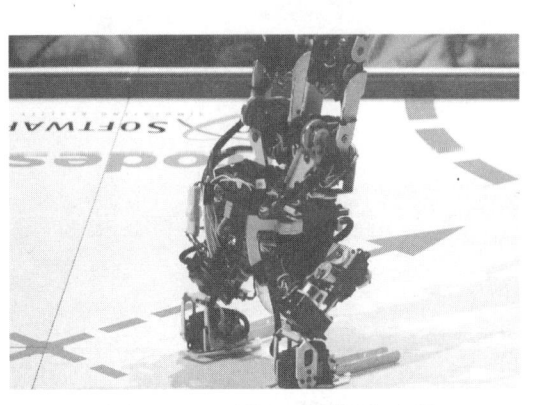

사진 1-6 ▲ 거꾸로 서기(4회 대회)

사진 1-7 ▲ 한 손으로 거꾸로 서기를 하는 로봇

1.2 ROBO-ONE의 탄생

 2002년 니시무라(西村) 로봇 클럽의 신년회에서 "2족보행 로봇 격투기가 가능하지 않을까?"라는 생각이 클럽 멤버들 사이에 제기되었을 때, "그런 엉뚱한 일이 가능할까? 참가자가 없을 것이다."라는 의견이 다수였다. 하지만 만들어 보고 싶은 생각이 굳어지면서 한번 만들어 보기로 했다. 그리고 6개월 후 필자가 만든 로봇이 걷기 시작했는데, 그것이 NR-1이다. 로봇기술에 있어서 초보자인 필자도 할 수 있었기 때문에 독자들도 할 수 있으리라 생각한다.
 로보콘 잡지(로봇을 전문으로 다루는 잡지)의 당시 편집장과 상담하면서 1회 대회가 시작되었는데, 그 때가 2002년 2월이었다.
 그 당시 엔지니어로서의 자존심이 자극을 받지 않았다면 지금의 ROBO-ONE은 없었을지도 모른다. 어린 시절 우주소년 아톰이 꿈을 향해 날아갔던 것처럼 NR-1이 걸었을 때의 기쁨과 감동은 잊을 수 없다. 이런 감동을 ROBO-ONE 대회 참가자 모두가 경험한다면 새로운 기술도 개발될 것이다.

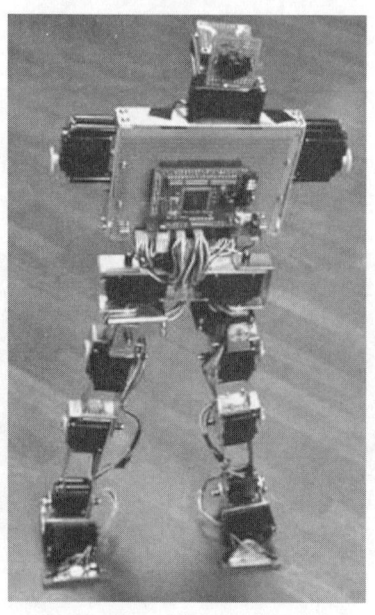

사진 1-8 ▲ NR-1

사진 1-9 ▲ NR-2

니시무라 로봇 클럽
http://www5b.biglobe.ne.jp/~nrc

1.3 ROBO-ONE의 꿈

1.3.1 꿈과 감동 그리고 사랑

"꿈과 감동 그리고 사랑"

이것은 2003년 8월 카와사키 산업진흥회관에서 열린 로봇 대회의 공통 주제였다. 2족보행 로봇에 대한 연구가 최근 활발하게 이루어지고 있으며, 혼다의 ASIMO는 훌륭한 로봇이다. 일찍이 우주소년 아톰과 철인28호를 꿈꾸며 자란 사람과 만화를 읽고 자란 젊은이들의 꿈이 2족보행 로봇(인간형 로봇)을 탄생시켰다. 그런 꿈을 계속해서 추구하는 사람들이 많아지면서 이 꿈은 단순히 기술자들만의 것이 아니라 세계인의 꿈이 되었다.

미래 우리 주변에 우주소년 아톰이 있다고 상상해 보라. 누가 만들었는지 알 수 없는 로봇이 사람과 함께 생활하는 것은 매우 위험하다. 악당 박사는 로봇에게 어떤 일을 시킬지 모르기 때문이다. ROBO-ONE에서는 이와 같이 인간과 로봇이 공존하고, 또 어떤 과제에 대해 그것을 어떻게 극복해야 하는지를 가르쳐 줄 것이다. 따라서 로봇의 동작 환경은 사람이 존재하는 환경이라고 말할 수 있다.

로봇은 사람을 위해 활약하지 않으면 존재 가치가 없기 때문에 로봇을 만드는 사람의 마음이 중요하다. 거기에는 사랑이 필요하다. 당신의 연구개발에서도 같은 것을 말할 수 있을 것이다.

1.3.2 아톰은 실현 가능할까?

"우주소년 아톰이 실현 가능할까?"에 대하여 토론해 본 적이 있다면, "먼저 시작해 보라"고 권하고 싶다.

우선은 하늘을 날아보자. 그림 1-10은 NR-2인데, 니시무라 로봇 클럽 웹사이트에서 하늘을 나는 로봇의 영상을 보길 바란다. 그러나 이런 일을 먼저 로봇으로 할 필요는 없다. 시뮬레이션 기술이 현저하게 발전하고 정밀도가 향상되어서 시뮬레이션 소프트웨어를 사용하면 로봇을 희생시키지 않고도 컴퓨터로 결과를 얻을 수 있기 때문이다.

ROBO-ONE 위원회는 2010년에 우주대회를 개최할 예정이다. 이를 실현하기 위해 ROBO-ONE on PC를 시작하였다. 컴퓨터로 우주 공간에 대하여 가상 실험을 함으로써 보다 빠르게 개발을 진행할 수 있을 것이다. "우주소년 아톰은 내가 만든다."라는 의지를 가지고 집중하는 것이 중요하다. 이러한 목표를 향해 ROBO-ONE on PC를 시작하였다. 컴퓨터에서 우주 공간을 시뮬레이션함으로써 보다 빠른 개발을 진행할 수 있다.

"우주소년 아톰은 우리들이 실현한다."라는 의지를 가지고 집중하는 것이 중요하다.

그림 1-10 ▲ 이륙하기 직전의 NR2

1.3.3 꿈과 감동이 기술을 발전시킨다.

우리의 기술을 현실로 만들기 위해서는 엔지니어들이 잊고 있었던 꿈과 감동을 되찾는 것이 중요한데, 그러한 계기가 될 수 있고, 꿈과 감동이 있는 ROBO-ONE에 도전해 보길 바란다.

1.4 ROBO-ONE의 경기 규칙

ROBO-ONE 경기 규칙은 로봇의 발달과 함께 변한다. 처음에는 걷는 것으로 만족하였다. 그러나 점차 굽히고 펴는 동작이 가능해야 하고, 옆걸음도 걸을 수 있어야 하며, 게다가 보행 속도도 빨라지고 있다.

5회 대회에서는 책 위로 오르고 내려가는 동작이 예선전의 규정연기에 포함되었다. 그 이후에는 일어서기, 달리기뿐만 아니라 점프동작 등이 추가되었다.

뒤에서는 5회 ROBO-ONE 경기 해설 및 규칙에 대하여 설명하겠다. ROBO-ONE 경기에 대한 질문과 답변이 ROBO-ONE의 홈페이지(http://www.robo-one.or.kr 또는 http://www.robo-one.com)에 있으니 참고하길 바란다. 또한 게시판에서도 질문에 대한 토론이 이루어지고 있으므로 살펴보기 바란다.

제5회 ROBO-ONE 해설 및 경기 규칙

2003년 9월 30일 ROBO-ONE 위원회

해설

1. ROBO-ONE 경기 순서

ROBO-ONE 경기는 다음 순서로 진행된다.

(1) 서류심사
(2) 참가 자격 심사
(3) 예선 시연 동작
(4) 결승 토너먼트

각각의 내용은 다음과 같다.

(1) 서류심사

  심사는 신청한 서류로 한다. 안전에 문제가 있으면 심사원으로부터 개선하라는 요구를 받게 된다. 개선하지 않으면 참가하지 못할 수 있다. 또 2대 이상의 동일한 로봇으로 동일 팀으로 출전하거나, 구입한 로봇으로 출전하는 경우는 개별 로봇의 독자성을 증명하는 서류를 제출해야 한다. 동일 로봇으로 판명되면 경기에 참가하지 못할 수도 있다(ROBO-ONE 경기규칙 제1장 참조).

(2) 참가 자격 심사

  참가 자격 여부에 대하여 심사한다. 또한 자격 심사를 통과하지 못한 참가자는 자율동작으로 예선전에 시연 동작을 공개로 실시한다(이 때 참가 자격 심사를 통과한 팀은 대회장에서 무선 시스템 점검을 할 수 있다).

(3) 예선 시연 동작

  예선 경기는 2분 동안의 시연 동작으로 실시하고, 심사위원이 평가한 점수로 순위를 정한다. 시연 동작의 경우 규정 연기가 있다. 이번 대회에서는 책에 올라가고 내려가는 것으

ROBO-ONE의 경기 규칙

로 한다. 예선 시연 동작은 보행을 중시하여 채점한다.

　　2족보행 로봇의 기본 관점에서는 보행에 관한 평가를 높게 한다. 보다 빠르게, 보다 발을 높게 올리는 등 보행에서 어려운 동작을 기대한다. 단, 결승 토너먼트에서는 스치듯 걷는 걸음도 가능하다.

(4) 결승 토너먼트

　　결승 토너먼트는 예선 시연 동작을 통과한 32대의 로봇으로 진행한다. 제1시합, 제2시합은 경기만 진행하는데, 심사위원이 평가하여 높은 점수를 얻은 로봇을 승자로 뽑는다.
　　제3시합은 시연 동작과 경기를 실시한다. 시연 동작과 경기를 심사위원이 채점해서 높은 점수를 얻은 로봇을 승자로 한다.

　　제5회 ROBO-ONE 참가자격 및 경기규칙의 변경에 대해서 참가 로봇의 기술 수준이 향상됨에 따라서 다음과 같이 참가 자격 및 경기 규칙을 변경한다.

2. 참가자격

　　참가 자격 심사는 자율동작으로 실시한다. 다음 (2)~(4)의 자격 심사에 해당하는 것은 무선 및 유선의 사용을 금지한다. 이것들의 동작은 순서대로 연속으로 실시한다.

(1) ROBO-ONE의 경기 규칙을 준수할 것
(2) 2족보행 로봇으로 10초 이내에 5보 이상 걸을 수 있을 것. 보행의 경우 한쪽 다리는 반드시 지면으로부터 떨어져 있을 것
(3) 굽히고 펴는 것이 가능할 것
(4) 옆걸음이 가능할 것. 보행의 경우 한쪽 다리는 반드시 지면으로부터 떨어져 있을 것.
　　또한 자격 심사는 5번까지 받을 수 있다.

3. ROBO-ONE 경기 규칙

　　ROBO-ONE의 목적은 '로봇의 즐거움'을 보다 많은 사람에게 널리 알리는 것이다. 관객이 로봇과 시합을 즐길 수 있고, 참가자의 의욕을 고취시키는 로봇 경기를 지향한다.
　　그러기 위해서 시합의 승패보다도 탁월한 기술력과 오락성을 중시한다. 또한 로봇 기술의 보급과 건전한 발전을 위해서 기술 정보는 가능한 한 공개한다.

제 1장   ROBO-ONE 소개

제1장   경기

　경기는 정해진 경기장 안에서, 경기 출전자가 제작한 로봇으로 시연 동작과 경기를 하여 심판위원의 판정에 따라 승패를 결정한다.

　경기는 토너먼트 방식의 본선과 거기에 앞서 열리는 예선전으로 이루어진다. 예선전에서는 로봇의 참가 대수 등을 감안하여 경기방법을 결정한다.

제2장   경기장의 규격 및 환경

2-1 출전 로봇의 보행 기술 향상을 위해 경기장에 대한 자세한 내용은 대회 때마다 규정하고 경기장 바닥은 기복이나 장애물을 설치할 수 있다. 단 경기장 모양은 사전에 참가자에게 공개한다.

2-2 일반 관람자, 보도 관계자 및 경기 관계자가 사용하는 촬영기기에 대해서는 특별히 규제하지 않는다. 그러므로 카메라·비디오의 적외선·플래쉬, 촬영용 조명 등에 의해 출전한 로봇에 영향을 줄 우려가 있으므로 경기 출전자는 각자 이에 대한 대책을 마련해야 한다.

2-3 실내 조명이나 햇빛 등의 영향에 대해서도 2-2와 마찬가지로 한다.

2-4 경기장 내에서는 경기자를 제외한 나머지 사람들은 무선 LAN이나 블루투스 장비를 사용하는 것을 금지한다(무선기술의 향상에 따라서 이 항목은 폐지해야 한다고 생각한다. 로봇의 장래를 생각하면 로봇에 사용하는 무선 시스템은 대단히 중요한 기술이므로 ROBO-ONE 위원회는 한층 더 진보된 무선 기술을 기대한다. 따라서 위원회에서 무선 시스템의 추천 사양이나 통일된 사양을 정하지 않지만, 앞으로 참가하는 로봇은 식별 및 보안기능을 가진 무선 시스템을 사용하는 방향으로 검토하길 바란다).

제3장 로봇의 규격

3-1 이동 방식
(1) 2족 보행형 로봇일 것
(2) 발 모양이나 자세는 다음의 조건을 따라야 한다.
　(a) 발바닥(바닥에 닿는 부분)의 최대 길이는 다리 길이의 70% 이하로 한다. 다리 길이는 다리가 로봇의 동체로부터 떨어져 전후좌우로 움직이는 축의 바닥으로부터의 높이로 한다. 단, 발바닥의 최대 길이는 20cm 이하로 한다.

ROBO-ONE의 경기 규칙

(b) 로봇이 서 있는 상태에서 위에서 본 발바닥의 가장 바깥부분을 연결하는 선이 좌우 다리로 겹쳐지지 않도록 한다.

(c) 위의 내용 이외에도 심사위원이 판단하여 ROBO-ONE의 정신에 위배되지 않도록 한다.

3-2 로봇의 크기
(1) 로봇의 신장은 20~120cm로 한다.
(2) 심판위원이 필요하다고 판단할 경우, 참가 대수 등을 고려하여 등급을 나눈다.

3-3 로봇의 조종 방법
(1) 로봇의 제어는 컴퓨터에 의한 자동조종, 사람에 의한 수동조종 어느 쪽도 상관없다.
(2) 로봇을 수동으로 조종할 경우는 무선조종으로 한다. 경기 환경(빛·소리·전파)을 고려하여 경기 상대가 같은 시스템을 사용해도 조종에 지장이 없어야 하며, 적은 전력을 사용하는 무선조종의 경우에는 3채널 이상의 주파수를 가진 무선 시스템으로 한다. 또 무선조종 시스템을 이용할 경우에는 3채널을 수정할 수 있도록 여유 있게 준비한다. 무선조종은 혼선을 막기 위해 PCM 방식을 채택한다. 6회 대회에서는 결승전 뒤 8강전(8대로 동시에 싸운다)을 실시한다.
이를 위해 무선 시스템의 채널수를 8채널 이상 사용 가능한 시스템으로 8채널 이상을 준비해야 한다. 또 8채널에 수반해 100V전원을 준비하지 않고, PC나 배터리 등 로봇 조종에 필요한 것을 조작자가 장착하는 것도 고려하고 있다.
(3) 동력원은 로봇에 탑재할 것
(4) 경기상-테마송은 원본으로 하나(예선 및 결승 토너먼트에서 사용하는 BGM은 저작권의 문제 때문에 원본으로 한정한다).

3-4 금지 사항
(1) 상대 또는 경기장을 훼손하는 무기를 탑재해서는 안 된다. 날이 붙거나 고속으로 회전하는 것 등 위험한 것을 금지한다.
(2) 흡인 흡착 장치를 발바닥에 설치해서는 안 된다.
(3) 방해 전파 발행 장치 또는 레이저, 스트로보 등 상대의 조종을 방해하는 장치를 내장하면 안 된다.
(4) 경기장을 훼손하거나 더럽히는 부품을 사용하면 안 된다.

(5) 액체, 분말 및 기체를 내장해서 상대에게 내뿜는 장치를 장착하면 안 된다.
(6) 발화 장치를 내장하면 안 된다.

제4장 시합 방법

4-1 예선 시연동작

(1) 예선은 출전자가 순번대로 로봇의 시연동작을 시행한다.
(2) 시연동작은 2분 이내로 출전 로봇의 특징이나 기술 등을 참가자가 제안하는 것으로, 구성은 자유롭게 하지만 규정연기를 포함시켜야 한다. 본 대회의 규정연기는 책(로보콘 잡지)을 올라가고 내려오는 것으로 한다.
(3) 심사위원은 3명 이상으로 구성되고, 시연동작을 바탕으로 득점을 결정한다. 득점 상위 32대가 결승 토너먼트에 진출한다.

4-2 결승 토너먼트(제1시합, 제2시합)

(1) 제1시합과 제2시합은 3분 1라운드제로 하고, 심사에 의한 점수에 의해 승패를 결정한다.
(2) 시합은 3분 1라운드제로 하고, 한쪽 로봇이 녹아웃(K.O.)이 되면 시합은 종료된다.
(3) 시합 개시까지의 준비 시간은 3분 이내로 하고, 이것을 넘길 경우는 경고를 준다. 1회 경고는 1회 다운복귀로 간주한다. 이후 1분마다 경고를 준다.

4-3 결승 토너먼트(제3시합 이후)

(1) 2대의 로봇이 경기장 위에서 시연동작과 시합을 실시하며, 승패는 시연동작 점수와 경기점수를 합해서 결정한다. 두 점수의 평가 비율은 1:1로 한다.
(2) 시연동작 시간은 1분간으로 하고, 2대의 로봇이 동시에 실시한다. 준비·조정시간은 2분 이내로 한다. 시연동작은 특별한 규정을 만들지 않고 자유연기로 한다.
(3) 시합은 2분 3라운드제로 하고, 한쪽 로봇이 2라운드를 선취하면 시합이 종료한다. 라운드 사이의 조정시간은 2분 이내로 한다. 이를 넘겼을 경우에는 경고를 준다. 1회 경고는 1회 다운 복귀로 간주하고, 이후 1분마다 경고를 준다.
(4) 시합 개시까지의 준비 시간은 3분 이내로 하고, 이것을 넘겼을 경우에는 경고를 준다. 1회 경고는 1회 다운 복귀로 간주하고, 이후 1분마다 경고를 준다.

제5장 시합 규칙

5-1 로봇은 상대를 공격하기 전에 최소한 2걸음 이상 걸어야 하며, 다운으로부터 복귀한 다음에도 마찬가지이다.

5-2 로봇이 3초 이상 보행하지 않은 경우, 심판은 보행할 것을 지시할 수 있다. 이 때에도 2걸음 이상 걸어야만 공격할 수 있다.

5-3 로봇이 발바닥 이외의 부분으로 경기장 바닥에 닿았을 때와 로봇이 경기장 밖으로 나갔을 경우를 다운으로 간주한다. 이 외, 상세한 판정은 심판이 결정한다.

5-4 다운 후 심판이 실시하는 10카운트에 복귀할 수 없는 경우를 녹아웃(K.O)으로 하고, 그 라운드는 상대 로봇의 것으로 한다. 또 라운드의 타임 아웃에 의해 카운트를 중지한다.

5-5 한 라운드에서 3회 다운되었을 경우, 그 시점에서 그 라운드를 상대 로봇의 것으로 한다.

5-6 양자가 서로 겹쳐 넘어졌을 경우는 시합을 정지하고, 로봇을 넘어진 상태로 떨어진 장소에 두고, 신호에 의해 카운트를 개시한다.

5-7 시합중의 경기 포기는 심판에게 알린다. 그 외, 심판이 시합 속행 불능이라고 판단했을 경우에는 테크니컬 녹아웃을 선언할 수 있다.

5-8 다운의 규정

(1) 공격을 하다가 넘어진 경우 10초 이내에 일어서면 다운으로 간주하지 않는다.

(2) 공격을 하다가 발 이외의 한 부분이 경기장 바닥에 닿았을 경우에는 다운으로 간주하지 않는다. 단, 바닥에 닿은 후 공격하지 않으면 다운이 된다. 어기서 1점은 최내지름이 나리 길이의 1/4 이하가 되어야 하며, 사전 심사 때 측정한다.

(3) 서 있는 채 움직이지 않을 경우 다운으로 간주하여 카운트를 시작한다.

(4) 경기장을 벗어났을 경우에는 1회 다운에서 복귀한 것으로 간주한다.

(5) 경고는 1회 다운에서 복귀한 것으로 간주한다.

2장
2족보행 로봇 만들기

니시야마 이치로우(西山一郎)

2.1 ROBO-ONE FREEDOM

2족보행 로봇을 제작할 때 어떤 모양으로 만들 것인가를 정하기 전에 ROBO-ONE FREEDOM에 대하여 소개하겠다.

2.1.1 FREEDOM이란?

베스트테크놀로지 社와 이토-레이네츠 社는 공동으로 소형 인간형 로봇을 개발하여 2001년 9월 28일부터 소비자로부터 주문을 받고, 그 해 11월에 판매하였다. FREEDOM은 2족보행을 기본으로 인간형 로봇의 운동제어 알고리즘을 적용하고 머리 부분에 카메라나 각종 센서를 장치함으로써, 로봇의 감각계와 운동계의 통합·협조 알고리즘의 개발용으로 활용할 수 있다. 또한 부가적인 기본 운동 프로그램을 조합시켜 간단하게 인간형 로봇의 응용동작을 개발할 수 있다.

"ROBO-ONE FREEDOM"이라는 이름으로 로봇 격투기 ROBO-ONE 참가자를 위하여 저

사진 2-1 ▲ FREEDOM의 모습

사진 2-2 ▲ 손을 벌린 FREEDOM

2.1 ROBO-ONE FREEDOM

렴한 가격으로 판매했다. 이 소형 인간형 로봇 FREEDOM은 신장 48cm, 체중 2kg의 소형·경량이기 때문에 다루기 쉬우며, 확장성도 고려하였다. 게다가 하드웨어 및 소프트웨어의 리소스를 전부 공개하여 사용자가 자유롭게 개조·개량할 수 있다. 표준 프로그램에는 직선 보행·S자 보행·선회·ROBO-ONE 경기의 필수 동작인 "차기(kick)" 또는 "찌르기(chop)" 등 여러 동작 형태가 포함되어 있다. 그러나 단순한 보행동작만을 위하여 각 관절의 구동에는 무선조종용 서보 모터를 사용하지만, 제어용 마이컴으로는 특수한 하드웨어를 사용하지 않고 SH7045F 마이컴 보드를 응용하여 다축 제어를 한다.

사진 2-2, 2-3, 2-4는 FREEDOM이 중심을 이동하면서 보행하는 모습이다.

베스트테크놀로지社 홈페이지
http://www.besttechnology.co.jp

제 2 장 2족보행 로봇 만들기

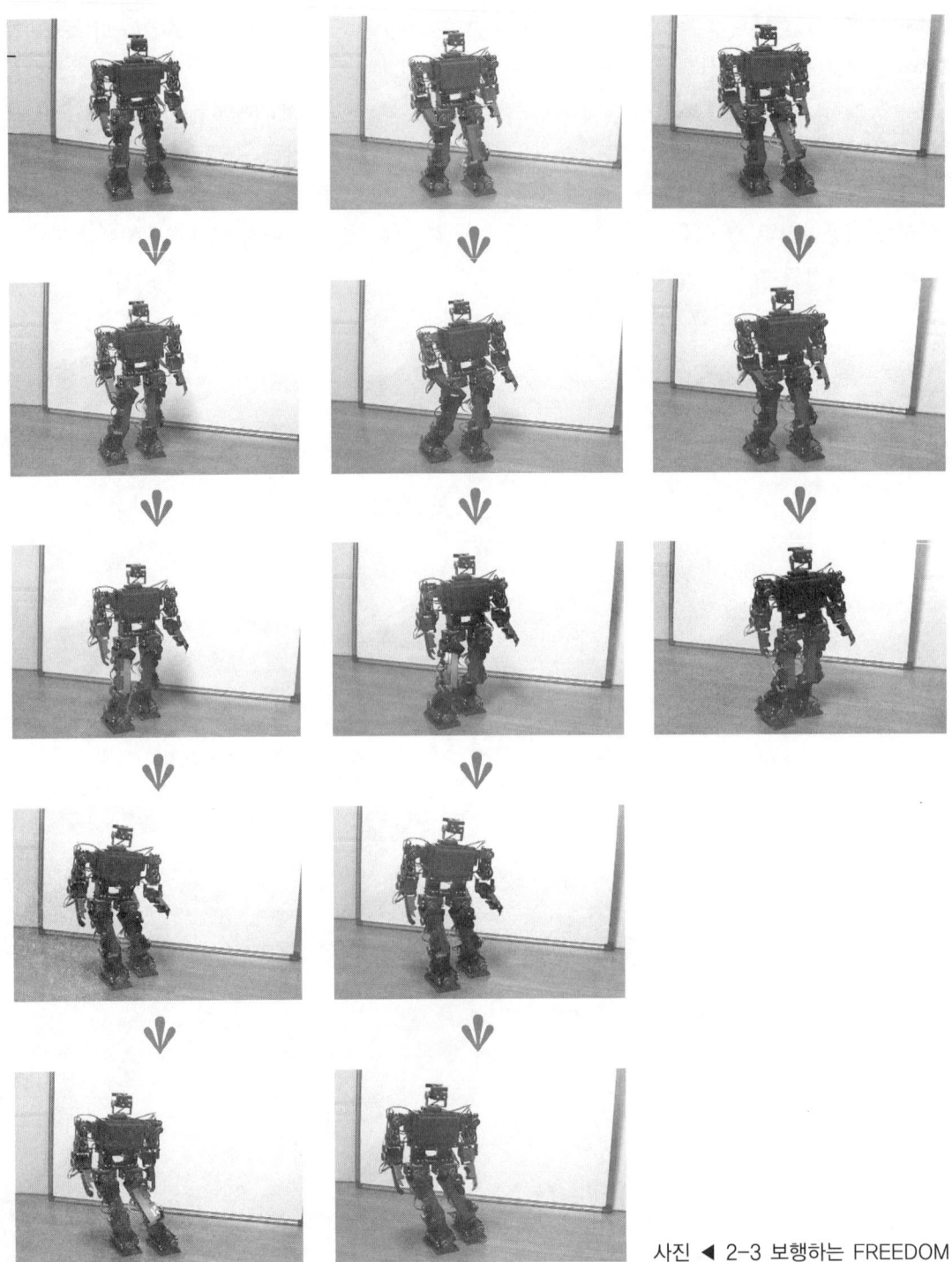

사진 ◀ 2-3 보행하는 FREEDOM

2.1 ROBO-ONE FREEDOM

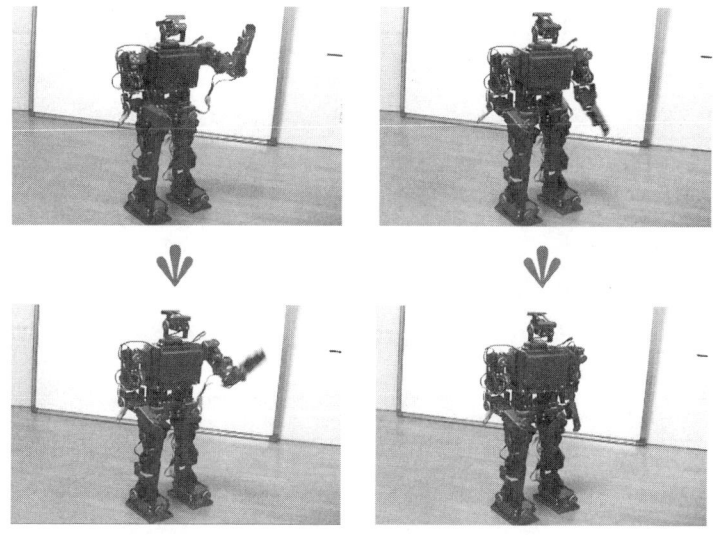

사진 2-4 ▲ 자르기 동작의 FREEDOM

개발 도구로는 이미 로봇 경기 분야에서 널리 알려진 정품 윈도우 통합 환경인 GCC Developer Lite(소스 프로그램 편집·컴파일 조작·마이컴의 내장 플래쉬 ROM에 기록 등을 통합한 프로그램)와 무료 컴파일러 GCC(RedHat 社 제품 GNUPro Toolkit for PC)가 사용된다. 복잡한 설정이 필요하지 않기 때문에 바로 C언어에 의한 프로그래밍을 시작할 수 있다.

2.1.2 FREEDOM의 사양

표 2-1은 FREEDOM의 사양이다. 모두 22 자유도 로봇으로, 혼다의 아시모(ASIMO)와 거의 같은 구성이다. 배터리와 CPU를 탑재한 중량이 2kg 정도로 가벼워서 서보 모터에 걸리는 부하를 줄였다. 또한 센서를 사용하여 보행 동작이 안정되어 있고, 보행 속도도 대체로 만족스럽다.

제 2 장 2족보행 로봇 만들기

표 2-1 ▼ FREEDOM의 사양

형 식	BTH001
명 칭	FREEDOM
신 장	약 460mm
어깨 폭	약 230mm
무 게	약 2kg(배터리 탑재시)
관절 자유도	**머리** : 2 자유도 **팔 부분** : 4자유도×2=8자유도 **다리 부분** : 6자유도×2=12자유도 **합계** : 22자유도
제어용 CPU	BTC050 SH7045F 마이컴 보드
MMI·그외	푸시 버튼 스위치 ×2 모니터 LED ×2 4비트 딥스위치 ×1 부저 ×1 8행 LED 매트릭스 표시기 ×1 8비트 범용 입출력 보드 ×1 배터리-전압 검출 기능
관절 구동 모터	**다리부** : PDS-2144FET **그 외** : PDS-947FET
배터리	**구동용** : DC6V NiCd 배터리 **제어용** : DC7.2V NiCd 배터리
부속품	**개발환경** : CD-R(프로그램, 샘플서적)

2.1.3 전체도

그림 2-1은 FREEDOM의 전체 모양이다. 모든 구조는 1.5mm 두께의 알루미늄으로 만들었다. 디자인도 상당한 수준으로 외장을 추가하면 건담(일본 만화에 나오는 로봇)으로 개조할 수 있다.

2.1 ROBO-ONE FREEDOM

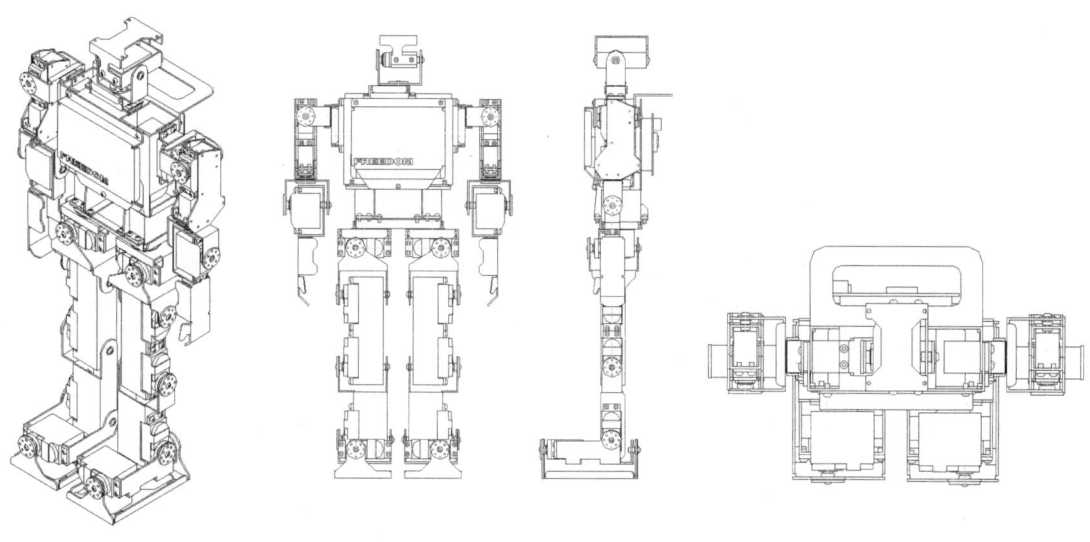

그림 ▲ 2-1 전체도

2.1.4 다리의 구조

한쪽 다리는 6축 구조이다. 위에서부터 차례로 6개의 서보 모터가 사용되는 방법을 설명하면 다음과 같다. 제1축은 다리를 회전하는 데 사용된다. 사진 2-5는 위에서 본 사진인데, 제1축으로 로봇의 진행 방향을 바꿀 수 있다. 제2축은 다리를 가로 방향으로 이동하는 데 사용되며, 로봇의 중심 이동 및 가로 방향으로 다리를 올릴 수 있다. 제3축은 다리를 전후 방향으로 이동하는 데 사용되며, 제4, 5축을 동시에 사용하면 다리를 굽힐 수 있다. 제6축은 다리를 가로 방향으로 기울

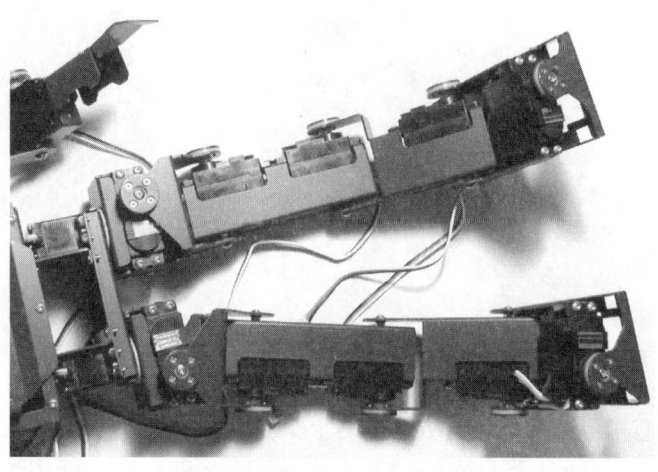

사진 ▲ 2-5 다리의 구조

제 2 장　2족보행 로봇 만들기

이도록 조정하는 데 사용하며, 한쪽 다리로 설 때는 이 축과 제2축을 동시에 이용한다.

　여기서 허벅지와 종아리의 길이가 같은 것을 주목한다. 그림 2-2처럼 다리를 구부릴 경우, 관절 각도를 구하면 3축이 θ, 4축은 2θ로 간단하게 제 3관절의 각도를 계산할 수 있다. 예를 들어 이 길이가 차이가 있는 경우에는 마찬가지로 각 관절의 각도를 θ와 2θ로 하면 로봇의 중심은 그림 2-3과 같이 앞으로 이동하게 되는데, 이것은 불균형의 원인이 된다. 이것을 제대로 계산하려면 한층 더 복잡한 계산이 필요하다. 이와 같이 설계 방법에 따라 보행 패턴을 계산하는 것이 복잡해진다. 관절부는 무선조종용 서보 모터의 플라스틱 서보 혼*을 그대로 사용하고 있지만, 쉽게 부서지기 때문에 알루미늄으로 보강 처리하는 등 세심한 부분에 주의가 필요하다.

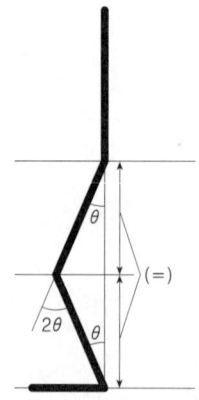

그림 2-2 ▲ 허벅지와 종아리의 길이가
　　　　　　같은 경우

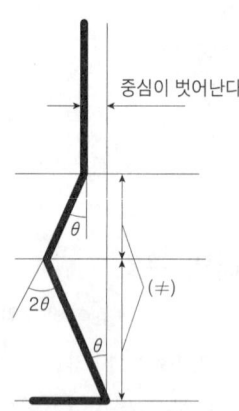

그림 2-3 ▲ 허벅지와 종아리의 길이가
　　　　　　다른 경우

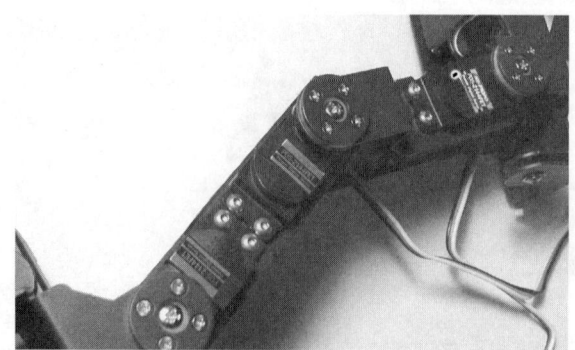

사진 ▲ 2-6 다리 부분

사진 ▲ 2-7 발

＊ 서보 혼 : 서보 모터의 축에 부착된 부하장치를 동작시킬 때 축에 서보 혼을 부착하여 서보축의 회전운동을 직선왕복운동으로 바꾸거나 푸시로드나 와이어를 끼워 부하장치를 움직이는 것이다. 그 모양도 각이 하나인 것, 양쪽으로 나 있는 것, 십자형으로 4개 또는 6개 또는 원판 상태 등 여러 가지가 있다.

2.1 ROBO-ONE FREEDOM

발 부분은 가능하면 2축 링크를 사용하지 않고 직행하도록 한다. 이렇게 하면 링크기구를 추가함에 따라 구조가 복잡해지는 것을 피할 수 있고, 디자인도 좋게 할 수 있다. 제2축과 제3축에도 이렇게 적용하면 된다. 발바닥에는 압력센서의 단자선을 넣기 위한 구멍이 있다.

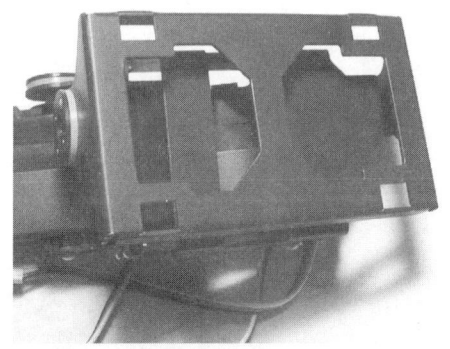

사진 ▲ 2-8 발바닥

2.1.5 동체의 구조

동체는 배터리가 들어가는 구조로 되어 있다. 로봇의 중심(重心)은 위에서 볼 때 로봇의 중심에 있는 것이 바람직하다. 이와 같이 배치함으로써 서보 모터에 필요하지 않은 외부 힘이 가해지는 것을 막을 수 있다.

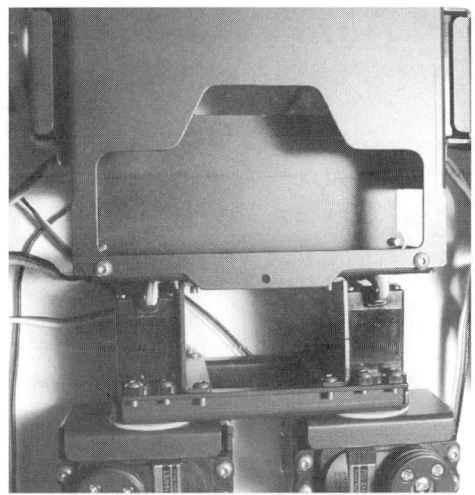

사진 ▲ 2-9 동체

2.1.6 팔의 구조

팔은 4축으로 구성되어 있다. 1축은 몸통 안에 서보 모터가 있어서 팔을 전후로 움직이도록 한다. 2축은 팔을 상하로 들어올리거나 내리게 한다. 3축은 팔을 회전시키게 하고, 4축은 팔꿈치 관절이다.

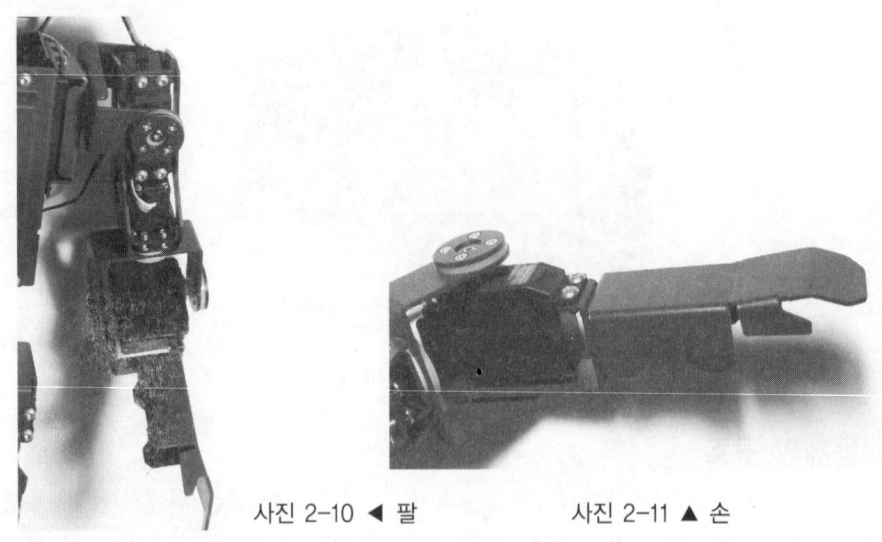

사진 2-10 ◀ 팔   사진 2-11 ▲ 손

2.1.7 머리의 구조

머리는 2축으로 구성되어 있으며, 상하좌우로 움직일 수 있다. 선택 사양으로 초음파 센서나 카메라가 탑재된다. 여기에 원통형 소형 건전지(1.5V) 8개를 탑재하여 보행시켰는데 안정된 보행이 가능했다.

사진 2-12 ▲ 머리

2.1.8 CPU와 마더보드

사진 2-13은 CPU와 마더보드이다. CPU는 SH7045가 사용되었으며, 16개의 타이머가 탑재되어 있다. 이 타이머를 사용해서 22축을 구동한다. 손 부분에 추가할 것을 고려하여 24축까지 제어할 수 있다.

또 8행 디스플레이가 탑재되어 로봇의 상태를 표시하기 때문에 로봇의 움직임을 파악할 수 있다. 이 보드는 사진 2-14와 같이 로봇의 등에 짊어지게 하였다.

사진 2-13 ▲ CPU와 마더보드

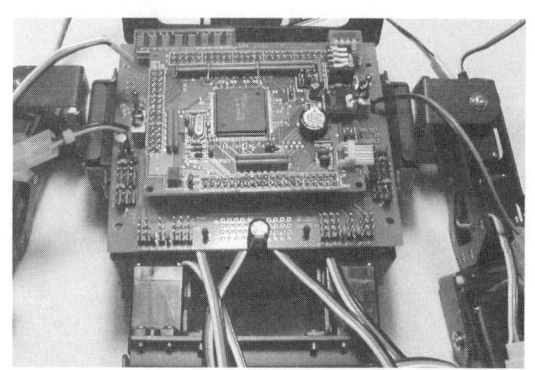
사진 2-14 ▲ 탑재한 모습

2.1.9 저가격화의 포인트

FREEDOM의 가격을 낮출 수 있었던 핵심 내용은 모형용 서보 모터를 사용하고, 이것을 변경하지 않고 그대로 사용한 것에 있는데, 이로써 링크를 사용함에 따라 발생되는 가격 상승을 방지할 수 있다. 아울러 센서를 사용하지 않는 데 따른 가격 절감 효과도 크다.

또 하나는 알루미늄 판금을 사용한 것이다. 조립하는 데 비용이 들어가지만, 링크 기구를 사용하지 않는 것으로 상쇄할 수 있다.

CPU는 SH7045를 사용했다. 고급 PC 수준의 CPU는 아니지만 로봇 대회 참가자들이 자주 사용하는 H8의 상위 기종이다. 또한 계산 시간을 단축하기 위한 기구 설계와 적절한 소프트웨어가 필요하다.

저가격화 전략으로 사진 2-15처럼 저렴한 서보 모터를 사용하여 최대한 다리 길이를 짧게 서보 모터를 배치한 SUMSUNG 로봇이 바람직하다.

제 2장　2족보행 로봇 만들기

사진 2-15 ▲ SUMSUNG에서 개발중인 로봇

2.1.10 ROBO-ONE에 참가하기 위한 로봇 기술

2족보행 로봇을 만들어 ROBO-ONE에 참가하기 위해서는 단지 로봇의 기계부만 완성되면 되는 것이 아니다. 로봇을 제어하기 위한 마이크로컴퓨터 기술이나 제어 프로그램을 만드는 프로그래밍 기술 등도 필요하다. 또 ROBO-ONE에서 로봇은 무선조종으로 제어되거나 또는 자립형으로 동작하기 때문에 무선 관련 기술도 필요하다. 필요한 기술을 정리하면 표 2-2와 같다.

표 2-2 ▼ ROBO-ONE 출전에 필요한 기술

로봇의 기구 설계	기기 설계(3D-CAD 소프트웨어 활용)
기구 설계 (기구 시뮬레이션 활용)	재료 역학 조립
제어	전기·전자기술 마이크로프로세서 기술 소프트웨어(C언어) 운동역학 통신 무선
디자인	로봇의 우아함 인간공학

2.1.11 로봇 제작 순서

로봇 제작은 대체로 다음과 같은 순서를 따르면 좋지만, 목표에 따라 제작 순서를 약간 다르게 할 수 있기 때문에 나름대로 접근 방법을 세우는 것이 바람직하다.

2.1 ROBO-ONE FREEDOM

1. 로봇의 이미지 디자인 작성

   '인간형으로 할까? 공룡형으로 할까? 로봇의 이미지를 우주소년 아톰으로 할까? 아니면 도라에몽으로 할까?' 등 자신이 꼭 만들고 싶은 로봇의 이미지를 만든다.

2. 로봇에게 무엇을 시킬 것인가를 결정한다.

   로봇을 걷게 하기만 하려면 토크가 작은 서보 모터로도 충분하지만, 일어서기나 거꾸로 서기 및 상대를 들어올리기 등의 일을 하려면 당연히 토크가 큰 서보 모터가 필요하다. 또 로봇을 달리게 하려면 큰 토크와 고속으로 동작하는 서보 모터가 필요하다.

3. 액추에이터의 결정(서보 모터의 토크-속도)

   개략적인 디자인과 크기가 정해지고 로봇의 목표가 정해지면 서보 모터의 필요 토크와 속도는 간단한 역학 계산으로 결정된다.

4. 상세한 디자인을 한다.

   ROBO-ONE의 규격을 만족하는지의 점검이 필요하다.

5. 시뮬레이션 실시

   부하가 큰 동작일 때의 강도 등을 검토할 수 있다.

6. 서보 모터의 테스트

   서보 모터의 부하 실험을 한다. 서보 모터의 특성에 따라서는 위치 결정 정밀도가 나빠지므로 주의가 필요하다. 또 여러 개의 서보 모터를 사용하면 배터리 내부저항에 의해서 전원 전압이 떨어지기 때문에 배터리 용량도 검토한다.

7. 탑재 CPU 등의 기판 디자인

   로봇에 탑재한 마이컴 크기는 로봇의 디자인에 큰 영향을 주기 때문에 로봇의 디자인 단계에서 크기나 배선 방법 등을 검토한다.

8. 배선 검토

   배선 수는 앞서의 단계에서 결정되지만 배선을 어떻게 잘 다루는가에 따라서 외관이나 신뢰성에 큰 영향을 준다. 배선의 굵기와 유연성 등도 중요한 항목이다.

9. 각 부품의 설계

 이상의 검토를 포함한 로봇의 전체 디자인이 끝나면 각각의 부품에 대한 전개와 상세 설계를 한다. 이 때 재질 선정이 중량이나 가격에 영향을 준다. 특히 로봇의 무게 증가는 서보 모터의 부하가 되기 때문에 가능한 한 가벼운 로봇을 만들기 위한 대책이 필요하다. 반면에 지나치게 경량화되면 로봇의 강도면에서 문제가 되기 때문에 경량화는 언제나 강도를 고려해야 한다. 그러므로 시뮬레이션으로 확인하면서 로봇의 무게를 줄이는 것이 필요하다.

10. 가공

 가공은 분명하게 도면으로 그리고, 외부에 의뢰해도 된다. 비용이 없으면 본인 스스로 가공해도 되지만, 아무튼 최대한 가공하기 쉽게 설계한다.

11. 조립

 분해·조립 작업을 단순하게 하는 것은 로봇이 고장났을 때 수리하는 데 중요하다. 분해가 쉬운 조립은 어느 정도의 설계 단계에서 검토할 수 있다. 충분히 검토하면 시간을 절약할 수 있다. 또 조립하면서 문제가 있을 경우 점검해 두면 대회장에서 고생하지 않아도 될 것이다. 서보 모터는 고장이 발생할 수 있다는 전제 아래 설계해야 한다.

12. 움직임 작성

 조립이 끝나면 로봇을 걷게 하기 위한 프로그래밍을 작성한다. 개발 환경을 충분히 갖추는 것이 중요한데, 이는 개발 효율에 큰 영향을 주기 때문이다.

13. 무선 점검

 마지막으로 통신 점검이다. 로봇을 무선으로 제어할 경우, 외란(外亂)에 대하여 충분한 주의가 필요하다. 특히 무선 시스템의 안테나가 밖으로 나와 있는지, 전원은 안정한지 등을 확인한다. 그리고 다른 무선기기로부터의 영향 등도 검토해 둔다. 무선 LAN이나 블루투스 기기를 모두 동작시킨 상태에서 로봇을 제어할 수 있는지 등을 충분히 점검한다.
 당연히 유선에서의 시스템 점검도 가능하게 하는 것도 중요하다.

14. ROBO-ONE 참가 신청

 이 모든 과정을 끝내면 ROBO-ONE 웹사이트에서 신청서를 다운로드하여 참가 신청을 한다. 로봇이 빠르게 진화하기 때문에 규칙이 점점 엄격하게 적용되지만, 어떤 방향으로 규칙이 변할 것인가에 대한 예측이 가능하기 때문에 처음부터 어느 정도 앞을 내다보고 디자인하기 바란다.

2.2 개발 환경

로봇을 동작시키려면 프로그래밍 등의 개발 환경이 필요하다. 개발하는 데 사용할 마이컴을 결정하여 개발 환경을 준비한다. 여기서는 무료로 사용할 수 있는 GCC를 사용하는 개발 환경을 소개하겠다. 그리고 무선 시스템에 대해서도 기술하겠다.

2.2.1 CPU 선정

현재 ROBO-ONE에 참가하고 있는 로봇에는 여러 가지 마이컴이 사용되고 있다. 로봇 콘테스트에서는 H8이 많이 사용되고 있으며, 'Robobooks 자립형 로봇 제작 바이블(옴 출판社)'에서도 H8을 사용한 제품을 많이 게재했지만 상위 기종인 SH7045를 사용하기로 하였다. 왜냐하면 로봇의 좌표 계산에는 CPU의 부하가 많아져서 H8만으로는 로봇을 충분히 제어할 수 없기 때문이다. 그러나 마이컴의 사용 방법은 H8의 상위 기종이지만 큰 차이가 없으므로, 'Robobooks 자립형 로봇 제작 바이블'을 함께 공부하면 많은 도움이 될 것이다.

2.2.2 컴파일러 선정

컴파일러는 가능하면 가격 부담을 줄이기 위해서 무료 프로그램인 GCC를 사용한다. 베스트테크놀로지 社의 GCC Developer Lite를 사용함으로써 GCC를 실행시킬 수 있다. 이것도 'Robobooks 자립형 로봇 제작 바이블'의 독자라면 간단하게 사용할 수 있다. 개발 환경은 H8의 경우와 동일하다.

2.2.3 PC 선정

개발 환경은 그림 2-4와 같다. 우선 RS232C 포트가 있는 윈도우 PC와 베스트테크놀로지 社의 SH7045 보드 세트와 GCC가 있으면 일단 로봇의 소프트웨어 개발 환경은 갖추어진 것이다. OS는 윈도우 2000, XP가 바람직하다. 그리고 ROBO-ONE 대회장에서의 로봇 정비 또는 로봇 제어용으로는 노트북 PC를 권한다. 단 최근의 노트북 PC에는 RS232C 포트가 장착되어 있지 않기 때문에 필요에 따라서 USB-RS232C 변환 어댑터를 준비해야 한다. 또 무선 시스템을 사용하는 경우라면 케이블 길이 등에 영향을 받지 않고 로봇을 개발할 수 있다.

제 2 장   2족보행 로봇 만들기

　사진 2-16은 무선 시스템을 사용한 개발 환경이다. 최근 노트북 PC에서는 블루투스가 표준으로 탑재되어 있는 경우가 많고, 블루투스에 의한 직렬통신이 사용되기 때문에 블루투스가 포함된 노트북 PC를 권한다.

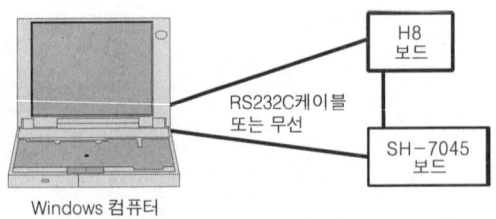

그림 2-4 ▲ 개발 환경

사진 2-16 ▲ 로봇 개발 환경

(1) USB-COM 포트 변환

　여기서는 COM 포트가 장착되어 있지 않지만 USB에서 COM 포트로 변환해 주는 어댑터를 소개하겠다. 마이컴을 몇 대씩 접속해서 사용할 경우에도 디버그를 하기 위하여 추가 포트가 필요한 경우가 있다. 이런 경우 USB에서 몇 개라도 접속해서 사용할 수 있다.

　사진 2-17은 USB-COM포트 변환 케이블 USB-RSAQ2이다.

　USB-RSAQ2는 소형이기 때문에 운반하기 편리하고, 윈도우98, ME, 2000에서 모두 사용할

2.2 개발 환경

수 있다. 단자의 형상은 PC의 D-SUB 9핀 COM 포트와는 반대지만 변환 커넥터가 붙어 있다. USB 시리얼 전용 칩을 사용하기 때문에 성능이 좋고, 다음에 설명하는 플래시 라이터와의 호환성도 좋다.

사진 2-18은 USB-시리얼 포트 변환 케이블 URS-03이다.

URS-03은 소형이고 윈도우98, ME, 2000에서 모두 사용할 수 있다. 단자 형상은 PC의 D-SUB 9핀 COM 포트에 그대로 접속할 수 있고, 통신중에는 LED가 점등되며, 부피가 작아서 운반하기도 편리하다.

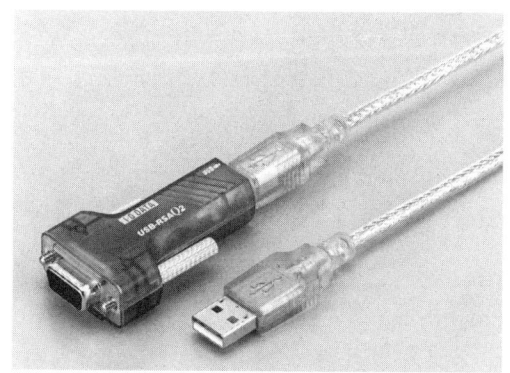
사진 2-17 ▲ USB-COM 포트 변환 케이블 (USB-RSAQ2)

사진 2-18 ▲ USB-시리얼 포트 변환 케이블 (URS-03)

(2) RS-232C 무선 트랜시버

사진 2-19는 RS-232C 무선 트랜시버 WNA-RS이다.

사진 2-19 ▲ RS-232C 무선 트랜시버(WNA-RS)

상대방 PC는 RS-232C 인터페이스가 장착되어 있으며, OS는 윈도우 98, ME, 2000, XP 등이 적합하다.

통신 속도는 무선부에서 1Mbps, 시리얼 통신부에서는 최대 115.2kbps이다. 시리얼 통신방식은 보조 동기 방식을 지원하고 있다. 그리고 커넥터 형상은 D-Sub 9핀이다. 단, 사용할 수 있는 채널수가 적어 최근에는 사용되지 않는다.

2.2.4 무선 시스템

최근 ROBO-ONE에서는 무선으로 조종하는 로봇이 많아졌다. 무선 방식을 사용한 통신 장애를 줄이기 위해 ROBO-ONE 위원회는 참가자들에게 쌍방향 통신을 권장하고 있다. 이것은 앞으로 로봇과의 통신이 중요하기 때문이다. 예를 들면 무선조종에서는 조작자가 로봇에게 명령을 보내기만 하지만, 쌍방향 통신방식에서는 로봇으로부터 데이터를 받을 수 있다.

향후 쌍방향 통신을 전제로 한 규칙 개정이 이루어질 것이다. 그리고 로봇과의 통신에 있어 패스워드를 설정하면 다른 사람의 로봇을 움직일 수 없게 되어 보안이나 안정성 면에서 향상될 것이다.

무선 시스템은 혼선 등의 여러 문제가 있으므로 ROBO-ONE 위원회에서는 다양한 무선 시스템에 대하여 평가하고 있으며, 현재로서는 완벽한 것은 아니지만 다음의 블루투스 방식을 추천하고 있다.

베스트테크놀로지 社의 BlueStick 코드리스 어댑터는 BlueStick에 시리얼 케이블의 교체를 전제로 한 펌웨어를 탑재하고, RS232C 레벨에의 신호 변환 어댑터를 장착한 제품이다. 커넥터는 일반적인 PC의 COM 포트에 직접 연결할 수 있는 D-SUB 9핀 메스 커넥터를 준비하고 마이컴 등에 많이 적용하는 3선식(RD, TD, GND)의 경우에서도 어댑터의 RTS와 CTS 신호를 교채시켜 사용할 수 있다. 이것을 마이컴 쪽에 탑재하면 블루투스가 부착된 PC와의 무선접속이 가능해진다.

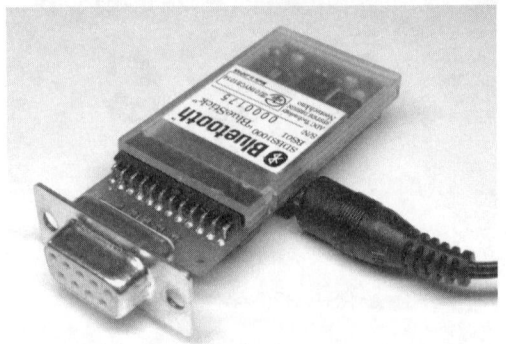

사진 ▲ 2-20 BlueStick 코드리스 어댑터

2.2 개발 환경

표 2-3 ▼ BlueStick 코드리스 어댑터의 특성

형 식	BTX022
I/F	• BlueStick 본체 : 보조 동기식 시리얼 통신 3V TTL 레벨(DCD,RD,TD,DTR ,DSR, RTS, CTS,RI) • 어댑터 : 3V TTL ↔ RS232C레벨 컨버터 부착(RD,TD,RTS,CTS만)
블루투스 버전	Ver 1.1
주파수	2400~2483 MHz
프로토콜	L2CAP, SDP, RFCOMM
프로파일	GAP, SPP
데이터 전송속도	723.2/57.6 kbps(asymmetrical max)
수신감도	-80 ~ -20dBm
통신 거리	약 10m(사용 환경에 따라서)
변조 방식	EHSS/GESK1Mbps, 1600hop/sec
각종 설정 내용	단말속도(2400~115200bps), 보안플래그, PIN코드, 접속 디바이스 어드레스 등
전원	• BlueStick 본체 : DC3V • 외부전원 : DC4~15V(AC 어댑터)
소비전력	BlueStick 본체 : 최대 83mA
외형 크기	• BlueStick 본체 : L44×W26×H4.6mm • 어댑터 1개 : L66×W31×H12.5mm
무게	어댑터 1개 약 16g
부속품	• BlueStick 코드리스 어댑터 : 1개 • AC 어댑터 : 1개

2.2.5 SH7045F 마이컴보드 세트(BTC050)

다음으로 베스트테크놀로지 社의 SH7045F 마이컴 보드 세트 BTC050의 개요에 대하여 설명하겠다. 루네사스 테크놀로지 社의 32bit RISC CPU SH7045F를 탑재한 마이컴 보드 세트이다. 이 보드에는 표 2-4와 같이 프로그램 개발 툴(GNUPro Toolkit · GCC Developer Lite)과 통신 케이블이 포함되어 있기 때문에 이 장비와 PC, DC 5V 전원만으로 작동되는 것을 확인할 수 있다.

제 2장 2족보행 로봇 만들기

표 2-4 ▼ SH7045F 마이컴 보드 세트의 특성

형식	수량	비고
마이컴 보드	1	SH7045F 마이컴 보드
통신 케이블(70cm)	1	PC(DSUB 9핀) ↔ 라이터 (스테레오 잭)
커넥터 세트	2	2열 100pin 마이컴 보드의 외부 단자용
GCC Developer Lite	1	CD-R 1매, GCC Developer Lite 매뉴얼
매뉴얼	1	

SH7045F 마이컴은 외부 통신에 의해 쓰기 가능한 플래시ROM을 내장하고 있다. 사용 설명서에는 플래시ROM의 쓰기 횟수가 100회로 되어 있지만, 1000회까지 가능하다.

BTC050 마이컴보드의 사양은 표 2-5와 같고, 외부 메모리의 8비트 데이터 버스이지만 S-RAM이 증설되어 있어서 C언어에 의한 프로그램 개발에는 충분한 메모리를 가지고 있다.

사진 2-21은 전체 모양이다.

표 2-5 ▼ BTC050 마이컴 보드의 사양

CPU	HD64F704F28
클럭	28MHz 고정
외부 메모리	• 1M비트 S-RAM 장착 • 8비트 데이터베이스 접속 • 배터리 백업 가능 • 베이스 개방 가능 • 어드레스맵 : 400000H~41FFFFH
통신 거리	RS232C 레벨 스테레오잭 장비(SCI1만)
전원 감시	리셋 IC 장비
동작 온도	0~+40℃
전원	DC5V ±5% 150mA
치수	W82.8×D64.0×H15mm
커넥터 등	30, 40, 50 핀 단자 각 1개 배터리 백업 단자 통신용 스테레오 잭 외부 RAM 모드 절환 점퍼 CPU모드 전환 딥스위치

2.2 개발 환경

사진 2-21 ▲ BTC050 마이컴 보드

(1) 커넥터

커넥터는 CN1~CN6으로, 각각의 단자 신호는 표 2-6~2-11과 같다.

표 2-6은 CN1 각 핀의 단자 신호이다. 5V 전원과 데이터 버스, 어드레스 버스 등이 있다. I/O 보드에는 회색인 GND, 5V를 접속한다.

표 2-6 ▼ CN1의 단자 신호 명칭

No.	단자 명칭	No.	단자 명칭
1	VCC(+5V)	2	VCC(+5V)
3	GND	4	GND
5	GND	6	GND
7	PD16/D16/$\overline{\text{IRQ0}}$	8	PD17/D17/$\overline{\text{IRQ1}}$
9	PD18/D18/$\overline{\text{IRQ2}}$	10	PD19/D19/$\overline{\text{IRQ3}}$
11	PD20/D20/$\overline{\text{IRQ4}}$	12	PD21/D21/$\overline{\text{IRQ5}}$
13	PD22/D22/$\overline{\text{IRQ6}}$	14	PD23/D23/$\overline{\text{IRQ7}}$
15	PD24/D24/$\overline{\text{DREQ0}}$	16	PD25/D25/$\overline{\text{DREQ1}}$
17	PD26/D26/DACK0	18	PD27/D27/DACK1
19	PD28/D28/$\overline{\text{CS2}}$	20	PD29/D29/$\overline{\text{CS3}}$
21	PA6/TCLKA/$\overline{\text{CS2}}$	22	PA7/TCLKB/$\overline{\text{CS3}}$
23	PA8/TCLKC/$\overline{\text{IRQ2}}$	24	PA9/TCLKD/$\overline{\text{IRQ3}}$
25	PA10/$\overline{\text{CS0}}$	26	PA11/$\overline{\text{CS1}}$*
27	PA12/$\overline{\text{WRL}}$*	28	PA13/$\overline{\text{WRH}}$
29	PD30/D30/IRQOUT	30	PD31/D31/$\overline{\text{ADTRG}}$
31	$\overline{\text{WDTOVF}}$	32	PA14/$\overline{\text{RD}}$*
33	PB9/$\overline{\text{IRQ7}}$/A21/$\overline{\text{ADTRG}}$	34	PB8/$\overline{\text{IRQ6}}$/A20/$\overline{\text{WAIT}}$

제 2 장 2족보행 로봇 만들기

No.	단자 명칭	No.	단자 명칭
35	PB7/$\overline{\text{IRQ5}}$/A19/$\overline{\text{BREQ}}$	36	PB6/$\overline{\text{IRQ4}}$/A18/$\overline{\text{BACK}}$
37	PB5/$\overline{\text{IRQ3}}$/$\overline{\text{POE3}}$/$\overline{\text{RDWR}}$	38	PB4/$\overline{\text{IRQ2}}$/$\overline{\text{POE2}}$/$\overline{\text{CASH}}$
39	PA18/$\overline{\text{BREQ}}$/DRAK0	40	PB3/$\overline{\text{IRQ1}}$/$\overline{\text{POE1}}$/$\overline{\text{CASL}}$
41	PB2/$\overline{\text{IRQ0}}$/$\overline{\text{POE0}}$/$\overline{\text{RAS}}$	42	PA19/$\overline{\text{BACK}}$/DARK1
43	PA20/$\overline{\text{CASHL}}$	44	PB1/A17
45	PB0/A16*	46	(N.C.)
47	VCC(+5V)	48	VCC(+5V)
49	GND	50	GND

표 2-7은 CN2의 단자 신호를, 표 2-8은 CN3의 단자 신호를 설명하고 있으며, 각각 회색 단자는 PWM 신호 단자이다.

표 2-7 ▼ CN2의 단자 신호 명칭

No.	단자 명칭	No.	단자 명칭
1	PC15/A15*	2	PC14/A14*
3	PC13/A13*	4	PC12/A12*
5	PC11/A11*	6	PC10/A10*
7	PC9/A9*	8	PC8/A8*
9	PC7/A7*	10	PC6/A6*
11	PC5/A5*	12	PC4/A4*
13	PC3/A3*	14	PC2/A2*
15	PC1/A1*	16	PC0/A0*
17	PE15/TIOC4D/$\overline{\text{DACK1}}$/$\overline{\text{IRQOUT}}$	18	PA21/$\overline{\text{CASHH}}$
19	PA22/$\overline{\text{WRHL}}$	20	PE14/TIOC4C/$\overline{\text{DACK0}}$/$\overline{\text{AH}}$
21	PA23/$\overline{\text{WRHH}}$	22	PE13/TIOC4B/$\overline{\text{MRES}}$
23	PE12/TIOC4A	24	PE11/TIOC3D
25	PE10/TIOC3C	26	PE9/TIOC3B
27	PE8/TIOC3A	28	PE7/TIOC2B
29	PA5/SCK1/$\overline{\text{DREQ1}}$/$\overline{\text{IRQ1}}$	30	PA2/SCK0/$\overline{\text{DREQ0}}$/$\overline{\text{IRQ0}}$
31	PF7/AN7	32	PF6/AN6
33	PF5/AN5	34	PF4/AN4
35	PF3/AN3	36	PF2/AN2
37	PF1/AN1	38	PF0/AN0
39	VCC(+5V)	40	GND

2.2 개발 환경

표 2-8 ▼ CN3의 단자 신호 명칭

No.	단자 명칭	No.	단자 명칭
1	VCC(+5V)	2	GND
3	PE6/TIOC2A	4	PE5/TIOC1B
5	PE4/TIOC1A	6	PE3/TIOC0D/DRAK1
7	PE2/TIOC0C/$\overline{DREQ1}$	8	PE1/TIOC0B/DRAK0
9	PE0/TIOC0A/$\overline{DREQ0}$	10	$\overline{RES}$
11	PA15/CK	12	PA17/$\overline{WAIT}$
13	PA16/$\overline{AH}$	14	$\overline{NMI}$
15	PD0/D0*	16	PD1/D1*
17	PD2/D2*	18	PD3/D3*
19	PD4/D4*	20	PD5/D5*
21	PD6/D6*	22	PD7/D7*
23	PD8/D8	24	PD9/D9
25	PD10/D10	26	PD11/D11
27	PD12/D12	28	PD13/D13
29	PD14/D14	30	PD15/D15

CN4는 시리얼 통신용 단자로서 2.5mm 피치 3핀으로 TTL 레벨로 출력되며, 마이컴간의 통신에 사용한다. 예를 들어 H8로 화상 처리한 결과를 SH7045에 시리얼 통신으로 데이터를 보내고, 이것을 통해서 공(ball)을 쫓아가는 제어에 사용할 수 있다.

표 2-9 ▼ CN4의 단자 신호 명칭

No.	단자 명칭
1	TXDO
2	RXDO
3	GND

CN6은 배터리 백업용 단자로 3V 리튬 전지를 접속하여 증설 RAM에 대한 배터리 백업을 할 수 있다. 이것에 의해 RAM에 프로그램을 기록하여 개발할 경우 백업 기능이 있으므로 프로그램이 사라지지 않기 때문에 개발 효율이 향상된다.

45

표 2-10 ▼ CN6의 단자 신호 명칭

No.	단자 명칭
1	+(3V)
2	GND

SW1(4핀 딥 스위치)는 CPU의 동작모드 전환용 스위치와 간이 터미널 모드 전환 스위치이다. 4번째 스위치는 PA2에 접속되어 있으므로 PA2는 반드시 입력 단자로 설정하여야 한다.

표 2-11 ▼ SW1의 스위치 신호

No.	단자 명칭
1	MD0
2	MD1
3	FWP
4	PA2

JACK(스테레오 잭)은 SCI1의 RXD1, TXD1을 RS-232C 신호레벨 변환용으로 전용 통신 케이블의 스테레오 플러그가 장착되어 있어, 이것을 사용해서 SH2마이컴의 내장 플래시ROM의 고쳐쓰기 동작이나 터미널 등으로 사용할 수 있다.

그림 2-5는 PC와 마이컴 보드의 접속을 나타낸다.

통신 케이블은 D-SUB 9핀의 RS-232C 커넥터용이고, COM 포트가 없는 경우는 앞서 설명한 어댑터를 사용해야 한다.

2.2 개발 환경

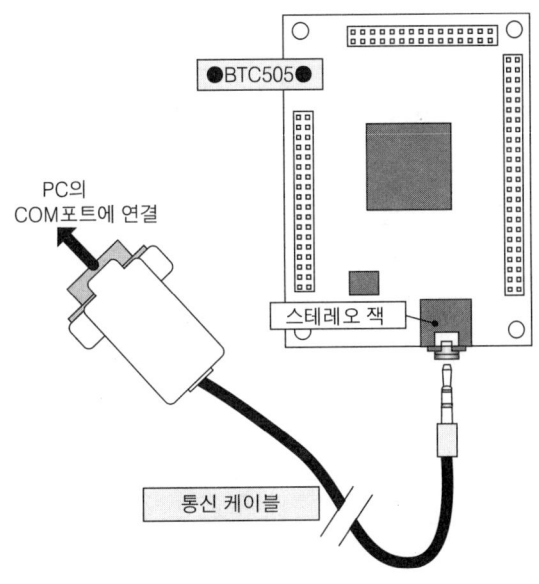

그림 2-5 ▲ 통신 케이블의 접속

(2) CPU의 동작 모드
딥스위치를 사용하여 CPU의 동작모드를 전환할 수 있다.

• MCU 모드2

모드2는 마이컴 내장 플래시ROM · RAM, 증설RAM을 사용할 때의 모드이다. 간이 터미널 프로그램을 사용할 경우에는 이것을 설정한다. 이번에는 이 모드를 사용한다. 그리고 딥스위치 4번은 간이 터미널의 전송 모드 · 실행 모드 전환에 사용한다.

표 2-12 ▼ MCU 모드 2

No.	1(MDO)	2(MD1)	3(FWP)
상태	OFF	OFF	OFF

• MCU 모드3

싱글 칩 모드로서 증설 RAM을 일체 사용하지 않는 경우에 설정한다. 이 경우는 동시에 Jp(jumper)도 'RDE'로 하여야 한다. 이것에 의해 증설 RAM을 분리하고 데이터버스나 어드레스버스 등 마이컴의 외부 단자를 전부 입출력 포트 등으로 설정할 수 있다.

표 2-13　MCU 모드3

No.	1(MDO)	2(MD1)	3(FWP)
상태	OFF	OFF	OFF

- 부트 모드

마이컴 내장 플래시ROM에 프로그램을 기록할 때 설정한다. 기록할 때는 플래시 라이터(flash writer, FW.EXE)를 사용한다. 이 프로그램도 포함되어 있다.

표 2-14 ▼ 부트 모드

No.	1(MDO)	2(MD1)	3(FWP)
상태	OFF	OFF	OFF

2.2.6 GCC

GNU 툴은 프리웨어로 본격적인 프로그래밍 및 개발하는 데 사용할 수 있지만, 컴파일러·어셈블러·링커·디버거 등이 개별 애플리케이션이고, 소스 프로그램을 편집하는 데도 에디터를 별도 준비해야 하는 등 복잡하다. 그리고 GNU 툴은 리눅스 상에서 사용하는 것을 전제로 하기 때문에 리룩스 지식이 없으면 이용이 곤란하다.

여기서 사용하는 RedHat 社의 GNUPro Toolkit for PC는 GNU 툴을 윈도우의 MS-DOS 프롬프트로 이용할 수 있는 환경을 제공하고, 편집 시스템 전용의 개발 환경으로 만들어졌다. GNU 툴이 윈도우에서 이용할 수 있게 되어 일부의 툴을 제외하고 커맨드라인 베이스 프로그램에는 변화가 없다. 그래서 이들의 성능을 가능한 활용하고 초보자도 이용할 수 있게 만든 것이 베스트 테크놀로지 社의 GCC Developer Lite이다.

GCC Developer Lite는 GNU 툴의 기능에 크게 의존하지 않고 윈도우 상에서 이용하기 위한 도움 소프트웨어로, C언어 소스 프로그램의 편집을 메인으로 하여 GCC나 디버거의 실행을 자동으로 윈도우 상에서 간단하게 실행시킬 수 있다. 또 편집용 마이컴(H8 및 SH 시리즈)을 자신의 로봇 제어에 이용할 때 각종 설정을 간단하게 시행할 수 있는 기능도 있으므로 초보자용 개발 환경에 적당하다.

2.2 개발 환경

2.2.7 GCC Developer Lite 사용 방법

베스트 테크놀로지 社의 SH7045 보드에 첨부되는 CD-ROM을 사용하면 인스톨러가 준비되어 있어서 화면의 지시대로 GCC 및 GCC Developer Lite를 간단하게 설치할 수 있다.

화면 2-1 ▲ GCC 화면

이것들의 인스톨이 종료되면 프로그램 그룹에서 'GCC Developer Lite' 의 단축키 아이콘을 클릭하여 실행한다. 화면 2-1의 윈도우가 열리면 설치가 성공한 것이다.

또한 처음 기동할 때에만 초기 환경 설정을 선택하는 대화상자가 나타난다. 여기서 SH7045 증설 SRAM이나 SH7045F 내장 플래시ROM을 선택하면 SH7045 보드를 사용할 수 있다.

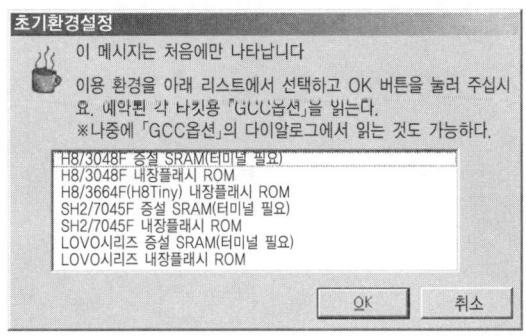

화면 2-2 ▲ 환경 설정

49

2.2.8 GCC Developer Lite의 기능

(1) 에디터

윈도우의 상단 반쪽이 C언어의 소스 프로그램을 편집하는 부분이다. 윈도우에서 사용하는 메모장보다 기능이 좋고, 폰트나 색 등의 사용자 설정이 가능하며, 에디터로서 필요한 편집 기능도 충분하다. 그리고 소스 프로그램의 행수가 증가하는 경우 편집하고 싶은 부분과 참조하고 싶은 부분이 떨어져서 1개 화면에 들어오지 않을 때는 윈도우 메뉴의 '두 개로 분할(D)'을 이용하면 편집 화면이 상하로 2분할되어 각각의 윈도우로 개별적인 편집·참조가 가능하다.

(2) GCC에 의한 컴파일

컴파일 기능은 가능 중요한 기능으로, 에디터로 편집하고 있는 소스 프로그램을 GNUPro Toolkit으로 인스톨한 컴파일러 드라이버(GCC)를 사용해서 컴파일한다.

원래는 DOS 프롬프트 상에서 GCC에 옵션을 지정해서 컴파일하지만, GDL은 그러한 옵션을 반자동으로 작성하고 GCC를 백그라운드로 동작시킨다. 그리고 컴파일할 때 GCC가 출력한 메시지를 컴파일러 동작 로그에 기록한다.

컴파일러 상에서 옵션이나 파일의 설정은 '툴(T)' 메뉴 → 'GCC 옵션(O)…'에서 실행시킬 수 있다.

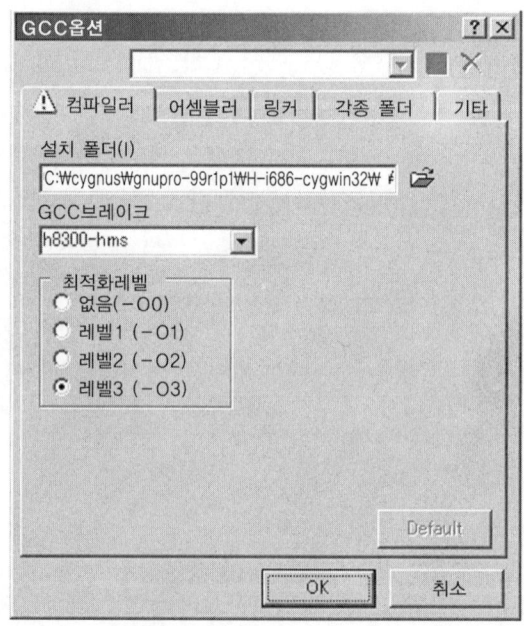

화면 2-3 ▲ GCC 옵션의 설정 화면

2.2 개발 환경

 GCC 옵션 설정 내용은 대상이 되는 CPU마다 다르지만, 복수의 개발 환경으로 전환하여 이용하는 방법으로서 GCC 옵션 설정 대화상자의 가장 위에 있는 '설정 리스트'에서 임의의 타깃을 선택함으로써 미리 준비된 설정 내용으로 자동 설정된다. 이러한 설정 방법으로 앞으로 작성하는 프로그램은 컴파일이 가능하다.

 컴파일 작업을 시행할 때는 '컴파일(C)' 메뉴에서 목적별로 컴파일 방법을 선택한다.

화면 2-4 ▲ 컴파일

(3) 컴파일러 동작 로그

 소스 프로그램을 컴파일할 때 윈도우 하단 반쪽 부분(하얀 부분)에 컴파일러가 출력하는 메시지가 차례차례 표시된다. 그리고 컴파일 에러가 발생했을 때 로그 안에 소스 프로그램의 파일명과 행번호가 기재되어 있을 경우에는 그 메시지를 더블 클릭하면 에디터의 커서가 그 행으로 점프해서 간단하게 디버깅할 수 있다.

2.2.9 SH7045F 보드를 대상으로 한 개발 순서

(1) SH2마이컴의 ROM으로 움직인다

- 컴파일러 옵션 설정

 컴파일러 옵션에 다음과 같이 설정한다. 방법은 '설정 리스트'에서 'SH2/7045F 내장 플래시ROM'을 선택하는 것이다.

- 소스 프로그램 편집과 컴파일

 샘플 프로그램을 편집하고 컴파일하기 위하여 프로그램 2-1을 사용한다.

 GCC Developer Lite의 에디터로 입력이 끝나면, 적당한 장소에 'p1.c'이라는 이름으로 저장한다.

제 2 장　2족보행 로봇 만들기

표 2-15 ▼ SH2 마이컴의 ROM으로 움직인 경우의 컴파일러 옵션 설정

컴파일러	
인스톨 폴더	C:\GCCDEVL\GNUPro\SH\H-i686-cygwin32\bin
GCC브레이크	sh-elf
최적화 레벨	없음(-O0)
링커	
MAP파일 출력	☑(체크함)
스크립트 파일	C:\GCCDEVL\7045F\shrom.x
링크할 라이브러리	(없음)※1
각종 폴더	
추가 인크루드 버스	C:\GCCDEVL\7045F
추가 라이브러리 버스	(없음)
어셈블러	
스타트업루틴	C:\GCCDEVL\7045\shrom.s
기타	
GCC 추가 옵션	-m2 ※2 -nostartfiles ※2
컴파일시 편집중인 파일을 보존한다.	☑(체크함)
출력파일 타입	BIN
추가 옵션 지정	(없음)

※1 (없음)은 설정하지 않는 의미이다.
※2 대문자, 소문자 및 스페이스는 GCC에서 구별된다.

　다음으로 컴파일하기 위해 GCC Developer Lite의 '컴파일(C)' 메뉴 '빌드(B)'를 선택한다. GCC 옵션 설정 또는 소스 프로그램에 문제가 없으면, '컴파일 〈성공〉'의 메시지가 로그 윈도우에 나타난다. 만일 에러 메시지 등이 출력되면 에러 메시지를 참고해서 설정 및 소스 프로그램을 수정하여 에러가 없어질 때까지 반복한다.
　컴파일에 성공했을 경우는 소스 프로그램을 보관한 장소에 'p1.bin'이라는 파일이 생긴다.

2.2 개발 환경

프로그램 2-1

```c
//---------------------------------------------------
//------    PWM Sample    for SH7045            -----------
//------ by I.Nishiyama                         -----------
//---------------------------------------------------
// Sample Program for RAM mode
//----------------------------
//  Include Files
//----------------------------
#include "7045.h"        //From Besttechnology CD-ROM
#include "mess.c"        //From Besttechnology CD-ROM
//--------------------------------
// 보행 시작시의 자세 설정
//--------------------------------
void set_servo(void){
    unsigned int a,b;
    a=18000;b=2400;
    SendMessage1 ("======= 서보모터 테스트 프로그램=============== WnWr");
    SendMessage1 ("u:주기up d:주기down h:DutyHigh l:DutyLow YnYr");
    SendMessage1 ("===================================== WnWr");
    while(1){
        switch (SCI1_IN_DATA ()) {  // 컴퓨터에서 키 입력 대기
            case 'u':    a=a+10;
                break;
            case 'd':    a=a-10;
                break;
            case 'h':    b=b+10;
                break;
            case 'l':    b=b-10;
                break;
            default:
            }
        MTU0.TGRA=a;            // 주기 설정
        MTU0.TGRB=b;            // 듀티 설정
        SendMessage1 ("주기=%6d Duty=%6d TCNT=%6dWr",MTU0.TGRA,MTU0.TGRB,MTU0.TCNT);
    }
}
//----------------------
// PWM set
//----------------------
void set_pwm(void){
    PFC.PECR1.WORD=0x5555;        // MTU mode
    PFC.PECR2.WORD=0x5555;        // MTU mode
    PFC.PEIOR.WORD=0xffff;        //set out
```

제 2 장 2족보행 로봇 만들기

```
// Timer0 for PWM
    MTU0.TCR.BYTE=0x22;         // 1/16 clock
    MTU0.TCNT=0;                // Timer0 TCNT reset
    MTU0.TGRA=18000;            // 주기 TGRA와 동일
    MTU0.TGRB=2400;             // 듀터
    MTU0.TGRC=18000;            // 주기 TGRA와 동일
    MTU0.TGRD=2400;             // 듀터
    MTU0.TIOR.WORD=0x5656;      //
    MTU0.TMDR.BYTE=0xc2;        //  PWM mode1
// Timer start
    MTU.TSTR.BIT.CST0=1;        //  MTU channel0 start
}
//--------------------
// Main Program
//--------------------
int main(void){
    set_pwm();
    InitSCI1 (br57600);                 // 시리얼(SCI) 초기화 57600[bps]
    set_servo();
}
//----------------------------------------------------
```

- SH2 마이컴 보드에 전송

마이컴 보드를 부트 모드(플래시 ROM 쓰기모드)로 한다.

마이컴 보드의 전원을 끝 상태에서 부트 모드 설정 및 PC의 COM1과 마이컴 보드 전용 통신 케이블로 접속한다. 준비가 되면 마이컴 보드에 전원을 공급한다. 외부 툴로 미리 등록되어 있는 '플래시 라이터(SH/7945F)'를 GCC Developer Lite에서 기동하고, '송신 파일 명'에 'p1.bin'이 설정되어 있는 것을 확인한다.

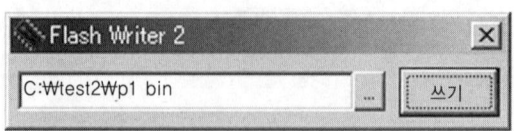

화면 2-5 ▲ 플래시 라이터

준비가 되어 '쓰기' 버튼을 누르면 PC에서 마이컴 보드로 프로그램의 전송을 시작한다. 전송중 플래시 라이터에서 에러 메시지가 출력되면 마이컴 보드의 전원·케이블 접속 상태를 체크하고, PC의 통신 포트 등을 다시 확인한다.

2.2 개발 환경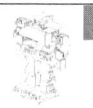

재전송할 때는 마이컴 보드의 전원을 한 번 끄고 나서 같은 작업을 반복한다.

- 프로그램 실행

  마이컴 보드의 전원을 끄고, 마이컴 보드의 매뉴얼에 따라서 모드2로 전환한 후 마이컴 보드에 전원을 공급하면 마이컴의 프로그램은 동작한다.

(2) SH2 마이컴의 증설 RAM으로 움직인다

여기서는 BTC050 SH7045F 마이컴 보드를 대상으로 해서 그 RAM에 프로그램을 전송하여 실행시키는 방법을 설명한다.

SH7045F마이컴의 플래시 ROM 쓰기 횟수는 100회이다. 내장되어 있는 RAM의 용량이 그렇게 크지 않다. 플래시 ROM으로의 전송 속도가 늦어지므로 외부에 별도 RAM을 증설하여 프로그램을 그 RAM에서 동작시키는 일이 자주 일어난다. 그 경우 PC에서 통신으로 보내오는 데이터(프로그램)를 증설 RAM 쪽에 기록하는 프로그램이 먼저 플래시 ROM에 기록되어 있어야 한다.

- 컴파일러 옵션 설정

  '컴파일러 옵션'에 아래의 설정을 우선 시행하거나 또는 '설정 리스트'에서 'SH／7045F 증설 SRAM'을 선택한다.

제 2 장 2족보행 로봇 만들기

표 2-16 ▼ SH2 마이컴의 증설RAM으로 작동시킨 경우의 컴파일러 옵션 설정

컴파일러	
인스톨 폴더	C:\GCCDEVL\GNUPro\SH\H-i686-cygwin32\bin
GCC 브레이크	sh-elf
최적화 레벨	(-OO)
어셈블러	
스타트업루틴	C:\GCCDEVL\7045F\shram.s
링커	
MAP파일 출력	☑ (체크 있음)
스크립트 파일	C:\GCCDEVL\7045F\shram.x
링크하는 라이브러리	(없음)※1
각종 폴더	
추가 인크루드 경로	C:\GCCDEVL\7045F
추가 라이브러리 경로	(없음)
그외	
GCC 추가옵션	-m2 ※2 -nostartfiles ※2 -mrelax ※2
컴파일시 편집중의 파일을 보존한다	☑(체크)
출력파일 타입	BIN
추가옵션 지정	(없음)

※1 (없음)은 설정하지 않는다는 의미이다.
※2 대문자나 소문자 빈칸은 GCC에서 구별된다.

- **소스 프로그램 편집과 컴파일**

  프로그램 2-1을 사용하고 동일한 방법으로 편집과 컴파일을 반복한다.

- **간이 RAM전송 프로그램**

  증설 RAM에 PC에서 프로그램을 전송하기 위해서는 미리 SH2의 플래시 ROM에는 통신 프로그램을 써넣어 두어야 한다. SH2 보드 세트에 첨부되는 CD-R의 'TIM\SH_7045F' 폴더에 있는 'TIMSH.BIN' 파일이 그 프로그램이다. 플래시 라이터를 사용해서 이 'TIMSH.BIN' RAM 전송 프로그램을 SH2마이컴 보드에 미리 기록해 두어야 한다. 그리고 증설 RAM을 SH2에 인식시키기 위해서 마이컴 보드를 모드2로 설정한다.

2.2 개발 환경

- 하이퍼터미널로 SH2와 접속

윈도우에는 하이퍼터미널이라고 하는 터미널 소프트웨어가 준비되어 있다. 만일 윈도우의 '스타트' 버튼 '프로그램(P)' '액세서리' '통신'에 '하이퍼터미널'이 없는 경우에는, 제어판의 '애플리케이션의 추가와 삭제'에서 하이퍼터미널을 추가 설치하면 된다.

준비가 되면 하이퍼터미널의 설정이 끝난 파일과의 링크가 이미 GCC Developer Lite의 외부 툴에 등록되어 있기 때문에 클릭해서 기동시킨다(화면 2-6).

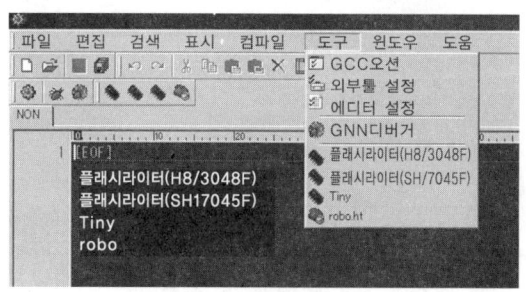

화면 2-6 ▲ 하이퍼터미널의 설정이 끝난 링크

만일 하이퍼터미널을 기동해도 에러 등을 나타내는 대화상자가 나타났을 경우는 화면 2-7의 설정을 실행하여야 한다.

'접속의 설정'에서 접속 방법을 플래시라이터로 사용하고 있는 것과 같은 통신 포트를 선택(여기서는 Com1)해서 'OK'를 누른다.

화면 2-7 ▲ 접속 설정

다음으로 프로퍼티를 화면 2-8과 같이 설정하고 'OK'를 누른다.

화면 2-8 ▲ COM1의 프로퍼티

'OK'를 누르면 동시에 터미널 윈도우가 열리고 통신이 시작된다.

하이퍼터미널이 문제없이 기동되면, PC와 마이컴 보드를 통신 케이블에 접속해서 마이컴 보드 상의 '딥스위치 4'를 ON으로 하여 마이컴 보드의 전원을 공급한다.

다음과 같은 문자열이 터미널 윈도우에 표시되면 성공이다.

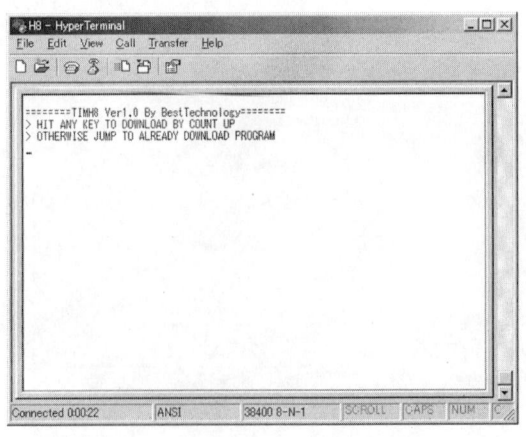

화면 2-9 ▲ 터미널 윈도우

2.2 개발 환경

• 프로그램의 RAM 전송과 실행

다음으로는 Object 프로그램을 하이퍼터미널을 사용해서 마이컴 보드에 전송하는 순서를 설명한다.

마이컴 보드의 딥스위치4를 ON으로 해둔 채, 마이컴 보드에 전원을 제공한다. 그러면 터미널 윈도우에 '·(도트)'가 0.5초 간격으로 몇 개 표시된다. 이것으로 마이컴 보드 쪽이 수신 대기 상태로 된다.

하이퍼터미널의 '전송(C)' 메뉴 '파일의 송신(S)...'으로 '파일의 송신' 대화상자를 연다. '파일명(F)'에는, '참조(B)...' 버튼으로 이전에 컴파일한 'p1.bin'을 참조해 설정한다. '프로토콜(P)'은 'Xmodem'을 선택한다.

'송신(S)' 버튼을 누르고 전송을 개시한다. 몇 초만에 전송이 완료되고, 전송 완료와 동시에 마이컴 보드의 RAM에 전송된 프로그램이 실행된다. 이 때 마이컴 보드에 탑재된 RAM을 배터리 백업함으로써 전원을 꺼도 프로그램이 지워지지 않게 하는 것이 가능하다.

그리고 마이컴 보드의 딥스위치4를 OFF로 해 두고 전원을 넣으면, 이미 RAM에 전송된 프로그램이 즉시 작동한다.

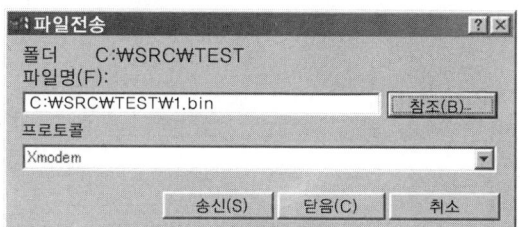

화면 2-10 ▲ 파일의 송신

2.2.10 GCC Developer Lite에서 GCC의 수학 함수를 사용하려면

GCC Developer Lite에서 sin이나 cos 등의 수학 함수를 사용하는 경우에는 math.h를 소스 프로그램의 처음에 인클루드 선언을 한다.

```
#include <math.h>
```

그러나 이대로는 GCC Developer Lite에서 컴파일하면 에러가 나온다. 이것은 math.h는 프로토 타입 선언에 지나지 않고, 수학 함수 본체를 정리하고 있는 라이브러리를 의도적으로 링크하지 않으면 안 되기 때문이다.

우선 GCC Developer Lite 의 메뉴바의 '툴(T)'에서 'GCC 옵션'을 클릭하고, '링커' 탭의 '링크하는 라이브러리'에 'm'을 추가한다(화면 2-11 참조).

설정이 끝나면 OK 버튼을 클릭하고 옵션 설정을 완료하면 컴파일할 수 있다. 또한 사용할 수 있는 함수는 각 타깃용 GCC의 폴더에 있는 math.h를 참조하길 바란다. 또 라이브러리를 링크한 컴파일 후의 파일 크기가 커지기 때문에 타깃의 메모리 크기에 주의가 필요하다. 그리고 이것은 코프로세서를 사용하지 않은 에뮬레이션이기 때문에 실수 연산의 계산 속도는 기대할 수 없다.

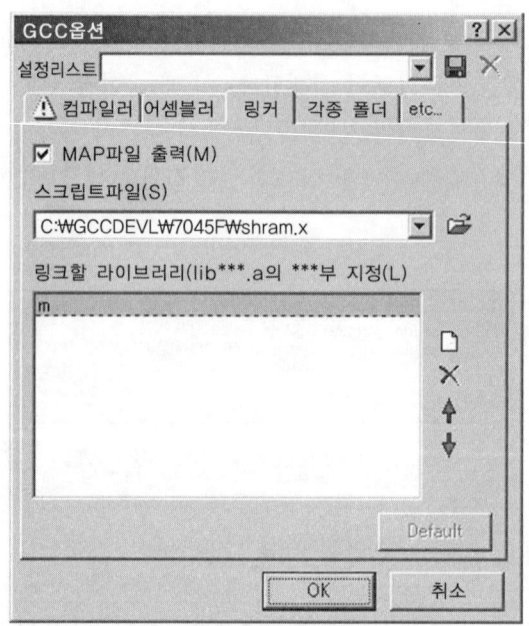

화면 2-11 ▲ GCC 옵션 화면

2.3 SH2로 무선조종 서보 모터 제어

이전부터 무선조종용 서보 모터를 제어할 수 있다면, 로봇의 경우 서보 모터의 수가 늘어난 것뿐이기 때문에 제어할 수 있다. 먼저 무선조종용 서보 모터를 동작시켜 보자.

2.3.1 무선조종용 서보 모터의 제어

무선조종용 서보 모터는 그림 2-6과 같이 구성되어 있다. 입력 펄스는 오른쪽과 같은 신호로서 이것에 의해 서보 모터의 위치가 결정된다. 가변저항으로 위치를 피드백하고 모터를 제어하는 것이다. 이러한 처리를 아날로그(analog)로 하느냐 또는 디지털(digital)로 하느냐에 따라 아날로그 서보 모터 또는 디지털 서보 모터라고 부른다. 제어에서는 이 펄스신호를 컴퓨터로부터 보내어 서보 모터의 입력으로 사용하는데, 이 신호를 PWM 신호라고 한다.

이후에는 베스트테크놀로지 社의 SH7045 마이컴 보드를 사용한 경우의 PWM 출력법에 대해 기술하고, 간단한 서보 모터 컨트롤 프로그램을 작성하겠다.

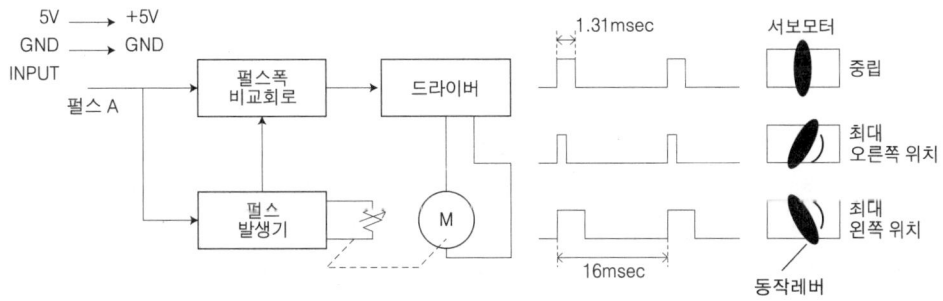

그림 2-6 ▲ 무선조종 서보 모터의 신호

2.3.2 SH2에 의한 무선조종 서보 모터 제어

SH7045를 사용해서 PWM신호를 출력시켜 보자. 그림 2-7은 SH7045의 패키지이다. SH7045에서는 패키지의 크기 제한으로 CPU 칩으로부터 나와 있는 핀에 여러 가지 기능이 있는데, 이 기능을 프로그램으로 선택하여 사용한다. 따라서 사용하고자 하는 기능을 선택하려면 초기에 핀 펑션 컨트롤러(PFC)의 설정이 필요하다.

제 2장 2족보행 로봇 만들기

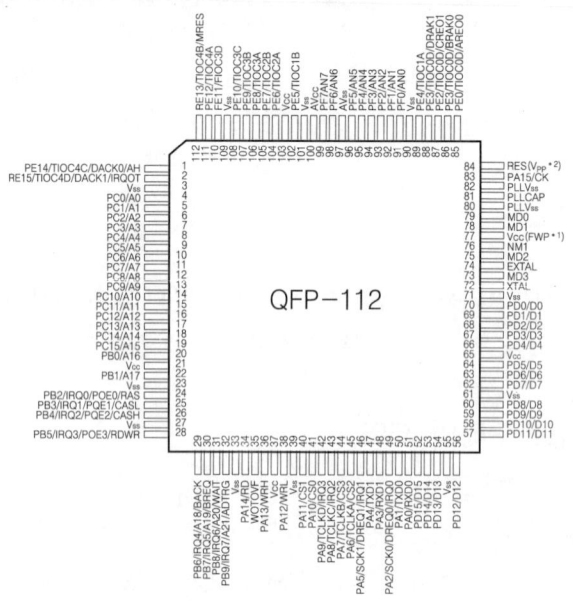

그림 2-7 ▲ SH7045

(1) 핀 펑션 컨트롤러(Pin Function Controller, PFC)의 설정

핀 펑션 컨트롤러(PFC)는 핀 단자의 기능을 선택하기 위한 것과 입출력을 설정하기 위한 레지스터로, 표 2-17과 같이 각각의 단자에 대해서 여러 가지 기능이 분배되어 있다. PWM 신호를 출력하기 위해서는 뒤에서 설명할 멀티 펑션 타이머 펄스 유닛(multi function timer pulse unit, MTU)을 사용한다.

표 2-17의 기능 2를 선택함으로써 PWM신호를 TIOC 단자로 출력할 수 있다.

MTU 관련 입출력은 16개의 단자가 있다. 여기서 PWM 신호가 출력 가능한 것은 PE포트에 부여된 16개이지만, 실제로는 PWM으로 사용 가능한 것은 최대 12개이다(FREEDOM에서는 24개의 PMW 신호가 출력되도록 만들어져 있다). 이들 단자를 MTU(PWM 출력)에 설정하려면 다음의 레지스터를 설정한다.

2.3 SH2로 무선조종 서보 모터 제어

표 2-17 ▼ 핀 펑션

보드	기능1(관련 모듈)	기능2(관련 모듈)	기능3(관련 모듈)	기능4(관련 모듈)
E	PE15 입출력 (보드)	TIOC4D 입출력(MTU)	DACK1 출력(DMAC)	IRQOUT 출력(INTC)
E	PE14 입출력 (보드)	TIOC4C 입출력(MTU)	DACK0 출력(DMAC)	$\overline{AH}$ 출력(BSC)
E	PE13 입출력 (보드)	TIOC4B 입출력(MTU)	$\overline{MRES}$ 출력(INTC)	
E	PE12 입출력 (보드)	TIOC4A 입출력(MTU)		
E	PE11 입출력 (보드)	TIOC3D 입출력(MTU)		
E	PE10 입출력 (보드)	TIOC3C 입출력(MTU)		
E	PE9 입출력 (보드)	TIOC3B 입출력(MTU)		
E	PE8 입출력 (보드)	TIOC3A 입출력(MTU)		
E	PE7 입출력 (보드)	TIOC2B 입출력(MTU)		
E	PE6 입출력 (보드)	TIOC2A 입출력(MTU)		
E	PE5 입출력 (보드)	TIOC1B 입출력(MTU)		
E	PE4 입출력 (보드)	TIOC1A 입출력(MTU)		
E	PE3 입출력 (보드)	TIOC0D 입출력(MTU)	$\overline{DRAK1}$ 출력 (DMAC)	
E	PE2 입출력 (보드)	TIOC0C 입출력(MTU)	$\overline{DREQ1}$ 입력 (DMAC)	
E	PE1 입출력 (보드)	TIOC0B 입출력(MTU)	$\overline{DRAK0}$ 출력 (DMAC)	
E	PE0 입출력 (보드)	TIOC0A 입출력(MTU)	$\overline{DREQ0}$ 입력 (DMAC)	

- **포트 E 컨트롤 레지스터1, 2(PECR1, PECR2) 설정**

  포트E 컨트롤 레지스터1, 2(PECR1, PECR2)는 16비트 레지스터로서 포트E에 있는 16개의 단자 기능을 선택한다. PECR1은 포트E의 상위 8비트 단자 기능을 갖고, PECR2는 포트 E의 하위 8비트 단자의 기능이 있다. 그림 2-8은 PECR1 레지스터를 나타내고 있고, 10, 11, 12, 13, 14, 15비트는 각각 표 2-18처럼 설정한다. 여기서 MTU를 선택하는 경우는 01로 한다. 그리고 0, 2, 4, 6, 8비트는 표 2-19처럼 되어 있고, 각각 1을 설정하면 된다. 아래와 같이 PE 포트 전부를 MTU로 선택하려면 PECR1 레지스터 및 PECR2 레지스디에 0101010101010101B를 입력하면 된다. 기능 선택이 끝나면 입출력을 설정한다. 이를 위하여 포트 E·IO 레지스터 (PEIOR)을 설정한다.

- **포트 E·IO 레지스터(PEIOR)**

  포트 E·IO 레지스터(PEIOR)는 16비트 레지스터로, 포트 E에 있는 16개 단자의 입출력 방향을 선택한다.

제 2장 2족보행 로봇 만들기

비트 :	15	14	13	12	11	10	9	8	7	6	5	4	3	2	1	0
	PE15 MD1	PE15 MD0	PE14 MD1	PE14 MD0	PE13 MD1	PE13 MD0	—	PE12 MD	—	PE11 MD	—	PE10 MD	—	PE9 MD	—	PE8 MD
초기값 :	0	0	0	0	0	0	0	0	0	0	0	0	0	0	0	0
R/W :	R/W	R/W	R/W	R/W	R/W	R/W	R	R/W	R	R/W	R	R/W	R	R/W	R	R/W

그림 2-8 ▲ 포트 E 컨트롤 레지스터1(PECR1)

비트 :	15	14	13	12	11	10	9	8	7	6	5	4	3	2	1	0
	PE15 IOR	PE14 IOR	PE13 IOR	PE12 IOR	PE11 IOR	PE10 IOR	PE9 IOR	PE8 IOR	PE7 IOR	PE6 IOR	PE5 IOR	PE4 IOR	PE3 IOR	PE2 IOR	PE1 IOR	PE0 IOR
초기값 :	0	0	0	0	0	0	0	0	0	0	0	0	0	0	0	0
R/W :	R/W	R/W	R/W	R/W	R/W	R/W	R/W	R/W	R/W	R/W	R/W	R/W	R/W	R/W	R/W	R/W

그림 2-9 ▲ 포트 E · IO 레지스터(PEIOR)

표 2-18 ▼ 기능의 선택 비트(PE15MD1~PE15MD0)

비트 15 RE15MD1	비트 14 RE15MD0	설명
0	0	범용 입출력(RE15) (초기값)
0	1	MTU input 캡처입력/output 컴페어 입력(TIOC4D)
1	0	DMA 요구수납출력(IRQOUT) (싱글모드에서는 PE15)
1	1	가로채기 요구출력(IRQOUT) (싱글칩 모드에서는 예약)

표 2-19 ▼ 기능의 선택 비트(PE12MD)

비트 8 RE12MD	설명
0	범용 입출력(PE12) (초기값)
1	MTU 입력 캡처 입력/출력 비교 입력(TIOC4A)

2.3 SH2로 무선조종 서보 모터 제어

PE15IOR~PE0IOR 비트가 1인 경우 단자는 출력으로 되고, 0으로 하면 입력으로 된다. PWM을 출력하려면 1로 설정해 둔다.

(2) 멀티펑션 타이머 펄스 유닛(Multi Function Timer Pulse Unit, MTU)

다음으로 멀티펑션 타이머 펄스 유닛(MTU)을 PWM 모드로 설정한다. 이를 위하여 멀티펑션 타이머 펄스 유닛(MTU)의 사용하는 단자에 대응하는 레지스터를 PWM 모드로 설정한다.

- **PWM 모드**

    PWM 모드는 출력단자(TIOC)로 PWM 파형을 출력하는 모드이다. 타이머 카운터(Timer Counter, TCNT)와 타이머 제너럴 레지스터(Timer General Register, TGR)의 컴페어 매치(Compare Match)에 의한 출력레벨을 0출력/1출력/토글출력에서 선택할 수 있다. 타이머 카운터(TCNT)는 16비트 카운터로, 각 채널에 1개씩 있다. 그리고 타이머 제너럴 레지스터(TGR)는 16비트 출력 컴페어(Output Compare)·입력 캡쳐(Input Capture) 레지스터로, 채널 0, 3, 4에 각각 4개, 채널 1, 2에 각각 2개로 총 16개의 범용 레지스터가 있다.
    PWM 모드에는 2종류가 있으며, PWM 출력단자와 레지스터의 대응을 표 2-20에 나타내었다. PWM 모드1에서는 TGRA와 TGRB 레지스터를 각각 쌍으로 사용해서 PWM 출력을 만든다. TGR를 2개 사용해서 TCNT와 비교함으로써 PWM를 발생시킨다.
    PWM 모드1에서는 최대 8상(相)의 PWM 출력이 가능하다. PWM 모드2에서는 TGR 레지스터 1개를 주기 레지스터로, 다른 하나는 듀티 레지스터로 사용하여 PWM을 출력하여 효율을 높일 수 있다. 이것들을 조합하면 최대 12상의 PWM 출력이 가능하다. PWM 설정에는 우선 타이머 컨트롤 레지스터(TCR) 설정이 필요하다.

표 2-20 ▼ PWM 출력단자와 레지스터의 대응

채널	레지스터	출력단자	
		PWM모드 1	PWM모드 2
0 (쌍 AB)	TGR0A TGR0B	TIOC0A	TIOC0A TIOC0B
0 (쌍 CD)	TGR0C TGR0D	TIIOC0C	TIOC0C TIOC0D
1	TGR1A TGR1B	TIIOC1A	TIOC1A TIOC1B
2	TGR2A TGR2B	TIIOC2A	TIOC2A TIOC2B
3 (쌍 AB)	TGR3A TGR3B	TIIOC3A	설정하지 않음
3 (쌍 CD)	TGR3C TGR3D	TIIOC3C	
4 (쌍 AB)	TGR4A TGR4B	TIIOC4A	
4 (쌍 CD)	TGR4C TGR4D	TIIOC4C	

- 타이머 컨트롤 레지스터(Timer Control Register, TCR)

  타이머 컨트롤 레지스터(TCR)는 각 채널의 TCNT 카운터를 제어하는 8비트 레지스터이다(그림 2-10). MTU에는 채널 0~4에 각각 1개씩 모두 5개의 TCR 레지스터가 있다. 여기서는 TGRA의 컴페어 매치(Compare Match)로 TCNT를 클리어한다(표 2-21). 이렇게 하면 TGRA가 PWM의 주기가 된다. 이 설정은 001이다. 또 클럭은 상승 에지(Rising Edge)로 설정한다(표 2-22).

비트	7	6	5	4	3	2	1	0
	CCLR2	CCLR1	CCLR0	CKEG1	CKEG0	TPSC2	TPSC1	TPSC0
초기값 :	0	0	0	0	0	0	0	0
R/W :	R/W	R/W	R/W	R/W	R/W	R/W	R/W	R/W

그림 2-10 ▲ 타이머 컨트롤 레지스터(TCR)

2.3 SH2로 무선조종 서보 모터 제어

표 2-21 ▼ 클리어(clear)의 선택

비트7 CCLR2	비트6 CCLR1	비트5 CCLR0	기능
0	0	0	TCNT의 클리어 금지 (초기값)
		1	TGRA의 컴페어 매치/입력캡처에서 TCNT를 클리어
	1	0	TGRB의 컴페어 매치/입력캡처에서 TCNT를 클리어
		1	동기클리어/ 동기조작 번역누락
1	0	0	TCNT의 클리어 금지
		1	TGRC의 컴페어 매치/입력캡처에서 TCNT를 클리어
	1	0	TGRD의 컴페어 매치/입력캡처에서 TCNT를 클리어
		1	동기클리어/ 동기조작을 실행하는 경우 외에는 채널의 카운트 클리어에서 TCNT를 클리어

표 2-22 ▼ 카운트(count)의 설정

비트4 CKEG1	비트3 CKEG0	기능
0	0	상승 에지에서 카운터(초기값)
	1	하강 에지에서 카운터
1	X	양 에지에서 카운터

다음은 표 2-23과 같은 클럭 설정으로, TCNT가 CPU의 클럭을 몇 회 세면 카운트업(Count Up)시키는가를 설정한다. 010을 설정했다면 1/16 클럭이므로 CPU의 클럭을 28MHz로 했을 경우, TCNT는 1.75MHz의 클럭으로 동작하게 된다. 이 수를 세는 것으로 PWM 신호를 발생시키기 때문에 TCNT에 사용하는 주기와 펄스폭에 적절한 클럭을 설정할 필요가 있다.

제 2장 2족보행 로봇 만들기

표 2-23 ▼ 클럭 설정

비트2 TPSC2	비트1 TPSC1	비트0 TPSC0	기능
0	0	0	내부클럭 : $\phi1$에서 카운터 (초기값)
0	0	1	내부클럭 : $\phi4$에서 카운터
0	1	0	내부클럭 : $\phi16$에서 카운터
0	1	1	내부클럭 : $\phi64$에서 카운터
1	0	0	외부클럭 : TCLAKA 단자입력 카운터
1	0	1	외부클럭 : TCLAKB 단자입력 카운터
1	1	0	외부클럭 : TCLAKC 단자입력 카운터
1	1	1	외부클럭 : TCLAK D단자입력 카운터

• 타이머 모드 레지스터(Timer Mode Register, TMDR)

다음으로 타이머 모드 레지스터(TMDR)를 설정한다. 타이머 모드 레지스터(TMDR)는 각 채널의 동작모드를 설정하는 8비트 레지스터이다. MTU에는 각 채널 1개씩 모두 5개의 TMDR 레지스터가 있다.

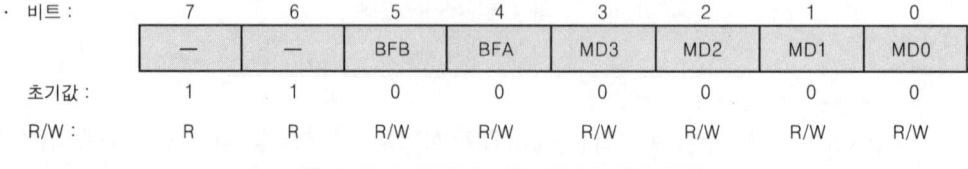

그림 2-11 ▲ 타이머 모드 레지스터(TMDR)

BFB, BFA 비트는 버퍼 동작의 설정용으로, 여기서는 사용하지 않기 때문에 00으로 설정한다. MD0~MD3은 모드 설정용으로, 여기서는 PWM 모드1을 설정한다(표 2-24).

2.3 SH2로 무선조종 서보 모터 제어

표 2-24 ▼ 모드의 설정

비트3	비트2	비트1	비트0	기능
MD3	MD2	MD1	MD0	
0	0	0	0	정상조작 (초기값)
			1	예약(설정금지)
		1	0	PWM 모드1
			1	PWM 모드2
	1	0	0	위상계측모드1
			1	위상계측모드2
		1	0	위상계측모드3
			1	위상계측모드4
1	0	0	0	리셋동기 PMW모드
			1	예약(설정금지)
		1	0	예약(설정금지)
			1	예약(설정금지)
	1	0	0	예약(설정금지)
			1	상보 PWM모드1
		1	0	상보 PWM모드2
			1	상보 PWM모드3

다음으로 타이머 I/O 컨트롤 레지스터(TIOR)를 설정한다.

2.3.3 타이머 I/O 컨트롤 레지스터(TIOR)

타이머 I/O 컨트롤 레지스터(TIOR)는 TGR를 제어하는 레지스터이다. MTU에는 채널 0, 3, 4에 각각 2개씩, 채널 1, 2에 각각 1개씩 모두 8개의 TIOR 레지스터가 있다. 여기서는 TGRA 레지스터의 초기 출력값과 출력 컴페어(Output Compare) 출력값을 "0"으로, TGRB 레지스터의 출력 컴페어 출력값을 "1"로 설정함으로써 TRGB가 PWM 펄스폭이 된다.

비트 :	7	6	5	4	3	2	1	0
	IOB3	IOB2	IOB1	IOB0	IOA3	IOA2	IOA1	IOA0
초기값 :	0	0	0	0	0	0	0	0
R/W :	R/W	R/W	R/W	R/W	R/W	R/W	R/W	R/W

그림 2-12 ▲ 타이머 컨트롤 레지스터(TIOR)

표 2-25 출력 컴페어와 입력 캡처의 설정

비트7 IOB3	비트6 IOB2	비트5 IOB1	비트4 IOB0	기능		
0	0	0	0	TGR0B 클럭 비교 레지스터	출력금지 (초기값)	
0	0	0	1	TGR0B 클럭 비교 레지스터	초기출력은 0 출력	컴페어 매치에서 0 출력
0	0	1	0	TGR0B 클럭 비교 레지스터	초기출력은 0 출력	컴페어 매치에서 1 출력
0	0	1	1	TGR0B 클럭 비교 레지스터	초기출력은 0 출력	컴페어 매치에서 토글 출력
0	1	0	0	TGR0B 클럭 비교 레지스터	출력금지	
0	1	0	1	TGR0B 클럭 비교 레지스터	초기출력은 1 출력	컴페어 매치에서 0 출력
0	1	1	0	TGR0B 클럭 비교 레지스터	초기출력은 1 출력	컴페어 매치에서 1 출력
0	1	1	1	TGR0B 클럭 비교 레지스터	초기출력은 1 출력	컴페어 매치에서 토글 출력
1	0	0	0	TGR0B 입력 캡처 레지스터	캡처입력원은 TIOC0B 단자	상승 에지에서 입력 캡처
1	0	0	1	TGR0B 입력 캡처 레지스터	캡처입력원은 TIOC0B 단자	하강 에지에서 입력 캡처
1	0	1	0	TGR0B 입력 캡처 레지스터	캡처입력원은 TIOC0B 단자	양 에지에서 입력 캡처
1	0	1	1	TGR0B 입력 캡처 레지스터	캡처입력원은 TIOC0B 단자	양 에지에서 입력 캡처
1	1	0	0	TGR0B 입력 캡처 레지스터	캡처입력원은 채널1/카운터 클럭	TCNT1의 카운트업/카운트다운에서 입력 캡처
1	1	0	1	TGR0B 입력 캡처 레지스터	캡처입력원은 채널1/카운터 클럭	TCNT1의 카운트업/카운트다운에서 입력 캡처
1	1	1	0	TGR0B 입력 캡처 레지스터	캡처입력원은 채널1/카운터 클럭	TCNT1의 카운트업/카운트다운에서 입력 캡처
1	1	1	1	TGR0B 입력 캡처 레지스터	캡처입력원은 채널1/카운터 클럭	TCNT1의 카운트업/카운트다운에서 입력 캡처

❖ PWM 발생 프로그램

이상의 설정을 마치면 드디어 PWM을 발생시킬 수 있다. SH2 설정은 힘들지만, 어느 설정이 1개만 없어도 동작하지 않기 때문에 잘 이해하여야 한다.

이 설정은 프로그램 2-2의 set_pwm()와 같은 설정이 된다. PWM은 TIOC0A, TIOC0C에서 출력된다. 이 단자와 GND 및 5V를 서보 모터의 커넥터로 접속한다. 단, 여기서 보행 로봇과 같이 많은 서보 모터를 사용하는 경우에는 마이컴용 5V 전원과 서보 모터의 전원은 마이컴의 오작동을 방지하기 위해 분리하는 것이 바람직하다.

2.3 SH2로 무선조종 서보 모터 제어

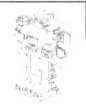

프로그램 2-2

```c
//----------------------------------------------------
//------        PWM Sample    for SH7045               ------------
//------              by I.Nishiyama                   ------------
//----------------------------------------------------
// Sample Program for RAM mode
//----------------------------------
//   Include Files
//----------------------------------
#include "7045.h"        //From Besttechnology CD-ROM
#include "mess.c"        //From Besttechnology CD-ROM
//------------------------------------------------
//  보행 초기의 자세 설정
//------------------------------------------------
void set_servo(void){
    unsigned int a,b;
    a=18000;b=2400;
    SendMessage1 ("====== 서보모터 테스트 프로그램 ============= WnWr");
    SendMessage1 ("u:주기up d:주기down h:DutyHigh l:DutyLow WnWr");
    SendMessage1 ("================================= WnWr");
    while(1){
    switch (SCI1_IN_DATA ()) {  // 컴퓨터에서 키 입력대기
        case 'u':      a=a+10;
            break;
        case 'd':      a=a-10;
            break;
        case 'h':      b=b+10;
            break;
        case 'l':      b=b-10;
            break;
        default:
        }
    MTU0.TGRA=a;                  // 주기설정
    MTU0.TGRB=b;                  // 뉴터설정
    SendMessage1 ("주기 =%6d Duty=%6d TCNT=%6dWr",MTU0.TGRA,MTU0.TGRB,MTU0.TCNT);
    }
}
//------------------------
// PWM set
//------------------------
void set_pwm(void){
    PFC.PECR1.WORD=0x5555;        // MTU mode
    PFC.PECR2.WORD=0x5555;        // MTU mode
        PFC.PEIOR.WORD=0xffff;           //set out
// Timer0 for PWM
    MTU0.TCR.BYTE=0x22;           // 1/16 clock
    MTU0.TCNT=0;                  // Timer0 TCNT reset
```

```
    MTU0.TGRA=18000;              // 주기 TGRA와 쌍
    MTU0.TGRB=2400;               // 듀티
    MTU0.TGRC=18000;              // 주기 TGRD와 쌍
    MTU0.TGRD=2400;               // 듀티
    MTU0.TIOR.WORD=0x5656;        //
    MTU0.TMDR.BYTE=0xc2;          //   PWM mode1
// Timer start
    MTU.TSTR.BIT.CST0=1;          //   MTU channel0 start
}
//---------------------------
// Main Program
//---------------------------
int main(void){
    set_pwm();
    InitSCI1 (br57600);           // 시리얼(SCI) 초기화 57600[bps]
    set_servo();
}
//------------------------------------------------------------------
```

이 프로그램에 의해 TIOC0A와 TIOC0C에서 PWM 신호가 출력된다. TIOC0A는 PC에서 하이퍼터미널 등으로 제어할 수 있다. 이 주기와 펄스 폭을 변경하면서 어느 정도까지 무선조종 서보 모터가 추종하는가를 조사해 두고, 펄스폭과 서보 모터 각도의 관계도 파악해 둘 필요가 있다. 주기가 펄스폭보다 작아지지 않게 주의하여야 한다.

2.3.4 16축의 PWM을 출력한다

무선조종 서보 모터를 제어하기 위해서 PWM를 출력하려면 앞에서 기술했던 것처럼 타이머의 PWM 기능을 사용하는 것이 좀 더 간단하다. 이를 위해서는 2개의 타이머를 사용하게 되므로 잘 조합해도 최대 가능한 출력수는 12가 된다. 이것으로는 다리 밖에 움직이지 못하는 셋이 된다. 여기서 그림 2-13에 나타낸 것처럼 워치독 타이머(Watch Dog Timer, WDT)의 인터벌 타이머(Interval Timer)를 사용해서 주기를 결정한다. 인터럽트와 동시에 원 숏 타이머를 기동하고, 듀티(duty)를 결정한다. 이렇게 함으로써 16채널의 모든 포트에서 PWM을 출력할 수 있다(여기서는 무선조종용 서보 모터의 PSD-2144FET를 사용하는 것을 전제로 하고, 주기는 5msec로 했지만, 일반적으로는 16msec 이상으로 사용한다).

2.3 SH2로 무선조종 서보 모터 제어

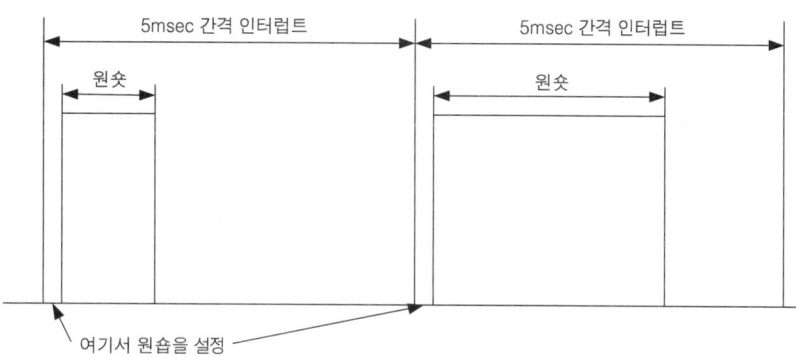

그림 2-13 ▲ PWM의 출력 방법

인터벌 타이머로서는 WDT의 기능 이외에도, 2채널의 16비트 타이머에 의해 구성된 컴페어 매치 타이머(CMT; Compare Match Timer)를 내장하고 있다. CMT는 16비트의 카운터를 가지고 설정한 주기마다 인터럽트를 발생시킬 수 있다. 이것을 사용해도 좋지만, CMT를 사용함으로써 PWM을 2채널 추가하는 것도 가능하기 때문에 장래를 위해서 확보해 둔다.

원 숏의 설정은 앞에서 기술했으며, 이 설정은 프로그램 2-2를 보면 이해할 수 있다.

2.3.5 I/O 기판

PWM 출력을 증가시키려면 회로를 추가해야 한다. 우선은 전원과 PWM을 발생시키기 위한 기판을 작성한다. 그림 2-14는 PWM의 출력 회로이다. 장래 16개의 PWM를 출력한다. 그림 2-15는 전원 회로이고, 7.2V의 배터리에서 5V 전원을 만든다. 마이컴용 전원과 서보 모터용 전원을 분리하는데, 많은 서보 모터를 동시에 동작시키면 큰 전류가 흘러서 마이컴 리셋의 원인이 되기 때문이다.

사진 2-22 ▲ 마이컴 보드를 탑재한 I/O 보드

제 2 장   2족보행 로봇 만들기

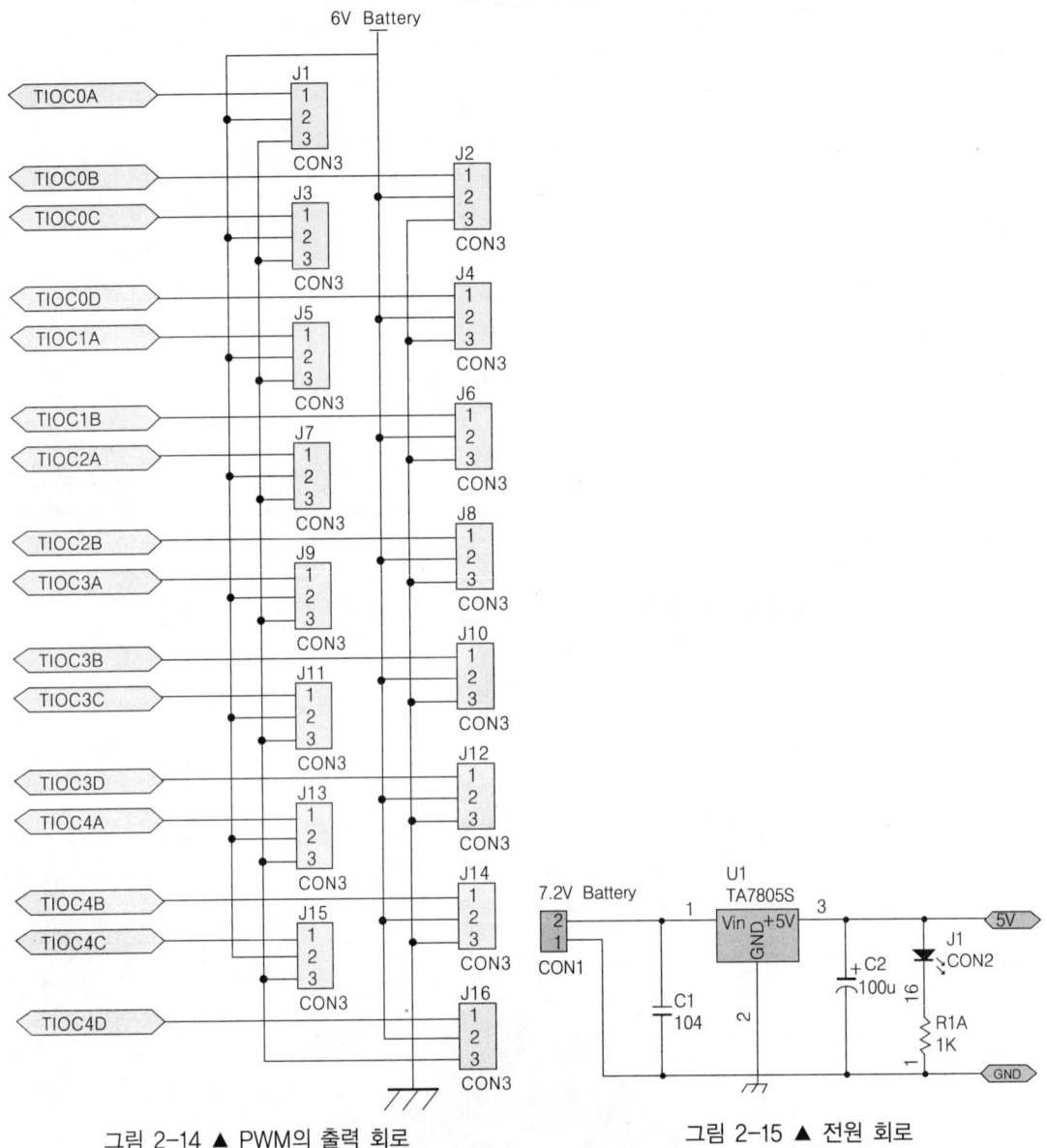

그림 2-14 ▲ PWM의 출력 회로   그림 2-15 ▲ 전원 회로

(1) 워치독 타이머(WDT)

SH7045F는 워치독 타이머를 내장하고 있다. 본래 WDT는 시스템 감시를 위한 타이머이지만, 동시에 인터벌 타이머의 기능을 사용하기도 한다.

인터벌 타이머는 TCNT가 오버플로(overflow)할 때마다 인터벌 타이머 인터럽트를 발생한다. 이 인터럽트가 발생했을 때 16개의 타이머를 원 숏으로 기동하면서 PWM을 발생시킬 수 있다.

2.3 SH2로 무선조종 서보 모터 제어

레지스터에는 타이머 컨트롤(timer control)/스테이터스 레지스터(status register, TCSR), 타이머 카운터(timer counter, TCNT), 리셋 컨트롤(reset control) / 스테이터스 레지스터 (status register, RSTCSR)가 있으며, 이들은 설정 가능하다. 이제부터 레지스터에 대하여 설명하겠다.

- **타이머 카운터(TCNT)**

TCNT는 8비트의 읽기/쓰기가 가능한 업카운터(up counter)이다. TCNT값이 오버플로하면 (H'FF→H'00) TCSR의 OVF 플래그가 1로 세트된다. 여기서 인터럽트가 발생하기 때문에 오버플로 플래그를 읽어내고, TCNT에 5msec의 카운트 값을 입력하면 이것으로 5msec마다 인터럽트를 발생한다.

- **타이머 컨트롤/스테이터스 레지스터(TCSR)**

TCSR은 8비트의 읽기/쓰기가 가능한 레지스터로, TCNT에 입력하는 클럭이나 모드 선택이 가능하다.

타이머 모드 셀렉트는 "0"으로 인터벌 타이머가 된다. 타이머 인에이블은 "1"로 카운트를 시작한다. 클럭 셀렉트의 CKS2~CKS0 비트로 선택된 내부 클럭에 의해 카운트업을 개시한다. 여기서는 /1024의 카운터 입력 클럭을 선택하고 5msec의 인터벌 타이머를 작성한다. 이 3비트의 설정 101B가 된다.

/2, /64, /128, /256. /512, /1024, /4096, /8192

이 때 28MHz의 SH7045에서는 풀카운트 값의 시간 인터벌은 다음과 같다.

0.018, 0.585, 1.2, 2.3, 4.7, 9.4, 37.4, 74.9msec

TCNT가 오버플로하면 인터벌 타이머시에는 인터벌 타이머 인터럽트를 발생한다. TCSR에의 입력은 다음처럼 프로그램한다.

WDT.WRITE.TCSR = 0xa53d;

비트 :	7	6	5	4	3	2	1	0
초기값 :	0	0	0	0	0	0	0	0
R/W :	R/W	R/W	R/W	R/W	R/W	R/W	R/W	R/W

그림 2-16 ▲ 타이머 카운터(TCNT)

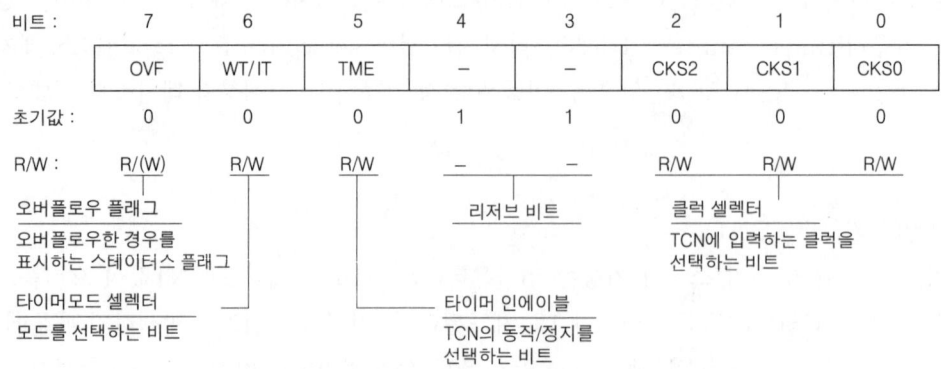

그림 2-17 ▲ 타이머 컨트롤/스테이터스 레지스터(TCSR)

• TCNT, TCSR에 기록하기

　TCNT, TCSR에 기록할 경우 반드시 워드전송 명령을 사용한다. 기록할 때의 어드레스는 TCNT, TCSR과 함께 동일 어드레스로 되어 있기 때문에 TCNT, TCRS에 기록할 때는 하위 바이트를 기록 데이터에, 상위 바이트를 H'5A(TCNT의 경우) 또는 H'A5(TCRS의 경우)로 해서 워드전송을 실시한다(그림 2-18). 이렇게 함으로서 하위 바이트의 데이터가 TCNT 또는 TCSR에 기록된다. 이것은 하드웨어에서 결정되어 있는 것이므로 이 CPU를 사용하는 한 반드시 지켜야 한다.

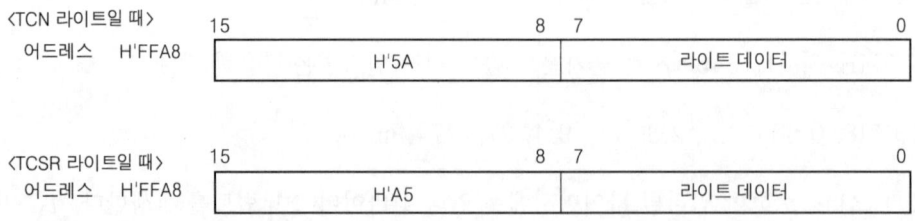

그림 2-18 ▲ TCNT, TCSR의 기록

• 인터벌 타이머시의 동작

　그림 2-19는 인터벌 타이머시의 동작을 나타낸다. 인터벌 타이머로서 사용하려면 TCSR의 WT/IT 비트를 "0"으로 클리어하고, TME 비트를 "1"에 세트한다. 여기서는 0011101B를 TCSR에 써넣는다.

2.3 SH2로 무선조종 서보 모터 제어

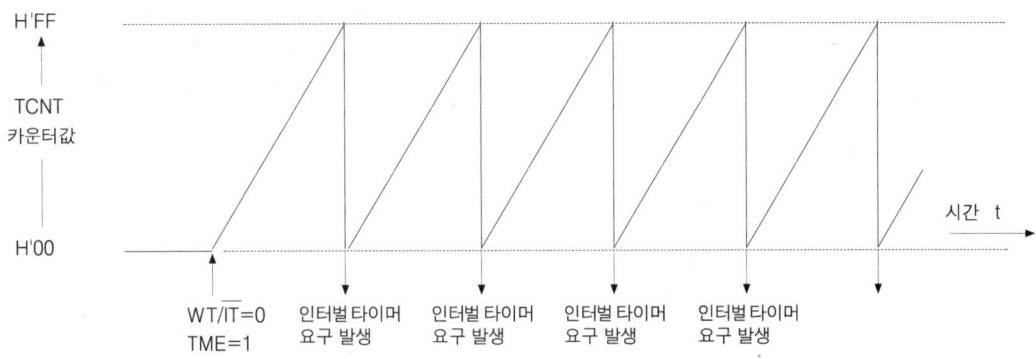

그림 2-19 ▲ 인터벌 타이머시의 기록

인터벌 타이머로서 동작하고 있을 때, TCNT가 오버플로할 때마다 인터벌 타이머 인터럽트 요구가 발생한다. 이에 따라서 일정시간마다 인터벌 타이머 인터럽트를 발생시킬 수 있다. 여기서는 인터럽트 발생 후 TCNT값을 0x75로 설정한다. 이것에 의해 5msec마다 인터럽트를 발생시킬 수 있다. 이것은 인터럽트 동안에 다음과 같이 설정한다.

```
char a;
WDT.WRITE.TCSR=0x5a26;    // TCNT=117=0x75=5msec
a=WDT.READ.TCSR.BYTE;     //OVF클리어
WDT.WRITE.TCSR=0xa53d;    //TCSR에 기록하기
```

(2) GNU C와 인터럽트 처리 함수

이번에는 인터럽트를 사용하기 위한 인터럽트 처리 함수에 대하여 설명하겠다.

SH7045F의 인터럽트 원인에 대한 인터럽트 벡터는 내장 플래시ROM의 선두 번지에서 분배되고 있다. 베스트테크놀로지 社의 GCC Developer Lite에서는 이 인터럽트 벡터의 정의를 링커의 스크립트 파일(shrom.x, shram.x)에서 실시하고 있고, 이미 인터럽트 처리 함수명과 함께 모든 정의가 끝난 상태이다.

덧붙여 증설 RAM상에서 동작하는 프로그램에서는 SH7045F의 경우 스타트업 루틴에서 벡터 베이스 레지스터를 $400000번지로 변경한다.

- 인터럽트 처리 함수

GNU C에서는 프로그램 내에서 호출되는 함수에 대한 특정 정보를 선언함으로써 컴파일러가 함수 호출을 보다 좋게 최적화하거나 소스를 보다 세밀하게 체크할 수 있다.

키워드 '_attribute_'에 의해 선언할 때 특별한 속성을 지정할 수 있다.

제 2 장 2족보행 로봇 만들기

인터럽트 처리 함수도 이 선언을 사용함으로써 함수의 입구와 출구에 있어 인터럽트 핸들러 안에서 사용하는 데 적합한 명령 시퀀스를 생성한다.

'7045.h'의 각 내부 레지스터 정의 헤더파일 중 정의가 끝난 상태의 인터럽트 함수의 프로토타입 선언이 '_attribute_((interrupt_handler))' 속성을 붙여 실시하고 있다. 인터럽트 처리를

표 2-26 ▼ SH7045F용 정의가 끝난 상태의 인터럽트 함수 리스트

함수명	인터럽트 원인	함수명	인터럽트 원인
void int_GeneralIllegalInstruction(void)	일반부당 명령	void int_tci2v(void)	MTU2 (TGI2V)
void int_SlotIllegalInstruction(void)	슬롯부당 명령	void int_tci2u(void)	MTU2 (TGI2U)
void int_CPUAddressError(void)	CPU어드레스에러	void int_tgi3a(void)	MTU3 (TGI3A)
void int_DMAAddressError(void)	DMAC/DTC어드레스에러	void int_tgi3b(void)	MTU3 (TGI3B)
void int_NMI(void)	NMI	void int_tgi3c(void)	MTU3 (TGI3C)
void int_Userbrake(void)	사용자 브레이크	void int_tgi3d(void)	MTU3 (TGI3D)
void int_irq0(void)	IRQ0	void int_tci3v(void)	MTU3 (TGI3V)
void int_irq1(void)	IRQ1	void int_tgi4a(void)	MTU4 (TGI4A)
void int_irq2(void)	IRQ2	void int_tgi4b(void)	MTU4 (TGI4B)
void int_irq3(void)	IRQ3	void int_tgi4c(void)	MTU4 (TGI4C)
void int_irq4(void)	IRQ4	void int_tgi4d(void)	MTU4 (TGI4D)
void int_irq5(void)	IRQ5	void int_tci4v(void)	MTU4 (TGI4V)
void int_irq6(void)	IRQ6	void int_eri0(void)	SCI0 (ERI0)
void int_irq7(void)	IRQ7	void int_rxi0(void)	SCI0 (RXI0)
void int_dei0(void)	DMAC0 (DEI0)	void int_txi0(void)	SCI0 (TXI0)
void int_dei1(void)	DMAC1 (DEI1)	void int_tei0(void)	SCI0 (TEI0)
void int_dei2(void)	DMAC2 (DEI2)	void int_eri1(void)	SCI1 (ERI1)
void int_dei3(void)	DMAC3 (DEI3)	void int_rxi1(void)	SCI1 (RXI1)
void int_tgi0a(void)	MTU0 (TGI0A)	void int_txi1(void)	SCI1 (TXI1)
void int_tgi0b(void)	MTU0 (TGI0B)	void int_tei1(void)	SCI1 (TEI1)
void int_tgi0c(void)	MTU0 (TGI0C)	void int_adi0(void)	A/D (ADI0)
void int_tgi0d(void)	MTU0 (TGI0D)	void int_adi1(void)	A/D (ADI1)
void int_tci0v(void)	MTU0 (TGI0V)	void int_swdtce(void)	DTC (SWDTCE)
void int_tgi1a(void)	MTU1 (TGI1A)	void int_cmi0(void)	CMI0 (CMI0)
void int_tgi1b(void)	MTU1 (TGI1B)	void int_cmi1(void)	CMI1 (CMI1)
void int_tci1v(void)	MTU1 (TGI1V)	void int_iti(void)	WDT (ITI)
void int_tci1u(void)	MTU1 (TGI1U)	void int_cmi(void)	BSC (CMI)
void int_tgi2a(void)	MTU2 (TGI2A)	void int_oei(void)	I/O (OEI)
void int_tgi2b(void)	MTU2 (TGI2B)		

2.3 SH2로 무선조종 서보 모터 제어

하는 함수는 목적의 인터럽트 요인에 따라 표 2-26의 함수명에서 인터럽트 처리 코딩을 하여야 한다.

사용자의 소스 프로그램에 목적에 따라 각 헤더 파일을 인클루드 선언하고, 임의의 인터럽트 처리 요인에 대응한 함수명에서 인터럽트 처리 함수를 작성하여야 한다.

실제로 인터럽트를 이용할 때는 인터럽트 처리 레지스터를 임의 값으로 설정하는 조작이 필요하게 된다. SH7045F용에는 인터럽트 마스크 처리 함수 SetSRReg의 정의가 필요하다.

• 서보 모터 위치조정 프로그램

전술의 I/O 보드를 사용해서 12축의 다리의 서보 모터 위치를 조정하는 프로그램에 대하여 설명한다. 표 2-27은 다리의 서보 모터와 I/O포트와의 관계를 나타낸 것이다.

표 2-27 ▼ 다리의 서보 모터 위치와 I/O포트의 접속

좌측 다리 위부터	I/O보드	우측 다리 위부터	I/O보드
LL0	TIOC2A	RL0	TIOC0A
LL1	TIOC2B	RL1	TIOC0B
LL2	TIOC3A	RL2	TIOC0C
LL3	TIOC3B	RL3	TIOC0D
LL4	TIOC3C	RL4	TIOC1A
LL5	TIOC3D	RL5	TIOC1B

이 프로그램을 사용하여 수동으로 PC화면에서 서보 모터를 조절한다.

서보 모터를 조합할 때는 서보 모터의 가동 범위를 잘 고려해서 설정해야 한다. 전원을 넣기 전에 가동 범위를 다시 확인한다. 또 서보 모터가 멈추었을 경우에는 바로 전원을 끈다. 서보 모터는 이상한 부하가 걸렸을 경우에는 고장이 발생한다. 예를 들면 서보 모터 드라이버용 트랜지스터의 파손 또는 DC 모터의 발열에 의한 파손이 있다.

프로그램 2-3을 컴파일하고 SH7045보드에 전송한다. RAM모드에서 사용한다. 로봇의 전원을 넣어 직립이 되도록 PC 화면상에서 조정한다.

표 2-28은 조정 명령을 나타낸 것이다.

표 2-28 ▼ 명령 일람

u:	PWM+10	펄스를 +10 한다
d:	PWM-10	펄스를 -10 한다
U:	PWM+1	펄스를 +1 한다
D:	PWM-1	펄스를 -1 한다
p:	chanl up	서보모터 채널을 +1한다
m:	ch down	서보모터 채널을 -1한다
l:	left	왼쪽 다리 조정
r:	right	오른쪽 다리 조정

PC에서의 명령으로 모든 관절을 조정하고 직립 자세가 되도록 조정한다. 그리고 그 값을 프로그램 2-3의 서보 모터 초기값 부분의 수치를 변경해 두면 이것이 로봇 자신의 초기값이 된다. 이것을 기본으로 구부리기 동작이나 보행 프로그램을 작성하게 된다.

프로그램 2-3

```c
//---------------------------------------------
//-------       Robocon Maga   SH7045    ------------
//-------            by I.Nishiyama      ------------
//---------------------------------------------
// 32bit RISC CPU SH7045F 256K Flash RAM 1Mbit(128k) 28MHz
// Sample Program for RAM mode
//-----------------------------

// include files
//-----------------------------
#include "7045.h"            // From Besttechnology CD-ROM
#include "mess.c"            // From Besttechnology CD-ROM
#include <fastmath.h>        //<math.h>
//---------------------------------------------

// 서보모터의 초기값
#define RL0 2420             // 오른쪽 다리의 위부터
#define RL1 2530
#define RL2 2350
#define RL3 1430
#define RL4 2270
#define RL5 2330

#define RA0 3110             // 오른쪽 어깨 위부터
#define RA1 3860

#define LL0 2600             // 왼쪽다리 위부터
#define LL1 2240
#define LL2 2820
#define LL3 3690
#define LL4 2510
#define LL5 2460

#define LA0 2090             왼쪽 어깨 위부터
#define LA1 1390


//---------------------------------------------
// 대역 변수의 설정
//---------------------------------------------
  int tim5ms;         // 5msec counter
```

제 2 장 2족보행 로봇 만들기

```c
  int tx5;          // 5msec counter
  int tim1sec;      // 1sec counter
//----------------------------------------
  int ll[6];        // 오른쪽 다리
  int la[2];        // 왼쪽 어깨
  int rl[6];        // 왼쪽 다리
  int ra[2];        // 오른쪽 어깨
//----------------------------------------
// 서있는 자세의 초기화
//----------------------------------------
void stand(){
  int i;
  // 손발 서보모터의 초기화
  ll[0]=LL0;ll[1]=LL1;ll[2]=LL2;ll[3]=LL3;ll[4]=LL4;ll[5]=LL5;
  rl[0]=RL0;rl[1]=RL1;rl[2]=RL2;rl[3]=RL3;rl[4]=RL4;rl[5]=RL5;

  la[0]=LA0;la[1]=LA1;
  ra[0]=RA0;ra[1]=RA1;

  PA.DR.WORD.H=0x0040;      //오른쪽 어깨 on
}
//----------------------------------------
//      보드의 초기화
//----------------------------------------
void port_init(void){
//----------------------------------------
//보드의 핀 펑션의 설정
//----------------------------------------
  PFC.PAIORH.WORD=0x0060;   //[OUT]PA21,22
  PFC.PECR1.WORD=0x5555;    // MTU mode
  PFC.PECR2.WORD=0x5555;    // MTU mode
  PFC.PEIOR.WORD=0xffff;    //
  PFC.PDCRH2.WORD=0x0;      // I/O mode
  PFC.PDIORH.WORD=0x00ff;   // [OUT]PD16-23

// WDT의 설정 Void
  WDT.WRITE.TCSR = 0xa53d;  // clock/1024 9.2msec 카운트업 개시
  INTC.IPRH.WORD = 0xf000;  // WDT 우선순위 =15
  SetSRReg(0);              // 언터럽트 마스크클리어
}
//----------------------------------------
```

2.3 SH2로 무선조종 서보 모터 제어

```c
// PWM의 설정
//------------------------------------------------
void pwm(void){
// Timer stop
    MTU.TSTR.BYTE=0;              // PWM Timer stop
// Timer0 set
    MTU0.TCR.BYTE=0x02;           // 통상모드에서 원 숏
    MTU0.TMDR.BYTE=0xc0;
    MTU0.TIOR.WORD=0x5555;
    MTU0.TGRA=rl[0];
    MTU0.TGRB=rl[1];
    MTU0.TGRC=rl[2];
    MTU0.TGRD=rl[3];
// Timer1 set
    MTU1.TCR.BYTE=0x02;
    MTU1.TMDR.BYTE=0xc0;
    MTU1.TIOR.BYTE=0x55;
    MTU1.TGRA=rl[4];
    MTU1.TGRB=rl[5];
// Timer2 set
    MTU2.TCR.BYTE=0x02;
    MTU2.TMDR.BYTE=0xc0;
    MTU2.TIOR.BYTE=0x55;
    MTU2.TGRA=ll[0];
    MTU2.TGRB=ll[1];
// Timer 3 set
    PWM.TCR3.BYTE=0x02;
    PWM.TMDR3.BYTE=0x00;
    PWM.TIOR3.WORD=0x5555;
    PWM.TGR3A=ll[2];
    PWM.TGR3B=ll[3];
    PWM.TGR3C=ll[4];
    PWM.TGR3D=ll[5];
// Timer4 set
    PWM.TCR4.BYTE=0x02;
    PWM.TMDR4.BYTE=0x00;
    PWM.TIOR4.WORD=0x5555;
    PWM.TGR4A=ra[0];
    PWM.TGR4B=ra[1];
    PWM.TGR4C=la[0];
    PWM.TGR4D=la[1];
```

```c
//카운터 리셋
  MTU0.TCNT=0;
  MTU1.TCNT=0;
  MTU2.TCNT=0;
  PWM.TCNT3=0;
  PWM.TCNT4=0;
// Timer start
  MTU.TSTR.BIT.CST0=1;          // MTU channel0 start
  MTU.TSTR.BIT.CST1=1;          // MTU channel1 start
  MTU.TSTR.BIT.CST2=1;          // MTU channel2 start
  MTU.TSTR.BIT.CST3=1;          // MTU channel3 start
  MTU.TSTR.BIT.CST4=1;          // MTU channel4 start
}
//────────────────────────────────────────
//   WDT-ITI 인터럽트 루틴
//────────────────────────────────────────
//   인터럽트 처리 프로그램
void int_iti(void){
  char a;
  WDT.WRITE.TCSR=0x5a26;   // TCNT=117=0x75 5msec maxFF=9.4msec
  a=WDT.READ.TCSR.BYTE;    // OVF 클리어
  WDT.WRITE.TCSR=0xa53d;   // TCSR에 기록
//─────────────────
// PWM 세트
//─────────────────
  pwm();
//─────────────────────
//   시간의 카운트
//─────────────────────
  tim5ms++;tx5++;     // 5msec 카운터 인크리먼트
  // 200회가 되면 1초 단위의 카운트 인크리먼트
  if (tim5ms>20){ tim1sec++; tim5ms=0; } else{}
}
//────────────────────────────────────────────
// 다리의 서보모터를 설정하는 루틴
//────────────────────────────────────────────
void servo_set(void){
  int x,aa,lrp;
  lrp=0;      //right=0,left=1
  x=0;        //Ch No
  aa=rl[0];   //Servo Value
```

2.3 SH2로 무선조종 서보 모터 제어

```
  SendMessage1 ("============= Servo Set ===========WnWr");
  SendMessage1 ("u:PWM+10 d:PWM-10 U:PWM+1 D:PWM-1 p:chanl up m:ch down l:left
r:right WnWr");
  SendMessage1 ("========================================= ==== WnWr");
  while(1){
    SendMessage1 ("r=0 l=1:%2d chanel=%3d PWM=%6d Wr",lrp,x,aa);
      switch (SCI1_IN_DATA ()) { //  *****입력
        case 'U':
          aa=aa+1;    // 서보모터의 PWM+1
          break;
        case 'D':
          aa=aa-1;    // 서보모터의 PWM-1
          break;
        case 'u':
          aa=aa+10;   // 서보모터의 PWM+10
          break;
        case 'd':
          aa=aa-10;   // 서보모터의 PWM-10
          break;
        case 'p':     // 서보모터의 채널+1
          x=x+1;if(x==6)x=5;
          if (lrp!=0){aa=ll[x];}
          else{aa=rl[x];}
          break;
        case 'm':     // 서보모터의 채널-1
          x=x-1;if(x==-1)x=0;
          if (lrp!=0){aa=ll[x];}
          else{aa=rl[x];}
          break;
        case 'l':     // 왼쪽 다리의 설정
          lrp=1;
          x=0;
          aa=ll[0];
          break;
        case 'r':     // 오른쪽 다리의 설정
          lrp=0;
          aa=rl[0];
          x=0;
          break;
        default:
      }
```

```
    if (lrp!=0){ll[x]=aa;}   // 서보모터를 세트
    else{rl[x]=aa;}
  }
}
//--------------------------------------------------
// 메인
//--------------------------------------------------
int main(void){
  stand();              // 초기설정
  port_init();          // 보드 초기화
  pwm();                // PWM 세트
  InitSCI1 (br57600);   // 시리얼(SCI)초기화 57600[bps]
  SendMessage1 ("=========================================
====WnWr");
  SendMessage1 (" Sample Program   s:set servo k:kussin WnWr");
  SendMessage1 ("========================================= ====WnWr");
  while(1){
      switch (SCI1_IN_DATA ()) {  // 퍼스컴의 키입력
        case 's':      // 서보모터의 설정
          servo_set();

          break;
        default:
      }
  }
}
//--------------------------------------------------
```

2.4 서보 모터의 개요와 현황

2족보행 로봇 제작에서 큰 과제는 제작비의 부담이다. 가격의 대부분을 차지하는 것이 서보 모터이므로 가격이 저렴하고 높은 토크의 서보 모터를 사용하는 것이 성능 좋은 2족보행 로봇을 만드는 데 중요하다. 여기서는 가능하면 2족보행 로봇을 저렴하게 만들기 위해 어떤 서보 모터를 선택해야 하는지 소개하겠다.

2.4.1 서보 모터의 조사

DC 서보 모터를 구성하려면 모터의 선정, 모터 드라이버의 선정 등 기술적인 면과 경제적인 면에서 어려움이 많다. 우선은 무선조종용 서보 모터를 사용해서 로봇을 만드는 것이 기술적·가격적인 면에서 손쉽게 로봇을 만드는 방법이라고 생각된다. 이를 위해 로봇에 사용할 수 있는 서보 모터를 조사하였다. 여기서는 특히 서보 모터의 토크, 속도, 금속 기어 및 디지털 서보 모터에 초점을 두고 선정한 것을 언급했으며, 이러한 서보 모터가 2족보행 로봇에 사용될 수 있다고 생각했다.

2.4.2 후타바 전자공업 사의 서보 모터

❖ 디지털 서보 모터

다음은 후타바 전자공업 社의 디지털 서보 모터이다.

표 2-29 ▼ S9150

분류	박형 코아레스 방진방적
형 번	S9150
토크	5.8kg·cm
속도	0.8sec/60°
사용전압	4.8V
크기	W27×D47.5×H25.3mm (전후 고정용 플랜지)
중량	53g

표 2-30 ▼ S9250

분류	코아레스하이토크 금속기어 방진방적
형 번	S9250
토크	5.5kg·cm
속도	0.11sec/60°
사용전압	4.8V
크기	W20×D40.5×H37.5mm (전후 고정용 플랜지)
중량	54g

금속기어(하드알마히트 처리)

표 2-31 ▼ S9450

분류	코아레스하이토크 금속기어 방진방적
형 번	S9450
토크	8.0kg·cm
속도	0.10sec/60°
사용전압	6.0V
크기	W20×D40.5×H37.3mm (전후 고정용 플랜지)
중량	55g

금속기어(하드알마히트 처리)

2.4.3 콘도과학 사의 서보 모터

❖ 디지털 서보 모터

다음은 콘도과학 社의 디지털 서보 모터이다.

표 2-32 ▼ PDS-2123FET

분류	7.2V 하이스피드
형 번	PDS-2123FET
토크	9.5kg·cm
속도	0.06sec/60°
사용전압	7.2V(통상 3심 플랫케이블 외에 전원용 코드)
크기	W20×D41×H38mm (전후 고정용 플랜지)
중량	55g

출력축 더블베어링 코어리스 모터 사용
금속기어(1개는 플라스틱제)사용. 금도금 컨넥터 사용

표 2-33 ▼ PDS-2143FET

분류	6.0V 하이스피드
형 번	PDS-2143FET
토크	8.0kg·cm
속도	0.08sec/60°
사용전압	6.0
크기	W20×D41×H38mm (전후 고정용 플랜지)
중량	54.5g

2.4 서보 모터의 개요와 현황

표 2-34 ▼ PDS-2144FET

분류	6.0V 하이토크
형번	PDS-2144FET
토크	13.0kg·cm
속도	0.13sec/60°
사용전압	6.0
크기	W20×D41×H38mm (전후 고정용 플랜지)
중량	54.5g

표 2-35 ▼ PDS-947FET

분류	6.0V 하이스피드
형번	PDS-947FET
토크	2.8kg·cm
속도	0.09sec/60°
사용전압	6.0
크기	W15×D36×H30.7mm (전후 고정용 플랜지)
중량	27g

2.4.4 콘도과학 사의 서보 모터 구조

위에서 설명한 무선조종용 서보 모터는 코어레스 모터(Coreless motor)를 사용하여 토크가 크고, 응답성이 뛰어나다. 이러한 구조는 거의 동일하게 모터, 감속기어 및 제어회로로 되어 있다. 이제부터는 PDS-2123FET를 분해한 모습이다. 사진 2-23은 뒷덮개를 제거한 컨트롤러 보드이다.

사진 2-23 ▲ 뒷덮개를 제거한 서보 모터

사진 2-24 ▲ 기어의 배치

사진 2-24와 같이 모터의 출력은 기어로 감속되고 출력축에 연결된다.

출력단에는 알루미늄 기어가 사용되고, 그 밖에는 금속 기어와 플라스틱 기어가 사용되고 있다. 플라스틱 기어는 충격을 받으면 톱니가 빠질 경우가 있으므로 주의해서 사용해야 한다. 톱니가 빠졌을 경우에는 서비스 부품을 사용하면 된다.

사진 2-25 ▲ 기어

모터는 코어레스 모터가 사용되어 응답성이 좋으며, 크기는 동전만큼 작다. 보행 로봇용으로는 조금 더 큰 출력이 필요하다.

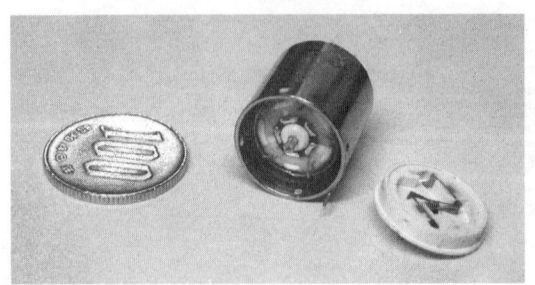 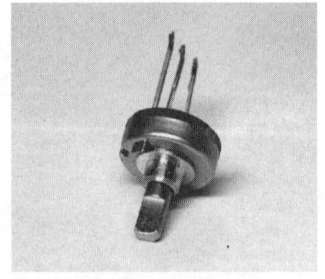

사진 2-26 ▲ 모터   사진 2-27 ▲ 가변 저항

출력축에는 가변저항이 접속되는데, 이것으로 전압을 피드백해서 위치 결정 제어를 할 수 있다.

사진 2-28, 2-29는 서보 모터 컨트롤러 보드이다. 디지털 서보 모터 컨트롤러 IC는 루네사스 테크놀로지 社의 M64610EP가 사용되었다. 여기에 클럭이나 FET를 설치하면 디지털 서보 모터 드라이버가 완성된다.

2.4 서보 모터의 개요와 현황

사진 2-28 ▲ 컨트롤러 앞면   사진 2-29 ▲ 컨트롤러 뒷면

디지털 서보 모터 컨트롤러 IC M64610FP는 그림 2-20과 같고, 발진기에서 발생한 펄스의 카운트 값의 비교에 의해 제어가 행해지므로 디지털 서보 모터라고 부른다.

표 2-36 ▼ M64610FP의 상세

Application	Radio-Control
Type No.	M64610FP
Function	Digital controlled Servo Motor
Vcc(V)	3.0~9.0
Package outline	24P2E

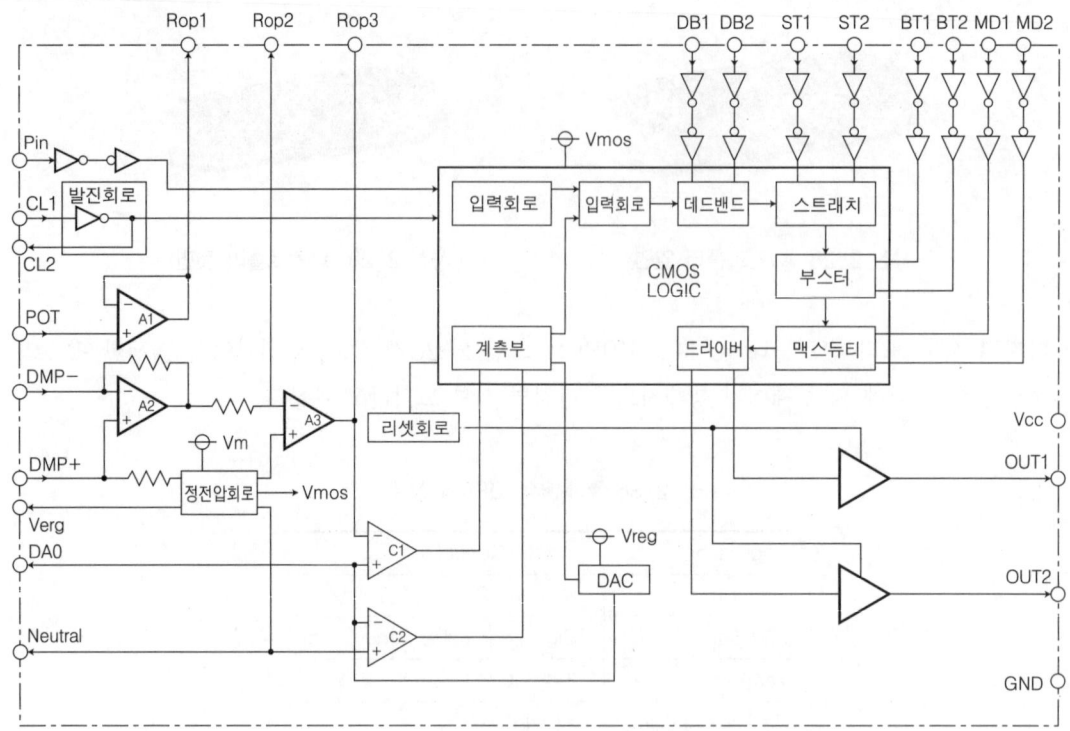

그림 2-20 ▲ M64610FP

2.4.5 HITEC 서보 모터

사진 2-30은 한국에서 만든 HITEC 社의 무선조종용 서보 모터이다. 이것의 특징은 마이컴을 탑재하고 PID 제어를 할 수 있다는 것이다. 최소한 적분제어 기능이 포함되어 있고, 정지 토크가 크다.

HITEC HS-5645MG, HS-5945MG는 디지털 서보 모터이며, AVR 마이컴이 탑재되어 있어 성능을 개선하기에는 좋은 서보 모터이다. 그러나 제어의 안정성에 문제가 있다. 특히, 배터리 전원 변동에 의해 영향을 받기 쉬운데, 2족보행 로봇처럼 한 개의 배터리로 많은 서보 모터를 동시에 사용하는 경우가 그렇다. 이 점이 개선되면 매우 훌륭한 2족보행 로봇용 서보 모터가 될 수 있다. 서보 모터 혼으로는 플라스틱뿐만 아니라 알루미늄도 사용된다.

하이텍 RCD 코리아
http://hitecrcd.co.kr

2.4 서보 모터의 개요와 현황

사진 2-30 ▲ HS-5645MG

2.4.6 2족보행 로봇용 서보 모터

최근에는 ROBO-ONE도 유명해져서 ROBO-ONE 전용 서보 모터가 콘도과학 社에서 출시되었다. 이제부터 그 사양을 소개한다.

(1) PDS-8044ICS

- PC 설정이 가능한 ICS 시스템 대응(※옵션 사용시)
- 압도적인 강력함과 위력을 발휘하는 초고성능 토크 타입
- 토크 : 24.0kg/cm
- 속도 : 0.2초/60°
- 사용 전압 : 6.0V(사양은 5N600파워셀 사용시)
- 치수(길이) : 59.5×29×53mm
- 중량 : 142.5g
- 강력 토크를 놓치지 않고 전달하는 장치 부착

사진 2-31 ▲ PDS-8044ICS

(2) KRS-2346ICS

- 동작각 : 180° PC에 의한 설정이 가능한 I.C.S 대응(옵션 사용시)
- 토크 : 20.0kg/cm
- 사용 전압 : 6.0V
- 속도 : 0.16초/60°
- 치수(길이) : 41×38×20mm
- 중량 : 56.7g
- 스트롱 기어, 하이파워 기어·더블 베어링, 코어레스 모터, 금도금 커넥터 채용
- RED Version에는 포지션 캡쳐, 캐릭터리스틱 체인지 등의 기능을 탑재하고 있다.
  ※ 스펙은 5N600 파워셀 사용시 전원의 환경에 의해 다른 경우가 있다.

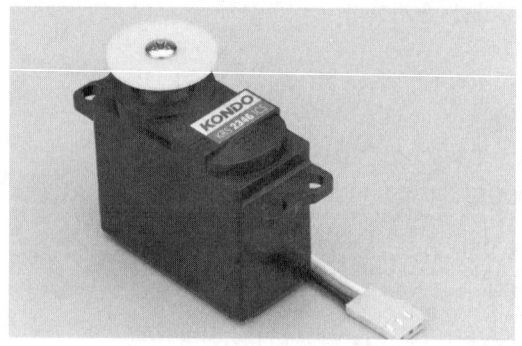

사진 2-32 ▲ KRS-2346ICS(RED Version)

(3) PDS-2344FET

- 토크 : 13.0kg·cm
- 속도 : 0.12s/60°(6.0V)
- 치수(길이) : 41×38×20mm
- 중량 : 54.5g
- 알루미늄 파이널 기어, 금속 기어
- 더블 베어링, NEW 코어레스 모터, 금도금 커넥터
- I.C.S 대응에 의해 외부에서의 설정 가능(별매 접속키트 사용시)

2.4 서보 모터의 개요와 현황

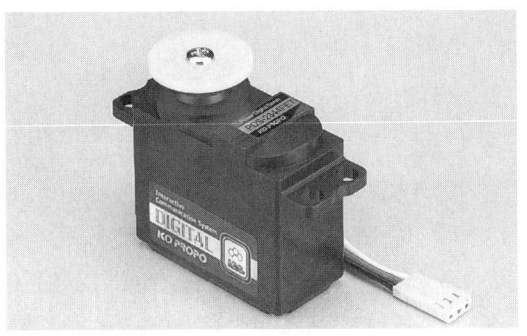

사진 2-33 ▲ PDS-2344FET

이상의 서보 모터는 I.C.S를 사용하여 서보 모터의 특성을 변경할 수 있다. 자신의 로봇에 맞추어 조정함으로써 보다 안정된 보행이 가능해진다.

전동기는 로봇의 바퀴, 다리, 트랙, 팔, 손가락, 센서 및 무기 시스템을 구동시키는 데 사용된다. 표 2-37은 로봇 제작에 많이 사용되는 전동기의 장단점을 비교한 것이다.

표 2-37 ▼ 2족보행 로봇용 모터 비교

종류	장점	단점
직류 전동기	• 광범위한 활용과 다양한 종류 • 전자 스위치 및 릴레이 등으로 컴퓨터를 통한 제어 가능 • 기어상자 부착으로 90kg 로봇 구동	• 로봇 분야에서 필요한 토크를 얻기 위해서는 기어장치 필요 • 크기와 용량의 표준화 미비
스테핑 전동기	• 저속에서 기어장치 불필요 • 가격 저렴 • 동적 제동효과 우수	• 부하 변동에 따른 성능 저하 • 높은 소비 전류 • 별도의 구동회로 필요
R/C 서보전동기	• 정확한 각도제어와 연속 회전 • 다양한 표준 크기 이용 가능	• 별도의 구동회로 필요 • 로봇 구동용으로 정확한 중량 제한은 약 4.5kg

• 하이파워 기어

이미 PDS시리즈 서보 모터를 가지고 있다면 하이파워 기어를 권한다. 이것을 교체하면 토크업이 가능하다.

사진 2-34 ▲ 하이파워 기어
토크업이 가능한 스페셜 기어. 파이널 & 금속 기어 세트
대응 서보 모터는 PDS-23xx. PDS-21xx, PS-21xx

- 스트롱 기어

스트롱 기어는 PDS-2344, PDS-2144, PS-2174에 사용되고 있는 플라스틱 기어를 금속 기어로 교체한 것이다. 로봇에서는 플라스틱 기어가 고장이 자주 발생하므로 플라스틱 기어의 대용으로 사용하면 좋다.

사진 2-35 ▲ 스트롱 기어
(내구성이 향상된 하이브리드 금속 기어
금속 기어 2개
대응 서보 모터는 PDS-2344, PDS-2144, PS-2174)

- 부스터 7

회로 설계에서 서보 모터용 전원과 마이컴용 전원을 분리하면 잡음을 줄일 수 있다고 앞에서 언급했지만, 부스터 7을 사용하면 마이컴용 전원과 공용할 수 있다. 단, 출력이 7.2V이므로 5V 전원을 얻으려면 3단자 레귤레이터 등이 필요하다.
덧붙여 이 제품은 전원을 공용으로 사용할 경우 문제가 되는 전원전압의 저하에 대응하기 위해서 제어회로 쪽에 승압한 전원을 공급하는 것이다.

2.4 서보 모터의 개요와 현황

표 3-38 ▼ 부스터 7

전원전압	6.0~7.2V
출력전압	DC7.2V(±10%)
출력전류 용량	400mA
중량	7.9g

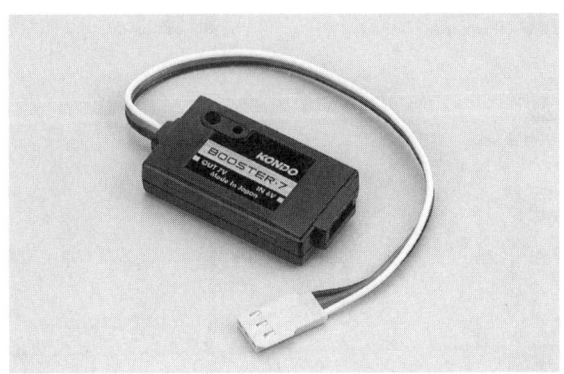

사진 2-36 ▲ 부스터 7

2.4.7 서보 모터의 특성 조사

로봇을 걷게 하는 데 구동 부분이 매우 중요하다는 것은 말할 필요도 없다. 로봇의 발을 목표하는 위치로 제어하는 것이 중요하다. 사진 2-37은 로봇이 공을 차는 장면인데, 여기서 가장 힘든 서보 모터는 공을 차기 위해 한쪽 다리로 서고, 공을 차는 발을 들어 올리는 부분이다. 이 상태에서는 제2축부에 사진 2-37의 ④처럼 회전 토크가 발생하는데, 보행로봇에서 가장 토크 부하가 높은 부분이다. 이와 같은 상태에서도 충분히 몸을 지지할 수 있는가를 검토하기 위해서 다음과 같이 서보 모터의 특성 실험을 실시했다.

제 2 장   2족보행 로봇 만들기

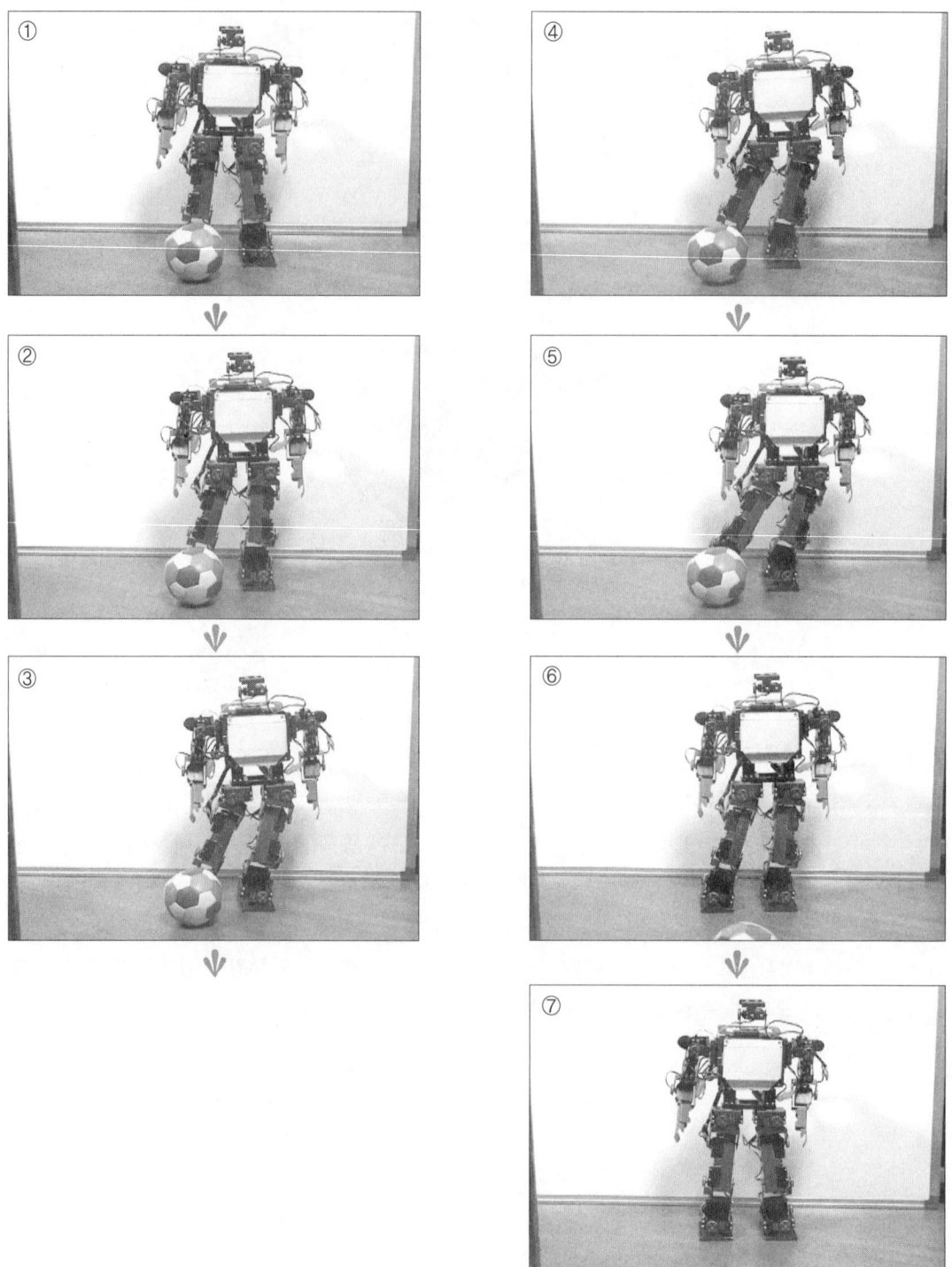

사진 2-37 ▲ 공을 차는 로봇

2.4 서보 모터의 개요와 현황

(1) 무부하일 때의 서보 모터 특성

프로그램 2-1을 사용해서 PWM의 펄스폭과 서보 모터 각도의 관계를 측정한다. 여기서 주기는 15000을 설정한다. 이 실험은 사진 2-38과 같이 서보 모터의 각도를 분도기로 측정한다.

표 2-39는 계측 결과를 나타낸 것이고, 그래프 2-1은 그림으로 나타낸 것이다. 펄스폭과 각도의 관계는 선형성(linear)을 갖고 있으며, 무부하 상태에서는 완전히 제어되고 있음을 알 수 있다. 또 제어 범위는 대략 140도 정도이다.

표 2-39 ▲ 펄스 폭과 각도의 관계

펄스 폭	각도
1260	22
1300	24
1400	30
1500	37
1600	42
1700	48
1800	54
1900	60
2000	66
2100	72
2200	78
2300	84
2400	90
2500	97
2600	103
2700	109
2800	115
2900	122
3000	128
3100	134
3200	141
3300	147
3400	153
3500	160
3600	166

사진 2-38 ▲ 무부하일 때의 서보 모터 특성 측정

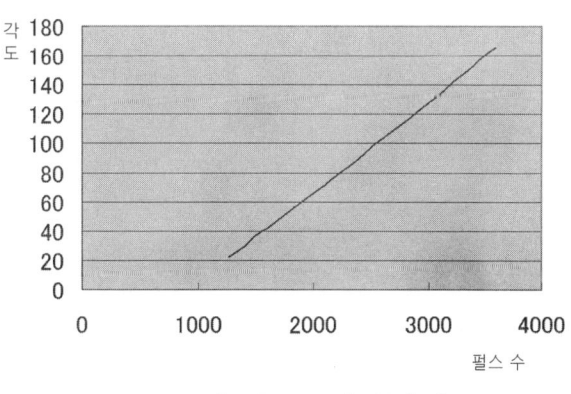

그래프 2-1 ▲ 펄스폭과 각도

(2) 부하를 건 경우의 서보 모터 특성

다음으로 서보 모터에 힘을 가해 보자. 서보 모터의 펄스와 각도의 관계가 변한다.

사진 2-39는 실험 상황을 나타낸 것이다. 서보 모터에 대해서 길이 10cm의 팔에 점토로 추를 만들어 힘을 가했다. 이 때 서보 모터의 펄스폭을 일정하게 하고 추를 변경한 결과가 표 2-40 이다.

추를 크게 하면 조금씩 오차가 커진다. 이것을 그림으로 나타낸 것이 그래프 2-2인데, 거의 토크에 비례한 각도 오차를 얻을 수 있다. 이 각도 오차를 측정하면 토크를 계측할 수 있다. 또 오차를 검출해서 제어하면 더욱 각도 정밀도를 높일 수 있다.

표 2-40 ▲ 토크와 오차

하중[g]	각도값	변화각
0	178	0
100	178	0
300	175	-3
600	173	-5
900	170	-8
1000	169	-9
1100	168	-10
1300	166	-12

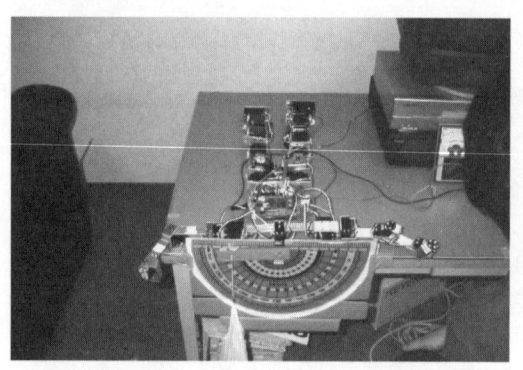

사진 2-39 ▲ 부하를 건 경우의 특성

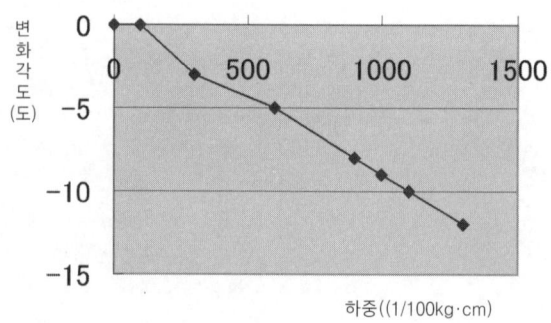

그래프 2-2 ▲ 하중과 오차 각도

2.5 시뮬레이션에 의한 해석

로봇을 제작하려면 많은 시간이 필요하며, 시뮬레이션으로 각 부의 필요 토크를 예측하거나 강도를 확인하는 것이 중요하다. 시뮬레이션은 MATLAB에 의해 보행패턴을 생성하고, 이것을 MSC.visualNastran4D의 동작을 사용해 컴퓨터에서 로봇을 동작시킨다. 중량을 합하면 각 서보 모터의 부하를 계산할 수 있다. 또 점프 등을 실시할 때의 강도도 MSC.visualNastran4D의 구조해석으로 해석할 수 있다. 이렇게 하면 로봇의 경량화를 검토할 수 있다. 로봇의 무게를 가능한 한 가볍게 하는 것이 모터의 부하를 줄일 수 있으므로 경량화 검토가 중요하다.

2.5.1 3차원 도면 작성

MSC.visualNastran4D에서는 3차원 데이터를 사용한다. 3차원 CAD는 여러 가지 종류가 있지만, 여기서는 Autodesk Inventor를 사용한다. 이것은 2차원에서 1차원으로 전환할 수 있는 디자인 시스템이다.

3차원 도면을 그리면 간섭을 점검할 수 있고, 로봇 개발에 중요한 중심, 중량 등 여러 가지 검토가 가능하고, 개발 기간이나 가격 절감을 할 수 있다.

특히 처음으로 로봇을 제작하는 사람은 우선 충분히 3차원 CAD나 시뮬레이션으로 검토한 다음 제작할 것을 권한다. 보행로봇의 제작에는 시간과 돈이 필요하기 때문이다.

Autodesk Inventor 체험판은 아래 웹사이트에서 신청할 수 있으며, 정품과 같은 기능을 가진 Autodesk Inventor를 사용할 수 있다.

Autodesk(주) http://www.autodesk.co.kr/

제 2장 | 2족보행 로봇 만들기

화면 2-12는 무선 조종 서보 모터의 2차원 도면이다. 이것을 기초로 하여 3차원으로 변환시킨 것이 화면 2-13이다. 화면 2-14는 로봇의 발 부분의 3차원 도면으로, 익숙해지면 비교적 간단하게 3차원 도면을 그릴 수 있다. 꼭 체험판을 사용해 보길 바란다.

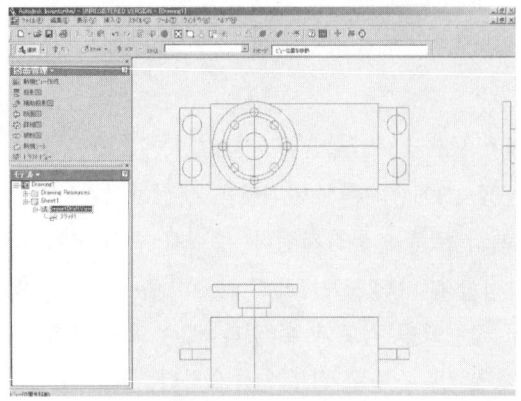
화면 2-12 ▲ 무선 조종 서보 모터의 2차원 도면

화면 2-13 ▲ 무선 조종 서보 모터의 3차원 도면

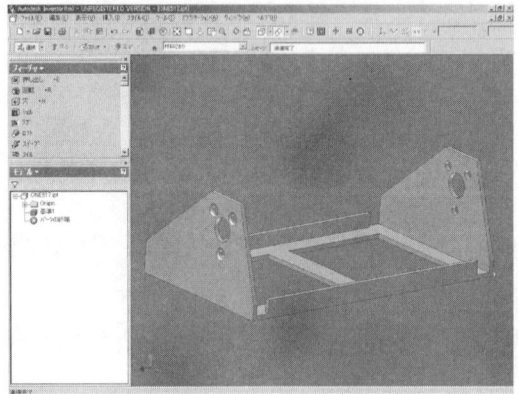
화면 2-14 ▲ 발의 3차원 도면

2.5 시뮬레이션에 의한 해석

❖ **Autodesk Inventor에 의한 디자인**

Autodesk Inventor를 사용해서 공룡의 머리 부분을 그려보자. 3차원 도면이 처음이라면 각 재로부터 잘려가는 이미지로 도면을 그리면 이해하기 쉬울 것이다.

사진 2-40 ▲ 공룡형 로봇

티라노사우르스의 머리 부분을 그려보자. Inventor를 기동하고 신규 작성을 선택한 다음, standard.ipt로 작도를 시작한다.

우선 가로에서 본 스케치를 그린다(화면 2-15).

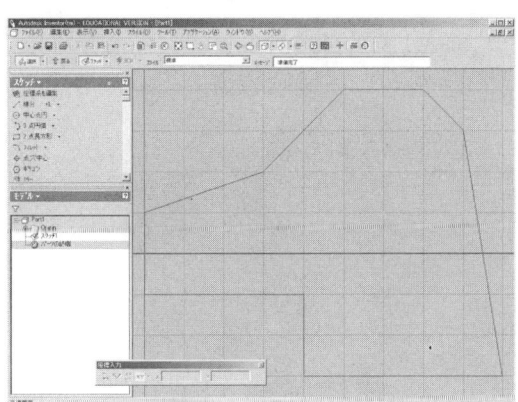

화면 2-15 ▲ 가로에서 본 스케치

103

물체의 밀어내기로 스케치를 가로 방법으로 늘려 입체로 한다(화면 2-16).

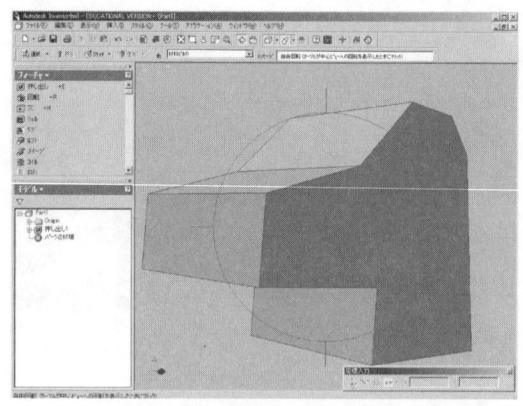

화면 2-16 ▲ 입체도

다음으로 스케치로 위에서 본 그림을 그린다(화면 2-17).

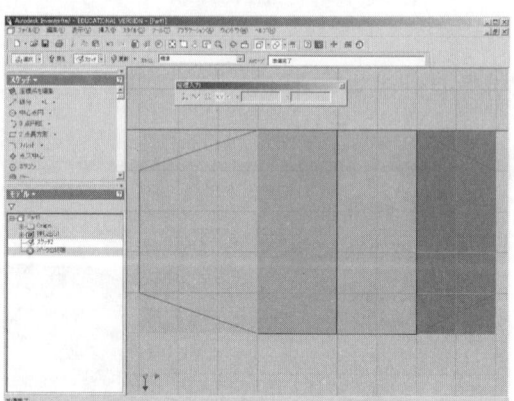

화면 2-17 ▲ 위에서 본 스케치

물체의 밀어내기로 입체를 잘라낸다.

2.5 시뮬레이션에 의한 해석

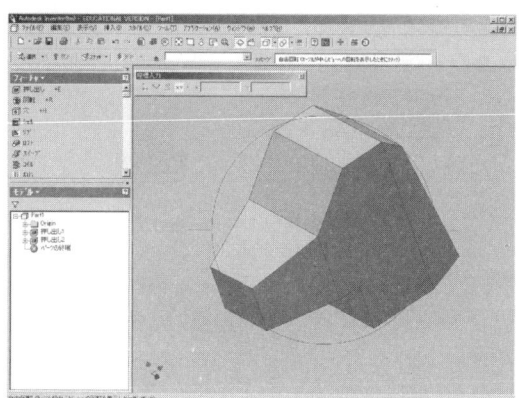

화면 2-18 ▲ 입체도

각자의 취향에 따라 모따기를 실행한다. 기계 티라노사우르스의 이미지로 완성한다(화면 2-19). 눈이나 입을 붙여도 좋을 것이다. LED등을 달아 눈을 번뜩이게 하면 재미있을 것이다. Inventor를 사용해서 여러 가지 디자인을 구상하는 것도 즐거운 시간이다.

이처럼 Inventor는 간단하게 3차원 도면을 작성할 수 있다. 물론 이것을 시트메탈에서 작성해도 좋다. Inventor에는 시트메탈 작도 기능도 있다.

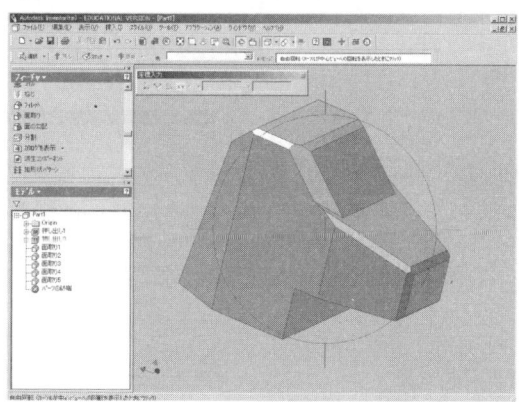

화면 2-19 ▲ 입체도

2.5.2 MATLAB Simulink

MATLAB는 직감적인 고급 프로그래밍 언어를 사용한 테크니컬 컴퓨팅 환경이다. 데이터 해석, 가시화 및 알고리즘, 애플리케이션의 개발 환경이 갖추어져 있다. 이 중 Simulink라고 하는 소프트웨어가 있다. Simulink는 모델링, 시뮬레이션 및 해석을 위한 개발 환경으로 화면 2-20

제 2 장 2족보행 로봇 만들기

의 블록도와 같은 함수가 준비되어 있다.

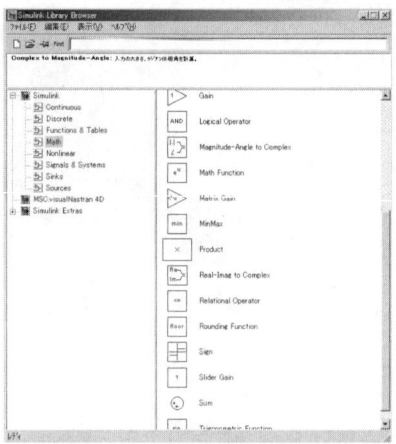

화면 2-20 ▲ Simulink의 함수

로봇의 구부리기 동작 프로그램을 이 블록도에 나타내면 화면 2-21과 같다. 여기서 기술한 프로그램을 사용해서 MSC.visualNastran4D에 데이터를 전송하고, 컴퓨터에서 로봇을 동작시킬 수 있다. MSC.visualNastran4D와의 링크에는 화면 2-22에 나타난 함수가 있고, 이것을 사용해서 Simulink와의 데이터 교환을 실시하고 있다.

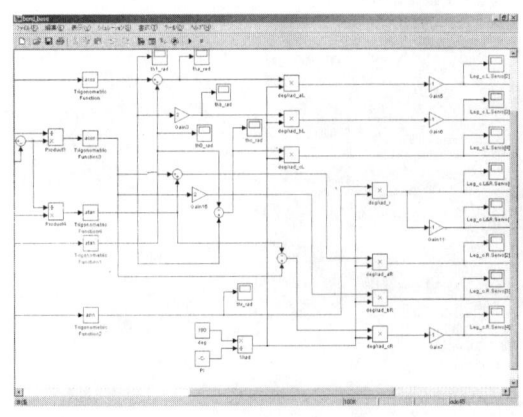

화면 2-21 ▲ 로봇 구부리기 프로그램

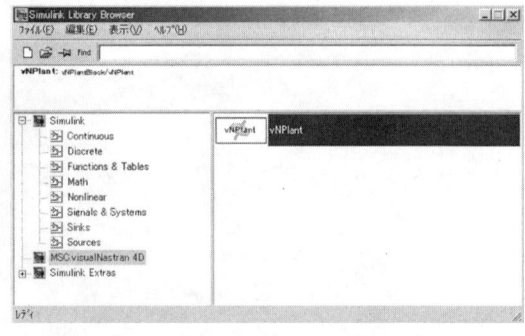

화면 2-22 ▲ MSC.visualNastran4D와의 링크 함수

아래 사이트에서 MATLAB 평가판(30일 한정)을 다운로드할 수 있다.

MATLAB 모델링, 시뮬레이션 패키지, Simulink 다운로드 http://www.mathworks.co.kr

2.5.3 MSC.visualNastran4D

MSC.visualNastran4D는 구조해석, 기구해석을 할 수 있는 시뮬레이션 프로그램이다.

(1) 구조해석이란?

부품의 강도나 진동을 계산하는 데 유한요소법을 이용한다. 유한요소법은 복잡한 부품의 형태를 작은 요소로 분할하고, 이 요소의 조합으로 전체 응력이나 변위를 계산한다. 구조해석에 대해서는 이미 로보콘 잡지 No.18의 'STEP UP! 자립형 씨름 로봇'에서 소개했으므로 이것을 참조하길 바란다.

(2) 기구해석이란?

기구해석에는 링크 기구의 해석 등 운동학 모델의 해석이 가능하다. 화면 2-23과 같은 로봇을 컴퓨터에서 움직일 수 있는데, 각각의 관절에 모터를 달아 그 모터에 데이터를 주는 것으로 로봇을 동작시키는 것이다. 여기서는 Simulink에서 각 관절의 각도 데이터를 주어 로봇을 움직여 보자.

MSC.visualNastran4D는 아래의 웹사이트에서 체험판을 얻을 수 있다.

MSC 소프트웨어(주)
http://www.mscsoftware.co.kr/

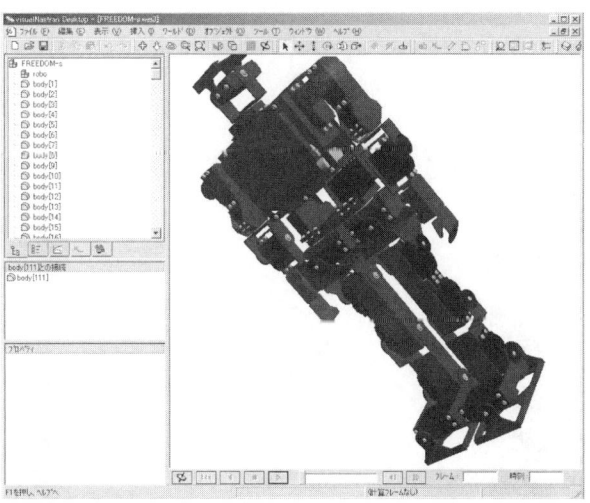

화면 2-23 ▲ 로봇의 기구해석

2.5.4 중심 이동 시뮬레이션

화면 2-24는 이번 시뮬레이션에 사용한 모델이다. 우선은 발 부분만을 사용해서 중심 이동의 시뮬레이션을 실시한다. 중심 이동을 할 때 허벅지 관절의 서보 모터가 가장 힘겨운 것은 '2.3.6 서보 모터의 특성 조사'에서도 기술하였다. 여기에서는 어느 정도의 토크가 필요한가를 시뮬레이션을 이용해서 확인한다.

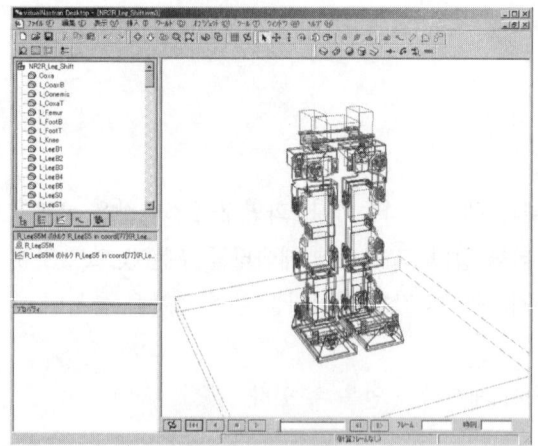

화면 2-24 ▲ 시뮬레이션 모델

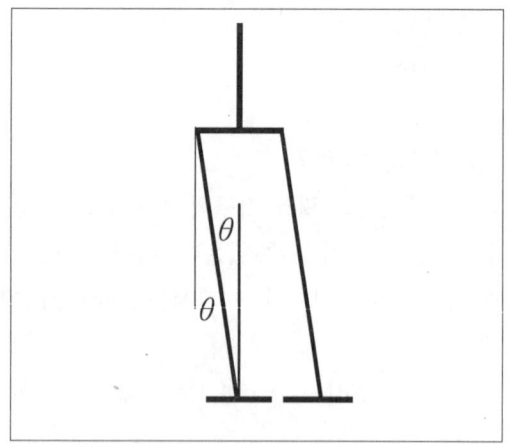

그림 2-21 ▲ 중심 이동

여기에서는 상체가 붙어있지 않기 때문에 상부에 1kg의 하중을 부가했다. 또 시뮬레이션에 있어서는 그림 2-21과 같이 허벅지 관절부와 발목부의 모터에 각도 θ를 천천히 증가시켰을 때 로봇의 움직임은 화면 2-25와 같다.

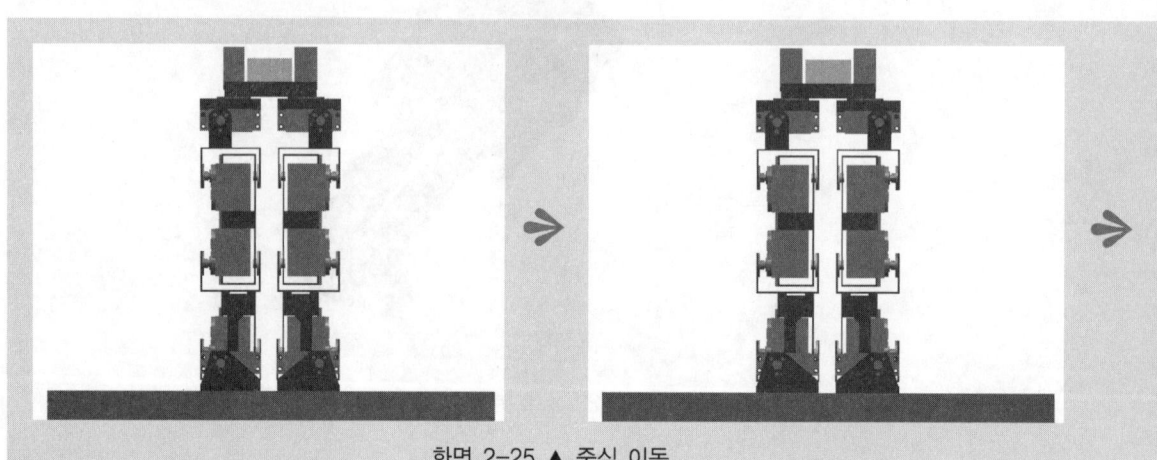

화면 2-25 ▲ 중심 이동

2.5 시뮬레이션에 의한 해석

그래프 2-4는 허벅지 관절 서보 모터의 부하토크를, 그래프 2-5는 발목 서보 모터의 부하 토크를 나타낸다. 허벅지 관절부는 최대 10kg·cm의 토크가 가해진다.

그래프 2-3은 서보 모터의 부하 토크에 관한 조사를 실시한 결과로, 이 그래프와 비교하면 서보 모터의 오차가 8번 정도 발생하게 된다. 이 정도의 오차는 보행에 있어서 허용할 수 없는 수치이다. 발목부는 이 값의 반 정도이다. 이 값은 허용할 수 없는 수치이지만, 이 오차는 중심 이동량과 어느 위치까지는 비례 관계이므로 그다지 문제가 되지 않더라도 완전히 한쪽 발에 하중이 실렸을 때 토크 변화가 크게 일어난다(그래프 2-4, 2-5의 가로축 4.2초 부근). 이 시간에서 균형이 무너지는 경우가 있다. 이것의 대책으로는 가능한 허벅지 관절간 거리를 짧게 하는 것이 좋다. 또 중량을 가볍게 하는 것도 필요하다. 그리고 스프링 등으로 균형을 잡는 것도 효과가 있다.

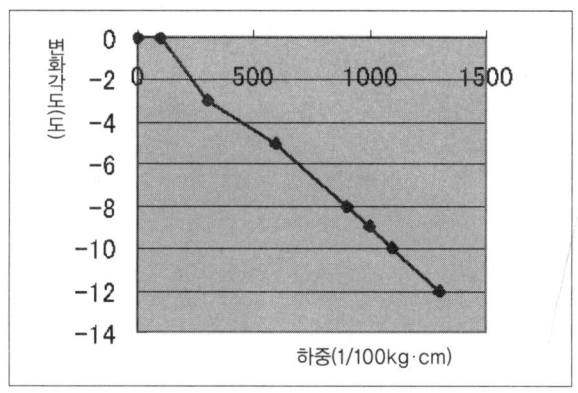

그래프 2-3 ▲ 하중과 오차각

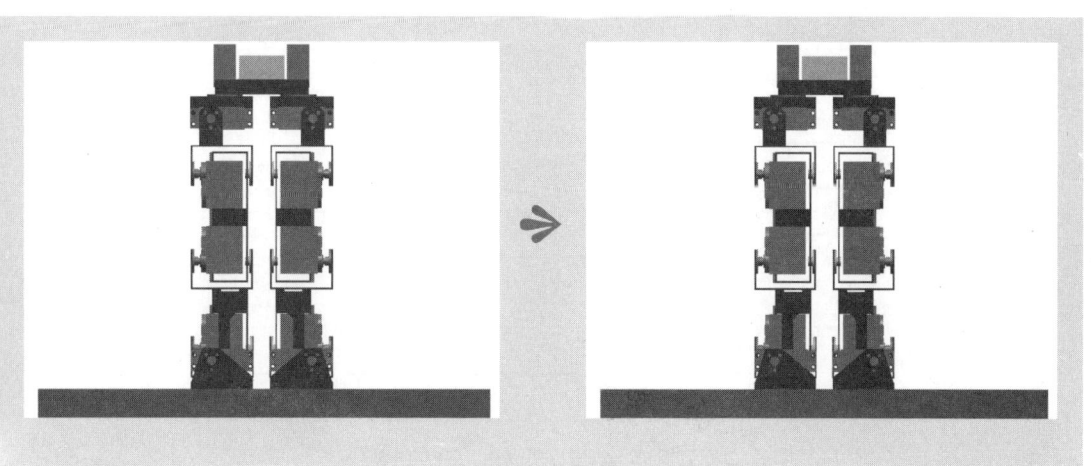

최종적으로는 바르게 제어하는 것이 바람직하다. 비례 제어만의 무선조종용 서보 모터로는 한계가 있으므로 적분제어를 추가하는 등의 대책이 필요하다.

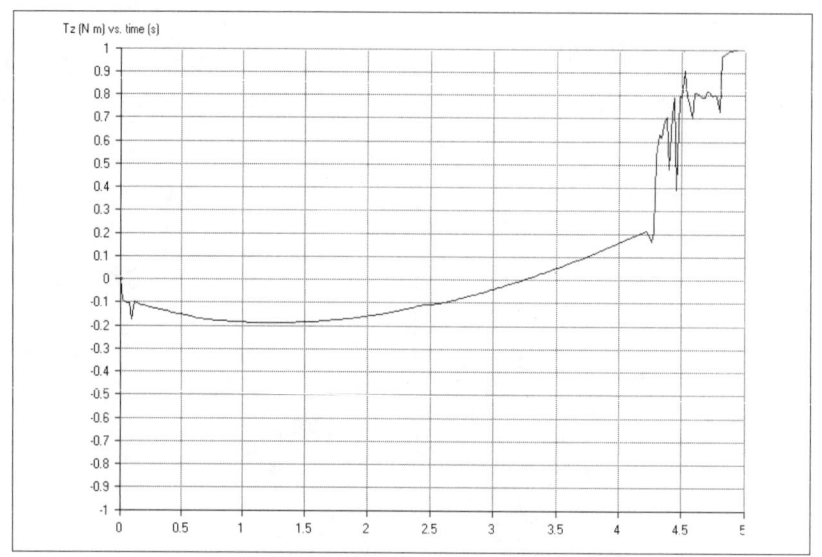

그래프 2-4 ▲ 허벅지 관절의 서보 모터 변화

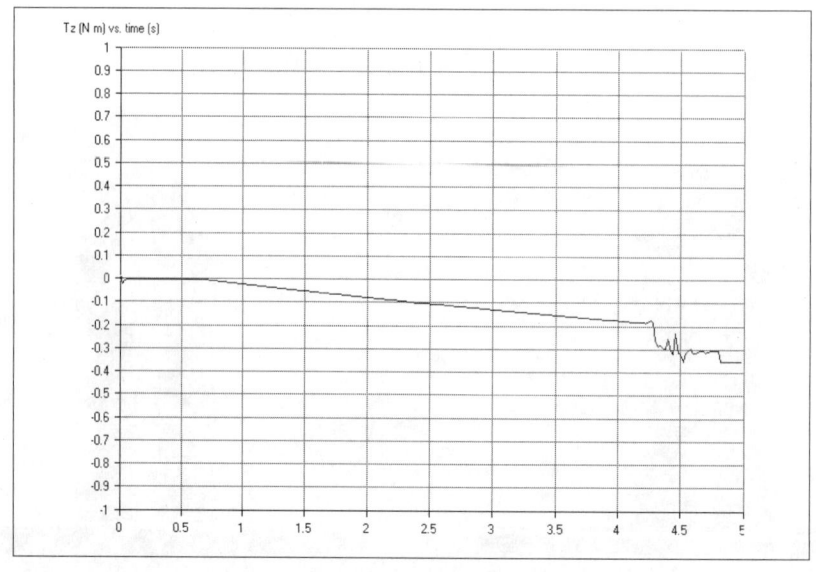

그래프 2-5 ▲ 발목의 서보 모터 변화

2.5.5 구부리기 동작 시뮬레이션

다음으로 같은 모델을 사용해서 구부리기 동작을 해 보자. 그림 2-22는 로봇을 옆에서 본 것인데, 그림과 같이 구부리기 동작의 경우는 각 관절의 각도는 θ, 2θ, θ의 각도를 천천히 증가시키는 것으로 가능하다. '2.1.4 발의 구조'에서 설명했듯이 발의 제1관절과 제2관절은 같은 길이로 하는 것이 필요하다.

화면 2-26은 구부리기 동작의 모습을 나타낸 것이다. 이 경우는 중심 이동에 대해서는 비교적 모터 부하가 작고, 가장 힘겨운 부분에서도 화면 2-26 ③의 상태로 약 5kg·cm의 토크가 되었다. 게다가 계단을 오르는 등의 동작에는 큰 토크가 발생하는 것을 쉽게 예측할 수 있다.

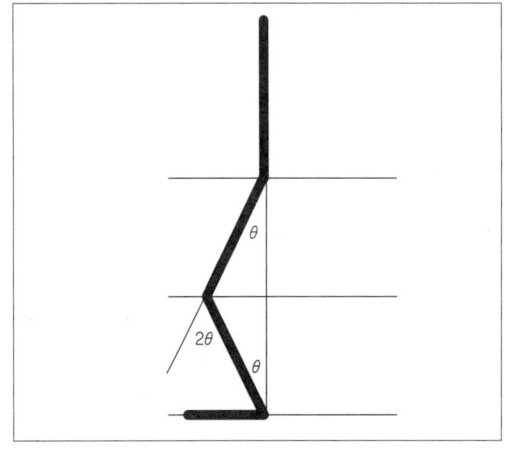

그림 2-22 ▲ 구부리기 자세

화면 2-26 ▲ 구부리기 동작 모습

2.5.6 보행 시뮬레이션

보행 프로그램을 MATLAB Simulink에서 프로그램을 작성했고, 화면 2-27은 그 일부를 나타낸 것이다.

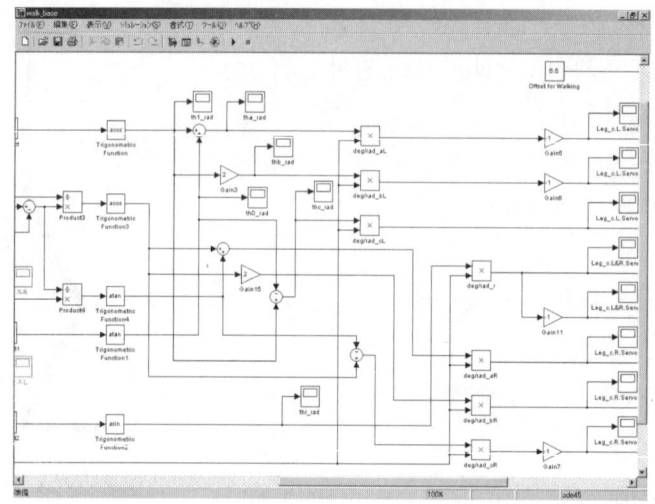

화면 2-27 ▲ 보행 패턴 생성 프로그램

여기서 생성된 각 관절의 데이터를 프로그램에 시계열 데이터로 주고, 이 데이터를 읽어서 시간과 함께 데이터를 서보 모터에 공급하면 이것에 의해 보행을 할 수 있다. 또 이것을 시리얼통신에 의해 무선으로 데이터를 주는 방법도 있다. 이 경우는 PC에서 프로그램을 작성하면 실시간으로 동작시킬 수 있다. 개발중인 대부분의 로봇은 이 방법을 취하고 있다.

이 프로그램을 로봇에 탑재한 컴퓨터에서 실행하면 자율 로봇이 된다. 실제로 로봇에 탑재하는 CPU의 크기가 한계가 있기 때문에 가능하면 연산 부하가 적은 프로그램을 작성해야 한다. 베스트테크놀로지 社의 FREEDOM은 실시간으로 보행 패턴을 실행하고 있지만 위의 방법으로 프로그램 개선을 추구하고 있다.

2.5.7 MSC.visualNastran4D로 시뮬레이션

다음으로 '2.4.3 MSC.visualNastran4D'에서 소개한 MSC. visualNastran4D와 Simulink로 시뮬레이션을 실시하면 컴퓨터에서 프로그램이 제대로 된 것인지의 여부를 점검할 수 있다.

화면 2-28은 보행중인 로봇이다. 이 경우도 중심 이동의 시뮬레이션과 같이 지지하고 있는 다리 위로부터 제2축의 토크가 크게 발생하고 있으므로 이곳이 중요하다는 것을 알 수 있다.

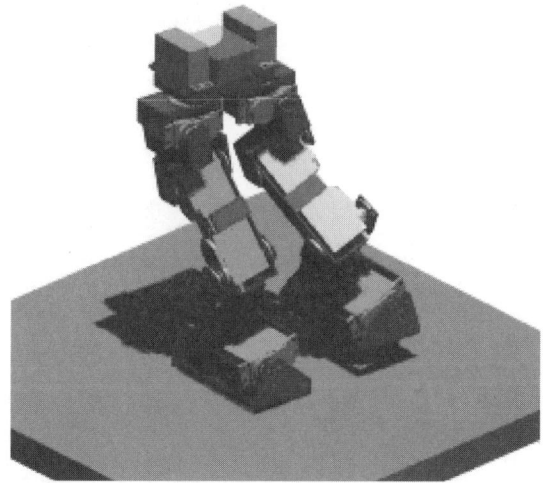

화면 2-28 ▲ 보행

2.5.8 ROBO-ONE on PC

ROBO-ONE 위원회에서는 PC에서 2족보행 로봇의 시뮬레이션에 의한 경기 ROBO-ONE on PC를 연1회 개최하고 있다.

여기서 소개한 3개의 소프트웨어는 ROBO-ONE on PC에 참가하면 6개월간의 사용권을 받을 수 있으므로 많은 참여를 바란다.

2.6 다리 부분 만들기

무선조종 서보 모터를 사용해서 각각의 다리부를 제작한다. 서보 모터는 콘도과학 사의 KRS-2346ICS를 사용한다. 시뮬레이션 결과는 허벅지 관절이 매우 어려운 수치로 되어 있기 때문에 여러 가지를 고려해야 하지만, 이번에는 그대로 사용하기로 했다.

사진 2-41 ▲ 브래킷 키트

사진 2-42 ▲ 키트의 부품

사진 2-43 ▲ 관절 조립

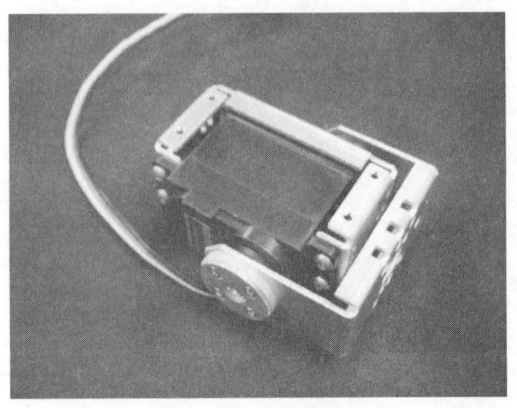

사진 2-44 ▲ 관절 완성

2.6 다리 부분 만들기

관절 부분의 브래킷(사진 2-41)은 키트로 판매된다. 필자도 스스로 알루미늄을 가공하고, 구부려 보았지만 좀처럼 정밀도가 나오지 않았다. 센서 없이는 정보행을 해야 할 때 안전성을 얻을 수 없으므로 초보자라면 이 브래킷을 이용하길 바란다.

이러한 브래킷은 이제까지 힘들었던 반대축의 설치나 각 서보 모터의 연결을 용이하게 할 수 있게 설계되어 있다.

사진 2-42는 내부 부품을 보여 주며, 이것을 조합하면 사진 2-43, 2-44가 된다.

이 브래킷과 무선조종 서보 모터를 각각 12개 조립하면 로봇의 다리는 사진 2-45처럼 완성된다. 2족보행 로봇을 제작하는 경우는 다리와 허리부의 부품을 추가해야 한다.

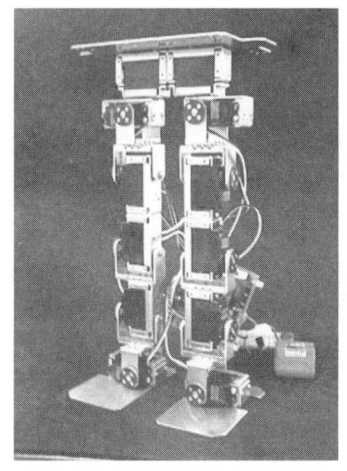 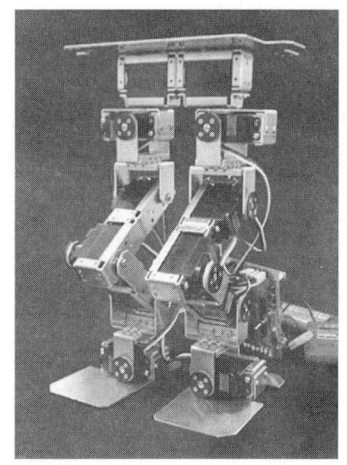

사진 2-45 ▲ 다리부 완성   사진 2-46 ▲ 구부리기 자세

완전 조립 키트도 있으므로 쉽게 제작하고 싶으면 아래의 웹사이트를 참고하기 바란다.

(주) 마이크로로봇 http://www.microrobot.com
(주) 이토-레이네츠 http://www.i-rt.co.jp/robot.html

2.7 보행 패턴 생성

2.7.1 보행 패턴 생성 방법

보행 패턴 생성에 대해서는 우선 단순하고 알기쉬운 방법으로 해 보자. 이미 구부리기 동작이나 중심 이동의 방법에 대해서는 앞에서의 설명으로 어느 정도 이해가 되었을 것이다. 그러나 수학이 어려운 사람에게는 다음의 방법을 권하지만 익히는 데 시간이 걸릴 것이다.

2.7.2 계산하지 않고 동작시키는 방법

애니메이션처럼 한 걸음 걷는 데 필요한 정지 상태를 만들고, 그것을 연결하면 걷게 된다. 예를 들면 사진 2-47과 같이 계단을 오르는 것도 가능한데, 이는 보행 동작을 자세하게 애니메이션을 제작하는 것처럼 하고, 그 좌표 사이를 보간하는 방법이다.

이 경우 정보행하는 것을 전제로 하기 때문에 빠른 속도로 움직여서는 안 된다. 가속도가 발생하지 않도록 동작시키면 정보행이 된다. 즉, 관성 모멘트가 거의 0인 보행이 정보행이다. 그러나 발바닥 면적을 크게 잡으면 다소의 오차나 관성 모멘트가 발생해도 실제로는 제어하지 않아도 걸을 수 있다. 정보행 또는 동보행의 문제가 아니라, 어떤 목적으로 로봇을 만드는가가 중요하다.

사진 2-47 ▲ 계단을 오르는 로봇

2.7 보행 패턴 생성

태극권과 같은 동작을 해야 한다면 부하가 걸린 정지 상태에서도 견딜 수 있는 모터를 사용해야 할 것이다. 이제 막 걷기 시작한 아이의 걸음과 같은 동보행에 만족한다면 토크는 오히려 적은 것이 좋다. 왜냐하면 사람이 걸을 때 쓸데없이 힘을 쓰지 않고 걷기 때문이다. 그러나 달리거나 날거나 하는 동작을 생각한다면 몇 배나 큰 토크의 모터가 필요하다. 이처럼 로봇 제작은 처음부터 로봇에게 무엇을 시킬 것인가에 따라 로봇의 디자인이 결정된다.

산업용 로봇은 대체로 프로그램 2-3처럼 동작한다. 다만 어떤 방법으로 빠르게 목표 위치에 도달하는가 하는 여러 가지 연구가 이루어지고 있다. 게다가 빠르게 움직였을 경우에는 관성 모멘트를 고려해야 한다.

가능하면 좌표를 적게 지정하여 동작시키기 위해 보간을 실시한다. 그림 2-23에서 서보 모터의 초기값이 A에 있고, 그 때의 서보 모터 각도는 θ_A이다. 이 위치에서 B까지 일정한 각속도로 이동하는 경우 t시간 후의 위치를 x, 그 때의 서보 모터 각을 θ_x, A에서 B로의 이동시간을 h로 하면 t시간 후의 위치 x의 각도 θ_x는 아래 식으로 구할 수 있다.

$$\theta_x = \theta_A + (\theta_B - \theta_A) \times x/h \tag{2.1}$$

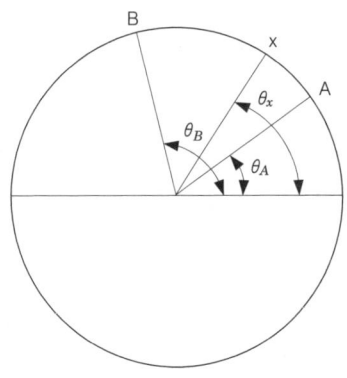

그림 2-23 ▲ 서보 모터의 보간

이 식으로 A, B 사이의 동작을 이어가면 재미있는 동작이 가능해진다. 계단을 오르는 일이나 보행도 가능하다. 그러나 복잡한 동작의 경우 최대한 자세하게 좌표를 지정해야만 훨씬 부드러운 움직임이 가능해진다. 이 경우 동작 애니메이션과 같이 만들어야 하므로 시간과의 싸움이 된다. 따라서 애니메이션 제작자들의 마음을 잘 알 수 있을 것이다.

2.7.3 샘플 프로그램

이상과 같이 모든 축에 대해 프로그램하면 아래의 프로그램 2-3이 된다. 여기서는 구부리기 동작이나 킥 등의 데이터를 작성하였는데, 자신의 로봇에는 초기 각도가 다르기 때문에 이것을 조정해야 한다.

'2.5.4 중심 이동의 시뮬레이션', '2.5.5 구부리기 시뮬레이션'에서 설명했던 중심 이동(사진 2-48)이나 구부리기 동작(사진 2-49)의 데이터는 계산대로 작성했다. 이 방법으로 충분히 동작한다. 킥 동작은 상당한 조정이 필요하다. 속도를 빠르게 하면 관성 모멘트가 커지기 때문에 이를 보정하기 위해서 팔 등의 동작이 꼭 필요하다.

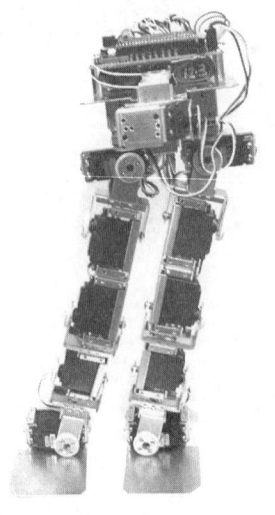

사진 4-48 ▲ 중심 이동

사진 4-49 ▲ 구부리기 동작

2.7 보행 패턴 생성

프로그램 2-3

```
//------------------------------------------------
//------         Robocon Maga   SH7045         ----------
//------                   by I.Nishiyama     ----------
//------------------------------------------------
// 32bit RISC CPU SH7045F 256K Flash RAM 1Mbit(128k) 28MHz
// Sample Program for RAM mode
//------------------------
// include files

//---------------------
#include "7045.h"          // From Besttechnology CD-ROM
#include "mess.c"          // From Besttechnology CD-ROM
#include <fastmath.h>      //<math.h>
//------------------------------------------------
// 서보모터의 초기값
#define RL0 2890           // 오른쪽 다리 위부터
#define RL1 2430
#define RL2 2750
#define RL3 3330
#define RL4 2270
#define RL5 2250

#define RA0 3110           // 오른쪽 어깨 위부터
#define RA1 3860

#define LL0 2420           // 왼쪽 다리 위부터
#define LL1 3280
#define LL2 2220
#define LL3 1420
#define LL4 2920
#define LL5 2780

#detine LA0 2090           // 왼쪽 어깨 위부터
#define LA1 1390


//------------------------------------------------
// 대역 변수의 설정
//------------------------------------------------
  int tim5ms;        // 5msec counter
  int tx5;           // 5msec counter
  int tim1sec;       // 1sec counter
//------------------------------
  int ll[6];         // 오른쪽 다리
  int la[2];         // 왼쪽 어깨
  int rl[6];         // 왼쪽 다리
  int ra[2];         // 오른쪽 어깨
  int buf_leg[12];// 다리 버퍼
```

제 2 장 2족보행 로봇 만들기

```c
  int s_leg[12];    // 다리의 초기위치
  int e_leg[12];    // 다리의 최종위치
//------------------------------------------
// 선자세의 초기화
//------------------------------------------
void stand(){
  int i;
  // 손발 서보모터의 초기화
  ll[0]=LL0;ll[1]=LL1;ll[2]=LL2;ll[3]=LL3;ll[4]=LL4;ll[5]=LL5;
  rl[0]=RL0;rl[1]=RL1;rl[2]=RL2;rl[3]=RL3;rl[4]=RL4;rl[5]=RL5;

  la[0]=LA0;la[1]=LA1;
  ra[0]=RA0;ra[1]=RA1;

  s_leg[0]=RL0;s_leg[1]=RL1;s_leg[2]=RL2;s_leg[3]=RL3;s_leg[4]=RL4;s_leg[5]=RL5;
  s_leg[6]=LL0;s_leg[7]=LL1;s_leg[8]=LL2;s_leg[9]=LL3;s_leg[10]=LL4;s_leg[11]=LL5;

  PA.DR.WORD.H=0x0040;       //우측 어깨 on
}
//------------------------------------------
//       보드의 초기화
//------------------------------------------
void port_init(void){
//---------------------------
//보드의 핀 펑션의 설정
//---------------------------
  PFC.PAIORH.WORD=0x0060;    //[OUT]PA21,22
  PFC.PECR1.WORD=0x5555;     // MTU mode
  PFC.PECR2.WORD=0x5555;     // MTU mode
  PFC.PEIOR.WORD=0xffff;     //
  PFC.PDCRH2.WORD=0x0;       // I/O mode
  PFC.PDIORH.WORD=0x00ff;    // [OUT]PD16-23

// WDT의 설정 void
  WDT.WRITE.TCSR = 0xa53d;   // clock/1024 9.2msec 카운트업 개시
  INTC.IPRH.WORD = 0xf000;   // WDT 우선순위=15
  SetSRReg (0);              // 인터럽트 마스크 클리어
}
//------------------------------------------
// PWM의 설정
//------------------------------------------
void pwm(void){
// Timer stop
  MTU.TSTR.BYTE=0;           // PWM Timer stop
// 보드에 출력
  PWM.TOER.BYTE=0xff;
// Timer0 set
  MTU0.TCR.BYTE=0x02;        // 통상모드에서 원 숏
  MTU0.TMDR.BYTE=0xc0;
```

2.7 보행 패턴 생성

```c
  MTU0.TIOR.WORD=0x5555;
  MTU0.TGRA=rl[0];
  MTU0.TGRB=rl[1];
  MTU0.TGRC=rl[2];
  MTU0.TGRD=rl[3];
// Timer1 set
  MTU1.TCR.BYTE=0x02;
  MTU1.TMDR.BYTE=0xc0;
  MTU1.TIOR.BYTE=0x55;
  MTU1.TGRA=rl[4];
  MTU1.TGRB=rl[5];
// Timer2 set
  MTU2.TCR.BYTE=0x02;
  MTU2.TMDR.BYTE=0xc0;
  MTU2.TIOR.BYTE=0x55;
  MTU2.TGRA=ll[0];
  MTU2.TGRB=ll[1];
// Timer 3 set
  PWM.TCR3.BYTE=0x02;
  PWM.TMDR3.BYTE=0x00;
  PWM.TIOR3.WORD=0x5555;
  PWM.TGR3A=ll[2];
  PWM.TGR3B=ll[3];
  PWM.TGR3C=ll[4];
  PWM.TGR3D=ll[5];
// Timer4 set
  PWM.TCR4.BYTE=0x02;
  PWM.TMDR4.BYTE=0x00;
  PWM.TIOR4.WORD=0x5555;
  PWM.TGR4A=ra[0];
  PWM.TGR4B=ra[1];
  PWM.TGR4C=la[0];
  PWM.TGR4D=la[1];
//카운트 리셋
  MTU0.TCNT=0;
  MTU1.TCNT=0;
  MTU2.TCNT=0;
  PWM.TCNT3=0;
  PWM.TCNT4=0;
// Timer start
  MTU.TSTR.BIT.CST0=1;        // MTU channel0 start
  MTU.TSTR.BIT.CST1=1;        // MTU channel1 start
  MTU.TSTR.BIT.CST2=1;        // MTU channel2 start
  MTU.TSTR.BIT.CST3=1;        // MTU channel3 start
  MTU.TSTR.BIT.CST4=1;        // MTU channel4 start
}
//------------------------------------------------
//  WDT-ITI 인터럽트 루틴
//------------------------------------------------
```

```c
//   인터럽트 처리 프로그램
void int_iti(void){
  char a;
  WDT.WRITE.TCSR=0x5a26;    // TCNT=117=0x75 5msec maxFF=9.4msec
  a=WDT.READ.TCSR.BYTE;     // OVF클리어
  WDT.WRITE.TCSR=0xa53d;    // TCSR 써넣기
//----------------
// PWM 세트
//----------------
  pwm();
//------------------
//   시간의 카운트
//------------------
  tim5ms++;tx5++;    // 5msec의 카운터 인크리먼트
  // 200회가 되면 1초 단위의 카운터 인크리먼트
  if (tim5ms>20){ tim1sec++; tim5ms=0; } else{}
}
// 다리를 움직인다
void kushin1(void){
  e_leg[0]=RL0;e_leg[1]=RL1;e_leg[2]=RL2-800;e_leg[3]=RL3-1600;e_leg[4]=RL4+800;e_leg[5]=RL5;
  e_leg[6]=LL0;e_leg[7]=LL1;e_leg[8]=LL2+800;e_leg[9]=LL3+1600;e_leg[10]=LL4-800;e_leg[11]=LL5;
}
// 중심 이동
void jushin1(void){
  e_leg[0]=RL0;e_leg[1]=RL1-100;e_leg[2]=RL2;e_leg[3]=RL3;e_leg[4]=RL4;e_leg[5]=RL5-100;
  e_leg[6]=LL0;e_leg[7]=LL1-100;e_leg[8]=LL2;e_leg[9]=LL3;e_leg[10]=LL4;e_leg[11]=LL5-100;
}
void kick1(void){

e_leg[0]=2910;e_leg[1]=2130;e_leg[2]=1760;e_leg[3]=3330;e_leg[4]=2270;e_leg[5]=2250;

e_leg[6]=2420;e_leg[7]=3820;e_leg[8]=1930;e_leg[9]=1420;e_leg[10]=2920;e_leg[11]=2610;
}

// 선 위치
void p_norm(void){
  e_leg[0]=RL0;e_leg[1]=RL1;e_leg[2]=RL2;e_leg[3]=RL3;e_leg[4]=RL4;e_leg[5]=RL5;
  e_leg[6]=LL0;e_leg[7]=LL1;e_leg[8]=LL2;e_leg[9]=LL3;e_leg[10]=LL4;e_leg[11]=LL5;
}
//----------------------------------------
// 다리 이동 후의 포인트를 초기값으로 한다
//----------------------------------------
void e2s_leg(void){
```

2.7 보행 패턴 생성

```
    int i;
    for(i=0;i<12;i++){
        s_leg[i] = e_leg[i];
    }
}
//------------------------------------------------
//손을 움직이는 루틴
//------------------------------------------------
// i는 축번호, interval은 이동시간, di는 미세시간

int line ( int i, int interval, int di)
{
    return (s_leg[i]+(float)((e_leg[i]-s_leg[i])*di/interval));
}

//버퍼를 서보 모터에
void ax_move(void)
{
    rl[0]=buf_leg[0];
    rl[1]=buf_leg[1];
    rl[2]=buf_leg[2];
    rl[3]=buf_leg[3];
    rl[4]=buf_leg[4];
    rl[5]=buf_leg[5];
    ll[0]=buf_leg[6];
    ll[1]=buf_leg[7];
    ll[2]=buf_leg[8];
    ll[3]=buf_leg[9];
    ll[4]=buf_leg[10];
    ll[5]=buf_leg[11];

//   SendMessage1 ("0:%4d 1:%4d 2:%4d \r",rl[0],rl[1],rl[2]);

}
//------------------------    ------------------------
// 다리를 처음 위치에서 종료 위치로 이동한다
//------------------------------------------------
void leg_move (int t)
{
    int i,j;
    for (i = 0; i < t; i++) {
        for (j=0;j<12;j++){
            buf_leg[j]=line(j, t, i);
        }
        ax_move();
    }
    e2s_leg();
}
//------------------------------------------------
```

제 2 장　2족보행 로봇 만들기

```c
// 몸을 굽힌다
//------------------------------------------
void kushin(void){
    kushin1();
    leg_move(200);
    p_norm();
    leg_move(200);
}
//------------------------------------------
//점프한다
//------------------------------------------
void jump(void){
    kushin1();
    leg_move(200);
    p_norm();
    leg_move(5);
}
//------------------------------------------
//중심을 이동한다
//------------------------------------------
void jushin(void){
    jushin1();
    leg_move(200);
    p_norm();
    leg_move(200);
}
//------------------------------------------
//킥한다(찬다)
//------------------------------------------
void kick(void){
    jushin1();
    leg_move(200);
    kick1();
    leg_move(50);
    p_norm();
    leg_move(50);
}
//----------------------------------------------------
// 다리의 서보모터를 설정하는 루틴
//----------------------------------------------------
void servo_set(void){
  int x,aa,lrp;
  lrp=0;    //right=0,left=1
  x=0;      //Ch No
  aa=rl[0]; //Servo Value
  SendMessage1 ("================== Servo Set ================WnWr");
  SendMessage1 ("u:PWM+10 d:PWM-10 U:PWM+1 D:PWM-1 p:chan1 up m:ch down l:left
```

2.7 보행 패턴 생성

```
r:right \n\r");
  SendMessage1
("==============================================================
======= \n\r");
  while(1){
    SendMessage1 ("r=0 l=1:%2d chanel=%3d PWM=%6d \r",lrp,x,aa);
      switch (SCI1_IN_DATA ()) {  // 퍼스컴의 키 입력
        case 'U':
          aa=aa+1;      // 서보 모터의 PWM+1
          break;
        case 'D':
          aa=aa-1;      // 서보 모터의 PWM-1
          break;
        case 'u':
          aa=aa+10;     // 서보 모터의 PWM+10
          break;
        case 'd':
          aa=aa-10;     // 서보 모터의 PWM-10
          break;
        case 'p':       // 서보 모터의 채널 +1
          x=x+1;if(x==6)x=5;
          if (lrp!=0){aa=ll[x];}
          else{aa=rl[x];}
          break;
        case 'm':       // 서보 모터의 채널 -1
          x=x-1;if(x==-1)x=0;
          if (lrp!=0){aa=ll[x];}
          else{aa=rl[x];}
          break;
        case 'l':       // 왼쪽 다리의 설정
          lrp=1;
          x=0;

          aa=ll[0];
          break;
        case 'r':       // 오른쪽 다리의 설정
          lrp=0;
          aa=rl[0];
          x=0;
          break;
        default:
      }
      if (lrp!=0){ll[x]=aa;}   // 서보 모터 세트
      else{rl[x]=aa;}
  }
}
//----------------------------------------------
// 메인
//----------------------------------------------
```

```c
int main(void){
  stand();              // 초기 설정
  port_init();          // 보드의 초기화
  pwm();                // PWM 세트
  InitSCI1 (br57600);   // 시리얼(SCI) 초기화 57600[bps]
  SendMessage1 ("===========================================================WnWr");
  SendMessage1 ("         Sample Program WnWr");
  SendMessage1 (" s:set servo b:kussin j:jump g:jushin k:kickWnWr");
  SendMessage1 ("===========================================================WnWr");
  while(1){
      switch (SCI1_IN_DATA ()) { // 퍼스컴의 키 입력
        case 's':      //서보모터의 설정
          servo_set();
          break;
        case 'b':     // 굴신
          kushin();
          SendMessage1 ("Kushin WnWr");
          break;
        case 'j':     // 점프
          jump();
          SendMessage1 ("Jump WnWr");
          break;
        case 'g':     // 중심이동
          jushin();
          SendMessage1 ("Jushin WnWr");
          break;
        case 'k':     // 킥
          kick();
          SendMessage1 ("Kick WnWr");
          break;
        default:
      }
  }
}
//-----------------------------------------------------
```

2.7 보행 패턴 생성

2.7.4 간이 보행 패턴 생성

보행 패턴을 계산하려면 지면에서 본 발의 위치를 주었을 때 각 관절의 각도가 어떻게 되는가를 계산하면 된다. 가로 방향으로 중심 이동(그림 2-24)하는 경우는 한쪽 발 6개의 축 중 2개의 축만 사용한다. 또 구부리기 동작의 (그림 2-25) 경우는 3개의 축을 사용한다. 회전하는 경우 다른 1개의 축을 사용한다.

걷는 경우를 생각해 보자. 우선 중심 이동을 하고 발을 앞으로 내민다. 다른 한쪽 발은 뒤로 내밀게 되는데, 이 때 전후 방향의 움직임에는 구부리기와 같이 3개의 축만 사용한다. 따라서 이 두 개의 동작은 별개로 생각해도 된다. 이렇게 함으로써 간단한 보행 패턴을 생성할 수 있다.

그림 2-24와 같은 중심 이동에서 Y(mm)만큼 허리 부분을 이동했을 때의 θ는 발의 길이를 $2L$로 계산하면 식 (2.2)와 같이 된다.

$$\theta = a\sin(Y/2L) \tag{2.2}$$

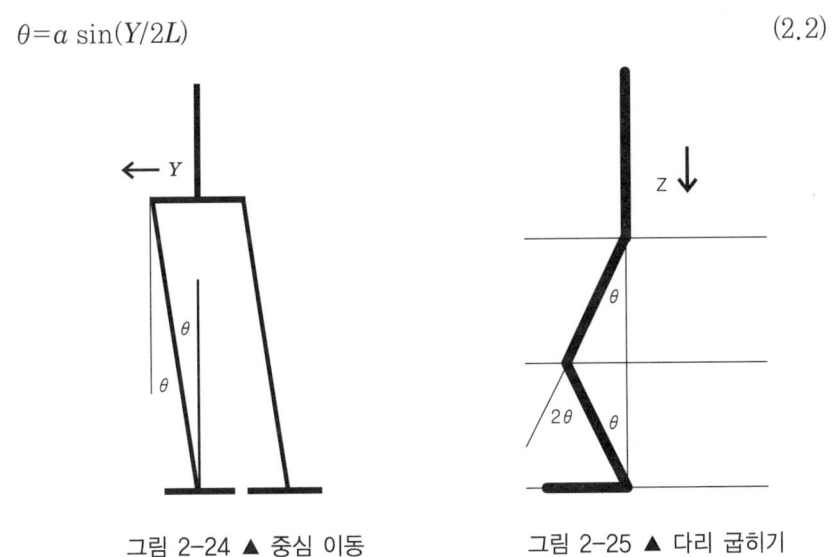

그림 2-24 ▲ 중심 이동   그림 2-25 ▲ 다리 굽히기

그림 2-25와 같은 다리 굽히기의 경우 θ는 식 (2.3)과 같다.

$$\theta = a\cos(2L - Z/2L) \tag{2.3}$$

다음으로 전후 방향으로 발을 움직였을 경우의 계산 방법에 대해서 기술한다. 발은 항상 지면과 평행하게 두는 것을 전제로 한다. 그렇게 하면 발뒤꿈치의 좌표를 주었을 때 각 관절의 각도를 구하면 된다. 그림 2-26에 나타낸 것처럼 발뒤꿈치의 위치를 전후 방향에 x, 상하 방향을 z로 한다. 발뒤꿈치가 x, z점에 있어서의 각 관절 각도를 구하면 된다. 또 $L_1 = L_2$로 한다.

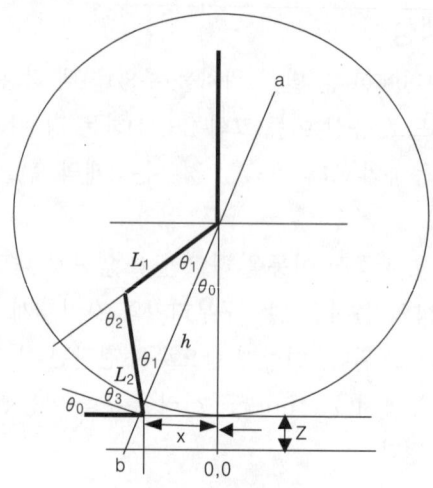

그림 2-26 ▲ 전후 계산

이 경우도 다리 굽히기의 경우와 같이 생각한다. 선분 ab상으로 다리 굽히기를 하고, θ_0을 보정해 주면 된다.

h의 길이는 식 (2.4)와 같다.

$$h = \sqrt{x^2 - (2L-z)^2} \tag{2.4}$$

$L_1 = L_2$일 때,

$$\theta_1 = a\cos(h/2L) \tag{2.5}$$
$$\theta_0 = a\tan[x/(2L-z)] \tag{2.6}$$

관절의 각도를 위에서부터 순서대로 θ_a, θ_b, θ_c로 하면,

$$\theta_a = \theta_0 + \theta_1 \tag{2.7}$$
$$\theta_b = 2 \times \theta_1 \tag{2.8}$$
$$\theta_c = \theta_1 - \theta_0 \tag{2.9}$$

가 된다. 이것이 각 관절의 각도가 되며, 간단한 삼각함수로 표현할 수 있다. 또 그림 2-27과 같이 중심의 이동량 y는 다리의 길이로 알 수 있으므로 식 (2.2)를 사용하면 간단하게 서보 모터의 각도를 계산할 수 있다.

2.7 보행 패턴 생성

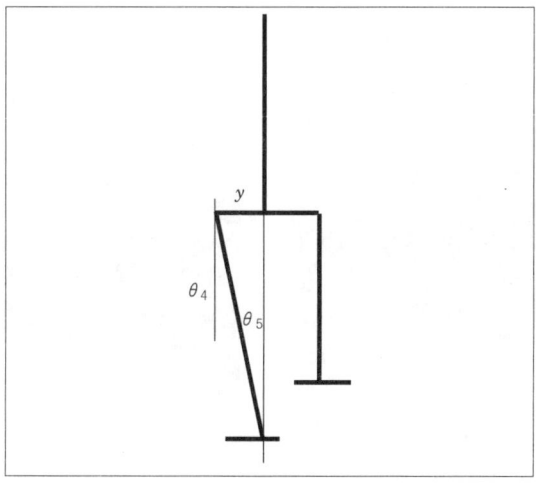

그림 2-27 ▲ 중심 이동

이상과 같이 발 뒤꿈치의 x, z 좌표와 중심 이동량 y의 상체에 대한 각 관절의 각도를 각각 구함으로써 보행시 각 관절의 각도를 계산하고, 이것을 각각의 서보 모터에 시간과 함께 고려하면 된다.

보행 동작에서 중심 이동은 처음에는 가속하고 중심이 한쪽 발에 완전히 실리기까지 감속하면서 이것을 반복하면 된다.

전후 방향에는 처음 가속한 이후에는 등속으로 이동한다. 처음에는 보폭을 작게 하고 점점 크게 하면 가속할 수 있다. 이 로봇이라면 한 걸음의 가속으로 충분하다. Z방향에서는 정현파의 정(+)부분을 적용하면 마치 걸어가는 것처럼 보인다.

2.7.5 제자리걸음

앞에서 발뒤꿈치의 좌표 위치를 산출하는 방법에 대해서 설명하였다. 이것을 실제로 프로그램하여 먼저 제자리걸음을 실행해 보자.

비디오에도 제자리걸음 광경이 있다. 이것은 로봇이 동작하는 경우의 기본 동작이나. 비니오의 경우 동적인 제자리걸음으로 되어 있지만, 우선은 정적인 제자리걸음부터 시작하겠다.

제 2 장　2족보행 로봇 만들기

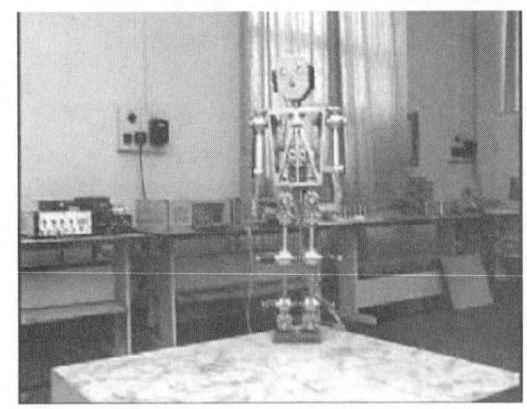

사진 2-50 ▲ 오른쪽으로 중심 이동

사진 2-51 ▲ 왼쪽으로 중심 이동

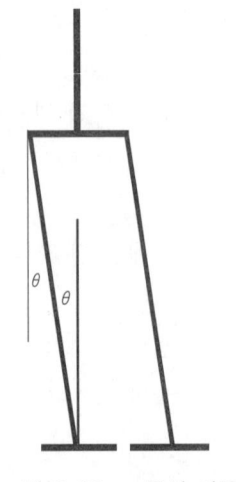

그림 2-28 ▲ 중심 이동

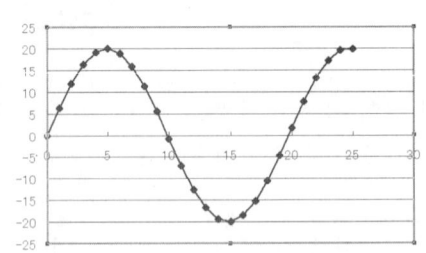

그래프 2-6 ▲ 중심 이동

　여기서 y값을 설정하여 호출하면 그 위치까지 바로 중심을 옮긴다. 여기서 가능한 한 가속도가 발생하지 않도록 동작시키려면 그래프 2-6과 같이 시간에 대한 중심 이동량을 주면 된다. 즉, 엑셀(Excel)로 이 값을 계산해서 예를 들면 10msec마다 데이터를 주면 된다. 이렇게 하면 중심 이동을 부드럽게 할 수 있다.

· 중심 이동을 반복하는 프로그램
　먼저 중심 이동을 반복하는 프로그램이다. 앞에서 소개했던 것처럼 중심 이동의 경우는 식 (2.2)로 주어진다.
　그림 2-28과 같은 중심이동의 경우 Ymm만큼 허리 부분을 이동했을 때의 θ는 발의 길이

2.7 보행 패턴 생성

를 2L로 계산하면 식 (2.1)과 같다.

$$\theta = a\sin(Y/2L) \tag{2.1}$$

이것을 C언어로 기술하면 프로그램은 프로그램 2-4와 같다. 여기서 이 로봇의 경우 $L_1=$ 78mm이다. 프로그램 2-4에서 KKK는 서보 모터에 공급한 펄스폭과 각도의 변환을 위한 정수이다.

$$L_1 = 78\text{mm}; \tag{2.2}$$

프로그램 2-4

```
//--------------------------------------------
// 중심에서 거리 y만큼 허리를 이동하는 루틴
//--------------------------------------------
void y_cnt(int y){
  float a,thr;
  a=y/(2*L1);
  thr=asin(a);
    a=+thr*KKK+rln[1];
    c_rl[1]=mmchk(a);
    a=+thr*KKK+rln[5];
    c_rl[5]=mmchk(a);
    a=+thr*KKK+lln[1];
    c_ll[1]=mmchk(a);
    a=+thr*KKK+lln[5];
    c_ll[5]=mmchk(a);
}
```

2.7.6 한쪽 발을 들어 올리는 프로그램

다음으로 다리 굽히기의 경우를 생각해 보자. 그림 2-29와 같은 다리 굽히기의 경우는 식 (2.3)과 같다.

$$\theta = a\cos(2L - Z/2L) \tag{2.3}$$

이것은 프로그램 2-5처럼 된다.

프로그램 2-5

```
// xz의 거리에서 다리 컨트롤
//---------------------------------
void wr_xz(int x,int z){        //오른쪽 다리와 오른손
  float a,th0,th1,tha,thb,thc;
  a=(2*L1-z)/(2*L1);
  th1=acos(a);
  a=x/(2*L1-z);
  th0=atan(a);
  tha=th0+th1;
  thb=2*th1;
  thc=th1-th0;
  a=-tha*(KKK+150)+rln[2];
  c_rl[2]=mmchk(a);
  a=-thb*KKK+rln[3];
  c_rl[3]=mmchk(a);
  a=+thc*(KKK+100)+rln[4];
  c_rl[4]=mmchk(a);
}
```

왼쪽도 마찬가지이다. 그래프 2-7과 같이 하면 발을 들어 올리는 동작을 할 수 있다. 함수를 사용하여 이 계산도 프로그램으로 해 보자. 즉, 프로그램 2-6처럼 호출하면 된다.

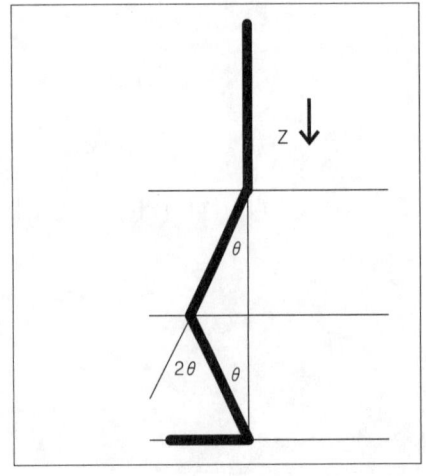

그림 2-29 ▲ 다리 굽히기

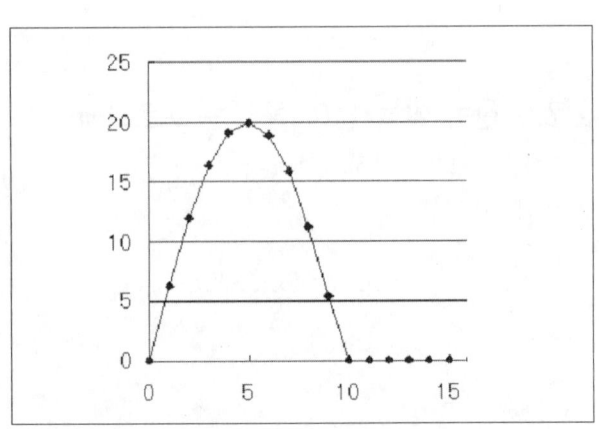

그래프 2-7 ▲ 발 들어올리기

2.7 보행 패턴 생성

프로그램 2-6

```
//왼쪽 다리를 뒤로
void b_right(int ko,int hh,int fh,int tim){
    float tt,i;
        tx5=0;txx=0;
    while(txx<=tim){
        tt=(float)(txx*3.14/(tim));
        i=sin(tt);
         i=i*fh;          //다리를 위로 높인다
        wr_xz(-hh*txx,(int)i+ko);
        }
}
```

2.7.7. 제자리걸음 프로그램

이상 2개의 프로그램을 조합하여 제자리걸음을 해 보기로 한다. 오른쪽으로 중심 이동하고, 왼쪽다리만 굽히고 왼쪽으로 중심 이동하고, 오른쪽 다리를 굽히는 과정을 반복하면 제자리걸음을 할 수 있다. 빨리 움직이면 동적인 제자리걸음이 된다. 그러나 센서가 없는 동작에서는 로봇의 고유진동수(로봇이 선 상태에서 옆에서 조금 힘을 가하면 로봇이 좌우로 흔들리는데, 이 때의 진동수를 말함)가 잘 맞으면 작은 힘으로도 안정된 제자리걸음을 할 수 있다. 이 주기에 맞지 않으면 불안정하게 된다. 이러한 이유 때문에 발바닥에 센서가 필요하다. 이것에 대해서는 '2.8 발바닥 센서의 활용법'에서 설명하기로 하고, 여기서는 정적 제자리걸음에 대하여 설명하겠다. 이를 위해서 가능하면 가속도를 작게 억제해야 하므로 가감속을 한다. 이것을 프로그램화한 것이 프로그램 2-7이다.

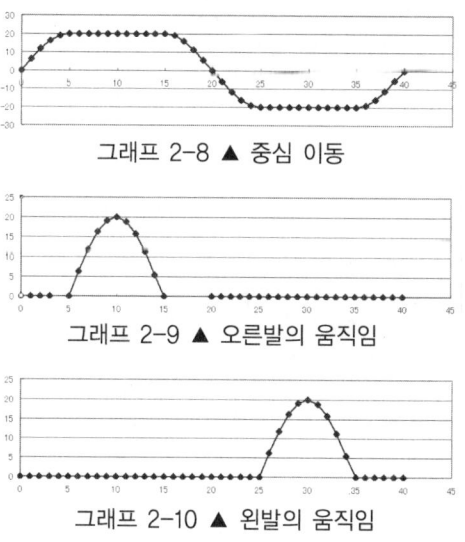

그래프 2-8 ▲ 중심 이동

그래프 2-9 ▲ 오른발의 움직임

그래프 2-10 ▲ 왼발의 움직임

제 2 장　　2족보행 로봇 만들기

프로그램 2-7

```c
//--------------------------------------------------
//------        Robo-Maga  SH7045              ----------
//------               by I.Nishiyama           ----------
//--------------------------------------------------
// 32bit RISC CPU SH7045F 256K Flash RAM 1Mbit(128k) 28MHz
// Sample Program for RAM mode
//--------------------------------
// include files
//--------------------------------
#include "7045.h"         // From Besttechnology CD-ROM
#include "mess.c"         // From Besttechnology CD-ROM
#include <math.h>         // GCC
//--------------------------------------------------
//   하드웨어
//--------------------------------------------------
//   직립 상태의 서보모터 설정값은
//   min=1200 max=3860 정도이지만 이동 범위는
//   그 중간값이 되도록 설정한다
//
//   LED      PD16-19      output에 지정
//--------------------------------------------------
//   프로토 타입 선언
//--------------------------------------------------
void wait (long num);
// --------------------------------------------------
//       수치의 정의
// --------------------------------------------------
// 서보모터의 초기값 설정
// 서보모터의 초기값
#define RL0 2850           // 오른쪽 다리 위부터
#define RL1 2380
#define RL2 2710
#define RL3 3350
#define RL4 2290
#define RL5 2200

#define RL6 2170
#define RL7 2770

#define LL0 2300           // 왼쪽 다리 위부터
#define LL1 3390
#define LL2 2260
#define LL3 1420
#define LL4 2840
#define LL5 2830

#define LL6 2410
#define LL7 2300
```

2.7 보행 패턴 생성

```
//로봇의 형상 정수
#define L1 78.0           // 대퇴부와 길이 mm
//서보모터의 정수
#define KKK 886           // 각도(리디안)를 서보모터의 펄스로 변환하는 값
// (각각의 서보모터에 대해서 설정한다)
//----------------------------------------
// 대역변수의 정의
//----------------------------------------
    int tim5ms;     // 5msec counter for timer
    int tim1sec;    // 1sec counter
    int tx5;        // 동작제어용 5msec counter
    int txx;        // 동작제어용 counter
    int txt;        // 동작제어용 count횟수
//-----------------------------
    int ll[8];      // 오른쪽 다리 서보 모터 데이터 배열
    int lln[8];     // 버퍼
    int rl[8];      // 왼쪽 다리 서보 모터 데이터 배열
    int rln[8];     // 버퍼
//-----------------------------
//제어용 테이퍼
    int c_ll[8];    // 오른쪽 다리 제어부가 서보 모터 데이터 배열
    int c_rl[8];    // 왼쪽 다리 제어부가 서보 모터 데이터 배열
//----------------------------------------
// 서 있는 상태의 초기화 설정
//----------------------------------------
void stand(){
  int i;
// 서보 모터각의 초기화

c_ll[0]=LL0;c_ll[1]=LL1;c_ll[2]=LL2;c_ll[3]=LL3;c_ll[4]=LL4;c_ll[5]=LL5;c_ll[6
]=LL6;c_ll[7]=LL7;

c_rl[0]=RL0;c_rl[1]=RL1;c_rl[2]=RL2;c_rl[3]=RL3;c_rl[4]=RL4;c_rl[5]=RL5;c_rl[6
]=RL6;c_rl[7]=RL7;
// 제어 데이터부가 서보 모터각
  ll[0]=LL0;ll[1]=LL1;ll[2]=LL2;ll[3]=LL3;ll[4]=LL4;ll[5]=LL5;ll[6]=LL6;ll[7]=LL7;
  rl[0]=RL0;rl[1]=RL1;rl[2]=RL2;rl[3]=RL3;rl[4]=RL4;rl[5]=RL5;rl[6]=RL6;rl[7]=RL7;
// 서보 모터각 버퍼

lln[0]=LL0;lln[1]=LL1;lln[2]=LL2;lln[3]=LL3;lln[4]=LL4;lln[5]=LL5;lln[6]=LL6;l
ln[7]=LL7;

rln[0]=RL0;rln[1]=RL1;rln[2]=RL2;rln[3]=RL3;rln[4]=RL4;rln[5]=RL5;rln[6]=RL6;r
ln[7]=RL7;
// 타이머의 초기화
    tim5ms=tim1sec=0;       // 시간 카운터의 초기화
    txt=0;txt=2;txx=0;      // 제어용 카운터의 초기화
    PA.DR.WORD.H=0x0040;    //multi
}
//----------------------------------------
```

```c
// 서보모터의 Max Min의 check루틴(각각의 서보 모터에 대하여 설정한다)
//---------------------------------------------------------
int mmchk(int s_pulse){
  if (s_pulse>3860){s_pulse=3860;SendMessage1 ("Over max\n\r");}else{}
  if (s_pulse<1200){s_pulse=1200;SendMessage1 ("Under min\n\r");}else{}
  return(s_pulse);
}
//---------------------------------------------------------
// 보행 패턴의 생성 루틴
//---------------------------------------------------------
// Z(거리 mm)에서 다리 컨트롤
//-------------------------------
void r_z(int z){       // 오른쪽 다리
  float a,th2,th3,th4;
  a=(2*L1-z)/(2*L1);
  th2=acos(a);
  th3=2*th2;
  th4=th2;
  a=-th2*KKK+rln[2];
  c_rl[2]=mmchk(a);
  a=-th3*KKK+rln[3];
  c_rl[3]=mmchk(a);
  a=+th4*(KKK+100)+rln[4];
  c_rl[4]=mmchk(a);
}
void l_z(int z){       // 왼쪽 다리
  float a,th2,th3,th4;
  a=(2*L1-z)/(2*L1);
  th2=acos(a);
  th2=th2;
  th3=2*th2;
  th4=th2;
  a=+th2*KKK+lln[2];
  c_ll[2]=mmchk(a);
  a=+th3*KKK+lln[3];
  c_ll[3]=mmchk(a);
  a=-th4*KKK+lln[4];
  c_ll[4]=mmchk(a);
}
//---------------------------------------------------------
// 중심에서 y의 거리 우측으로 허리를 중심 이동하는 루틴
//---------------------------------------------------------
void y_cnt(int y){
  float a,thr;
  a=y/(2*L1);
  thr=asin(a);
    a=+thr*KKK+rln[1];
    c_rl[1]=mmchk(a);
    a=+thr*KKK+rln[5];
    c_rl[5]=mmchk(a);
```

2.7 보행 패턴 생성

```
        a=+thr*KKK+lln[1];
        c_ll[1]=mmchk(a);
        a=+thr*KKK+lln[5];
        c_ll[5]=mmchk(a);
}
//-----------------------------------------
//      보드의 초기화
//-----------------------------------------
void port_init(void){
//---------------------------
//보드의 핀 펑션의 설정
//---------------------------
    PFC.PAIORL.WORD=0x0100;        // [OUT]PA8
    PFC.PAIORH.WORD=0x0003;        // [OUT]PA16,17
    PFC.PECR1.WORD=0x5555;         // MTU mode
    PFC.PECR2.WORD=0x5555;         // MTU mode
    PFC.PEIOR.WORD=0xffff;
    PFC.PDCRH2.WORD=0x0000;        // I/O mode
    PFC.PDIORH.WORD=0x000f;        // [OUT]PD16-19
    // WDT 설정
    WDT.WRITE.TCSR = 0xa53d;       // clock/1024 9.2ms 카운터업 개시
    INTC.IPRH.WORD = 0xf000;       // WDT 우선순위 =15
    SetSRReg (0);                  // 인터럽트 마스크 클리어
}
//-----------------------------------------
// PWM 설정
//-----------------------------------------
// PWM의 초기화
//-----------------
void pwm_init(void){
// Timer stop
    MTU.TSTR.BYTE=0;               // PWM Timer stop
// 보드에 출력
    PWM.TOER.BYTE=0xff;
// Timer0 set
    MTU0.TCR.BYTE=0x02;            // 통상모드에서 원 숏
    MTU0.TMDR.BYTE=0xc0;
    MTU0.TIOR.WORD=0x5555;
    MTU0.TGRA=rl[0];
    MTU0.TGRB=rl[1];
    MTU0.TGRC=rl[2];
    MTU0.TGRD=rl[3];
// Timer1 set
    MTU1.TCR.BYTE=0x02;
    MTU1.TMDR.BYTE=0xc0;
    MTU1.TIOR.BYTE=0x55;
    MTU1.TGRA=rl[4];
    MTU1.TGRB=rl[5];
// Timer2 set
    MTU2.TCR.BYTE=0x02;
```

```c
    MTU2.TMDR.BYTE=0xc0;
    MTU2.TIOR.BYTE=0x55;
    MTU2.TGRA=ll[0];
    MTU2.TGRB=ll[1];
// Timer 3 set
    PWM.TCR3.BYTE=0x02;
    PWM.TMDR3.BYTE=0x00;
    PWM.TIOR3.WORD=0x5555;
    PWM.TGR3A=ll[2];
    PWM.TGR3B=ll[3];
    PWM.TGR3C=ll[4];
    PWM.TGR3D=ll[5];
// Timer4 set
    PWM.TCR4.BYTE=0x02;
    PWM.TMDR4.BYTE=0x00;
    PWM.TIOR4.WORD=0x5555;
    PWM.TGR4A=rl[6];
    PWM.TGR4B=rl[7];
    PWM.TGR4C=ll[6];
    PWM.TGR4D=ll[7];
//카운터 리셋
    MTU0.TCNT=0;
    MTU1.TCNT=0;
    MTU2.TCNT=0;
    PWM.TCNT3=0;
    PWM.TCNT4=0;
// Timer start
    MTU.TSTR.BIT.CST0=1;            // MTU channel0 start
    MTU.TSTR.BIT.CST1=1;            // MTU channel1 start
    MTU.TSTR.BIT.CST2=1;            // MTU channel2 start
    MTU.TSTR.BIT.CST3=1;            // MTU channel3 start
    MTU.TSTR.BIT.CST4=1;            // MTU channel4 start
}
//-------------------- 인터럽트 개시 --------------------
//--------------------------------------------------------
//  WDT-ITI 인터럽트 루틴
//--------------------------------------------------------
//  인터럽트 처리 프로그램
void int_iti(void){
    char a;
    WDT.WRITE.TCSR=0x5a26;          // TCNT=117=0x75 5msec maxFF=9.4msec
    a=WDT.READ.TCSR.BYTE;           // OVF 클리어
    WDT.WRITE.TCSR=0xa53d;          // TCSR 써넣기
//서보 모터의 설정 제어를 추가하는 경우는 이곳에서 추가한다
    ll[1]=c_ll[1];
    ll[2]=c_ll[2];
    ll[3]=c_ll[3];
    ll[4]=c_ll[4];
    ll[5]=c_ll[5];
    ll[0]=c_ll[0];
```

2.7 보행 패턴 생성

```
    ll[6]=c_ll[6];
    ll[7]=c_ll[7];
//
    rl[1]=c_rl[1];
    rl[2]=c_rl[2];
    rl[3]=c_rl[3];
    rl[4]=c_rl[4];
    rl[5]=c_rl[5];
    rl[0]=c_rl[0];
    rl[6]=c_rl[6];
    rl[7]=c_rl[7];
//------------------------------------------------
// PWM 세트
//------------------------------------------------
    pwm_init();
//------------------------------------------------
// 시간의 카운터
//------------------------------------------------
    tim5ms++;tx5++;    // 8msec 카운터의 인크리먼트

    // 125회가 되면 1초 단위의 카운터 증가
    if (tim5ms>125){ tim1sec++; tim5ms=0; } else{}
    //보행용 카운터 txt에서 카운터업
    if (tx5>txt){txx++; tx5=0;} else{}
    PD.DR.WORD.H=tim1sec;
}
//---------------인터럽트 종료----------------
//------------------------------------------
// 보행을 위한 서브루틴
//------------------------------------------
//오른쪽으로 중심을 이동한다
void r_west(int ju,int tim){
  float i,tt;
  tx5=0;txx=0;
    while(txx<=tim){
      tt=(float)((txx*3.14/tim)/2); //0->pai/2
      i=sin(tt);
      y_cnt(-i*ju);
    }
}//왼쪽으로 중심을 이동한다.
void l_west(int ju,int tim){
    float i,tt;
  tx5=0;txx=0;
    while(txx<=tim){
      tt=(float)((txx*3.14/tim)/2); //0->pai/2
      i=sin(tt);
      y_cnt(i*ju);
    }
}
//오른쪽에서 왼쪽으로 중심을 이동한다.
```

```c
void rl_west(int ju,int tim){
    float i,tt;
  tx5=0;txx=0;
    while(txx<=tim){
       tt=(float)(txx*3.14/tim);
       i=cos(tt);
      y_cnt(-i*ju);
    }
}
//왼쪽에서 오른쪽으로 중심을 이동한다.
void lr_west(int ju,int tim){
    float i,tt;
  tx5=0;txx=0;
    while(txx<=tim){
       tt=(float)(txx*3.14/tim);
       i=cos(tt);
      y_cnt(+i*ju);
    }
}
// 왼쪽 다리를 내린다
void up_left(int fh,int tim){
    float tt,i;
    tx5=0;txx=0;
    while(txx<=tim){
       tt=(float)(txx*3.14/(tim));
       i=sin(tt);
       i=i*fh;    //다리를 들어올리는 높이 지정
       l_z((int)i);
    }
}
// 오른쪽 다리를 내린다
void up_right(int fh,int tim){
    float tt,i;
    tx5=0;txx=0;
    while(txx<=tim){
       tt=(float)(txx*3.14/(tim));
       i=sin(tt);
       i=i*fh;  //다리를 들어올리는 높이 지정
       r_z((int)i);
    }
}
//--------------------------------------
// 발바닥 프로그램
//--------------------------------------
void ashimo(int fh,int tim,int ju){
  float i;
  int hh,j;
  float tt;
  txt=5;
  SendMessage1 ("start");
```

2.7 보행 패턴 생성

```
    r_west(ju,tim);
    while(1){       //발바닥 걸음을 반복한다
      up_right(fh,tim);
      rl_west(ju,tim);
      up_left(fh,tim);
      lr_west(ju,tim);
    }
}
//---------------------------------------------------------------
// 다리의 서보 모터를 설정하는 루틴
//---------------------------------------------------------------
void set_legs(void){
    int x,aa,lrp,a;
    lrp=0;x=0;aa=c_ll[0];a=0;
  SendMessage1 ("=================  Robot (Set servo of legs) ========
==========WnWr");
  SendMessage1 ("u:PWM+10 d:PWM-10 U:PWM+1 D:PWM-1 p:chanl up m:ch down l:left
r:right e:exitWnWr");
  SendMessage1 ("==============================================
======WnWr");
  while(a<1){
        SendMessage1 ("r=0 l=1:%2d chanel=%3d PWM=%6d \r",lrp,x,aa);
        switch (SCI1_IN_DATA ()) {  //퍼스컴의 키 입력
          case 'U':
              aa=aa+1;   // 서보 모터 PWM+1
              break;
          case 'D':
              aa=aa-1;   // 서보 모터 PWM-1
              break;
          case 'u':
              aa=aa+10;  // 서보 모터 PWM+10
              break;
          case 'd':
              aa=aa-10;  // 서보 모터 PWM-10
              break;
          case 'p':       // 서보 모터 채널 +1
              x=x+1;if(x==8)x=7;
              if (lrp!=0){aa=c_ll[x];}
              else{aa=c_rl[x];}
              break;
          case 'm':       // 서보 모터 채널-1
              x=x-1;if(x==-1)x=0;
              if (lrp!=0){aa=c_ll[x];}
              else{aa=c_rl[x];}
              break;
          case 'l':       // 왼쪽 다리의 설정
              lrp=1;
              x=0;
```

제 2장   2족보행 로봇 만들기

```
                        aa=c_ll[0];
                        break;
                case 'r':       // 오른쪽 다리의 설정
                        lrp=0;
                        aa=c_rl[0];
                        x=0;
                        break;
                case 'e':       // 오른쪽 다리의 설정
                        a=7;
                        break;
                default:
        }
            if (lrp!=0){c_ll[x]=aa;lln[x]=aa;}     // 서보모터의 세트
            else{c_rl[x]=aa;rln[x]=aa;}
        }
}
void print_legs(void){
  int i;
  SendMessage1 ("=================      Robot (Print servo value of legs)
============WnWr");
    for(i=0;i<8;i++){
        SendMessage1 ("L[%2d]=%6d    R[%2d]=%6d   \n\r",i,lln[i],i,rln[i]);
    }
  SendMessage1 ("===================================================
=======WnWr");
}
//---------------------------------------------
// 메인루틴
//---------------------------------------------
int main(void){
    stand();              // 초기설정
    port_init();          // 보드의 초기화
    pwm_init();           // PWM세트
    InitSCI1 (br57600);   // 시리얼 (SCI) 초기화 57600[bps]
    SendMessage1 ("Test Program\n\r");
    SendMessage1 ("1=footfall 2=set servo \n\r");
    while(1){
        switch (SCI1_IN_DATA ()) {// 퍼스컴의 키 입력
          case '1':
              ashimo(30,30,35);    // 발바닥
              break;
          case '2':
              set_legs();          // 서보모터의 세트
              break;
          default:
        }
    }
}
//---------------------------------------------
```

2.8 발바닥 센서의 활용 방법

발바닥 센서를 이용하면 다리의 착지 검출이나 발에 실린 하중 검출, 발바닥의 ZMP(zero moment point)를 구할 수 있다. 센서는 일반적으로 압력 센서나 힘 센서가 이용된다.

2.8.1 발바닥 센서에 의한 검출

그림 2-30은 로봇의 발바닥 배치를 나타낸 것으로, 4군데에 힘 센서를 설치한 경우이다. 이 4개의 센서에서 다음과 같은 정보를 얻을 수 있다.

(1) 발의 착지 검출

센서의 어느 쪽에 힘이 가해지면 발이 지면에 닿았다고 판단할 수 있으며, 아래의 조건이 성립하면 된다.

$f_1 > f_{min}$ 또는 $f_2 > f_{min}$ 또는 $f_3 > f_{min}$ 또는 $f_4 > f_{min}$

(2) 하중 검출

발에 걸린 하중은 각각 힘 센서의 합으로 계산할 수 있다.

$$f_1 + f_2 + f_3 + f_4 \qquad (2.10)$$

(3) ZMP 검출

ZMP(zero moment point)는 아래 식으로 계산할 수 있다. 단, 여기서의 조건은 모두 힘 센서가 접지되어 있다는 것이다. 반대로 어느 쪽인가 접지되어 있지 않으면 발바닥에 ZMP가 없는 상태가 된다.

$$(f_1 + f_2) - (f_3 + f_4) \ \text{ZMP}_x \qquad (2.11)$$
$$(f_1 + f_4) - (f_2 + f_3) \ \text{ZMP}_y \qquad (2.12)$$

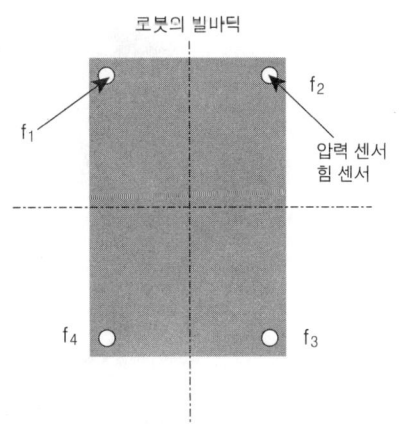

그림 2-30 ▲ 발바닥 센서의 배치

2.8.2 압력 센서

사진 2-52는 고무를 사용한 압력 센서로, 수지 몰드 성형 타입이다. 무부하의 저항은 500k 이상이고, 최대 하중 4kg일 때는 500Ω이 된다.

(주) 석영브라이스톤
: http://www.segyung.com
(주) 이나바 고무
: http://www.inaba-rubber.co.jp

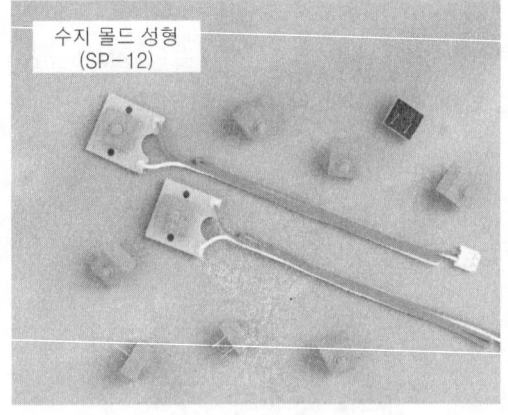

사진 2-52 ▲ 압력 센서

표 2-41 ▼ 압력 센서 특성

전기적 특성	
최대허용 전압	[30V]
사용추천 전압	3~6[V]
최대허용 전류	20[mA]
사용추천 전류	5[mA]
무부하 저항값	500k[Ω] 이상
최대부하 저항값	500Ω
최대허용 부하	4.0[kgf]
기계적 특성	
최대 하중	4.0[kgf]
추천 하중	1.5[kgf]
리드선 인장강도	3.5[kgf]

제어에 사용하는 압력 센서는 발바닥에 각각 4개의 감압 센서를 설치한다. 압력이 한 방향으로 치우쳐 있으면 이것을 보정한다. 이것을 로봇 제어계에서는 상반력 제어라고 하는데, 상체와 조합해서 제어하면 흔들림을 빠르게 감쇠시킬 수 있다.

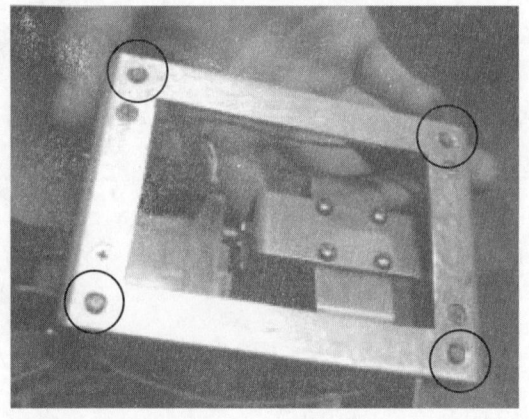

사진 2-53 ▲ 발바닥(원으로 표시된 부분이 센서이다.)

2.8 발바닥 센서의 활용 방법

처음 발바닥은 3점 지지로 하여 센서의 반응에 안정하도록 하였지만, 보행의 안정성을 고려하여 발바닥은 4각형으로 해서 4점 지지로 했다. 그러나 센서는 3점으로 유지되고 있는 경우가 많기 때문에 제대로 제어하려면 평면의 정밀도가 중요해진다.

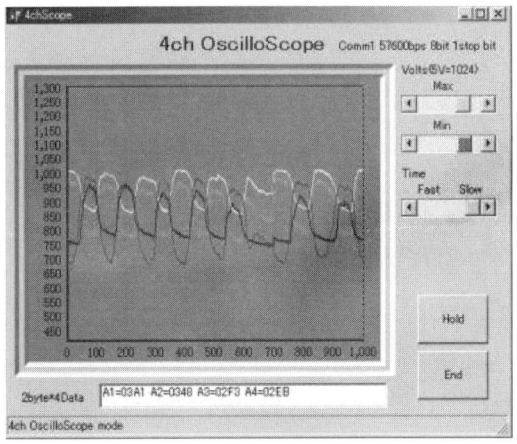

화면 2-29 ▲ 전후로 하중을 인가한 경우

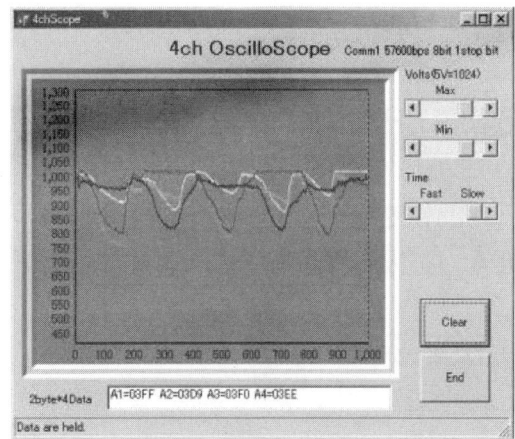

화면 2-30 ▲ 좌우에 하중을 인가한 경우

표 2-42 ▼ A/D 컨버터에서 사용한 입력 단자

단자명		명칭	입출력	기능
아날로그 전원		AVcc	입력	아날로그부의 전원
아날로그 그라운드		AVss	입력	아날로그부 그라운드 및 A/D 변환 기준전압
레퍼런스 전압		AVref	입력	A/D 변환의 기준 전압(SH7041A, SH7043A, SH7045)
A/D0	아날로그 입력 0	AN0	입력	아날로그 입력채널 0
	아날로그 입력 1	AN1	입력	아날로그 입력채널 1
	아날로그 입력 2	AN2	입력	아날로그 입력채널 2
	아날로그 입력 3	AN3	입력	아날로그 입력채널 3
A/D1	아닐로그 입력 4	AN4	입력	아날로그 입력채널 4
	아날로그 입력 5	AN5	입력	아날로그 입력채널 5
	아날로그 입력 6	AN6	입력	아날로그 입력채널 6
	아날로그 입력 7	AN7	입력	아날로그 입력채널 7
A/D 외부 트리거 입력		$\overline{\text{ADTRG}}$	입력	A/D 변환개시를 위한 외부 트리거

이러한 데이터로부터 판단해서 3점 접지하면 발은 착지한 것으로 판단하여 전후 데이터의 평균치로 전후를 제어하고, 좌우의 평균치로 좌우를 제어한다.

2점 이하의 접지가 발생하였을 때는 넘어졌다고 판단해서 조금 전의 상태에서 판단하여 어느 쪽으로 넘어져 있을까를 결정한다. 이 방향으로 상체를 넘어뜨려 자세를 제어한다. 단, 발바닥의 접지의 안정성을 얻으려면 발목의 유연함이 필요하다.

2.8.3 SH7045로 아날로그 데이터 읽기

SH7045에는 8채널의 A/D컨버터가 장착되어 있다. 이것을 사용해서 발바닥의 센서 데이터를 처리한다. 먼저 A/D컨버터를 사용하려면 초기화가 필요하다. 초기화는 다음과 같다. 8채널을 스캔모드로 설정하면 좌우 다리의 8채널 A/D 변환결과가 데이터 레지스터에 읽힌다.

```
AD의 초기화
vokd ad_int (void)
{
    AD.CSR0.BYTE - 0x13;        // 4채널의 스캔모드
    AD.CSR0.BIT.ADST = 1;       // AD0 변환개시
    AD.CSR1.BYTE = 0x13;        // 4채널의 스캔모드
    AD.CSR1.ADST = 1;           // AD1 변환개시
```

```
AD 데이터 인터럽트
int get_ad0 (void)
{          return (int) (0x3ff&(AD.DRA0.WORD>>6)) ;}
```

❖ 멀티플렉서의 활용

SH7045에서는 8채널의 A/D컨버터 밖에 탑재되어 있지 않지만, 멀티플렉서를 사용해서 채널 수를 늘릴 수 있다. 자이로 센서나 가속도 센서를 사용하는 경우에는 이것을 사용하면 된다.

2.8 발바닥 센서의 활용 방법

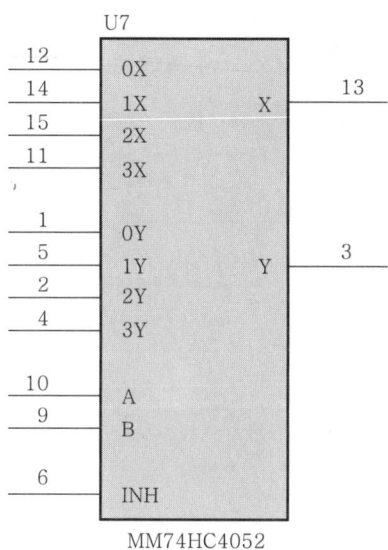

그림 2-31 ▲ 멀티플렉서

이후부터 간단한 프로그램을 나타낸다.

(1) 착지 점검

l0, l1, l2, l3은 왼발, r0, r1, r2, r3은 오른발 센서의 데이터이다. 이 때 어느 쪽의 센서 출력이 50 이상이면 착지라고 판단한다. L_on, r_on은 플래그이다.

(2) 모두 접지되어 있는지의 여부 판단

마찬가지로 모든 센서가 접지되어 있는지의 어부를 점검하는 루틴이다. 같은 방법으로 l_w_on, r_w_on은 플래그이다. 이 루틴은 인터럽트 중 실행되고, 메인 루틴은 플래그 점검만을 실행한다.

```
//착지 체크
   if    (l0>50||l1>50||l2>50||l3>50
{l_on=1;}else{l_on=0}
   if    (r0>50||r1>50||r2>50||r3>50
{l_on=1;}else{r_on=0}
//완전히 착지했는지의 여부
   if    (l0>50&&l1>50&&l2>50&&l3>50 {l_w
_on=1;}else{l_w_on=0}
   if    (r0>50&&r1>50&&r2>50&&r3>50 {r_w
_on=1;}else{r_w_on=0}
```

다음은 ZMP의 계산 방법으로 위에서 모두가 접지되어 있으면 아래의 계산으로 ZMP를 구할 수 있는 간단한 계산 방법이다. 단, 하드웨어에 필터를 넣거나 소프트웨어에 평균화 처리를 실행하면 노이즈나 진동에 한층 강한 특성을 갖는다.

```
//ZMP의 계산
lx_zmp_t=10-11+13-12;
ly_zmp_t=10+11-12-13;
lx_zmp_t=r0-r1+r3-r2;
ry_zmp_t=r0+r1-r2-r3;
//평균화처리
k=10;          //평균횟수
lx_zmp=(lx_zmp*(k-1)+lx_zmp_t) /k;
ly_zmp=(ly_zmp*(k-1)+ly_zmp_t) /k;
lx_zmp=(rx_zmp*(k-1)+rx_zmp_t) /k;
ly_zmp=(ry_zmp*(k-1)+ry_zmp_t) /k;
```

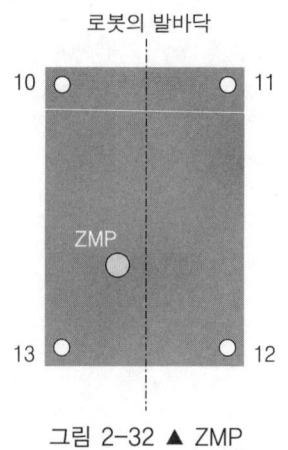

그림 2-32 ▲ ZMP

로봇에는 그 밖의 여러 가지 센서가 사용된다. 특히 가속도 센서나 자이로 센서 등은 로봇의 동적 보행에 있어서 중요하다. 이러한 센서는 'Robobooks 자립형 로봇 제작 바이블' 등에 게재되어 있으므로 참조하길 바라며, 다음 장 이후의 로봇 제작 예에서도 설명하겠다.

ROBO-ONE

3장
R-Blue 시리즈

요시무라 코우이치 (吉村浩一)

3.1 시작하면서

    일본 미래 과학관에서 제1회 ROBO-ONE이 개최되었을 당시 2족보행 로봇이라면 혼다의 P3나 ASIMO 등 대기업이나 연구기관이 개발한 로봇이 대부분을 차지하였고, 개인이 제작한 경우는 매우 드물었다. 그러나 당시 자신이 가지고 있는 모든 기술을 총동원한 로봇 매니아들이 모두 모였으며, 첫 대회임에도 불구하고 38개 팀이나 참가하여 분위기가 매우 고조되었다.

    필자는 제1회 대회 1년 전부터 소형 인간형 로봇을 제작하고 있었다. 당시 TV · 서적 등의 미디어에서 빈번하게 혼다의 P2나 초기 하반신 로봇 등을 소개하였는데, 로봇이 여기까지 발전한 것에 대해 흥미를 가지게 되었고, 만들어 보고 싶은 충동에 사로잡혔다.

    이제부터 필자가 설계한 R-Blue Series의 제작 노하우를 알기 쉽게 설명하겠다.

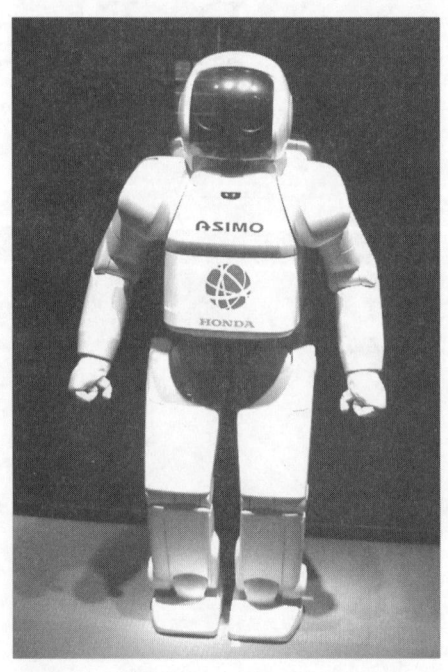

사진 3-1 ▲ ASIMO

3.2 목표는 ROBO-ONE 로봇

'KHR*-01'로부터 시작하여 'KHR-02', 'KHR-03'을 거쳐 'R-Blue 시리즈'에 이르는 과정은 필자의 ROBO-ONE 참가 기록임과 동시에 제작 인생 자체라고 말할 수 있다. 필자가 설정한 로봇 개발 목표는 작고 가벼우며 다자유도를 갖게 하는 것이다. 그리고 하나 더 중요한 것은 디자인으로, 겉모습과 기능성을 통합시켜 멋있게 만드는 것이 목표였다.

사진 3-2 ▲ KHR-03 하반신

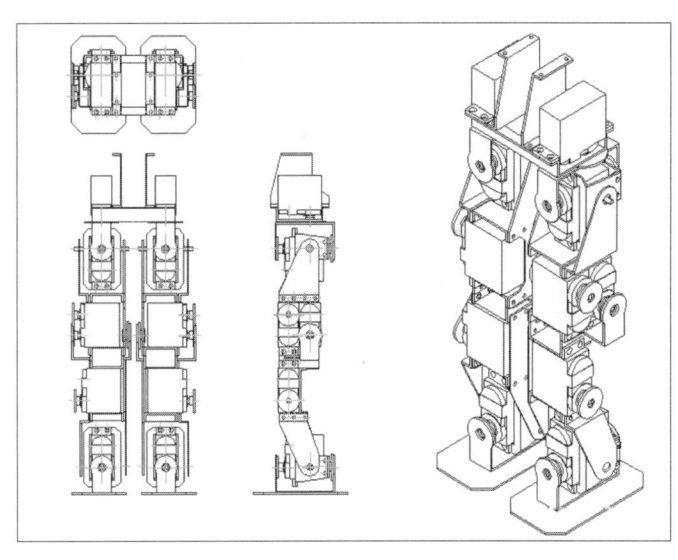

그림 3-1 ▲ KHR-03의 3차원 디자인

* 로봇명 「KHR」은 필자 이름의 첫 글자 K, Humanoid의 H와 Robot의 R로 구성된 명칭이다.

3.3 로봇의 전체 모습

로봇을 설계할 때 먼저 로봇의 전체 크기를 결정해야 한다. 그러나 현재 ROBO-ONE 대회의 로봇에서 사용되는 액추에이터는 대부분 RC서보 모터이므로(사진 3-3) 자연스럽게 로봇의 기본 크기가 결정된다.

3.3.1 RC 서보 모터

RC서보 모터는 용도에 따라 크기나 토그면에서 여러 가지가 있다. 이제 로봇의 용도에 적합하면서 개발 초기부터 사용하고 있는 서보 모터의 제조업체와 최신 서보 모터를 소개하겠다.

필자가 오래 전부터 절대적인 신뢰를 갖고 사용해 온 무선조종 자동차용 모터는 'KO PROPO'로 유명한 콘도과학 사의 KRS-2346ICS(이하 KRS)이다. 이것은 2004년 2월에 개최된 '제5회 ROBO-ONE'에 출전시킨 R-Blue V에도 사용하였다. KRS라는 제품명은 "콘도과학 로봇 서보 모터"의 첫 글자를 딴 것이다. KRS의 전신은 기본적으로 EP·GP 무선조종 자동차용 서보 모터를 PDS라는 상표로 판매하는 제품인데, 이 PDS를 로봇 매니아의 요구를 충족시키기 위해서 토크와 내구성을 높인 것이 KRS이다.

사진 3-3 ▲ KRS-23461CS(왼쪽), PDS-949ICS(오른쪽)

표 3-1 ▼ KRS-2346ICS의 사양

동작각	180°
	컴퓨터에서 세팅이 가능한 I.C.S 대응(옵션 사용시)
토크	20.0kg·cm
스피드	0.16초/60°
규격	41×38×20mm
중량	56.7g
적정 전압	6.0V ※스팩은 5N600 파워셀 사용시, 전원 환경에 따라 다를 경우가 있다.
	스트롱기어, 하이파워기어 조합
	더블베어링, 코아레스모터, 금도금 커넥터 채용

3.4 로봇의 관절 구조

여기서는 RC서보 모터를 사용하여 로봇을 설계하였다. 그림 3-2를 보면 알 수 있지만 서보 모터 그 자체로부터 나와 있는 회전축은 1부분이다. 예를 들어 그림 3-2와 같이 회전축 1부분만으로 관절을 구성하면 겉으로 보기에 빈약하고 내구성이 없음을 알 수 있다. 우선은 이 부분의 내구성을 해결하지 않으면 안 된다.

3.4.1 반대축

내구성이 없는 원인의 하나는 서보 모터 케이스 축 방향의 깊이가 있기 때문에 회전축 선단 부분에서 중심이 어긋나 있는 것이다.

서보 모터 케이스 및 회전축 자체에 내구성이 있으면 연결하는 프레임 자체의 내구성이 증가하지만, 취미용 서보 모터의 구조에서는 연구가 필요하다. 따라서 회전축과 그 뒤쪽(서보 모터 케이스의 뒷덮개) 부근에 회전축과 대칭으로 같은 축을 붙여 주고, 그림 3-3과 같이 프레임 사이에 병렬 구조로 해 두면 된다. 이렇게 하면 회전축 및 반대축 간의 중심에 힘이 가해지고, 수직 구조에서 한 지점만의 부담 및 한 축만으로 프레임의 내구성을 높이는 처리를 하지 않아도 된다.

그림 3-2 ▲ 강성 부족의 예

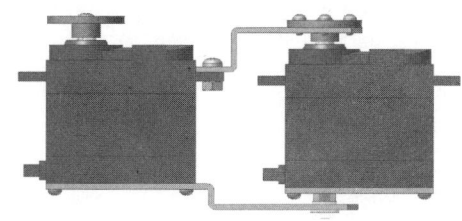

그림 3-3 ▲ 양쪽 축 지지 예

3.4.2 반대축 고려하기

여기서는 반대축의 필요성을 이해할 수 있었을 것이다. 그럼 실제로 반대축이 될 수 있는 부분은 어떤 물건인지를 생각해 보자. 맨 처음 축이 되는 것이 필요하다. 비교적 구입하기 쉬운 것 중에서 축이 되는 것은 간단하게 구입할 수 있는 나사 등이 있다. 그러나 나사를 그대로 축에 사용하면 시간이 경과함에 따라 프레임 쪽의 구멍이 나사산의 톱니에 의해 깎여져서 넓어지고, 중요한 관절 부분에 덜그럭거리는 현상이 나타난다. 이것 때문에 로봇이 단시간 밖에 성능을 지속하지 못한다.

그러면 우선 축에 나사를 사용하고 나사산 부분이 프레임의 구멍에 간섭받지 않고 고정되려면 어떻게 해야 할까?

그것은 무선조종 부품 등을 보면 잘 알 수 있다. 예를 들면 무선조종 자동차의 회전축 부분과 바퀴 부분에 그러한 구조가 있다. 축에 대해서 직접 회전체가 접해 있는 것은 아니고 수지 부품이나 금속, 볼 베어링이 장착되어 있다. 이 부품을 그대로 로봇의 관절 축 반대 방향에 장착하면 덜그럭거리는 문제도 해결된다.

사진 3-4 ▲ 나사만으로 제작한 축받이

표 3-2는 최근 많이 사용되는 토크의 단위 환산이다(oz-in : ounce-inches, lb-in : pound-inches, lb-ft : pound-feet, Nm : Newton meters, kgf-m : kilograms per force meters).

3.4 로봇의 관절 구조

표 3-2 ▼ 단위 환산표

oz-in	lb-in	lb-ft	Nm	kgf-m
1	0.0625	0.0052	0.0071	0.0007
16	1	0.0833	0.113	0.0115
192	12	1	1.356	0.1383
141.6	8.851	0.7376	1	0.1
1416	86.8	7.231	9.807	1

3.4.3 상세 검토

베어링 등을 사용하여 축받이를 만들 경우 또 하나 중요한 것이 있다. 베어링(사진 3-5)의 안지름·외형·두께를 보면 여러 가지 사양이 있는 것을 알 수 있다. 단순히 베어링이라고 해도 여러 가지 종류가 있다. 그 중에서 자신의 디자인에 맞는 최적인 것을 선택하는 기준이 필요하다.

프레임 구조에서 널빤지 같은 모양으로 재료를 잘라 제작하는 판금가공 제작의 경우에는 베어링을 채워 넣을 공간이 없다. 여기서 플랜지 부착 베어링(사진 3-6)을 사용하게 된다. 이것을 사용하면 얇은 판의 프레임에도 베어링의 날 밑 부분이 프레임에 걸려 고정할 수 있다(그림 3-6).

그러나 축·베어링을 선정해도 그대로는 베어링의 성능을 발휘할 수 없다. 베어링의 바깥지름 부분과 축 구멍 부분의 높이가 같은 것으로, 프레임에 고정해서 힘껏 나사를 죄면 어떻게 될까? 나사는 베어링의 바깥지름과 프레임 사이에서 회전하면서 베어링 내의 볼은 멈춘 채로 있다.

사진 3-5 ▲ 소형 베어링

사진 3-6 ▲ 플랜지 부착 베어링

그러면 어떻게 하면 좋을까? 그림 3-6과 같이 바깥지름보다 작고, 축보다 큰 와셔나 너트를 준비하여 베어링의 바깥지름과 안쪽지름 사이의 높이차를 주의하면 된다.

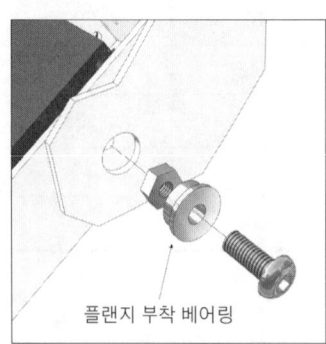

그림 3-4 ▲ 플랜지 부착 베어링을 사용한 경우

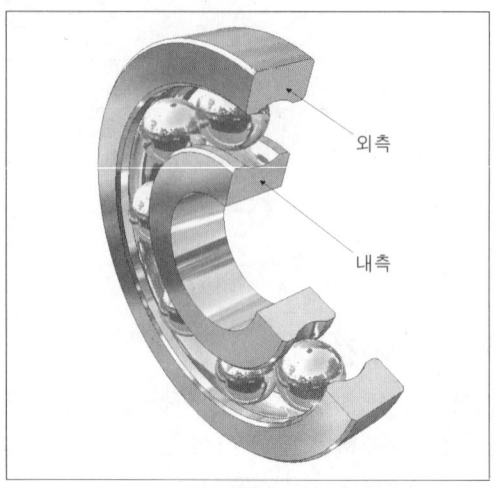

그림 3-5 ▲ 베어링의 외경과 내경

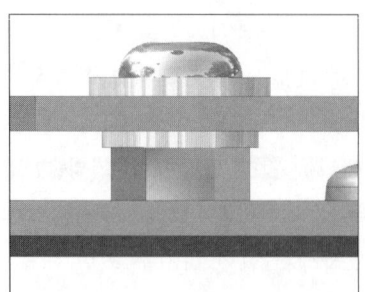

그림 3-6 ▲ 높이차를 위해 너트를 속에 장치한 예

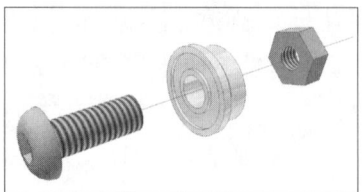

그림 3-7 ▲ 시판품으로 구성된 반대축 부품

3.5 프레임 부분

다음으로 프레임을 검토한다. 앞에서도 설명한 것처럼 판금 가공은 널빤지 모양의 비교적 얇은 금속을 가공해서 입체물을 만드는 방법으로, 필자가 자신 있는 분야이다.

우리 주변에는 데스크 탑 PC의 본체나 가전제품 및 AV기구의 프레임 등이 있다. 또한 자동차 수리소에서 판금 가공이라는 말을 자주 듣기도 한다. 로봇 분야에서의 판금 가공은 가전제품의 프레임 가공과 같다.

판금 가공의 장점은 금속 가공이면서도 얇은 판 두께를 이용하여 굽힐 수 있고, 구멍을 내는 가공을 간단하게 할 수 있으며, 경량화에도 매우 큰 기여를 한다는 것이다. 대형 공작기계를 사용하지 않으면서도 입체물을 금속으로 만들고, 특수한 환경이 아니라도 제작이 가능한 가공 방법인 것이다.

3.5.1 단위체(unit)로 생각한다.

로봇을 처음 제작한다면 각각의 관절을 하나의 단위체로 생각해서 프레임의 모습을 구상하는 것이 좋을 것이다. 우선 각 관절을 단위체로 전체 구성을 생각하는 것이 전체 모양을 잡기 쉽고 제작 공정 면에서도 작업을 통일시킬 수 있다. 여기서는 이 방법을 채택한다.

앞에서 설명했던 반대축을 설치하려면 서보 모터의 축 반대쪽에 무엇을 설치할 수 있는 부분이 필요하다. 단순히 생각해서 이 부분에 알루미늄 2mm 정도의 판을 고정하고 회전축과 같은 위치에 반내축 용의 댑(tap) 가공을 하고 거기에 반대축을 틀어넣으면 좋지만(그림 3-8, 그림 3-9), 그것만으로는 서보 모터 대 서보 모터의 고정방법을 확립하기 위해서는 다른 부품을 제작하게 되고 가공수량이나 중량을 생각할 때 불리하다. 반대축의 고정과 대 서보 모터용 연결부분을 준비하는 것이 좋을 것이다.

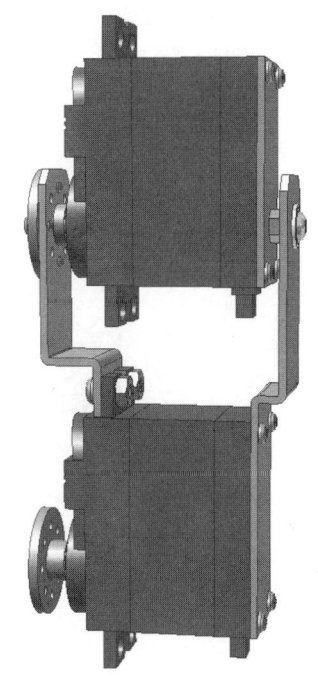

그림 3-8 ▲ 서보 모터 사이 연결의 예

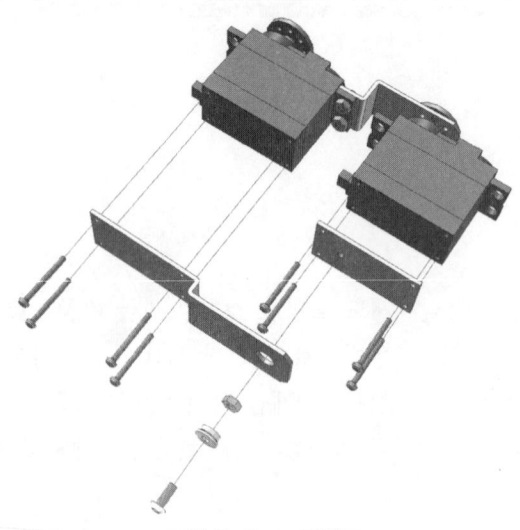

그림 3-9 ▲ 분해도

3.5.2 서보 모터 연결

그림 3-10과 같은 구조의 서보 브래킷으로 서보 모터 연결을 생각해 보면 로봇 전체의 관절이 구부러질 방향을 고려하여 서보 모터의 배열을 검토할 수 있다. 예제에서는 애니메이션 로봇 및 현재 시판되고 있는 로봇 등을 참고하여 생각해 보자.

그림 3-10 ▲ 전 방향 연결 가능한 서보 브래킷

3.5 프레임 부분

3.5.3 자유도

자유도는 관절이 구부러지는 방향을 말한다. 로봇 제작에 있어서 관절이 구부러지는 방향은 로봇을 정면에서 보았을 때 수평방향 횡방향의 축인 '롤(roll) 축', 수평방향 전후방향의 축인 '피치(pitch) 축', 수직방향 상하방향의 축인 '요(yaw)축'이 있다.

필자가 제작한 로봇의 관절이 구부러지는 방향은 그림 3-11과 같으므로 참고하길 바란다.

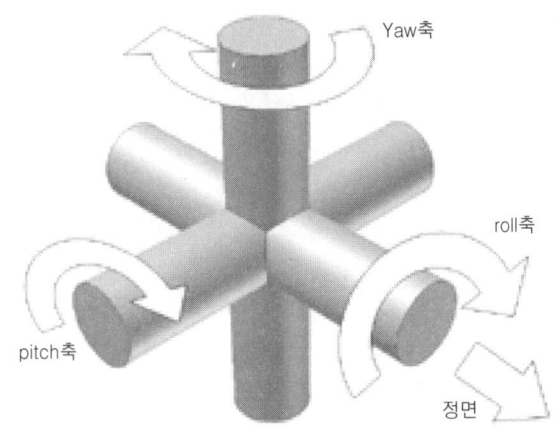

그림 3-11 ▲ 관절의 구부러지는 방향(자유도)

3.5.4 연결 방법

관절의 수와 구부러지는 방향이 결정되면 서보 모터, 프레임 등의 연결 부분을 설계할 수 있다.

하나의 단위체(unit)로 모든 '대칭' 연결을 완성하면 말할 것은 없지만, 쉽게 그렇게 되지 않는다. 따라서 기본이 되는 단위체를 미리 설계해 두고 그것을 기본으로 하여 추가 부분을 첨가해서 제작한다.

기본적으로 같은 설계를 이용해서 여러 종류를 만드는 것만으로도 프레임을 설계할 수 있다.

3.5.5 수직축·요축 보강

지금까지 각 축의 병렬·연결기구에 대한 설명은 이해가 되었을 것이다. 앞에서 전체 서보 모터 배치 때 이해한 사람도 있겠지만, 목 요축·어깨 피치축·팔꿈치 요축·허리 요축·허벅지 요축 등이 모두 수직구조이다. 따라서 서보 혼 부분에 스트레스가 걸려 강도의 문제가 생긴다. 이 부분에 무엇인가를 보강해 넣어야 한다. 이토-레이네츠 사의 YDH-PDS(그림 3-12)를 예로 들어 검증해 보자.

제 3 장 　 R-Blue 시리즈

(1) 서보 혼 주변

그림 3-12와 같이 서보 모터에 부착하는 수지(resin) 부품으로 프레임 쪽에 설치하는 서보 혼은 표준 부품의 대부분이 수지 제품으로 되어 있기 때문에 내구성이 없다. 그래서 이 부분을 어떻게 보강하는가가 문제가 되며, 선택 방법은 여러 가지가 있다.

① 시중에서 판매되는 구입하기 쉬운 알루미늄제 서보 혼을 사용한다(사진 3-7).
② 그림 3-12에서는 서보 혼 자체만으로 내구성을 갖는 것이 아니고, 서보 혼을 설치하고 있는 프레임에 면적을 갖게 해서 서보 혼 쪽이 전후좌우로 기우는 것을 면으로 받아 방지한다.
③ (2)의 작업 사이에 스러스트 베어링을 장치한다(사진 3-8).
④ 서보 모터 회전축과 프레임 지지축을 분리한다.

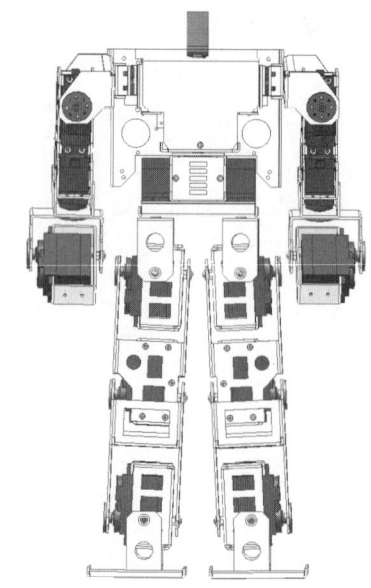

그림 3-12 ▲ YDH-PDS

사진 3-7 ▲ 금속 서보 혼

사진 3-8 ▲ 스러스트 베어링

(2) 면 받침 구조

각각 장점과 단점이 있지만 추천하고 싶은 것은 (2)의 면 받침 구조이다(그림 3-13). 그 이유는 우선 가공이 비교적 간단하고 구입 품목도 적기 때문이다. 이러한 구조가 무게가 가벼운 상태를 유지할 수 있다.

면 받침 부분에 끼우는 부재는 여러 가지 있지만, 가장 좋은 것은 테프론 시트이다.

3.5 프레임 부분

그 밖의 대형 서보 혼을 사용해서 서보 혼 자체의 면을 이용하고, 알루미늄 프레임에 접해도 상관없다. 필자도 로봇제작 과정에서 한 번 시험해 본 경험이 있다. 현재는 다른 방식을 사용하고 있지만 이 방법도 꽤 좋다. 테프론 시트를 손쉽게 내장하는 요령은 접하는 쪽의 테프론 시트가 들어가는 틈을 약간 좁게 하는 것이다(그림 3-14). 왜냐하면 이 부분의 틈에 여유가 생겼을 경우 서보 혼을 서보 모터에 힘껏 죄었다고 해도 틈을 매울 수 없게 되기 때문이다. 만일 실수로 그런 상태가 되었을 경우에는 포기하지 말고 같은 크기의 도넛 모양의 얇은 플라스틱 판이나 크기가 맞는 와셔를 끼워도 된다.

틈의 치수가 수mm 정도로 작을 경우에는 셀로판 테이프나 얇은 양면 테이프를 붙여도 된다. 이 부분은 조금 전의 테프론 시트가 들어가는 틈을 조금 좁게 만들고 마지막 설치 시 나사 접착제(사진 3-9)를 사용한다. 이러한 방법으로 각각의 수직축을 연결한다.

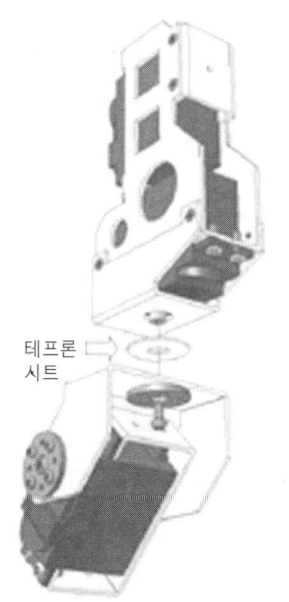

그림 3-13 ▲ YDH-PDS의 허리 요축 면 받침 구조

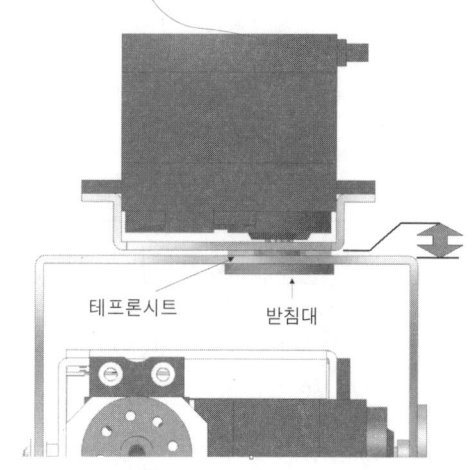

그림 3-14 ▲ 테프론 시트가 들어가는 틈을 조금 작게 하다

사진 3-9 ◀ 나사 접착제 LOCTITE242(중간 강도 타입)

3.5.6 프레임 두께

실제로 프레임을 제작하는 단계에서 두께는 어느 정도 필요할까? 현재 판매되는 로봇의 프레임이나 서보 모터 브래킷을 보면 알 수 있는 것처럼 판 두께는 거의 1.5mm이다. 필자가 맨 처음 제작했던 'KHR-01'의 두께도 1.5mm이다. 필자의 경우 이 두께에 관한 부분은 완전히 경험에 의한 것이지, 재료공학에서 얻은 것은 아니다. 실제로 이 손으로 확실함을 체험하고 있다.

그 밖의 이유는 확실하지 않지만, 예를 들면 반대축이나 서보 모터를 고정하는 데 사용하는 나사는 M3×0.5가 필요하게 되어 나사의 피치는 0.5mm, 즉 나사산의 간격은 0.5mm이다. 즉, 1.5mm의 판에 M3 탭 가공을 하면 3개의 나사산이 생겨서 사용할 수 있는 공간이 없기 때문에 이처럼 단순한 이유에서 판의 두께가 결정된 것이다. 이 나사산을 같은 판 두께로 늘리는 방법으로는 버링(burring) 가공이 있다(사진 3-11).

'M2-0.40-5mm'는 직경 2mm, 나사의 피치가 0.4mm 즉, 나사산 사이가 0.4mm이고, 길이 5mm인 나사를 나타낸다.

표 3-3은 미터 단위의 나사와 스레드 피치 관계를 나타낸 것이다.

표 3-3 ▼나사 크기와 피치 관계

나사 종류(미터)	피 치	나산 종류(미터)	피 치
M2	0.40	M18	2.50
M3	0.50	M20	2.50
M4	0.70	M22	2.50
M5	0.80	M24	3.00
M6	1.00	M30	3.50
M8	1.25	M36	4.00
M10	1.50	M42	4.50
M12	1.75	M48	5.00
M14	2.00	M56	5.50
M16	2.00	M64	6.00

1.5mm보다 얇은 판으로 설계했을 경우 일반적인 탭 가공으로는 나사산의 걸림을 적게 하기 위한 가공이 불가능하지만, 버링 처리를 하면 얇은 재료라도 나사산이 많은 탭 가공이 가능하다. 이 가공 방법은 일반적으로 쉽게 할 수 있는 가공이 아니므로 전문업자에게 의뢰하여 제작하길 바란다.

3.5 프레임 부분

사진 3-10 ▲ 판 두께 1.5mm의 버링 가공을 실시한 예

3.5.7 재질

일반적으로 구입할 수 있는 알루미늄 재료는 1000번계(숫자는 알루미늄의 강도를 나타냄)가 많다. 이것은 구부리기 작업을 하기에 수월하지만, 필자가 사용한 5000번계 알루미늄에 비하면 소재 자체의 강도가 없다.

구멍 만들기 가공도 1000번계로는 작업하기 어렵다. 재료 자체가 끈적끈적한 성질이 있기 때문에 드릴의 이에 달라붙기 쉽고, 탭 가공 작업의 경우 마무리가 좋지 않다.

5000번계는 알루미늄 재료 중에서 중간 정도 되는 재료이다. 굽히기도 적당하고, 구멍 만들기 가공도 깔끔하게 마무리할 수 있다. 절삭 가공 작업의 경우 필자는 2000번을 사용한다. 드릴로 구멍 만들기 작업을 하면서 1000번과 5000번의 차이를 경험해 보길 바란다.

3.5.8 나사의 종류

부품과 부품의 접합 작업은 나사를 이용하는데, 나사에도 여러 가지 종류와 재질이 있다. 일반적으로 약간의 차이에 따라 용도별로 다양한 종류가 있으며, 사진 3-11에서 알 수 있듯이 나사 머리의 모양이나 길이가 여러 가지이다.

사진 3-11 ▲ 여러 가지 M2 나사

3.5.9 나사의 경량화

로봇 전체에 나사를 사용하지만, 나사의 무게는 로봇의 무게에 비해 차지하는 비중이 크다. 따라서 나사 부분에서 경량화를 추진하면 쉽게 로봇의 무게를 줄일 수 있다. 나사의 전체 모양과 나사 머리 부분의 모양에 따라 질량차이가 생긴다.

필자가 추천하는 것은 정밀기구용 십자 작은나사이다. 머리 부분이 얇고, 보통의 나사에 비해 상당히 세련되어 있다. 머리 부분이 육각 렌치 타입인 것도 있는데, 이것의 장점은 볼 포인트 타입의 육각 렌치를 이용하여 조금 기울어져도 단단히 조일 수 있다는 것이다. 좁은 공간에서 조이는 비율이 높은 로봇에게 적합한 나사이다.

또 중요한 것이 명(皿)나사이다. 프레임 자체에 명(皿) 가공(사진 3-12)을 해야 하는 부분에 이 나사를 사용하면 나사 머리 부분이 프레임의 면과 같게 되어 '면 받침 구조'에서 설명했던 면 받침 부분의 작업이 쉬어진다. 게다가 나사가 프레임에 접하는 면적이 커질수록 정확하게 고정할 수 있다. 마지막으로 대부분의 나사는 부품을 고정할 뿐이며, 위치 결정은 다른 것으로 하는 것이 기본이지만, 얇은 판에서는 그마저도 어렵다. 그러나 명(皿) 나사는 명(皿) 부분이 테이퍼 모양으로 되어 있어서 위치 결정도 동시에 할 수 있는 이점이 있다.

표 3-4는 나사의 크기 환산표이다.

사진 3-12 ▲ M2 명(皿) 나사 가공의 예

표 3-4 ▼ 나사 환산표

나사 종류(SAE)	인치(분수)	밀리미터
#1	1/16	1.58750
#2	5/64	1.98437
#3	3/32	2.38125
#4	7/64	2.77812
#5	1/8	3.17500
#6	9/64	3.57187
#8	5/32	3.96875
#9	11/64	4.36562
#10	3/16	4.76250
#11	13/64	5.15937
#12	7/32	5.55625
#13	15/64	5.95312
#14	1/4	6.35000
#16	17/64	6.74687
#18	19/64	7.54062
#20	5/16	7.93750
#24	3/8	9.52500

3.6 동체 검증

지금까지 소개해 왔던 방법으로 다리나 팔을 설계할 수 있다. 이제는 이러한 부품들을 결합시키는 동체가 필요하다. 동체를 제작하기 위해서는 동체 내부나 등쪽에 탑재하는 마이컴 보드 및 배터리·무선기 등이 필요하다.

3.6.1 마이컴 보드

필자가 2족보행 로봇을 만들기 시작했던 당시에는 시판품의 동작 프로그램이 없었지만, 지금은 여러 회사에서 판매하고 있다. 그 중 하나가 히메지 소프트웍스 사의 HSWB-02이다. 이 마이컴 보드에는 동작 지원 소프트웨어가 기본으로 깔려 있다. 따라서 초보자들도 이 HSWB-02를 사용하여 2족보행 로봇의 보행을 성공시킬 수 있다.

또 하나는 ROBO-ONE에서 유명한 'A-Do'가 사용하는 마이크로 애플리케이션 연구소의 ROBO-UNICON이 있다. 이 소프트웨어는 그래피컬한 화면으로 조작성이 좋고, 초보자도 간단하게 동작 프로그램을 작성할 수 있는 좋은 마이컴 보드이다.

조금 높은 수준의 것이라면 베스트테크널로지 社도 로봇에 사용할 수 있는 마이컴 보드를 판매하고 있는데, BTH003 FREEDOM 컨트롤러가 그 하나이다. 제품의 이름대로 같은 회사에서 판

사진 3-13 ▲ HSWR-02

제 3 장　R-Blue 시리즈

매되던 소형 인간형 로봇 FREEDOM에 탑재되었던 마이컴 보드를 판매하고 있다. 이 보드에는 FREEDOM 샘플 프로그램이 들어 있다. RC서보 모터를 사용하고 있는 로봇이라면 샘플 프로그램을 조금 변경하기만 해도 간단하게 동작시킬 수 있다.

사진 3-14 ▲ ROBO-UNICON　　　　사진 3-15 ▲ BTH-003 FREEDOM보드

3.6.2 배터리

무선화와 더불어 동력원을 로봇에 탑재하는 것도 중요하다. ROBO-ONE 에 참가하는 대부분의 로봇이 무선조종용 소형 배터리를 사용하고 있다. 요즘 유행하는 EP 미니 플레이용이나 미니 RC 자동차용으로 적합한 것이 있고, 외형 및 크기, 용량면에서 소형 로봇에 적합한 것이 몇 개 있다. 그러나 로봇에 사용하는 RC 서보 모터 1개가 최대 2.0A 이상의 전류를 소비하는 경우가 있기 때문에 아무리 용량이 커도 동작시간은 10~20분 정도에 불과하다.

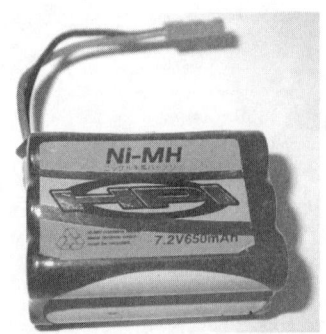 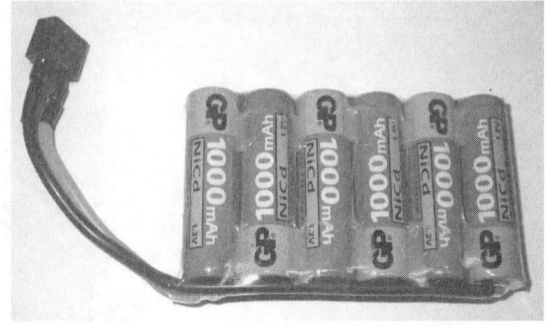

사진 3-16 ▲ 미니 자동차용 니켈-수소 전지　　　　사진 3-17 ▲ GP1100 Ni-cd 배터리

3.6 동체 검증

표 3-5는 2족보행 로봇에 많이 사용되는 배터리의 특성을 정리한 것이고, 사진 3-18은 각종 배터리의 외형을 나타낸다.

표 3-5 ▼ 배터리 특성

종류	전압/셀[V]	응용 분야	충전여부	비 고
탄소-아연	1.5	카메라 플래시용	불가	가격 저렴, 로봇 및 대전류용 부적합
알카라인	1.5	소형 전동기와 전자회로용	불가	로봇용으로는 가격 고가
Ni-cd	1.2	중전류 및 중형 전동기용	가능	독성 때문에 사용상 주의 필요
Ni-MH	1.2	대전류 및 전동기용	가능	고효율이지만 가격 고가
리튬-이온		대전류 및 전동기용	가능	고효율이며 경량이지만 가격 고가
리튬	3	장시간용 및 저전류용	불가	기억용 회로의 백업용
밀폐납산(SLA)	2.0	고전류용	가능	고효율이지만 무게가 중량임

사진 3-18 ▲ 여러 종류의 배터리

(1) 배선

서보 모터 1개에는 최대 2.0A 이상의 전류가 흐를 때도 있기 때문에 수십 개 사용했을 경우 안전하게 서보 모터에 전력을 공급하는 배선이 필요하다. 사진 3-16과 3-17을 보면 실제 배터리에서 커넥터까지의 배선 두께가 가늘어지는 것을 알 수 있다. 이 부분을 그대로 사용하기보다는 전압이 낮아지는 것을 막기 위해서 배선을 좀 더 두꺼운 것으로 바꾸어야 한다. 배선을 바꾸었을 경우, 마찬가지로 커넥터도 바꿔야 하는데, 사진 3-19와 같이 용량이 큰 커넥터를 사용하면 된다.

제 3장   R-Blue 시리즈

사진 3-19 ▲ 용량이 큰 커넥터

(2) 종류

ROBO-ONE 참가자가 사용하고 있는 배터리는 여러 종류로 나뉠 수 있다.

① 니켈-카드뮴 배터리
② 니켈-수소 배터리
③ 리튬-폴리머 배터리

이 3 종류가 ROBO-ONE 출전 로봇에 사용되고 있는 배터리이다. 필자는 니켈-수소 배터리를 사용하고 있지만, 충전 시간이나 방전 성능·가격 등을 생각하면 니켈-카드뮴 배터리가 최적이다. 그렇지만 리튬-폴리머 배터리의 소형·경량화 장점도 무시할 수 없다. 향후 충전기나 방전 성능이 좋아지면 충분히 안심하고 사용할 수 있겠지만, 아직은 성능 개선이 필요하다.

3.7 YDH-PDS

ROBO-ONE에 출전시킬 수 있는 로봇인 YDH-PDS는 이토-레이네츠 社에서 제작하여 판매하고 있는 표준 2족보행 로봇 키트이다. 따라서 자신의 손으로 설계·제작하기를 원하는 사람에게는 많은 참고가 될 것이다.

3.7.1 크기·무게

표준 장비를 갖춘 경우 YDH-PDS의 무게는 2.2kg이고, 크기는 390mm이다. RC서보 모터를 사용한 인간형 로봇의 평균적인 크기이다. 직접 제작하는 사람이라면 2kg 정도의 무게를 기준으로 제작하면 별 문제없이 동작할 것이다.

3.7.2 허벅지 축간거리

YDH-PDS의 허벅지 축간거리는 60mm이다(그림 3-16). 이것은 2족보행 로봇에서 중요한 항목이다. 허벅지 간격이 좁으면 정보행시 중심 이동길이가 작아지고, 서보 모터는 각도가 작은 상태에서 중심 이동이 완료되므로 중심 이동시간을 단축할 수 있다. 허벅지 축간거리가 길어지면 중심 이동길이가 길어져서 동작이 원활하지 못하고, 아름다운 동작을 할 수 없게 된다.

최근 ROBO-ONE에서는 보행 속도가 빨라지고 있기 때문에 허벅지 축간 간격을 좁히는 설계가 중요하다.

어떤 로봇은 진자와 같은 움직임을 이용해서 보행 패턴을 만드는 경우가 있기 때문에 앞에서 설명한 허벅지 축간거리를 일률적으로 작게 하는 것이 바람직하지는 않을 것이다. 예를 들면, 씨름경기에서는 씨름선수가 한 발씩 힘있게 높이 들어 땅을 밟는 동작을 하는 경우 허벅지 간격을 넓혀서 다리를 허공에 떠 있게 하는 시간을 길게 함으로써 능수하게 보행한다. 이 경우에는 반대로 허벅지 축간거리를 어느 정도 길게 하는 것이 좋다.

하지만 처음의 보행 로봇으로 능수하게 걷기 위해서는 허벅지 축간 간격을 작게 하는 것이 바람직하다.

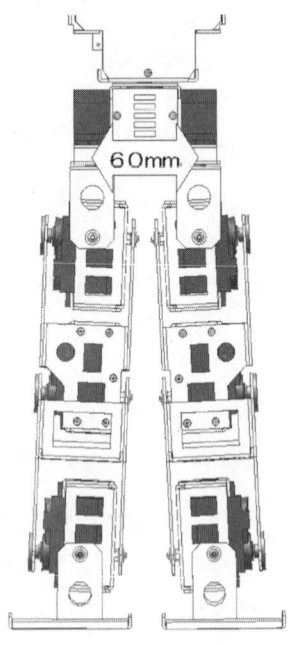
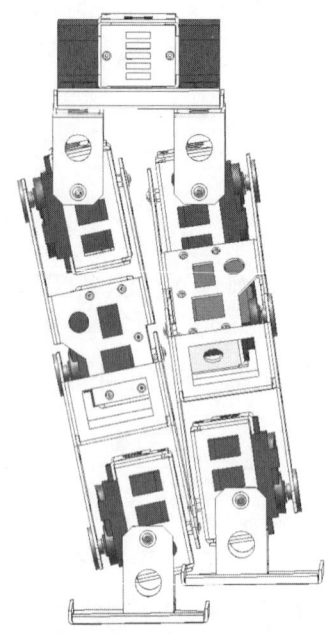

그림 3-15 ▲ 허벅지 축간 거리   그림 3-16 ▲ 중심 이동의 예

3.7.3 서보 모터 고정 방법

YDH-PDS의 발목·허벅지 관절 부분은 2축 직교축으로 한다. 즉, 롤과 피치가 하나의 유닛으로 구성된다. 이 직교축의 장점은 먼저 일반적인 동작 프로그램을 작성하는 데에는 큰 도움을 주지 못하지만, 역운동학(逆運動學)을 적용한 동작을 작성할 때 계산하는 것이 수월하다.

또 하나는 겉모양을 우아하게 설계할 수 있다는 것이다. 여기서 우아하다는 것은 겉모양만을 말하는 것은 아니다. 2개의 서보 모터를 연계하여 제작하는 방법인 YDH-PDS의 직교축은 2개의 프레임을 사용하지 않고, 1개의 프레임에 모터를 2개 탑재할 수 있기 때문에 무게를 줄일 수 있는 장점이 있다.

설계·제작시에도 이 방법을 채택하면 장점이 있다. 1개의 직교축 유닛을 3개의 부품으로 구성하면 가운데 2개는 대칭물이 된다. 따라서로 설계 단계에서 2개의 부품을 설계하면 다음에는 반전하기만 하면 구성이 완료된다. 이 유닛은 4개 부분으로 구성되어 있으므로 2종의 부품을 자르면 2×4 부분으로 8개 부분의 서보 브래킷을 제작한 것이 된다.

완성된 4개의 유닛과 정강이 부품, 발목 및 허벅지 부품을 제작하는 것만으로 다리 유닛을 완성할 수 있다.

YDH-PDS를 보면 어쩐지 허벅지와 정강이 부품이 많다고 생각할 수도 있을 것이다. 1개 부

3.7 YDH-PDS

품으로 만들 수 있음에도 의도적으로 여러 개 부품으로 분리하였다.

　예를 들어 1개의 부품을 열심히 가공하고, 다음으로 굽히는 것까지의 공정까지 여러 시간을 소비하였는데 마지막 굽히기 작업에서 실패한다면 그 동안의 수고가 너무 허무하지 않을까?

　하지만 독자들은 벌써 머리 속으로 해결 방법을 생각하고 있을 것이다. 만일 실패했다고 하더라도 1개 부품만 다시 만들면 유닛 전체를 다시 만드는 것보다 작업 시간을 훨씬 단축할 수 있을 것이다.

　좀 더 중요한 이유도 있다. 모든 부품이 준비되고, 마지막으로 서보 모터를 조합해서 '이제 동작시켜야지!' 라고 생각한 순간, 생각지도 못하던 간섭 부분이 발견되거나, 또는 좀 더 다리를 길게 하고 싶은 마음이 드는 등 여러 가지 수정안이 조립 이후에 나오는 일이 자주 있다. 수작업으로 다시 만드는 방법 또는 제조업체에 의뢰하여 만드는 방법 모두 이러한 위험이 있다. 이와 같은 작업상의 위험을 조금이라도 가볍게 하려면 부품마다 잘게 나누어 설계하는 방식이 바람직하다.

　따라서 YDH-PDS 로봇의 경우는 '나중에 부품을 교체할 수 있는 구성'으로 만들기 위해서 부품수가 많은 방법을 채택하였다.

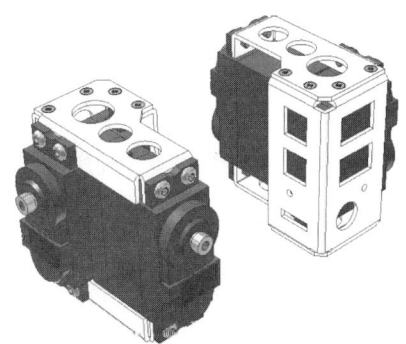

그림 3-17 ▲ 직교 유닛부

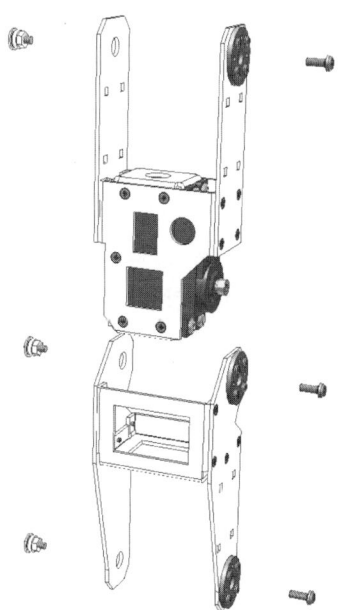

그림 3-18 ▲ 정강이 · 허벅지부

3.8 R-BlueV

지금까지 ROBO-ONE용 로봇을 제작하는 데 있어서 중요한 부분을 설명하였다. 덧붙여 R-BlueV도 YDH-PDS와 마찬가지로 필자가 설계한 로봇이다. 이제부터 이 두 로봇의 차이점에 대하여 설명하겠다.

3.8.1 개념

두 로봇 모두 ROBO-ONE에 출전할 수 있는 모양을 갖고 있지만 하나는 판매용 로봇이고, 또 하나는 취미용 로봇이다. 그 차이는 겉모양으로도 알 수 있을 정도이다.

YDH-PDS는 시중에서 판매되는 대량 생산에 적합한 설계·가공법을 따르고 있다. 판을 잘라내는 기계도 주로 가공 속도가 빠른 타렛펀치 프레스 작업으로 제작되고 있다. 구부리는 작업 공정은 피하고 디자인 감각은 유지하면서 각자의 아이디어를 살려 독창성을 쉽게 추가할 수 있는 구조를 목표로 설계된 로봇이다.

한편, R-BlueV 로봇은 설계 및 제작 시간 등을 감안할 때 고급용 로봇이라고 할 수 있다. 자르기 가공 작업은 레이저 가공기를 사용하며, 앞서 설명한 타렛펀치 프레스에 비해 가공 속도나 양산성에서는 뒤떨어지지만 금형에서 자르는 것은 아니고, 부드러운 곡선도 자유자재로 만들 수 있다. 구동 부분은 직교 벨트 드라이브(belt drive)를 내장하고 있으며, 프레임의 판 두께도 20% 감소된다. 결합하는 데 사용하는 나사는 티탄(Titan)이나 특수 형상의 나사를 사용하고 있다. 따라서 현시점에서는 최상의 로봇이라고 할 수 있다.

3.8.2 Autodesk Inventor 시리즈

필자는 설계 작업을 일반적으로 3차원 CAD로 한다. 가상공간에서 3차원의 모델을 제작하기 때문에 평면의 2차원보다 정보량이 압도적으로 많지만, 간섭 체크 등을 3차원으로 확인할 수 있다. 따라서 로봇 설계에 대해 최적의 도구라고 생각한다.

수많은 3차원 CAD 시스템 중에서 필자는 왜 Inventor7을 선택했는가? Inventor가 아직 세상에 나오지 않았을 때 직장에서 3차원 CAD를 공부하기 위해 중간 단계의 3차원 CAD를 사용해 보았다. 그 중에서 몇 개의 제품을 선택하였고, 2차원 환경에서 3차원으로 데이터 변경이 쉬운 동일 회사 제품인 Autodesk Mechanical Desktop(MDT)을 구입하였다.

3.8 R-BlueV

　같은 시기에 Inventor가 출시되었다. 시험판(Trial Version)을 사용해 보았는데, MDT와는 다르게 직감적인 조작이 눈에 띄었다. 아직 그 때까지는 조작성과 함께 초기 제품에서 흔히 볼 수 있는 미숙한 부분이 눈에 띄었지만, 장래 발전을 기대할 수 있는 제품이었다.

　최종적으로 MDT와 Inventor는 하나의 패키지로 통합되었다. 필자의 직장은 판금설계를 주로 하고 있는데, 판금 자동전개 기능이 표준으로 탑재되어 있는 Inventor는 통상의 판금가공 작업을 거의 대부분 구사할 수 있었다. 특수 형상의 전개는 조금 어려울 때가 있지만, 일반 작업은 다른 업체의 전개 소프트웨어를 사용할 것도 없이 대부분 자동전개 기능을 지원해 준다. 이 가격에 이러한 기능 지원은 훌륭하다고 할 수 있다.

　앞으로 기능이 더욱 발전할 것이므로 한 번 시험판으로 조작 성능을 확인해 보길 바란다.

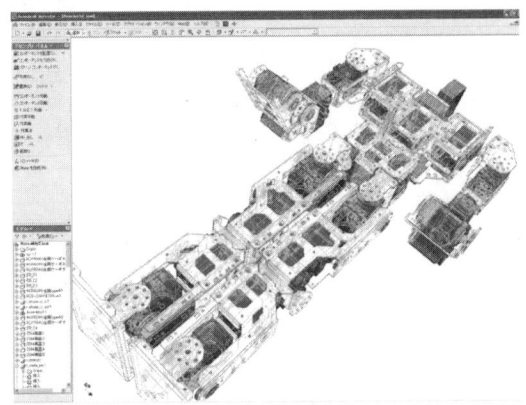

화면 3-1 ▲ Inventor에서의 R-BlueV의 설계

3.8.3 iMCs05

　R-BlueV의 마이컴 보드는 iXs 연구소의 iMCs05를 사용하였다. 이 보드의 장점은 작고 가볍다는 것이다. 메인 마이컴은 루네사스테크놀로지의 16비트 마이컴 H8/3052B (25MHz), 45mm 60mm의 초소형 RS232C 접속 24채널 RC서보 모터 컨트롤러이다. 24개 서보 모터의 목표 각도를 0.05도 단위로 지정할 수 있으며, 첨부된 동작 발생기를 사용하여 각 관절을 자유자재로 움직일 수 있다.

　더구나 역운동학(逆運動學) 모듈에 의한 발끝 궤도의 설계 기능이 탑재되어 있어서 보다 간단하게 보행 동작 및 기타 여러 가지 동작을 만드는 것이 가능하다.

제 3 장　R-Blue 시리즈

사진 ▲ 3-18 iMCs05

사진 3-19 ▲ 실제로 iMCs05를 탑재한 예

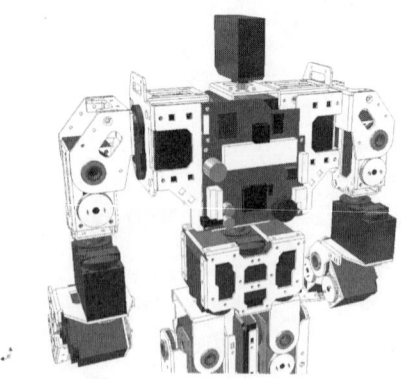

그림 3-19 ▲ Inventor7에서의 기판 탑재 검토 그림

3.9 마무리

   로봇 제작은 처음에는 어렵다고 생각되지만, 제작 과정의 어려움은 나중에는 귀중한 경험이 될 것이다. 로봇 제작 과정에서 가공기술이나 전기·전자 및 소프트웨어 기술 등을 배우는 것은 물론, ROBO-ONE 대회에 참가하여 같은 생각을 가진 친구나 마음이 통하는 사람과 사귈 수 있다.

   대회 참가자와 관객 모두가 흥분하고 즐길 수 있는 ROBO-ONE 대회에 참가하기를 바란다. 로봇이야말로 진정한 멀티미디어로서, 앞으로도 최선을 다하여 R-Blue 시리즈를 제작하겠다는 결심을 해 본다.

YDH-PDS

R-BlueV

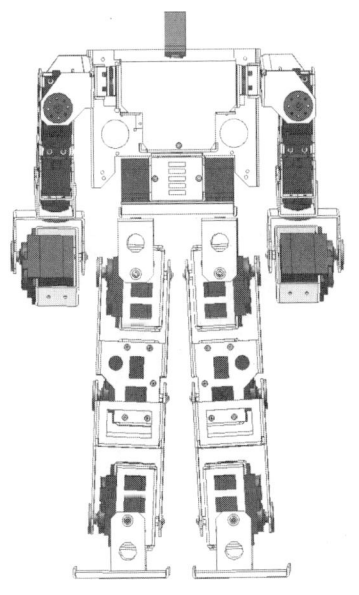
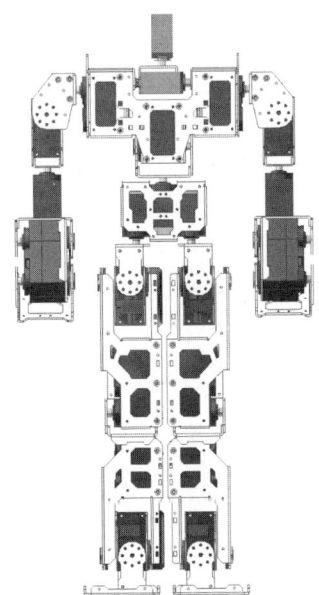

그림 3-20 ▲ YDH-PDS와 R-BlueV(정면)

제 3장　R-Blue 시리즈

YDH-PDS

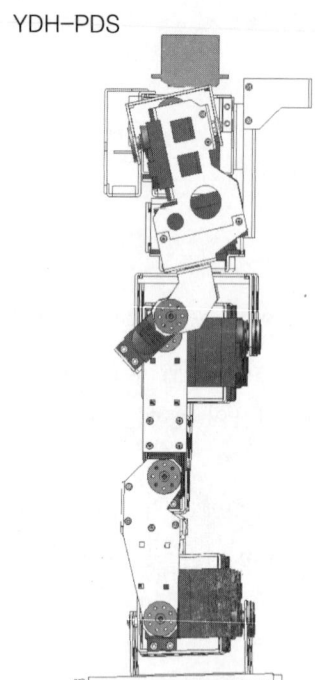

YDH-PDS

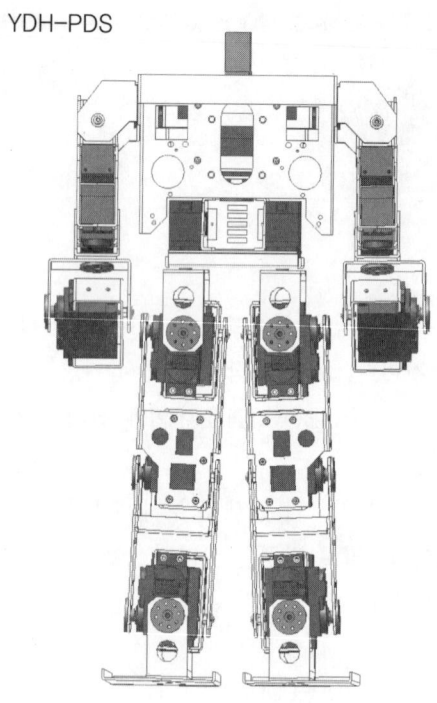

R-BlueV

R-BlueV

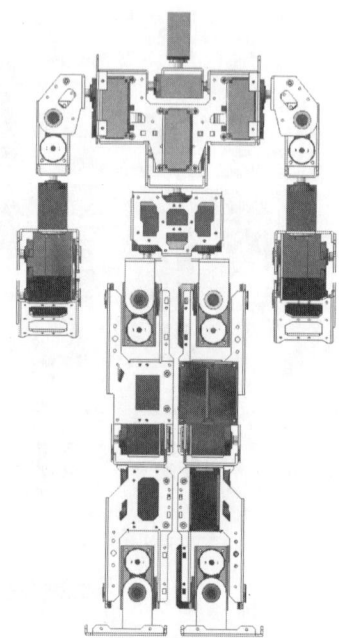

그림 3-21 ▲ YDH-PDS와 R-BlueV(옆면)　　　그림 3-22 ▲ YDH-PDS와 R-BlueV(뒷면)

RO-BO-O-NE

Metallic Fighter

모리나가 에이이치로우(森永英一郎)

4.1 시작하면서

처음부터 강한 로봇을 만들 수 있던 것은 아니다. Metallic Fighter는 2002년 1월 탄생한 이래, ROBO-ONE 대회에 참가할 때마다 성장해 왔다. 기본적인 목표는 그대로 유지하지만, 대회 때마다 주제를 바꾸면서 성장시켜 왔다. 지금까지의 대회를 통해서 Metallic Fighter는 어떻게 성장해 왔으며, 현재의 최종 형태인 Metallic Fighter4는 어떤 점을 생각하고 만들었는지 기술적인 측면보다도 정신적인 측면에서 Metallic Fighter를 분석하기로 한다.

앞으로 2족보행 로봇 제작에 뜻을 가진 분들에게 조금이라도 도움이 되기를 바란다.

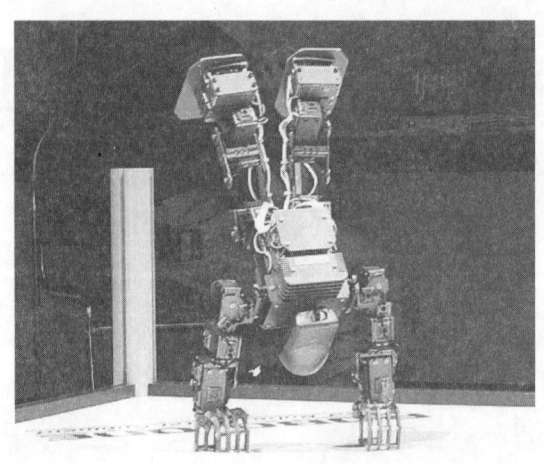

사진 4-1 ▲ Metallic Fighter

4.2 Metallic Fighter 시리즈

지금의 Metallic Fighter 모습은 ROBO-ONE에서는 완전히 뿌리내렸다고 할 수 있다. 지금까지 열렸던 대회에 전부 출전하였지만 모양을 바꾸지 않았기 때문이다. 다만, 관절의 자유도를 16자유도부터 23자유도까지 다양하게 변형시키면서 출전시켰다. 그럼에도 불구하고 누가 보아도 Metallic Fighter로 인식하는 것은 무엇 때문일까?

"인간형 로봇은 성장해야 한다."

이 말은 ROBO-ONE 창설자 니시무라 씨가 한 말이다. 다른 로봇대회에서는 매년 새로운 디자인으로 참가했던 나에게 참신하고 영향력을 준 매력적인 말이었다.

'ROBO-ONE 대회에서는 대회 때마다 같은 로봇으로 참가하자. 나 자신과 함께 성장하는 로봇을 만들자!'

이것이 ROBO-ONE에 대한 나의 생각이다.

그렇다면 지금까지의 대회를 통해서 Metallic Fighter가 어떻게 성장해 왔는지 살펴보기로 하자.

4.3 Metallic Fighter1(제1회 대회 참가)

2002년 1월 15일, Metallic Fighter 1호기 개발을 시작하였다. 대회까지는 불과 2주일밖에 남지 않았다. 당시 필자는 2족보행 로봇을 제작한 경험도 없고, 배우지도 않았다. 그런데도 왜 그런 무모한 도전을 시작했을까? 그 이유는 한 가지, R-Blue의 제작자 요시무라 씨의 홈페이지를 보았기 때문이다. 너무 놀라서 필자의 눈을 의심했다. 전신의 피가 요동쳤고, 필자도 만들어 보고 싶다는 충동에 사로잡혔다. 다음날 필자는 무선조종 부품 가게 앞에 꼼짝 않고 서 있었다.

'정말로 만들 수 있을까?'
'다시 한 번 냉정하게 생각해야 하지 않을까?'

300만 원 정도의 비용이 들어가야 했기 때문에 몇 번이나 자문자답했다.

"이것을 25개 주세요."

이 말에 몹시 놀란 점원의 얼굴을 지금도 잊을 수 없다.

보통 무선조종 자동차 1대에 토크가 큰 서보 모터는 1개밖에 사용되지 않는다(사진 4-2). 당시는 아마추어가 2족보행 로봇을 만든다는 것을 누구도 생각하지 않던 시기였다. 25개나 되는 많은 서보 모터가 한순간에 팔릴 것을 상상조차 할 수 없었을 것이다. 순식간에 가게의 재고가 없어진 것은 말할 것도 없다.

사진 4-2 ▲ PDS-2144FET

4.3 Metallic Fighter1(제1회 대회 참가)

4.3.1 목표

초기 Metallic Fighter의 목표는 단순 명쾌하게 오로지 걷는 것뿐, 걷기 이외의 것은 생각하지 않았다. 하루 3시간만 자는 날들이 계속되었다. 한쪽 다리 5자유도, 한쪽 팔 3자유도, 목 1자유도로, 총 18자유도(18관절)의 Metallic Fighter를 완성한 것은 대회 전날 밤이었다(사진 4-3).

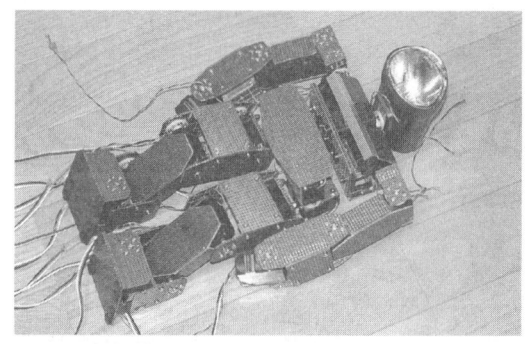

사진 4-3 ▲ Metallic Fighter1의 전체 모습

사진 4-4는 무선조종 장치이다. 일반적인 R/C 모델의 핵심은 무선조종 송신기이다. 완전 자동 로봇에서는 전자회로를 통해서 자율동작이 이루어지므로 송신장치가 필요하지 않다. 송신기와 수신기는 한 쌍을 이루어 사용되며, 라디오 주파수 이상의 주파수 대역에서 특정 주파수로 동작한다. 로봇 대회에 참가하는 무선조종 장치의 주파수 선택은 다른 사람과의 주파수 대역 혼선 등이 발생할 수 있으므로, 여분의 주파수 대역을 준비하여 참가해야 한다. 비행기와 헬리콥터와 같은 항공 분야에서는 고가인 FM-PCM(Pulse Code Modulation) 방식을 사용하고, 로봇에서는 약간 저가인 FM-PPM(Pulse Position Modulation) 방식을 사용한다.

(주) 하이텍 RCD 코리아
http://hitecrcd.co.kr

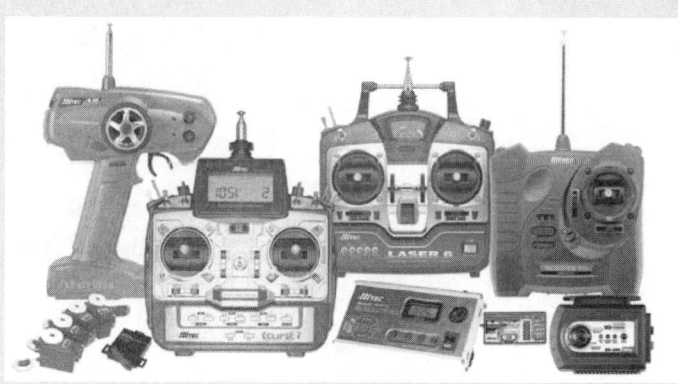

사진 4-4 ▲ Hitec/RCD 무선조종기

4.3.2 설계 방향

Metallic Fighter1은 제어장치에 2개의 H8/Tiny를 사용한 분산제어 시스템을 채용했다(사진 4-5). 상반신 제어와 하반신 제어를 분리하는 편이 만들기 쉽다고 판단했기 때문이다. 하반신 제어 시스템은 걷기나 직립 등 다리 동작을 담당시키고, 상반신 제어 시스템은 펀치(punch)나 인사 등 팔의 동작을 담당시켰다. 이 2개의 움직임을 조합시킴으로써 여러 움직임이나 몸짓을 동작시키기로 하였다.

사진 4-5 ▲ 분산형 제어장치

프레임은 2.54mm 피치의 만능 기판과 알루미늄 판을 병용해서 만들었다(사진 4-6). 만능 기판을 사용한 이유는 만능 기판의 구멍 피치가 서보 혼 구멍의 피치와 일치해서 정확한 구멍 가공을 할 수 있었기 때문이다(사진 4-7).

사진 4-6 ▲ 개발중인 Metallic Fighter 1

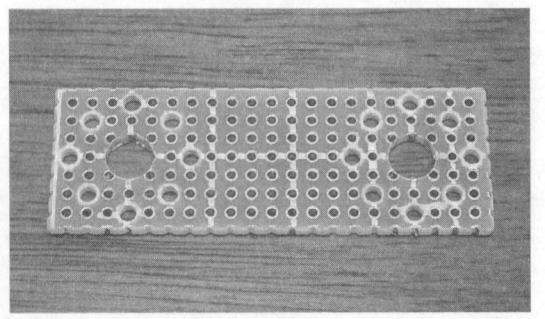

사진 4-7 ▲ 유니버설 기판으로 만들어진 프레임

4.3 Metallic Fighter 1(제1회 대회 참가)

서보 모터는 콘도과학 社의 PDS-2144FET를 사용했다. 그 이유는 요시다 씨가 이 서보 모터를 사용했기 때문이다. 많은 돈을 투자하여 실패하면 안 되기 때문에 사용해 본 경험이 있는 서보 모터를 채택하기로 한 것이다.

머리 부분은 인간형 로봇에게 가장 중요한 부분이다. 로봇의 첫 번째 인상을 결정하기 때문이다. 동체가 완성된 후 어떤 것을 머리로 사용할지 고민하던 중 어느 날 아내가 자전거 전등을 사오는 바람에 그것을 로봇의 머리 위에 얹었다.

"이것으로 하세요."

싫다고 할 수 없어서 Metallic Fighter의 상징인 얼굴이 그렇게 결정되었다.

4.3.3 대회 결과

대회 결과는 16강 진출이었다. 제1회 대회는 보행 가능한 로봇이 많지 않았다. 그 때문에 만족스럽게 보행할 수 없었던 Metallic Fighter도 16강에 들어가는 행운을 얻었다. 이렇게 해서 나의 로봇 인생이 막을 연 것이다(사진 4-8).

사진 4-8 ▲ 연기를 하는 Metallic Fighter

4.3.4 강도 부족

왜 만족스러운 보행을 하지 못했을까? 답은 하나, 강도가 부족했기 때문이다. 제작 시간을 줄이기 위해 나사로 고정한 것이 아니라 나사보다 강하다는 양면 테이프로 만든 것이 문제의 원인이었다. 2kg의 하중도 10cm 떨어지면 20kg에 상당하는 무게가 되기 때문에 상상할 수 없는 하중이 발목 등의 접합부에 인가되었다. 게다가 서보 케이스에 묻은 기름을 완전히 제거하지 않았기 때문에 양면테이프의 접착 효과가 떨어졌기 때문이다(사진 4-9).

예선 경기가 시작되면서 인사를 하고 걷게 하려고 했지만, 바로 균형이 무너지면서 넘어져 버렸다. 발목을 보자 내 눈을 의심했다. 발목의 프레임이 떨어지고 있었던 것이다.

사진 4-9 ▲ 강도가 부족한 발목 부분

4.3.5 감동

Metallic Fighter1 개발 기간 동안 가장 감동했던 순간은 Metallic Fighter가 처음으로 두 다리로 섰을 때였는데, 눈물이 나올 정도로 기뻤다. 그 감동을 말로 전할 수 없어서 유감인데, 독자들도 체험해 보았으면 좋겠다. 모든 고생이 사라지고 소리를 치고 싶은 감동을 맛볼 수 있을 것이다.

4.4 Metallic Fighter 2

제1회 대회가 끝나고 나서 얼마 동안은 주위 사람들부터 격려의 말을 들었다.

"유감이었어"

"아쉬웠어"

2족보행 로봇에 대한 세간의 관심이 높았다. 격려의 말을 들을 때마다 아쉬움이 컸다. 이대로는 끝낼 수 없었다.

4.4.1 목표

모든 일을 시작하기 전에 정확한 목표를 세우는 일이 중요하다. 이번 대회의 목표는 걷는 것과 이번 대회부터 규정연기에 포함된 구부리기 동작을 하는 것이다. 사실 이전 대회에서도 로봇은 구부리기 동작을 하는 것이 가능했었다. 그렇지만 주변의 동정만으로는 만족할 수 없었다.

"그렇다! 일어서기에 도전하자!"

4.4.2 일어서기

넘어지면 끝장이므로 어떻게 하면 넘어지지 않는 로봇을 만들 것인가가 당시 설계의 핵심이었다. 남보다 한발 앞서 가려면 남과 같은 일을 해서는 안 되었다.

'넘어져도 괜찮은 로봇을 만들자. 그 대신 바로 일어나는 로봇을 만들자.'

발상의 전환이었다. 지금은 보행처럼 일어나기가 당연한 기술이 되었지만, 그 때는 '일어나기는 몇 년 후에나 가능할 것이다.' 라고 말하던 때여서 무모한 도전이었다.

'할 수 있다고 생각하는 사람만 할 수 있다.'

평소 필자가 좋아하는 말이다. 개발 목표는 정해졌다. 역사는 스스로 만든다.

제 4 장　　Metallic Fighter

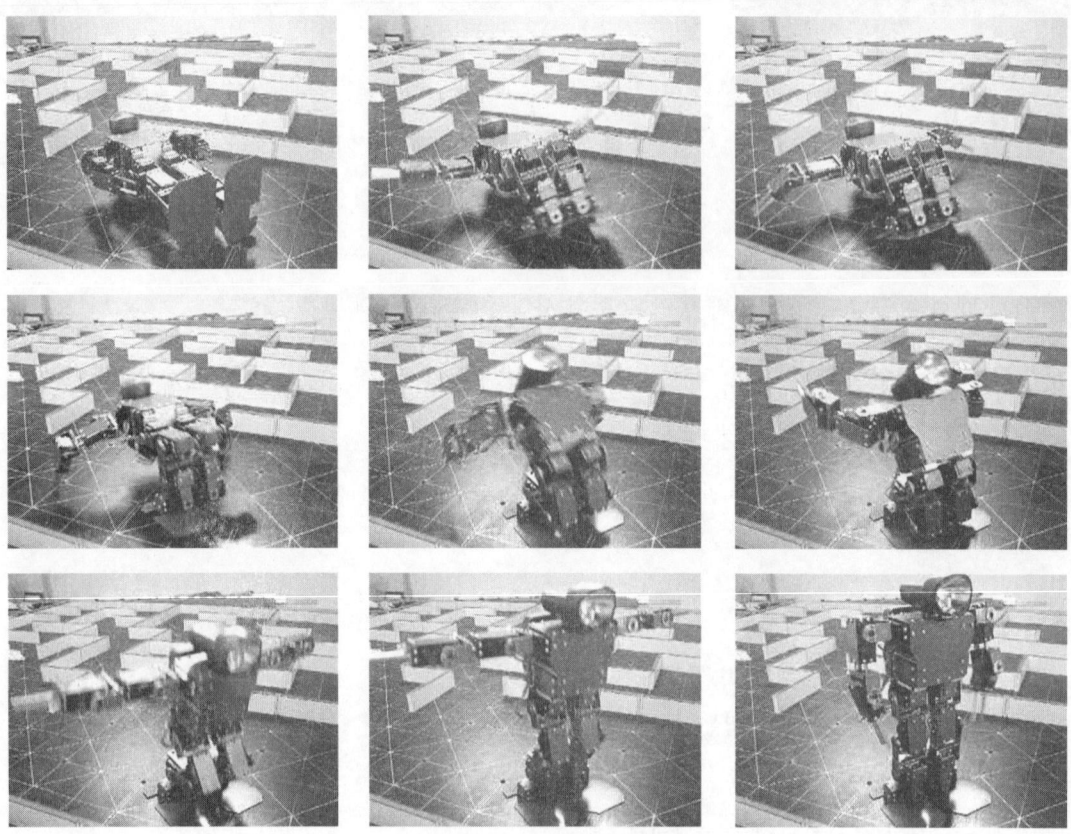

사진 4-10 ▲ Metallic Fighter2의 일어나기 동작

4.4.3 자유도

전대회에서는 18자유도였지만, 이번 대회는 16자유도로 변경해서 목과 허리의 자유도를 없앴다. Metallic Fighter는 구조상 넘어졌을 때 머리부터 지면에 부딪친다. 그래서 목의 서보 모터가 부서지기 쉽다. 목의 서보 모터는 동작을 표현하는 데에는 중요하지만, 일어서기 동작에는 필요 없었다. 일어서기를 하려면 조금이라도 가볍게 해야 하기 때문에 간단하게 목 부분의 서보 모터를 없애기로 했다. 또 허리 회전축도 부서지기 쉬운 부분이었기 때문에 불안정한 요소를 모두 제거하기 위하여 결국 제2회 대회 때에는 16자유도로 결정했다(사진 4-11, 4-12).

4.4 Metallic Fighter 2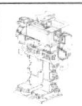

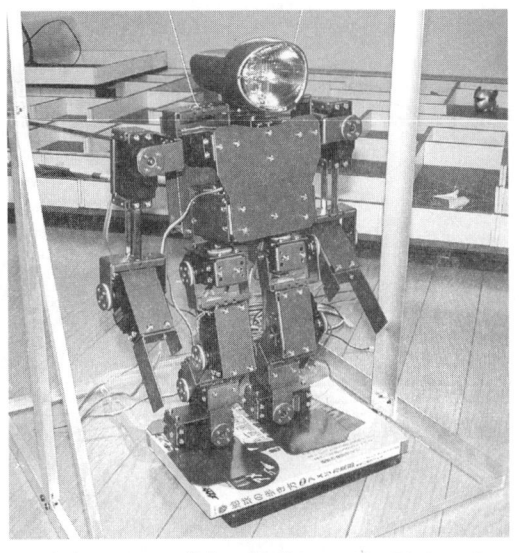

사진 4-11 ▲ 개발 도중의 Metallic Fighter2

사진 4-12 ▲ Metallic Fighter2의 분해 모습

4.4.4 프레임

전대회에서 문제로 대두된 프레임의 강도 부족을 해결하려면 판금 가공밖에 없다고 생각하던 때, 이토-레이네츠 社(http://www.i-rt.co.jp/robot.html)에서 서보 브래킷이 출시되었다. 아마도 세계 최초 아마추어용 로봇 전용 부품이었을 것이다. 판금가공에 자신이 없던 나는 맨 먼저 달려갔다(사진 4-13).

서보 브래킷 덕분에 프레임 가공작업이 상당히 단순해졌다. 서보 브래킷이 좋은 점은 나사 1개로 자유롭게 조합을 변경할 수 있다는 것이다. 어렸을 때 갖고 놀던 블록과 유사하여 여러 가지

사진 4-13 ▲ 서보 브래킷

제 4 장 　Metallic Fighter

형태로 조립·분해하면서 뇌에 자극을 준다.

　지금부터 로봇을 만들려고 하는데 기계가공이 서투르다면 처음에는 서보 브래킷으로 로봇을 조립하고, 완성할 것을 추천한다. 서보 브래킷을 사용하면 강도 부족이라는 치명적인 실수로 눈물을 삼킬 일은 없을 것이다.

4.4.5 알루미늄 서보 혼

　기계 부분이 완성된 후 반드시 하게 되는 고민이 있다. 그것은 서보 혼의 흔들림이다. 자동 보정 기능이 없는 로봇에서 서보 혼의 흔들림은 동작을 불안정하게 만든다. 무선조종 서보에 부착된 혼은 플라스틱제이기 때문에 톱니 안쪽이 조금씩 마모되고 있었다. 그 때 이크시스 연구소에서 알루미늄 서보 혼을 판매하는 것을 알았고, 즉시 채택하였다.

　알루미늄 서보 혼은 가격은 비싸지만 그만큼의 가치가 있다.

　"흔들림으로 고민한다면 알루미늄 서보 혼"

　기억해 두면 매우 유익할 것이다(사진 4-14).

사진 4-14 ▲ 알루미늄 서보 혼

4.4.6 제어 유닛

　Metallic Fighter1은 2중 CPU의 분산형 제어 시스템을 채용했지만, 분산 처리 시스템에 적합한 개발 환경이 없어서 소프트웨어 개발에 고생했다. 그래서 Metallic Fighter 2에서는 1랭크의 CPU를 사용하여 집중 처리 시스템을 채용하기로 했다. 사용한 CPU 유닛은 알파 프로젝트

(http://www.apnet.co.jp)의 AP-SH2F-4A이다. 이 CPU 보드는 SH7046F라는 처리능력이 높은 CPU를 탑재하였다. 크기는 70mm 50mm로 매우 작기 때문에 로봇에 탑재하는 데 최적의 CPU보드 중 하나이다(사진 4-15).

Metallic Fighter에서는 이 CPU 유닛을 몸체의 중앙에 부착하였다(사진 4-16).

사진 4-15 ▲ 제어 유닛

사진 4-16 ▲ 몸체에 부착된 CPU 유닛

4.4.7 목표 달성 그리고 우승

대회 1주일 전 드디어 일어나기에 성공하였다. 지금은 당연한 동작이지만, 당시에는 아무도 시도하지 못한 동작이었다(사실은 요시무라 씨도 제2회 대회를 목표로 일어나기 동작을 개발하고 있었다). 처음으로 일어섰을 때의 감동으로 나도 모르게 "해냈다!"고 외쳤다. 너무나 기뻤고, 그 감격에 대한 보상으로 목표를 달성했다.

일어나기 동작을 몸에 익혀 출전한 제2회 대회에서 넘어져도 필사적으로 일어나는 Metallic Fighter가 빛나고 있었다.

정신을 차리면서 우승! 모든 것을 보상받는 순간이었다(사진 4-17, 4-18).

사진 4-17 ▲ 제2회 ROBO-ONE 대회 모습

사진 4-18 ▲ 우승의 감동

4.5 Metallic Fighter 3

제3회 대회에서는 박스 댄스가 규정연기로 추가되었고, 옆으로 걷기 동작이 요구되었다. Metallic Fighter2는 한쪽 다리의 자유도가 5에 불과했기 때문에 옆으로 걷기를 할 수 없었다. Metallic Fighter의 약점이 드러나는 규정 개정이었다.

4.5.1 목표

제3회 대회에서는 규정연기를 만족시키는 것은 물론이며, 예선 1위를 차지하고 싶었다. 과거의 대회에서는 전부 요시무라 씨가 예선 1위였다. 제3회 대회에서 예선 1위를 차지한다는 목표를 정하였다(사진 4-19).

사진 4-19 ▲ Metallic Fighter 3

4.5 Metallic Fighter 3

4.5.2 자유도

예선 1위를 차지하기 위해서는 다른 사람을 매혹시킬 수 있는 연기가 필요했다. 그 때까지는 움직이는 것이 고작이었지만, 1년 동안 로봇을 제작하면서 많은 요령이 생겼다. 그 노력을 '행위(몸짓, 표정)' 개발에 집중하였다. 다리의 자유도는 옆으로 걷기 위해서 1축 늘려서 6자유도로 하고, 팔은 행위(몸짓, 표정)의 표현력을 높이기 위해서 1축 늘려서 4자유도로 하였다. 결국 이전 대회에 비해서 자유도가 4 증가한 20자유도로 Metallic Fighter3을 만들었다(사진 4-20).

강도가 부족하기 쉬운 다리의 요축은 시판되는 서보 혼과 ABS에서 깎아낸 어댑터를 조합한 전용 서보 혼으로 만들어 안정된 보행이 되도록 하였다(사진 4-21).

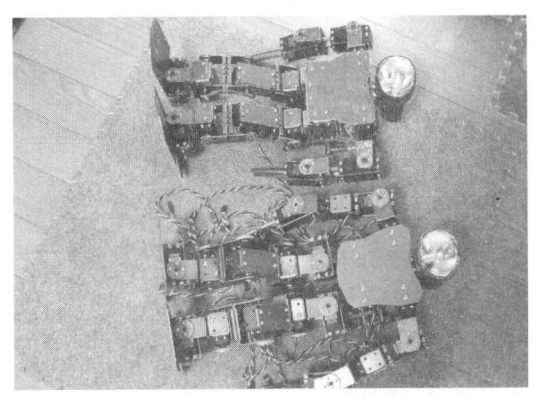

사진 4-20 ▲ 추가된 다리의 롤 축

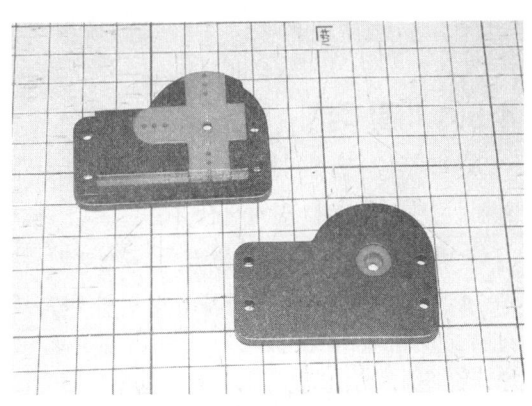

사진 4-21 ▲ 요축의 전용 서보 혼

4.5.3 일어서기

이전 대회에 대한 반성해야 할 점 중 하나는 최대 무기인 일어서기의 조작 성능이었다. 경기장에 오르는 로봇과 마찬가지로 조작하는 사람도 긴장한다. 허둥지둥하다 보면 전후좌우 방향 감각을 잃어버리게 된다. 엎드린 상태에서의 일어나기 동작과 위를 보고 누워 있는 상태에서의 일어나기 동작은 다르다. 허둥지둥하다 보면 무심코 조작을 잘못하게 된다. 제2대회에서도 잘못된 조작으로 인해 위험한 상황이 몇 번 있었다.

그래서 가속도 센서를 탑재하여 조작 성능을 개선하기로 했다. 가속도 센서의 데이터로부터 넘어진 상태를 추정하고, 자동적으로 일어나게 했던 것인데, 이 효과는 매우 컸다(사진 4-22).

제 4 장   Metallic Fighter

사진 4-22 ▲ 가속도 센서

4.5.4 비밀 장치

또 하나의 비밀장치는 자동 데모 시스템인데, 버튼 하나로 2분 동안의 시범연기를 자동으로 실행하는 시스템이다. 연기시간 2분은 짧기 때문에 긴장해서 허둥지둥하다 보면 아무 것도 못하고 끝나 버린다. 로봇의 성능을 모두 표현하기 위해서는 단 1초라도 허비할 수 없다. 로봇에게 완벽한 연기를 요구하려면 조작자의 불안한 마음부터 진정시켜야 한다.

그래서 만든 것이 자동 데모 시스템인데, 예선 1위를 차지하기 위해서는 꼭 필요한 기능이었다. 지금은 너무도 당연한 기능이지만, 전 대회의 일어나기 동작에 견줄 수 있는 혁신적 기능이었다. 이 기능을 실현하는 제어 유닛은 Metallic Fighter2에서 사용한 동일한 CPU 유닛을 사용하였다. 부착 장소는 몸체 안에서 등 쪽으로 이동하여 유지 보수 성능을 중시했다(사진 4-23).

사진 4-23 ▲ 등에 부착된 제어 유닛

4.5.5 예선 2위

예선 1위를 노리고 출전한 제3회 대회에서 결과는 예선 2위였다. 또 다시 요시무라 씨에게 진 것이다.

Metallic Fighter는 완벽한 연기를 하여 메탈릭 댄스도 완벽하게 수행하고, 완급의 신축성을 보인 연기에 나도 관객의 한 사람이 되어 Metallic Fighter를 응시하였다. 모든 것을 다했고, 마지막 인사도 확실히 했다. 그럼에도 불구하고 패하였다(사진 4-24, 4-25).

사진 4-24 ▲ 대회 직전의 Metallic Fighter 3

사진 4-25 ▲ 제3회 ROBO-ONE 대회 모습

4.5.6 패인 분석

왜 졌을까? 패인(敗因)은 단순 명쾌하게 드러났다. 요시무라 씨는 3점 거꾸로 서기를 훌륭하게 해낸 것이다. 1회 대회 때는 2족보행, 2회 대회 때는 일어나기, 3회 대회는 3점 거꾸로서기 동작으로 발전한 것이다.

패인은 목표설정이 부족했다는 것과 아울러 3회 대회에서는 심사위원과 관객들의 안목이 높아졌다고 생각되었다. 좀 더 유연한 연기가 필요했고, 관객을 깜짝 놀라게 할 연기를 해야 했다. 앞으로 더욱 분발해야겠다는 각오를 다졌다.

4.5.7 큰 기술 개발

3회 대회에서는 아직 Metallic Fighter3의 성능을 100% 발휘하지 못했다. 4회 대회에서는 동일한 목표로 참가해서 충실하게 동작시키는 것에 전념하자고 생각하고 있을 때, 아시아 대회를 개최한다는 소식을 듣고 목표를 수정하였다. 아시아 대회를 겨냥한 큰 기술을 개발하여 Metallic Fighter3의 성능을 100% 발휘하는 것을 목표로 잡았다.

4.5.8 공중제비(재주넘기)

아시아 대회를 앞두고 '공중제비'라는 큰 기술을 완성했는데, 3회 대회에서 이 기술로 도전하였다면 1위를 차지했을지도 모르겠다.

공중제비는 지금까지의 동작과는 다르게 지구 중력을 이용하였다. 지금까지의 동작은 애니메이션과 같이 포인트에서 포인트로 안정된 자세를 만들고, 그것을 프로그램으로 보간시켜서 연속 동작을 실현하는 것이었다. 공중제비는 지금까지의 동작과는 다르게 기술 도중의 자세가 안정되지 않았기 때문에 동작 만들기에 상당한 시간이 걸렸지만, 완성하고 보니 역동적인 동작이 신선하고 훌륭하여 만족스러웠다. 너무 감격한 나머지 대회 시작 전에 홈페이지에 공개해 버렸다.

4.5.9 아시아 대회

큰 기술 '공중제비'로 도전한 아시아 대회에서 염원하던 예선 1위를 하였고, 결승 리그에서는 3위에 입상하였다. 많은 한국 선수들이 Metallic Fighter에 성원을 보내 주어 매우 기뻤다. 또 아시아 대회 기간 동안 실시된 기술회의(technical conference)를 통해서 한국 참가자들과 기술 교류를 하기도 했다. ROBO-ONE의 세계에 국경은 없다(사진 4-26, 4-27).

욕심이 지나쳤기 때문일까? 염원하였던 예선 1위의 기쁨도 한 순간, 일본에 돌아왔을 때는 우승하지 못한 것에 대한 분한 마음에 사로잡혀 있었다(사진 4-28, 4-29).

사진 4-26 ▲ Metallic Fighter 3

사진 4-27 ▲ 한국에서의 컨퍼런스 모습

4.5 Metallic Fighter 3

사진 4-28 ▲ 제1회 아시아 대회 출전자들

사진 4-29 ▲ 제1회 아시아 대회 모습

4.6 Metallic Fighter 4

2회 대회에서 우승하고, 아시아 대회에서 예선 1위를 함으로 기뻤지만 만족스럽지 않았다. 좀 더 Metallic Fighter를 성장시켜서 관중과 일체가 될 수 있는 '몸짓(표정)'을 표현하고 싶었다. 지켜보는 관중이 마음 속으로 '힘내라!'고 자연스럽게 응원해 주는 로봇으로 성장시켜 보고 싶었다.

4.6.1 목표

Metallic Fighter 4의 목표는 공격력에 역점을 두었다. 지금까지는 운동 능력 개선을 목표로 개발해 왔지만, 이제부터는 슬슬 상대를 넘어뜨리는 것을 염두에 두고 설계하지 않으면 대회에서 상위에 입상할 수 없게 되었다. 겉으로 보기에 그럴듯한 펀치가 아니라, 체중이 실린 펀치로 공격하여 이기고 싶었다.

물론 예선 1위는 변함없는 목표였으며, 예선에서는 운에 관계없이 로봇의 성능을 있는 그대로 표현할 수 있다. 예선에서 상위에 입상하려면 무엇인가 주목받는 연기가 필요했다.

고민 끝에 이번 대회에서 선보일 큰 기술로 '2점 거꾸로서기'라는 목표를 잡았다. 자유도는 지금까지의 Metallic Fighter 시리즈 중에서 최고인 23자유도로 결정했다. 한쪽다리는 6자유도로 전 대회와 같지만, 한쪽 팔은 5자유도로 손의 자유도를 하나 늘렸다. 또 공격력을 높일 목적으로 Metallic Fighter1 이후 제외시킨 허리의 자유도를 부활시켰다. 그리고 안전성을 높이기 위해 발의 요축을 허리에서 발목으로 이동시켰다(사진 4-30, 4-31, 4-32).

사진 4-30 ▲ Metallic Fighter4의 골격 구조

사진 4-31 ▲ Metallic Fighter4

사진 4-32 ▲ Metallic Fighter4의 뒷모습

4.6.2 발목의 회전축

Metallic Fighter4의 특징 가운데 하나는 허리 방향의 회전축을 변경한 것이다. 이전의 Metallic Fighter 시리즈에서는 요축의 액추에이터는 허리 위치에 있었지만, 이 액추에이터를 발목으로 이동한 것이다(사진 4-33). 여기에는 다음 같은 2가지 이유가 있다.

- 중심을 낮춰 넘어지시 않는 로봇을 만든다.
- 공격 중이라도 안정된 선회를 실현한다.

허리에 있던 2개의 액추에이터 유닛이 발목으로 이동했기 때문에 중심을 낮출 수 있었다. 액추에이터 2개의 무게는 160g 정도였기 때문에 이것을 높이 250mm에서 30mm로 낮춘 효과는 컸다. 넘어지지 않는 로봇을 만들려면 중심을 낮추는 것이 기본이다.

발목으로 요(yaw)축을 이동시킨 결과, 허리에 공간이 생겼다. 이 공간에 발의 롤(roll)축을 채우기로 했다. 이렇게 하면 서보 브래킷을 사용했을 경우 길어지기 쉬운 다리를 짧게 보이게 할 수 있으므로 전체적인 균형을 좋게 할 수 있다(사진 4-34).

요축을 발목으로 옮긴 진짜 목적은 안정된 선회를 실현하고 싶었기 때문이다. 농구 선수처럼 피벗턴(pivot turn)을 실현하는 것을 목표로 정했다. 허리에 요축이 있으면 선회할 때 다리를 올려 체중을 옮겨야 하는데, 이 순간은 매우 불안정한 상태가 된다. 선회는 펀치 공격을 할 때 상대방 근처에서 할 경우가 많다. 다리를 지면에 붙인 채 선회할 수 있으면 넘어질 위험이 줄어든다. 이렇게 하기 위해서는 발목을 중심으로 선회하는 기구가 필요한데, 그래서 이와 같이 구성한 것이다(사진 4-35, 4-36).

사진 4-33 ▲ 발목의 요축 모습

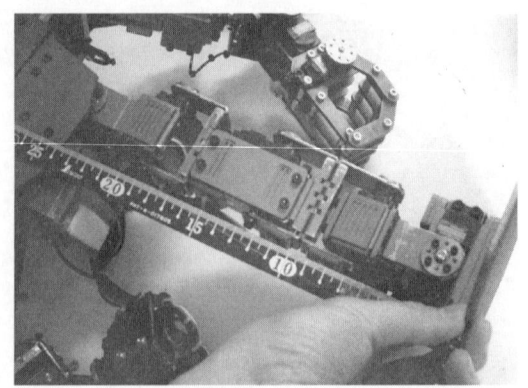

4-34 ▲ 다리의 길이 측정

사진 4-35 ▲ 선회중인 발바닥

사진 4-36 ▲ 회전 기구

4.6 Metallic Fighter 4

발바닥에 설치되어 있는 서보 혼에는 ABS에서 만들어 낸 어댑터가 장치되어 있다. 이것은 서보 혼의 두께를 증가시켜 흔들림을 적게 하기 위한 것이다(사진 4-37).

발목에는 이 어댑터와 한 쌍이 되는 가이드가 달려 있다. 이 가이드로 서보 혼 어댑터는 회전한다(사진 4-38).

사진 4-37 ▲ 서보 혼 어댑터

사진 4-38 ▲ 발목에 설치된 가이드

4.6.3 개폐 가능한 손

Metallic Fighter4의 최대 특징은 개폐 가능한 손이다(사진 4-39).

사진 4-39 ▲ Metallic Fighter의 손

사진 ▲ 4-40 판 모양의 손

제 4 장　Metallic Fighter

손에는 소형 서보 모터 PDS-947FET가 내장되어 있어서 열고 닫을 수 있다. 대부분의 로봇이나 과거의 Metallic Fighter의 손은 판이나 막대기 모양이었다(사진 4-40, 4-41). 한쪽에 100g이나 되는 개폐 가능한 손을 장착한 이유는 단 하나, 사람처럼 2점 거꾸로 서기를 하기 위해서였다. 이전 작품에서의 2개 손가락으로는 팔꿈치를 굽혀야만 2점 거꾸로 서기를 할 수 있었다. 이미 R-Blue가 3점 거꾸로 서기를 하고 있어서 대충 할 수는 없었다. 어떻게 해서든 손바닥으로 2점 거꾸로 서기를 실현하고 싶었다.

움직이는 손은 2점 거꾸로 서기에는 유리하지만, 아무래도 강도가 떨어진다. 펀치를 맞거나 넘어졌을 때 어떻게 가동 부분을 보호해야 하는가가 개발의 포인트였다.

그래서 펀치 동작 때에는 손을 닫은 상태에서 액추에이터에 부하가 걸리지 않도록 손끝을 겹치게 함으로써 기계적으로 고정시켰다(사진 4-42, 4-43).

사진 4-41 ▲ 봉 모양의 손

사진 4-42 ▲ 손을 닫은 상태 1

사진 4-43 ▲ 손을 닫은 상태 2

사진 4-44 ▲ 손을 벌린 상태 1

4.6 Metallic Fighter 4

 거꾸로 서기 동작 때에는 손을 벌린 상태로 한다(사진 4-44, 4-45). 이 경우도 액추에이터에 부하가 걸리지 않도록 하기 위하여 손등에 서보 브래킷을 부착시켜 고정시켰다. 손가락의 소재는 ABS이며, MODELA로 자른다(사진 4-46).

사진 4-45 ▲ 손을 벌린 상태 2

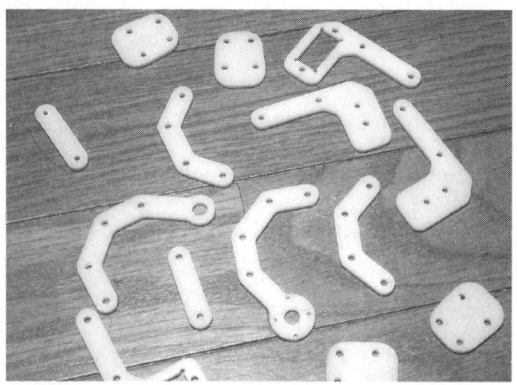

사진 4-46 ▲ 손의 부품

4.6.4 가슴의 회전축

 가슴의 회전축은 펀치의 사정 범위를 넓히고, 펀치의 위력을 높이기 위해서 추가했다(사진 4-47).

 펀치를 사용할 때 팔의 움직임과 연동하여 가슴을 회전시킨다. 이렇게 하면 가슴 폭만큼 사정거리를 늘릴 수 있다. 사정거리를 길게 하면 상대방의 펀치를 맞기 전에 공격할 수 있으므로 시합에서 유리하다. 사정거리가 짧으면 펀치를 하기 위해서 상대방에게 접근하지 않으면 안 된다. 이 때 상대방의 발끝에 걸리거나 올라타는 등 예상하지 못한 행동을 할 때가 종종 있다. 따라서 위험한 거리는 피해야 한다.

사진 4-47 ▲ 금속 펀치

제 4장　Metallic Fighter

　상대방의 로봇에게 펀치로 공격할 경우, 로봇의 구조를 생각하면 앞에서 날리는 펀치보다 옆에서 날리는 펀치가 유효할 때가 많다.
　ROBO-ONE에 참가하는 로봇은 구부리기 동작이 규정연기에 포함되어 있기 때문에 다리의 구조는 피치방향의 관절이 많다. 즉, 전후 방향의 움직임이 좌우 방향의 움직임보다 크다. 따라서 정면에서의 펀치는 용수철 효과가 되어 쉽게 흡수되거나 피할 수 있다. 따라서 옆 방향에서 펀치를 날리고 싶지만 팔의 관절만으로는 불충분하다. 겉보기에 그럴듯한 펀치에 그쳐서 상대방의 로봇을 쓰러뜨릴 수 없다. 그래서 허리의 회전축이 필요하다. 허리의 회전축을 사용해서 팔을 휘두르면 강력한 옆 펀치를 실현할 수 있다.
　Metallic Fighter4의 가슴판은 상하 2개로 나뉘어져 있고, 윗부분이 회전한다(사진 4-48). 아래의 패널을 떼어내면 가슴을 회전시키기 위한 액추에이터가 보인다(사진 4-49).
　중앙의 액추에이터는 가슴을 회전시키기 위한 것이고, 양측의 액추에이터는 다리의 롤축용이다. 가슴 회전 부분의 옆 구조는 발목의 요축과 같은 구조로, ABS로 만들어진 어댑터로 서보 혼

사진 4-48 ▲ 가슴 판

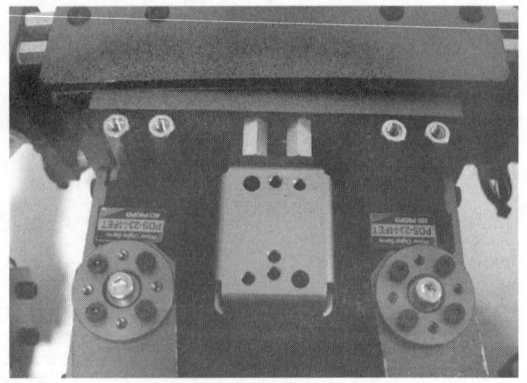
사진 4-49 ▲ 가슴 회전용 액추에이터

사진 4-50 ▲ 가슴의 서보 혼1

사진 4-51 ▲ 가슴의 서보 혼2

4.6 Metallic Fighter 4

을 보강하고 있다(사진 4-50, 4-51). 가슴 반대쪽의 플레이트에 있는 중앙의 큰 구멍에 보강된 서보 혼이 들어간다. 이 구멍 주변의 홈은 배선 케이블이 통과하기 위한 공간이다. 허리가 회전해도 배선에 압력이 가해지지 않도록 회전축에 따라 홈이 뚫려져 있다. 홈에 이어져 있는 사각 구멍은 커넥터를 통과시키기 위한 구멍이다(사진 4-52).

발의 요축이나 허리의 회전축으로 사용하는 기구를 어깨축에도 사용하고 있다(사진 4-53).

사진 4-52 ▲ 가슴의 회전축

사진 4-53 ▲ 어깨의 구조

4.6.5 제어 유닛

제어 유닛은 베스트테크놀로지의 SH7047보드로 변경했다(사진 4-54). 이는 Metallic Fighter4가 가슴을 회전시키기 위해 CPU 보드를 작게 할 필요가 있었기 때문이다. 이 보드는 39×42mm의 크기로 매우 작아서 사용하기 쉬우므로 추천하는 바이다(사진 4-55).

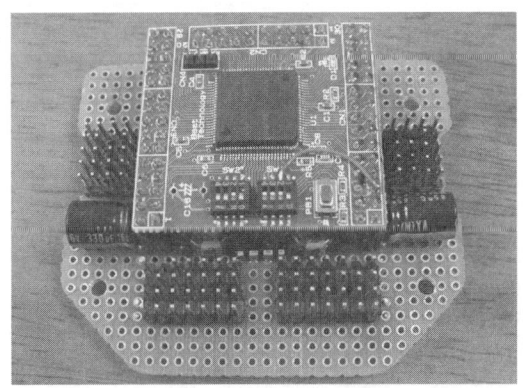
사진 4-54 ▲ 제어 유닛

사진 4-55 ▲ 장착시킨 제어 유닛

4.6.6 자세 제어

Metallic Fighter4에서는 가속도 센서로 자세 제어를 실행한다(사진 4-56).

가속도 센서는 가슴의 회전 유닛 안에 장착되어 있다(사진 4-57~4-59). Metallic Fighter3에도 가속도 센서를 장착하였지만, 일어설 때는 방향 검출만으로 사용하고 있다. 1G의 가속도를 2초 동안 검출하면 위를 향해 넘어져 있다고 판단하고 자동적으로 일어난다. 또 -1G의 가속도를 2초 동안 검출하면 엎어져 넘어져 있다고 판단하고 자동적으로 일어난다. 이 장치로 Metallic Fighter3은 조작자가 지시하지 않아도 넘어졌을 때 자동적으로 일어선다.

이 기능은 Metallic Fighter4에도 계승하였다. 이번에는 전보다 더 가속도 센서의 출력을 자세 제어에 사용하였다. 이는 넘어질 것 같으면 자세를 보정하는 기능이다. 이 기능에 의해 상대방으로부터 공격을 받았을 때나 바닥이 약간 기울어져 있어도 넘어지지 않고 여러 동작을 실행할 수 있게 되었다.

사진 4-56 ▲ 가속도 센서 유닛

사진 4-57 ▲ 가속도 센서 유닛의 장착 모습 1

사진 4-58 ▲ 가속도 센서 유닛의 장착 모습 2

사진 4-59 ▲ 가속도 센서 유닛의 장착 모습 3

4.6 Metallic Fighter 4

구체적으로 가속도 센서의 출력에 따라 허리의 피치축과 어깨축을 보정한다. 예를 들면 뒤로부터 넘어질 것 같으면 허리의 피치축을 사용해서 앞으로 구부림과 동시에 팔을 조금 앞으로 뻗는 동작을 실행한다.

이 기능은 아직 개발중이며, 완벽하지 않다. 현재 상태에서는 5도 정도밖에 보정되지 않았다. 센서에 의한 자세 제어는 일어나기 동작과 같이 꼭 필요한 기술이라고 생각한다. 이 기술을 확보하는 것이 미래 대회의 열쇠가 될 것이다.

4.6.7 배선

로봇 제작에서 가장 힘든 것이 배선인데, 의외로 어렵다. 특히, 2족보행 로봇의 경우는 각 관절의 가동범위가 로봇의 성능을 결정하기 때문에 가능한 한 관절의 가동범위를 넓게 해야 한다. 배선의 입장에서는 가능한 한 가동범위가 좁은 것이 배선하기 쉽다. 그러나 배선을 우선시 할 수 없

사진 4-60 CPU ▲ 유닛 주변의 배선

사진 4-61 ▲ 팔의 배선

사진 4-63 ◀ 다리의 배선

제 4 장　Metallic Fighter

기 때문에 결국 배선 작업이 더욱 어려워진다. 집중형 제어 유닛의 경우에는 모든 서보 모터 신호가 CPU 보드로 집중되기 때문에 더욱 어렵다(사진 4-60). 다른 로봇을 볼 기회가 있을 때는 축의 구성에 관심이 집중되지만, 배선의 방법을 유심히 보는 것이 중요하다(사진 4-61, 4-62).

4.6.8 결과를 얻지는 못했지만

Metallic Fighter4는 유감스럽게도 결과를 남길 수 없었다. 가동하는 손을 사용해서 세계 최초로 2점 거꾸로 서기를 성공시켰지만, 다른 동작은 만족스럽지 못했다. 가동하는 손이 2점 거꾸로 서기 이외의 동작에는 나쁜 방향으로 작용해 버렸기 때문이다. 한 마디로 너무 무거웠다.

양손의 무게는 체중의 10%나 차지하였다. 이것이 이동범위가 가장 넓은 팔 끝에 붙어 있기 때문에 보행이나 펀치 동작으로 팔을 움직일 때마다 관성력이 크게 발생하였다.

역동적인 동작일수록 관성력의 영향이 커졌다. 그 결과 보행동작이 불안정해졌다. 예선 결과는 1위는 고사하고 겨우 예선을 통과했고, 결승 리그에서는 16강이 고작이었다. 이번 대회에서 손 구조는 완전히 실패한 것이다.

그렇지만 이 기계 구조의 개발과 실전을 통해서 얻은 중요한 경험과 데이터는 다음 단계에서 반드시 도움이 된다고 생각한다. 실패했을 때 얻는 것이 많기 때문이다. 이 아쉬움을 계기로 삼겠다(사진 4-63).

사진 4-63 ▲ 제4회 ROBO-ONE 대회 모습

4.7 마무리

ROBO-ONE의 역사는 이제 막 시작되었을 뿐이다. 그렇지만 짧은 기간 동안 2족보행 로봇은 경이로운 속도로 발달하고 있다. 그 요인으로 여러 방면의 전문가가 출전하기 때문이기도 하지만, 그것 이상으로 각 사람들의 제작에 대한 욕구가 로봇의 발달을 촉진시키고 있다고 생각한다. 나도 로봇의 발달에 기여하는 한 사람이 되고자 노력하겠다.

표 4-1 ▼ Metallic Fighter 시리즈의 사양

	Metallic Fighter1	Metallic Fighter2	Metallic Fighter3	Metallic Fighter4
Width	220mm	220mm	215mm	235mm
Length	100mm	120mm	115mm	130mm
Height	380mm	350mm	395mm	370mm
Weight	2600g	2200g	2500g	3100g
Actuator	PDS2144FET×18	FDS2144FET×16	HS-5645MG×20	PDS-2344×21 PDS-947FET 2
CPU	H8/Tiny	SH7046	SH7046	SH7047

사진 4-64 ▲ 마이크로 마우스와 Metallic Fighter

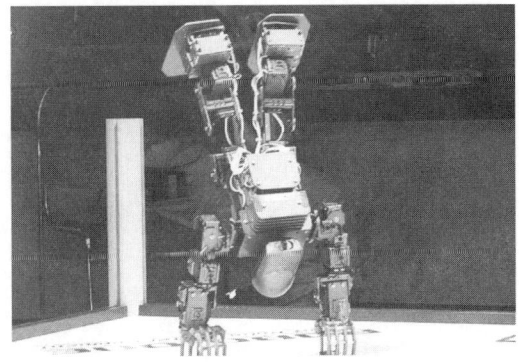

사진 4-65 ▲ 거꾸로 선 Metallic Fighter

RO-BO-O-ONE

5장
A-Do

스가와라 유우스케(菅原雄介)

5.1 시작하면서

  A-Do는 3회, 4회 대회에서 우승할 수 있었지만, 특별한 구조나 부품, 프로그램으로 움직이는 로봇은 아니었다. 대회 참가자들의 로봇을 흉내내고, 로봇 만들기를 좋아하는 마음과 도가 지나친 로봇 취향에 '협력해 주신 분들' 덕분에 우승할 수 있었다고 생각한다.

  이 글의 내용 가운데 일부라도 독자들이나 앞으로 ROBO-ONE을 목표하는 분들에게 참고가 된다면 다행이겠다.

5.2 역대의 A-Do

5.2.1 A-Do의 탄생

최초의 A-Do는 2002년 1월에 시행된 ROBO-ONE 시연회에서 선보였는데, S3003 서보 모터(후타바 전자공업)와 S3801 서보 모터(후타바 전자공업)를 사용한 6자유도의 다리만 있는 로봇이었다. H8마이컴 보드(아키즈키 전자통상)를 질질 끌면서 힘겹게 다리를 올리면서 걸었던 로봇이었다.

이야기 순서가 바뀌었지만, 필자가 ROBO-ONE에 출전하게 된 계기를 소개하겠다.

어느 날 아는 분으로부터 ROBO-ONE이 개최된다는 소식을 전해 듣고 '정말?(뭐라고?) 굉장한 대회가 열리는군!' 가슴이 두근거렸다. 그렇지만 '나 따위가 2족보행 로봇을 만들 수 있을까?' 생각하면서 참가 최종일까지 고민하고 있었다. 그런 중 후배로부터 '출전하지 않으면 언젠가 반드시 후회하실 겁니다.' 라는 말에 경기에 출전하기로 결심했다.

마감까지 남은 몇 시간 동안 그 후배에게 빌린 서보 모터를 젓가락과 철사, 접착제로 고정하여 A-Do의 원형을 만들었다. 다른 일 때문에 후배가 만들고 있던 서보 모터 컨트롤러도 빌려서 한밤중이 되어서야 다리를 들며 걷는 A-Do의 다리가 완성되었다. 필자의 손으로 만든 로봇의 발이 바닥을 떼면서 걷던 그 순간의 감동을 지금도 잊을 수 없다.

한밤중 연구소에서 너무 기쁜 나머지 후배와 함께 크게 소란을 떨었던 것을 지금도 생생하게 기억하고 있다. 이렇게 해서 A-Do가 탄생하고, 필자의 ROBO-ONE 인생이 시작되었다. 참가

사진 5-1 ▲ A-Do의 원형

제 5 장　A-Do

마감일 전날 저녁에 "후회하실 겁니다."라고 말해 준 후배가 정말로 고맙다.

덧붙여 말하면 A-Do는 당시 다른 작업용으로 만들고 있던 로봇의 별명이었다. 부르기 좋고 마음에 드는 이름이 있었지만, 등록상표 문제 때문에 그 로봇에게 사용할 수 없었다. 그래서 같은 시기에 제작한 ROBO-ONE 출전용 로봇에게 A-Do라는 이름을 붙였다.

5.2.2 A-Do 1호

A-Do의 실전 데뷔는 2002년 2월 과학미래관에서 거행된 ROBO-ONE 제 1회 대회에서 이루어졌다. 결승 토너먼트 1회전에서 요시무라 씨의 R-Blue Ⅲ와 싸워서 패하였지만, ROBO-ONE 경기장에 처음으로 올라가 결승 토너먼트에 출전한 것만으로 만족했다.

A-Do 1호는 시연회에서 제작한 다리부에 상반신을 올려놓은 11자유도의 로봇이다. 손의 관절 수를 적게 했지만, 허리에 서보 모터를 설치하여 펀치 길이를 길게 설계했다. 제어용 컴퓨터는 H8보드(아키즈키 전자통상 제품)를 사용하고, 음성인식으로 로봇을 제어할 수 있게 하였다. 예선 1회전에서 졌지만, 특별 심사원으로 방문한 중국의 장사 국방과학기술대학의 마 선생으로부터 영광스러운 선행자상(先行者賞)을 받아 친필 사인이 들어간 포스터를 받았다.

사진 5-2 ▲ A-Do 1호기

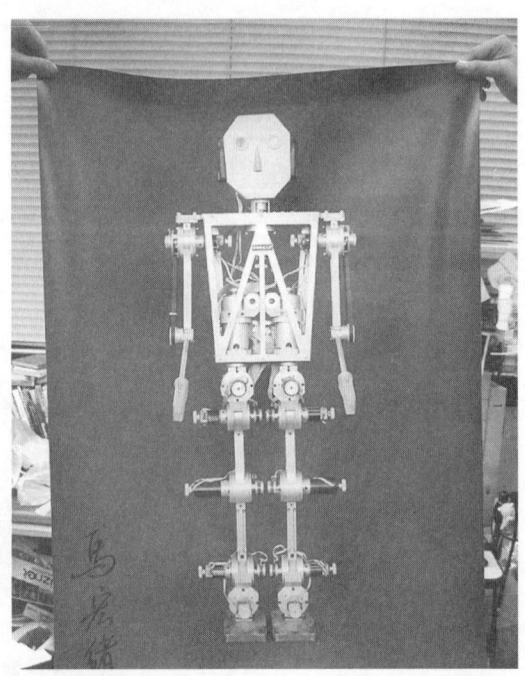

사진 5-3 ▶ 마선생의 친필 사인이 들어간 선행자 포스터

5.2.3 A-Do 2호

1회 대회 후 6개월이 지난 2002년 8월 거행된 2회 대회에서는 규정연기로 구부리기 동작이 필요했기 때문에 다리 부분의 서보 모터 수를 늘린 A-Do 2호(사진 5-4)를 만들었다. 다리부가 10자유도, 상반신이 8자유도로 구성하고 1호와 같이 H8 보드(아키즈키 전자통상)로 서보 모터를 제어했다.

2호는 머리 부분과 손끝 이외의 서보 모터를 ERG-VX(산와 전자기기 제품)를 사용했다. 약간 고가의 부품이었지만, 13kg·cm의 큰 토크와 내구성 있는 금속기어 때문에 안정된 동작을 할 수 있다.

그리고 이 대회에서 CAD로 설계한 구조의 부품 제작을 판금가공회사 (죠난 통신기)에 의뢰하였다. 판금 제작은 CAD에서 설계한 구조를 간단하게 재현할 수 있고, 동시에 지금까지 수작업으로 해온 금속가공에 비해 제작일수를 대폭 단축할 수 있었다. 2호의 제작 방법이 3, 4호 제작에 매우 큰 도움이 되었다. 덧붙여 말하면, 2회 대회 결과는 우승한 모리나가 씨의 Metallic Fighter와 결승 토너먼트 2회전에서 대결하여 패하였다.

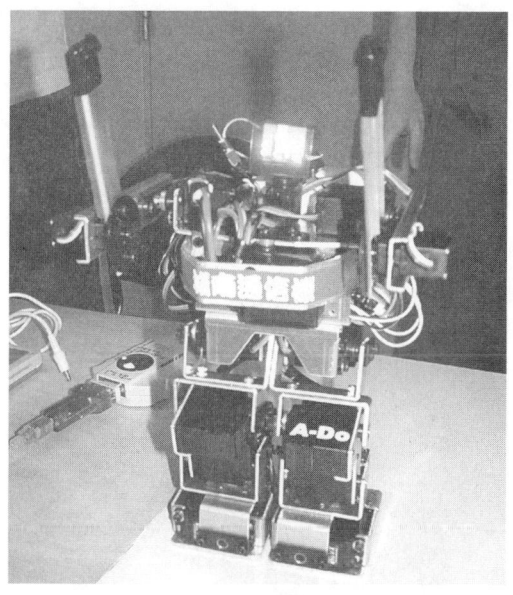

사진 5-4 ▲ A-Do 2호기의 정면 모습

5.2.4 A-Do 3호

A-Do 3호는 2003년 2월 거행된 ROBO-ONE 3회 대회에서 처음으로 우승한 로봇이다. 2호까지는 비용 문제 때문에 어떻게 하면 적은 관절수로 규정연기를 할 수 있을까를 생각하였다. 그런데 3회 대회에서는 옆걸음이 포함된 박스 스텝이 규정연기로 제시됨에 따라 한쪽 다리를 6자유도로 설계하여 2족보행 로봇으로서 표준 관절수를 탑재했다. 또 결승 토너먼트의 실전에 대비하여 일어나기가 가능한 로봇의 구조를 염두에 두고 설계했다.

서보 모터는 2호와 같은 ERG-VX(산와 전자기기 제품)를 사용하고, 제어용 컴퓨터는 HSWB-01(히메지 소프트웍스)을 사용했다.

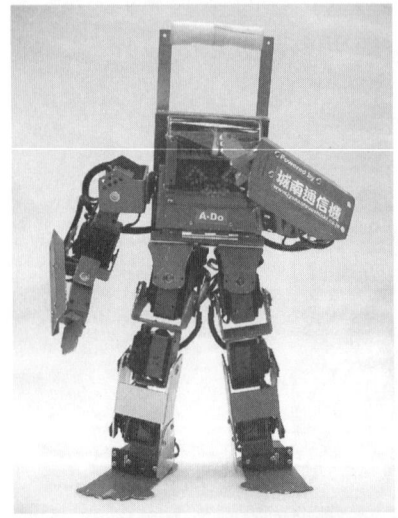

사진 5-5 ▲ A-Do의 정면 모습

사진 5-6 ▲ A-Do의 뒷면 모습

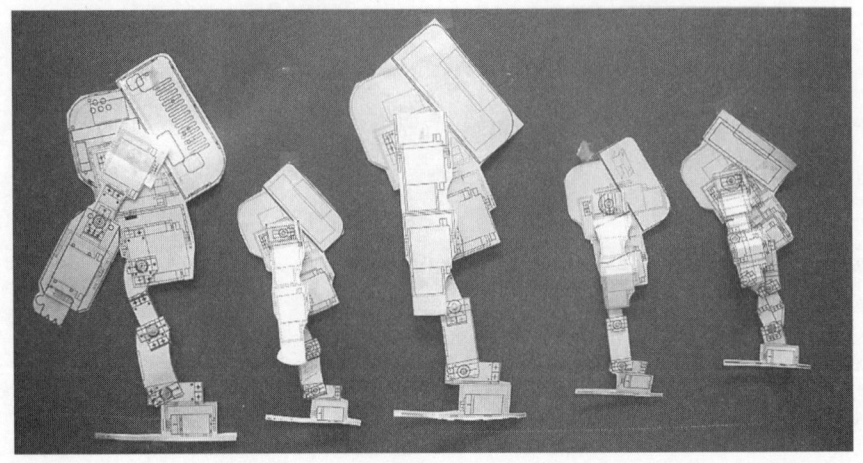

사진 5-7 ◀
종이로 만든 A-Do
(오른쪽에서 왼쪽으로 진화된 A-Do)

5.2 역대의 A-Do

설계는 PC의 CAD 소프트나 3차원 소프트를 사용했지만, 단기간에 직감적으로 제작하기 위해 종이에 로봇의 실제 크기를 그려서 A-Do에 의한 동작각을 점검하고, 배선의 휘감김 등을 검토했다. 각 관절은 압정과 셀로판 테이프로 고정하였다. 구조물의 판금 가공은 2호기처럼 판금 가공회사(죠난 통신기)에 의뢰하였다.

표 5-1 ▼ A-Do 3호의 사양

신장	372mm (머리 부분의 손잡이 포함)
체중	약 3kg
발바닥의 최대 길이	135mm
자유도	20 (다리부 12, 어깨부 8)
CPU	(있다)히로소프트웨어크스 제품 HSWB-01
서보구동용 배터리	6V 리카드 배터리(600mAh)
제어 CPU용 배터리	9V 리튬이온 1차전지 (006P) 1.2Ah
액추에이터	삼화전자기기(주) 라디콘서보 ERG-VX [토크 : 13.0kg·cm]
센서	오므론(주) 리니어 경사센서 D5R-L02-60 음성센서(잡음레벨미터)
연속이동 시간	약 4분

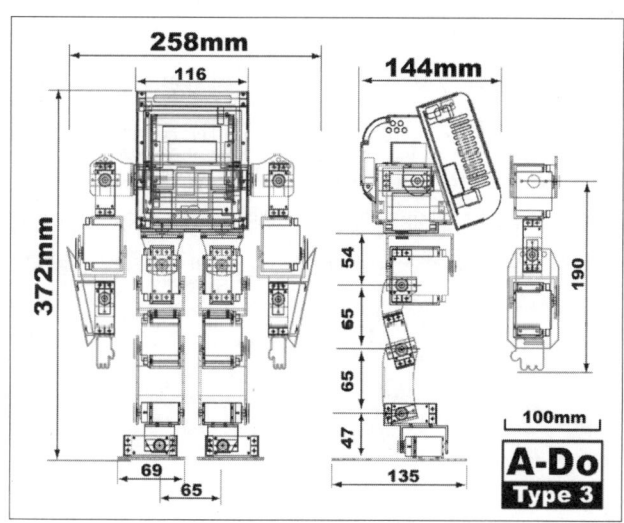

그림 5-1 ▲ A-Do 3호의 개요도

5.3 A-Do 4호

5.3.1 주제가 있는 로봇 제작

A-Do 3호까지는 명확한 주제가 없었지만, A-Do 4호는 '사랑과 바다'라는 주제를 잡았다. 이 주제 때문에 많은 이점이 생겼다. 본체는 A-Do의 이전 분위기를 유지하면서, 다른 로봇과는 차별되는 디자인으로 제작하였다. 또 시범 동작에도 이 주제를 실현하여, 바다에 들어가기 전 동작으로 구부리기의 변형 동작인 '아킬레스(Achilles)건 뻗기'와 균형이 좋다는 것을 보일 수 있는 한쪽 발로 서기 동작인 '평형' 동작 등 특징 있는 동작을 표현할 수 있었기 때문에 높은 점수를 받을 수 있었다.

ROBO-ONE은 단순한 경기 대회가 아닌 오락성도 평가하므로, 표현하는 주제가 매우 중요하다고 생각한다. 또 주제가 결정되면 디자인이나 동작도 자연스럽게 만들어진다고 생각한다.

A-Do 4호에 대해 자세하게 설명하면 머리부는 수중안경과 슈뇌르켈로 이루어져 있다. 슈뇌르켈은 장식이 아니라 무선조종 안테나가 들어 있다. 수중안경 안에는 무선조종 수신기가 들어 있다. 사실 A-Do 3호처럼 표정을 드러낼 생각이 있었고, 탑재 공간도 있었지만, 제작 시간이 여의치 않아 무표정한 A-Do가 되었다.

등 부분의 산소 탱크를 나타내는 부분에 서보 모터 제어기인 ROBO-UNICON을 탑재하였다. 물론 산소 탱크 표면에는 언제나처럼 'I love ROBO-ONE' 문구가 쓰여 있다.

발은 일체형의 큰 발바닥으로 보이지만, 실제로는 작은 발에 샌들을 신고 있는 것이다. 샌들의 사이즈는 몇 가지 종류가 있어서 시합과 별도로 거행되는 계단 오르기 경기 때에는 맨발이지만, 본선에서는 상대에 따라서 또는 목적에 따라 샌들의 크기 변경 등을 고려하여 준비하였다.

5.3 A-Do 4호

사진 5-8 ▲ 수중안경과 산소탱크

사진 5-9 ▲ 한쪽다리로 서기의 변형 동작인 '평형' 동작

사진 5-10 ▲ 산소 탱크 모양의 CPU 가방

제 5 장   A-Do

- 나무나 플라스틱 등으로 만든 작고 가벼운 로봇은 아주 단단하게 만들 필요는 없지만, 알루미늄이나 금속 등으로 만든 로봇은 각 관절을 접합시키는 단단한 접합재가 필요하다. 이러한 접합재로는 그림 5-12와 같이 너트, 볼트, 나사 및 와셔 등이 있다.

- 나사(screws) : 다양한 종류가 있으며, 초보 로봇 제작자들은 주로 번호 4, 6, 8 및 10나사(4/40, 6/32, 8/32 및 10/24 나사)를 사용한다. 또한 길이는 주로 1/2~3/4인치 나사를 사용한다. 예를 들면, 6/32 나사는 크기 #6(3.57mm)이고, 인치당 32개의 나사산이 있다는 의미이다.

- 너트(nuts) : 주로 6각 너트가 로봇 제작에 많이 사용되고 가격이 저렴하다. 너트는 나무와 가벼운 플라스틱과 함께 사용된다.

- 와셔(washers) : 평판 와셔는 접합재료에 가해지는 압력을 분산시킨다. 이들은 나사와 너트 크기에 따라서 다양한 종류가 준비되어 있다. 너트가 풀리지 않는 모양의 와셔가 판매되고 있다.

- 나사산 막대(thread rods) : 1~3 피트 길이의 스레드 막대가 있으며, 이것은 축 방향과 직선 운동 방향에 힘을 전달한다.

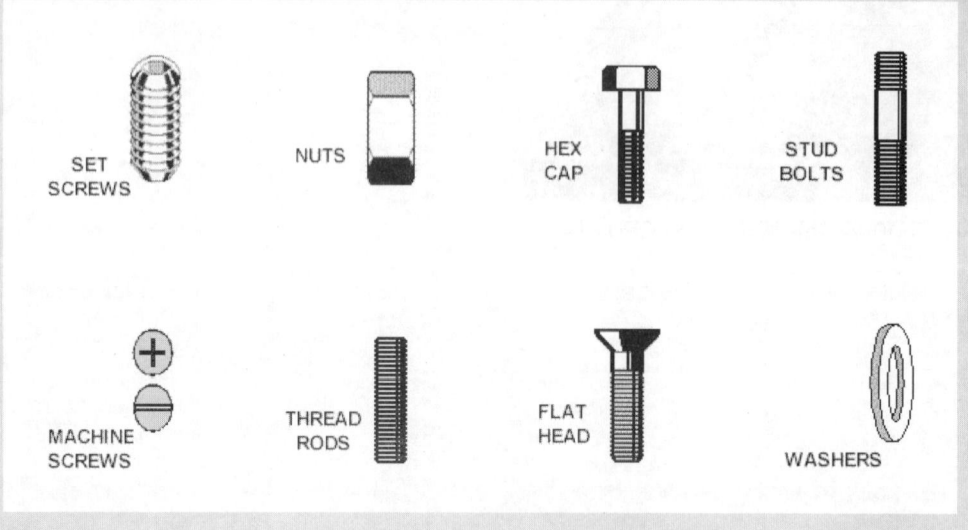

그림 5-2 ▲ 접합 재료

(주) Small Parts
http://www.smallparts.com

5.3.2 A-Do 4호의 사양

그림 5-3과 표 5-2에 A-Do 4호의 사양을 제시했다. 4호의 겉모습은 3호와 닮은 부분이 많지만, 무게를 줄이기 위해 전부 새로운 부품으로 구성하였다. 또 관절은 제작 기간이 짧기 때문에 3호와 거의 같은 위치에 배치하였다. 혹시 무선조종 서보 모터를 사용하여 동일한 로봇을 제작할 경우, 정면에서 본 다리 회전축의 폭(63mm)이나 측면에서 본 다리 관절의 길이(65mm) 등을 참고하기 바란다. 필자도 3호를 만들 때에는 모리나가 씨의 Metallic Fighter 사진을 몇 번이나 들여다보면서 그 정도의 치수를 결정했다.

표 5-2 ▼ A-Do 4호의 사양

신장	360mm
체중	2360g
발바닥 길이	180mm
자유도	21 (다리부 12, 어깨부 8, 머리부 1)
CPU	(주)마이크로어플리케이션연구소 제품 ROBO UNICON
서보구동용 배터리	7.4V 리튬 이온전지 (1000mAh×2)
CPU 배터리	9V 알카리전지 (006P)
액츄에이터	콘도과학(주) 제품 PDS-2344개
연속이동 시간	약 4분
센서	미탑재

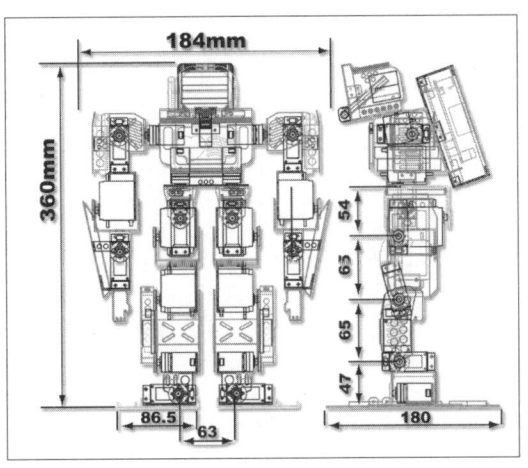

그림 5-3 ▲ A-Do 4호의 외형도

사진 5-11 ▲ A-Do 4호의 외형

5.3.3 무게 줄이기

3회 대회 이후 A-Do 3호가 우승한 것은 '움직이지 않고 체중이 무거웠기 때문이다.' 등의 비난을 받았다. 실제로 3호의 무게는 3.6kg이나 되고, 같은 부류의 로봇과 비교해도 무거워서 펀치를 맞아도 버틸 수 있는 강한 로봇이었다. 또 보행할 때 서보 모터의 토크가 부족하고 다리가 늘어져서 이상적인 보행을 할 수 없는 로봇이었다. 아시아 대회에서는 토크의 부족함을 보충하기 위해서 회전부에 지우개를 붙여 고무의 반발력으로 보행할 때 한쪽 발로 서는 것을 유지하려고 애썼다.

그래서 A-Do 4호는 그에 대한 개선점으로 '경량화'에 중점을 두고 설계를 했다. 실제로 조립 완성된 A-Do의 무게는 2.4kg으로, 1kg 이상의 감량에 성공하였다. 이 다이어트의 성공을 계기로 해서 4호는 경쾌한 동작을 실현하였다.

주요 알루미늄 브래킷 부품의 경우 3호는 대부분 2mm였지만, 다리 밑의 브래킷을 제외한 나머지 모두 1.5mm 두께로 하고, 부하가 걸리지 않는 머리나 부품의 커버는 1mm 두께로 하였다. 덧붙여서 말하면 알루미늄 판금 제작에는 'A5052SP' 소재를 사용하였다. 알루미늄 부품 이외에도, 나중에 설명할 리튬-폴리머 전지도 경량화에 공헌하였다.

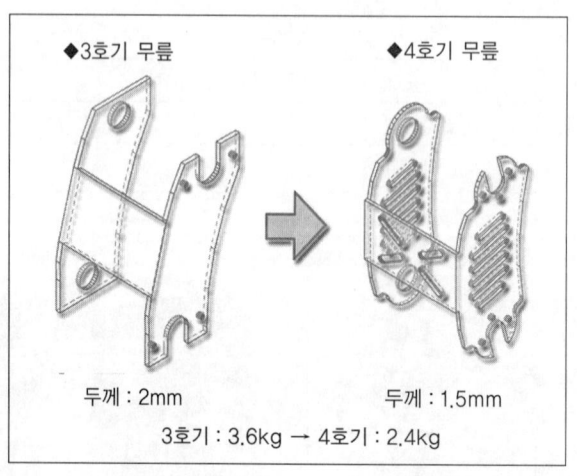

그림 5-4 ▲ 무게 줄이기의 예 '무릎 부분 부품'

5.3.4 액추에이터

A-Do 4호에 탑재된 액추에이터는 PDS-2344FET 서보 모터(콘도과학)이다. 토크는 13kg·cm이고, 정격 전압이 6V인 디지털 서보 모터이다. 이 서보 모터를 옵션 부품인 '스트롱 기어'와 '하이파워 기어'로 개선하여 토크를 올리고, 내구성을 향상시켰다. 정확한 값은 아니지만 이렇게 함으로써 토크를 20kg·cm 정도까지 높였다. 또 서보 혼도 내구성을 얻기 위해 수지 혼을 사용하지 않고, 이토-레이네츠 알루미늄 서보 혼을 사용하였다.

A-Do 3호는 아날로그 서보 모터를 사용하고 있었지만, A-Do의 체중이 무거웠던 이유도 있고, 보행시 한쪽다리를 들면 목표로 정해 준 각도에 다리가 올라가지 않고, 다리가 밑에서부터 늘어져 버렸다. 그래서 보행 동작을 만들 때 매우 고생했다.

3회 대회가 끝난 후 출전자들의 홈페이지를 보면서 아날로그 서보 모터와 디지털 서보 모터를 비교하여 토크의 차이가 나는 것을 알 수 있었다. 실제로 토크 차이를 조사해 보고 싶어서 사진 5-15와 같은 실험을 하였다. 서보 혼에 길이 10cm의 막대를 설치하고 10cm 앞에 500~1500g

사진 5-12 ▲ PDS2344FFT(콘도과학)

사진 5-13 ▲ 순정 옵션 기어

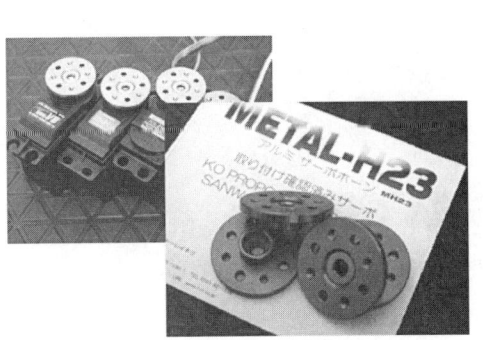

사진 5-14 ▲ 알루미늄 혼(이토-레이네츠)

의 패트병을 추가하여 매달아 서보 모터의 회전축에 5~15kg·cm의 토크를 발생시켜 부하가 걸렸을 때 막대가 늘어지는 각도를 측정했다.

사진 5-16은 3개 회사의 서보 모터를 비교·실험한 결과이다. 왼쪽부터 3호기에 사용한 ERG-VX(아날로그 서보 모터, 산와전자기기), HS5945MG(디지털 서보 모터, Hitec), 그리고 이번에 사용한 PDS2344(디지털 서보 모터, 콘도과학)이다.

사진 5-16의 결과대로 5kg·cm 정도의 부하에서는 그다지 차이가 없지만, 10kg·cm를 넘으면 디지털 서보 모터는 부하가 걸려도 막대의 늘어짐이 적다는 것을 알 수 있다. 이로부터 알 수 있듯이, 디지털 서보 모터는 주어진 각도를 유지해 주는 능력이 좋아 서보 모터를 다수 사용하는 2족보행 로봇의 관절에 적합하다.

그러나 디지털 서보 모터가 모든 면에서 우수한 것처럼 언급했지만, 물론 아날로그 서보 모터가 나쁘다고 하는 것은 아니다. 실제로 결승전 때 싸웠던 마에다 씨의 OmniHead는 아날로그 서보 모터를 사용했는데, 움직임이 훌륭했다. 가벼운 장치와 감각적인 좋은 동작이 조합되면 아날로그 서보 모터라도 충분히 로봇 제작에 사용할 수 있다.

아날로그 서보 모터와 디지털 서보 모터의 차이를 말로 표현하면 '부드러움'이라고 할 수 있다. 손으로 혼을 회전시켜 보면 어떤 각도를 유지하는 힘은 약하지만 용수철과 같은 탄력 있는 반발력을 느낄 수 있다. 이 용수철의 특성을 살릴 수 있는 관절이 있을지도 모른다. 예를 들면 넘어졌을 때 손상되기 쉬운 어깨 밑의 서보 모터를 아날로그 서보 모터로 대치하면 넘어지면 회전축에 걸린 부하를 경감시켜 기어가 파손되는 것을 방지할 수 있을 것이다.

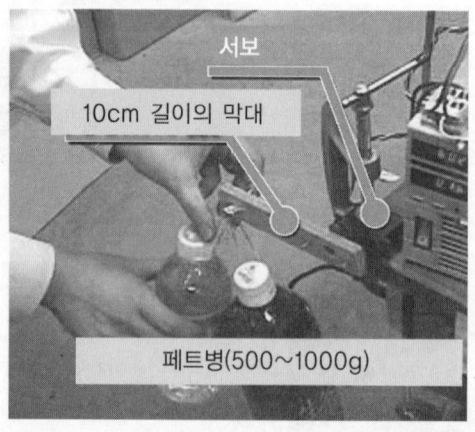

사진 5-15 ▲ 막대의 늘어진 각도 예측 실험

5.3 A-Do 4호

사진 5-16 ▲ 서보 모터의 토크 측정 결과

5.3.5 ICS

PDS-2344FET(콘도과학)는 ICS로 불리는 서보 모터의 파라미터를 변경할 수 있는 기능을 갖추고 있다. 사용 방법은 서보 모터를 전용 케이블로 PC의 시리얼 단자에 접속하고, Windows용 전용 애플리케이션으로 각종 파라미터를 변경한다. 변경 가능한 파라미터는 토크, 동작속도, 최대가동각도 등이고, 관절의 역할에 따라 변경할 수 있다.

사진 5-17은 파라미터를 변경했을 때 실험을 위해 토크의 설정을 3단계 변경한 실험 결과를

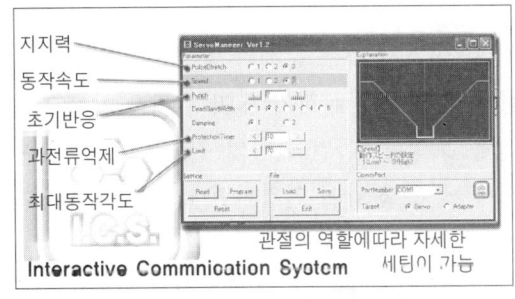

그림 5-5 ▲ ICS의 파라미터 예

사진 5-17 ▶
지지력 설정 차에 따른
막대의 휘는 각도

나타낸 것이다. 실험은 사진 5-16의 실험과 같이 패트병의 추를 사용하여 막대의 늘어진 각도를 측정했다. 토크를 가장 약한 1로 설정하면 아날로그 서보 모터에 가까운 특성이 되는 것을 알 수 있다. A-Do 4호의 파라미터 설정은 대회 직전까지 시행착오를 거듭하면서 최종적으로 최대 토크의 정확한 설정을 하였다.

화면 5-1은 대회 때 사용한 A-Do 4호의 파라미터를 나타낸 것이다.

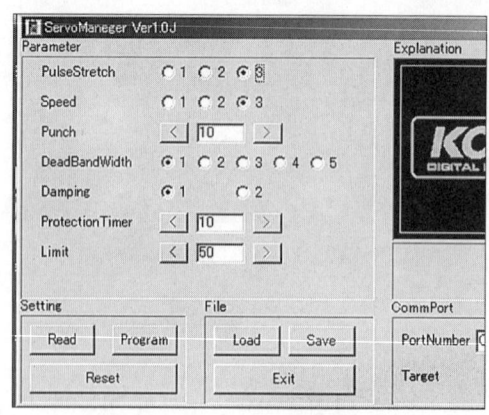

화면 5-1 ▲ A-Do의 ICS 파라미터

5.3.6 서보 모터의 발진 억제

A-Do 4호의 배터리는 리튬-폴리머 전지를 사용했는데, 출력정격전압이 7.4V로 PDS-2344의 정격 6V를 넘었다. 게다가 전지가 최대 충전될 경우 전압이 8.2V까지 출력되므로 처음 사용하는 경우라면 조심해서 전원을 사용해야 한다.

전압을 증가시킴으로 토크가 커지는 이점은 있지만, 여기서 자주 문제가 발생한다. 대회장에서 자주 눈에 띄는 것이지만 로봇이 직립 상태처럼 서보 모터에 부하가 많이 걸리지 않는 자세를 취할 때에는 전신이 부들부들 떨리는 발진 현상을 보인다. 이런 현상의 원인은 알 수 없지만, 서보 모터 제어 방식에 그 원인이 있는 것 같으며, 높은 전압이 인가되면 발진이 더욱 쉽게 발생한다.

발진 현상의 경우, 일단 어딘가의 서보 모터가 발진하기 시작하면 그 주변의 서보 모터도 따라서 발진을 시작해서 몸 전체의 서보 모터가 부들부들 떨면서 멈추지 않게 된다. 덧붙여 A-Do의 경우 어깨 밑의 서보 모터에서 발진이 시작되었고, 발진 상태에서는 배터리의 소비전력도 큰 것 같았다.

이 증상을 경감시키기 위해 A-Do 4호에서는 서보 모터와 서보 혼 사이에 수지 스페이서를 설치하고, 서보 혼 나사의 조임 상태로 스페이서와의 마찰을 조정할 수 있게 하여 마찰에 의한 발진을 억제하는 방법을 취하였다. 이 방법은 R-Blue의 제작자인 요시무라 씨가 추천해 주었다. 수지의 소재는 아크릴 판을 사용했다. 대회 1주일 전에 거행된 반다이 컵에서는 스페이서를 설치하지 않아서 떨림으로 골치를 썩였지만, 어깨만 앞서 설명한 ICS의 '토크'를 '1'로 설정하여 가능한 한 발진이 일어나지 않도록 세팅하였다. 그렇게 하고도 시합 시작 직전까지 A-Do의 몸을 손으로 눌러두어 가능한 한 발진이 일어나지 않도록 하였다.

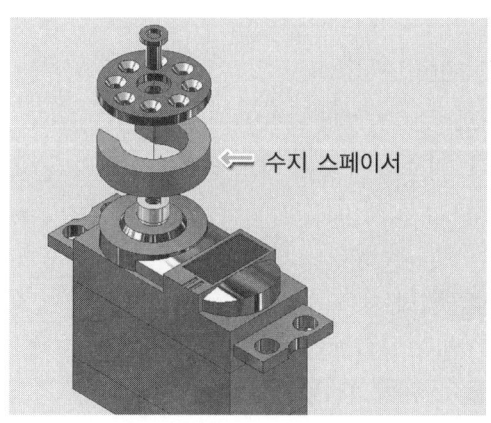

그림 5-6 ▲ 발진 방지용 수지 스페이서

5.3.7 KRS-2346ICS

4회 대회 직전에 새로운 로봇 전용 서보 모터인 'KRS-2346ICS(콘도과학)'가 발표되었다. 이 서보 모터는 앞서 설명한 하이파워 기어와 스트롱 기어가 처음부터 장착된 서보 모터로서 정격전압도 7.2V로 높았다. 게다가 서보 모터의 제어 프로그램도 개량되었기 때문에 앞서 설명한 발진 현상이 PDS-2344보다 상당히 억제되었다. 모형가게에서는 구입할 수 없기 때문에 전문점(츠쿠모 로봇왕국)에서 구입하였으며, 현재 KRS-4000 시리즈 ICS 등이 판매되고 있다.

5.3.8 ROBO-UNICON

A-Do 4호의 컴퓨터에는 ROBO-UNICON(마이크로애플리케이션 연구소 제자)이 탑재되어 있다. ROBO-UNICON은 로봇의 동작을 지시하는 Windows용 소프트웨어와 서보 모터를 제어하는 컴퓨터가 탑재된 하드웨어로 구성되어 있다.

(1) ROBO-UNICON 탄생 배경

ROBO-UNICON의 탄생 배경에 대해 설명하겠다. 3회 대회 직후, PIC 마이컴 동호회원들이 모인 PIC클럽에서 A-Do의 시범동작을 실시했다. 그런데 이전부터 알고 지내던 마이크로애플리

제 5 장 A-Do

케이션 연구소의 코가와 씨로부터 함께 ROBO-ONE용 컴퓨터를 PIC으로 만들자는 제의를 받아들여, ROBO-UNICON을 제작하였다. 내가 요청했던 특성은 하드웨어 면에서는 '분산형 CPU 구성으로 배선을 줄이고 싶다.'는 것과 소프트웨어 면에서는 '3D CG 소프트웨어의 애니메이션 작성 기능과 같이 직감적으로 간단하게 동작을 작성하고 싶다.'는 것이었다. 동작 소프트웨어는 몇 번이나 개량을 거듭하면서 초기 목표에 가까운 소프트웨어로 완성되었다. 또 ROBO-UNICON이 상품화되려면 초보자도 취급하기 쉽게 구성하는 데 개발의 초점을 두었다.

(2) ROBO-UNICON의 하드웨어

ROBO-UNICON의 하드웨어는 마스터 유닛과 ROBO-BUS라고 하는 전용 버스로 접속된 서보 모터 유닛으로 구성된다. 마스터 유닛은 서보 모터 유닛 2개와 조합되어 8개의 서보 모터를 제어할 수 있고, 서보 모터 유닛은 4개의 서보 모터를 제어할 수 있다. 마스터 유닛과 서보 모터 유닛을 접속하는 ROBO-BUS의 케이블은 4개이며, 제어 신호와 제어용 전원으로 구성된다.

또 서보 모터의 전원용으로 2개의 전원 케이블을 마스터 유닛에서 서보 모터 유닛에 접속한다. ROBO-BUS의 배선은 유닛에서 유닛으로 접속할 수 있기 때문에 모든 서보 모터를 하나의 CPU에 접속하는 방법에 비해 배선을 간단하게 구성할 수 있다.

A-Do의 경우 등 쪽의 가방에 마스터 유닛을 탑재하여 주로 상반신의 서보 모터를 제어하고, 어깨와 무릎의 옆부분에 합계 4개의 서보 모터 유닛을 탑재하여 손끝과 다리를 제어한다.

마스터 유닛은 서보 모터 제어 기능뿐만 아니라 A/D 컨버터, 입력포트, 버저, 모니터용 LED 램프 등 여러 가지 제어기능이 탑재되어 있다. 선택 사양을 이용하면 무선조종으로 로봇을 조작할 수 있다. 게다가 서보 모터 유닛에도 A/D 컨버터나 입·출력 포트가 탑재되어 있다. 이후 ROBO-UNICON의 기능을 추가하기 위하여 ROBO-BUS로 접속하는 별도 기능의 유닛을 개발할 예정이다.

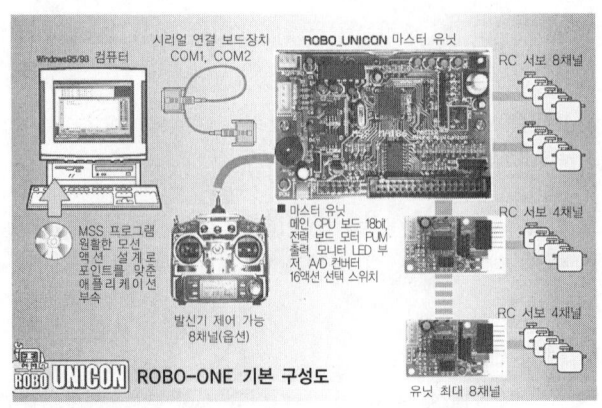

그림 5-7 ▲ ROBO-UNICON 기본 구성

5.3 A-Do 4호

표 5-5 ▼ 마스터 유닛의 사양

마스터 CPU	PIC18F452
프로그램 격납수	8000명령
서보출력	2유닛 탑재, 8채널
A/D 컨버터 입력	4채널(내부 2채널은 전원 계측과정) 유닛 쪽 4채널
범용출력 보드	8라인 TTL 입력
전자제어출력 보드	8라인 12V 300mA 이하 (범용출력 승용) 유닛쪽 4라인
범용 입력모드	8라인 TTL 입력 유닛 쪽 4라인
모니터 LED라인	4개(적색)
레이저	발음체형 500~3KHz 정도
통신	RS232C 비동기 시리얼 통신 ROBO-BUS 유닛간 통신 (최대 8유닛)
CPU 동작전원	+5V 0.2A 이하
CPU 공급전원	+8~12V DC +5V외부 공급가능 0.5A 이하 CPU ON/OFF 전원스위치 취부 가능
서보전원	+8~12V DC 10A 이하(2분 가능)
외형치수	D62W90H30 (mm)돌출 부분 포함 된 무게 200g 이하
동작환경	조정온도 40℃ 이하 습도 60% 이하
부가	저면중앙 64mm 피치 부착 나사 M3(나사산 1mm 이내) 지면중앙 82mm 피치 부착 나사 M3(나사산 3mm 이내)

표 5-6 ▼ 서보 모터 유닛의 사양

타입	TYPE0, TYPE1, 기타
서보 출력	4채널
A/D 입력	TYPE0=2ch TYPE1=2ch
출력 보드	TYPE0=없음 TYPE1=4라인
입력 보드	TYPE0=없음 TYPE1=4라인
통신	ROBO-BUS 유닛

(3) ROBO-UNICON 소프트웨어 개요

ROBO-UNICON은 Mal Servo System(MSS)이라는 소프트웨어를 이용하여 동작 프로그램을 작성하면서 실행시킨다. MSS는 무선조종 서보 모터를 사용한 로봇의 동작을 작성하기 위해 만들어진 소프트웨어로, PC를 다룰 수 있으면 간단하게 동작 프로그램을 작성할 수 있다. ROBO-ONE 4회 대회에서 A-Do의 동작은 MSS 기본 기능만으로 작성하였으며, 여러 가지 동작을 단기간에 작성할 수 있다.

동작 프로그램을 작성할 때, 점토 애니메이션을 만드는 것 같이 여러 가지 동작 요소 자세를 작성하고, 자세 중간의 동작은 MSS의 프로그램으로 보간하면 작성자가 이미지한 동작을 간단하게 작성할 수 있다.

(4) 기본 설정

로봇 조립 후 MSS에서 처음으로 실행한 것이 기본 설정이다(화면 5-2). 로봇에 탑재한 UNI-CON의 마스터 유닛과 PC를 시리얼 접속하고, MSS에서 사용하는 서보 모터 번호에 실제로 접속되고 있는 서보 모터의 할당, 또는 전원을 켰을 때 서보 모터의 초기 위치 등을 설정한다. 각 서보 모터의 초기 각도 설정은 슬라이드 바를 사용하거나 수치입력으로 실행할 수 있다.

전원 ON시 서보 모터의 초기 위치에 대해서는 어떠한 위치라도 상관없지만, 각 동작의 이음매를 고려하면 직립상태의 자세가 좋다. 또 직립 상태는 각 서보 모터의 회전축이 중심에 대해 수직방향으로 늘어서듯이 배치되어, 정지시의 서보 모터에의 부담이 적어지고 소비 전력도 적어진다(사진 5-18).

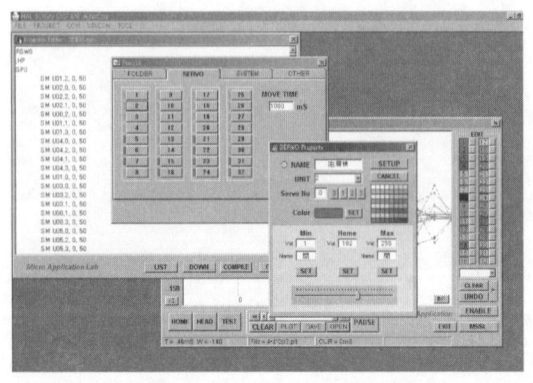

화면 5-2 ▲ 초기 설정 화면

사진 5-18 ▲ 초기 자세

(5) 자세 작성

애니메이션의 1 단락에 상당하는 자세를 만들려면 '자세 에디터' 툴을 사용한다(화면 5-3). 자세 에디터에는 각 서보 모터의 각도를 변경할 수 있는 슬라이드 바와 수치를 입력할 수 있는 필드가 있고, 로봇 전체 서보 모터의 각도를 설정할 수 있다.

5.3 A-Do 4호

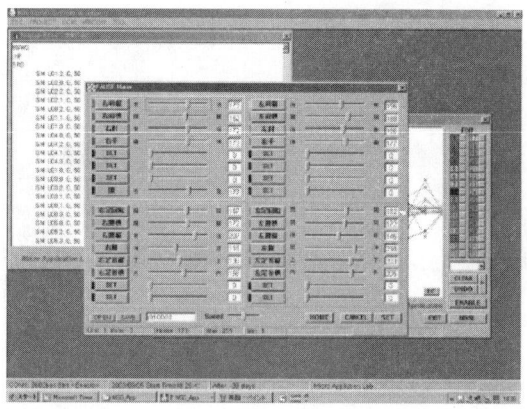

화면 5-3 ▲ 자세 에디터 툴

A-Do의 보행 동작은 자세 에디터로 작성된 아래의 8개 자세로 구성된다(사진 5-19).

① 오른발 가동(양다리가 나란히 서 접지된 상태에서 오른발에 중심이 실린다.)
② 오른발로 서기(오른발로 서 있고, 왼발이 지면에서 떨어진다.)
③ 왼발 내딛고, 오른발 가동(왼발이 앞에 있고, 오른발에 중심이 실린다.)
④ 왼발 내딛고, 왼발 가동(왼발이 앞에 있고, 왼발에 중심이 실린다.)
⑤ 왼발로 서기(왼발로 서 있고, 오른발이 지면에서 떨어진다.)
⑥ 오른발 내딛고, 왼발 가동(오른발이 앞에 있고, 왼발에 중심이 실린다.)
⑦ 오른발 내딛고, 오른발 가동(오른발이 앞에 있고, 오른발에 중심이 실린다.)
⑧ 왼발 가동(양다리가 나란히 서 접지된 상태에서 왼발에 중심이 실린다.)

이 8개 자세 중 ②~⑦을 반복하면 복수 보행을 작성할 수 있다. 3보 걸어서 다리를 일치시키는 보행이라면 자세 에디터에서 상기 8개 자세를 작성하고, 아래에서 설명하는 PWM 에디터 상에서 '기본자세, ①~⑦, ②~⑤, ⑧, 기본자세'의 순서대로 자세를 늘어놓고 작성한다.

제 5장　A-Do

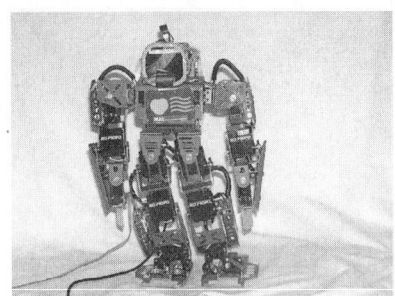
① 오른발 가동

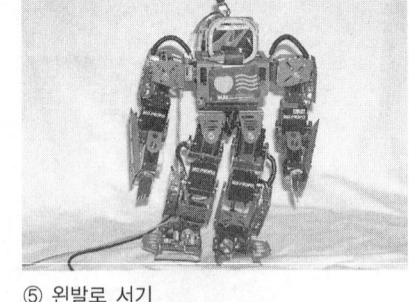
⑤ 왼발로 서기

② 오른발로 서기

⑥ 오른발 내딛고, 왼발 가동

③ 왼발 내딛고 오른발 가동

⑦ 오른발 내딛고, 오른발 가동

④ 왼발 내딛고, 왼발 가동

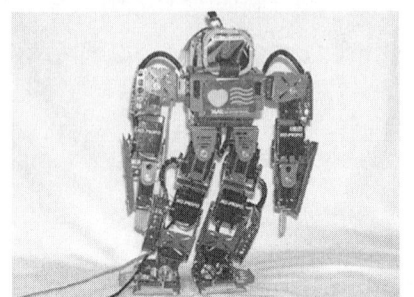
⑧ 왼발 가동

사진 5-19 ▲ 보행시 8개의 자세

③, ④, ⑥, ⑦의 자세는 중심이 실리고 있는 발로 한쪽다리 서기를 할 수 있을 정도로 중심 위치를 조정한다. 또 A-Do는 팔의 무게가 전체의 20~30% 정도로 크기 때문에 자세를 바꿀 때 체중 이동시 팔 동작이 보조 역할을 한다. 보행에 필요한 시간은 보통 걸음은 1보에 1초, 빠른 걸음은 1보에 0.5초로 작성하고, 이 때 자세의 이동에 필요한 시간은 0.2~0.4초이다. 고속으로 보행하면 관성에 의해 걸을 때마다 몸체가 좌우로 흔들린다. A-Do에서는 몸체의 흔들림을 억제하기 위해 좌우 방향으로 큰 중심 이동을 실행하는 ③~④ 및 ⑥~⑦ 사이에서 자세의 실행시간을 길게 잡았다.

(6) 동작 작성

자세 에디터로 각 동작별 일련의 자세가 완성되면 PWM 에디터 툴로 자세를 배치하여 동작을 작성한다(화면 5-4). 'PWM 에디터'는 가로축이 시간축이고, 세로축이 서보 모터의 동작 각도인 그래프이다. PWM 에디터의 어느 시간축을 클릭하면 자세 에디터로 작성한 자세를 읽어 그래프 상에 배치할 수 있다. 배치한 자세와 자세 사이의 동작은 MSS가 자동적으로 계산하고, 화면 5-4와 같은 그래프가 형성되면서 동작이 발생된다. 화면 중의 test 버튼을 클릭하면 작성된 동작을 확인할 수 있다.

그려진 점은 개별적으로 조정·추가할 수 있고, 로봇을 움직이면서 미세 조정을 하고 동작을 미세하게 조정할 수 있다. 각 자세로 균형이 잡혀 있어도 자세에서 자세로의 도중에 균형이 무너질 때가 있다. 이 때 또한 움직임을 크게 하고 싶을 때 등의 시행착오를 거치면서 그래프 상에서 미세 조정을 실행할 수 있다.

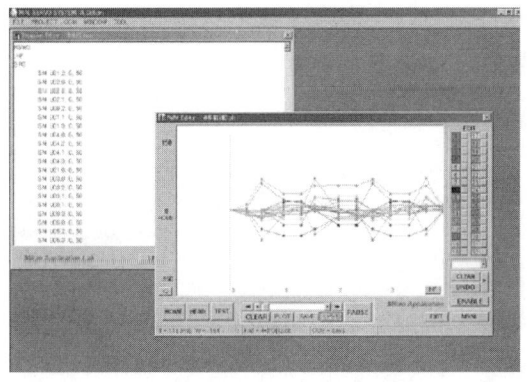

화면 5-4 PWM 에디터

(7) 무선에 의한 조종 설정

ROBO-ONE 규정에서는 무선 로봇 제어가 필요하지만, ROBO-UNICON은 옵션의 발신기(프로포) 코맨더라는 하드웨어를 추가함으로써 무선조종 발신기를 사용해 간단하게 무선화할 수 있다.

ROBO-UNICON의 소프트웨어 설정 화면에서 'PWM 에디터'로 작성된 일련의 동작을 무선 조종 스틱의 움직임에 할당시킬 수 있다.

5.3.9 리튬 - 폴리머 전지

A-Do 4호는 ROBO-UNICON의 제어용 전지와 서보 모터 구동용 배터리를 각각 탑재하였다.

ROBO-UNICON용 전지는 9V의 알칼리 전지를 접속하여 ROBO-UNICON 내부의 3단자 레귤레이터에서 5V로 변압한다.

서보 모터의 구동용으로는 2개의 리튬-폴리머 전지(7.4V 1000mAh, 47g, ETI TECH사)를 탑재하였다. 최대 방전 허용 전류값은 5.70A이고, 최종 방전 전압은 5V이다. 충전기는 100~220V의 콘센트에 접속할 수 있는 전용 AC 충전기로, 충전시간은 약 1시간이다.

리튬-폴리머 전지를 사용하는 이유는 니켈-카드뮴 배터리에 비해 가볍고 작으며, 비교적 용량이 크기 때문이다. A-Do 3호기에 탑재하였던 니켈-카드뮴 배터리는 6V, 600mAh, 100g이고, 이번에 사용한 전지 1개와 비교하면 리튬-폴리머 전지는 무게는 1/2이고, 용량은 약 2배이다. 리튬-폴리머 전지를 사용함으로써 로봇의 전체 무게가 가벼워진 이점도 있지만, 그것 이상으로 전지가 작아서 공간에 대해 고민하지 않고 설계할 수 있는 이점도 있다.

리튬-폴리머 전지의 단점으로는 큰 전류의 방전은 잘 하지 못한다는 것이다. 사양을 나타낸 표에서는 리튬-폴리머 전지가 5C 정도의 방전이 최대라고 하는데, 이것을 전류값으로 환산하면

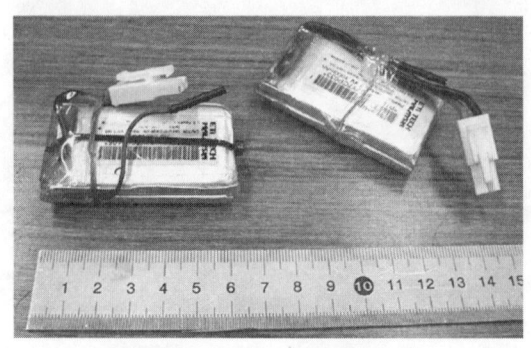

사진 5-20 ▲ 리튬 - 폴리머 전지

5.3 A-Do 4호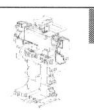

최대허용전류는 약 5A이다. A-Do는 큰 용량의 부하를 걸어 동작시키면 최대전류가 5A를 넘는 경우가 있다. 또 방전 최종 전압은 5V이므로 이 값을 넘어서 배터리를 사용하면 다음에 충전해도 사용할 수 없게 되어 버린다. 이와 같은 이유에서 시합중 장시간 가동이나 연달아 상대방과 경기를 해야 하는 부하가 걸리는 것과 같은 용도에는 적합하지 않다.

'그럼, 왜 그것을 사용한 거지? 왜 움직이는 거지?' 라는 의문이 생길 것이다.

A-Do의 경우는 다음과 같은 이유로 움직이고 있었던 것 같다.

여기서부터는 무선조종 분야에서 동일한 전지를 사용하던 사람에게 들었던 이야기인데, 제작사의 공식적인 사항이 아니므로 그저 참고만 하길 바란다.

"최대방전전류는 5C을 넘어도 좋다. 그러나 5C을 넘어서 사용하는 것을 반복하면 배터리 수명이 줄어든다. 또, 전지를 병렬로 접속하면 방전 특성이 좋아진다. 1개가 5C인 배터리를 2개 병렬로 접속하면 10C 이상의 방전 특성이 된다. 방전 최종 전압 5V는 반드시 지키지 않으면 전지를 망가뜨린다."

이와 같은 특성 때문에 A-Do에서도 동작했던 것 같다. 실제로 4회 대회의 1주일 전에 열린 반다이 컵 대회에서는 1개의 리튬-폴리머 전지로 A-Do를 동작시켰다. 반다이 컵 대회는 경기 규칙이 약간 다른데, 시범동작이 1분, 1라운드가 2분이다. 아무래도 동작시간이 짧은 것과 새 전지를 사용해서 가동시켰던 것 같다.

시합 후 ROBO-ONE 본 대회용으로 3분의 시범동작 시작과 동시에 배터리의 파워가 나오지 않고, 생각처럼 A-Do가 걷지 않았다. 그래서 급히 배터리 1개를 더 추가하여 사용했다. 덕분에 A-Do는 시범동작 시간 5~6분 동안에 충분히 동작할 수 있었다. 또 4회 대회 때 사용했던 약 20개의 배터리는 최근 충전해도 파워가 나오지 않아서, 새로 배터리를 구입해서 동작 만들기나 데모를 실행하고 있다. 수명까지의 사이클 횟수를 측정하지는 않았지만, 확실히 A-Do를 움직이는 용도에서는 동일하게 사용했을 경우의 니켈-카드뮴 배터리나 니켈-수소 배터리에 비해 수명이 짧아지는 것 같다.

(8) 보충

잘 알려진 사실이지만, 리튬-폴리머 전지를 사용할 때 조심해야 한다. 왜냐하면 잘못된 사용방법에서 발화나 폭발의 위험성이 있기 때문이다. 전극의 단락, 과 충전 및 과방전, 또 잘못된 충전, 배터리에 물리적으로 부하를 걸었을 때의 변형이나 파손으로 인해 발화나 폭발의 위험성이 있다. 각 제작사에서 이 전지들의 위험성을 보충할 수 있는 구조의 전지를 개발하고 있지만, 이번에 사용한 전지가 그 대용품인지, 어떤지는 확인하지 않았다.

충전에 대해서는 전용 충전기를 사용하고 있으므로 과충전의 문제는 없다고 생각한다. 나로서는 지금까지 30개 정도의 동일 제품을 사용해 오면서 사고를 당한 적은 없지만, 같은 모양의 전지를 사용하는 사람들은 충분히 주의해서 사용하기를 바란다.

5.3.10 로봇의 구조체

A-Do에 사용하고 있는 서보 브래킷이나 그 밖의 구조물은 모두 전용으로 설계하고 판금제작 회사(죠난 통신기)에서 제작된 부품이다.

필자는 매우 여유있는 환경에서 로봇을 조립·완성하였지만, 다른 출전자들은 손으로 판금가공을 하여 부품을 제작하였다. 4회 대회의 상위 16대의 로봇을 조사해 보면 대부분 제조업체에서 만든 브래킷을 구입하지 않고, 각자에게 맞는 부품을 만들어 구성하였음을 알 수 있다. 그만큼 상위에 입상하려면 독자성이 필요하다는 증거일 것이다.

4회 대회에서 빠른 보행속도로 대회장을 흥분시켰던 큐슈대학 인간형 로봇 프로젝트 2325-RR은 바이스 하나로 로봇의 브래킷을 만들었다. 필자 또한 그들로부터 처음 들었을 때 농담이라고 생각했지만, 실제 작업 과정이 담긴 동영상을 보고 놀랬고 감동하였다.

또 단골로 대회에 출전하는 미야타 씨의 버닝스타는 접고 구부리는 기기인 K-130(호잔 社 제품)을 사용해서 부품을 가공하였다. 이쪽의 작업 동영상을 통해 실제 작업 과정을 볼 수 있었는데, 1개 만드는 데 많은 시간을 들여 제작하고 있었고, 나는 얼마나 축복받은 작업 환경인가를 여러 번 생각하게 되었다.

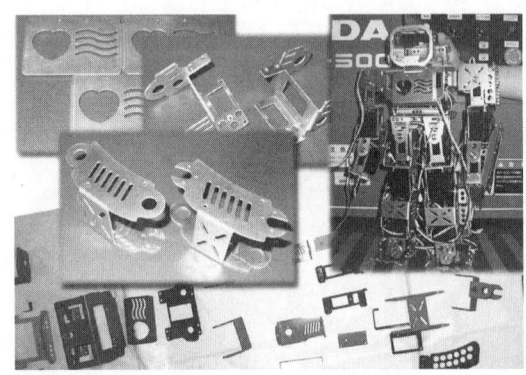

사진 5-21 ▲ 전용 부품들

5.3 A-Do 4호

또 판금가공만 아니라 ABS 등의 수지판을 사용해서 로봇을 만들고 있는 사람도 있다. 사진 5-24의 로봇은 대회 단골인 시바타 씨의 Lilac3이다. 이 로봇은 ABS판을 절단하고 접착제나 나사로 고정하여 로봇을 만들었다. 구조물이 완성되면 경기를 해도 망가지지 않는 로봇으로 완성될 것이다. 수지의 절삭가공은 자기 집에 있는 가공기 EGX-300(로란도 社 제품)을 사용하였다. 같은 회사 제품인 3차원 절삭기 MODELA에 비해 높은 방향의 절삭은 적합하지 않지만, 넓은 면적의 가공물 절삭에는 적합하다.

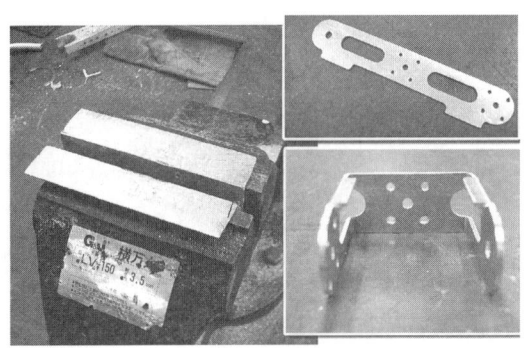

사진 5-22 ▲ 큐수대학 팀의 바이스와 브래킷

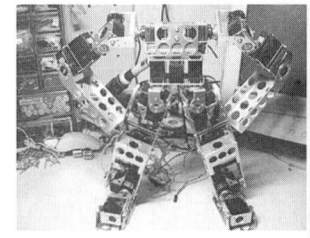
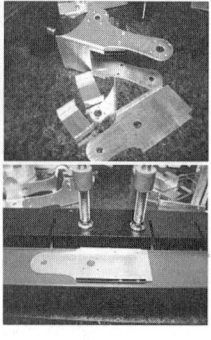

사진 5-23 ▲ 미야타 씨의 버닝과 자작 브래킷

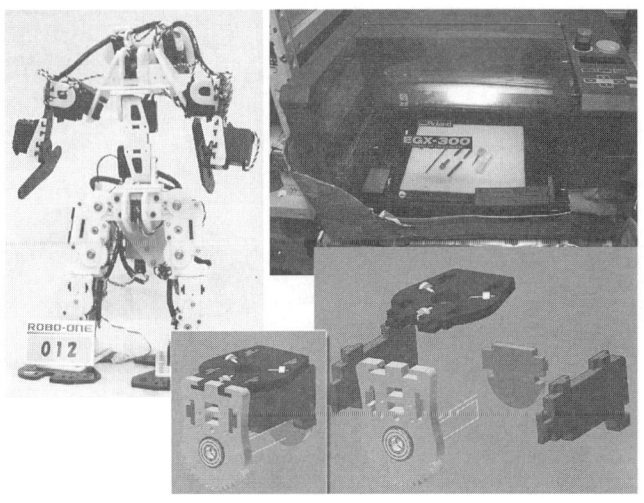

사진 5-24 ▲ Lilac3과 그 구조체

5.3.11 Inventor7

예전에는 2차원 CAD, 3차원 CG 소프트 및 종이로 만든 A-Do를 참고하여 설계했지만, 최근에는 Inventor7(오토데스크 사)로 설계하였다. Inventor7로 동작 시뮬레이션 등 설계의 모든 작업을 실행할 수 있다.

Inventor7에 대한 자세한 설명은 생략하지만, 로봇과 같은 입체 모델을 설계할 때 매우 편리한 3차원 CAD이다. Inventor7은 2차원 모델과 3차원 모델의 설계를 자유롭게 할 수 있고, 종이로 만든 A-Do로 실시한 동작 시뮬레이션을 화면에서 실행하여 중심을 확인하는 등 여러 가지 기능이 포함되어 있는 매우 세련된 도구이다.

자신이 직접 설계할 것을 계획하고 있다면 한 번 경험해 보기를 바란다. 다만, Inventor7이 다른 프로그램에 비해 매우 비싸기 때문에 도저히 샐러리맨의 주머니 사정으로 살 수 있는 대용품은 아니다. 하지만 학생은 아카데믹 팩으로 저렴하게 구입할 수 있으며, ROBO-ONE on PC에 출전하면 대회 기간 중 동작이 가능한 특별 팩을 얻을 수 있으니 한 번 3차원 CAD의 세계를 체험해 보길 바란다. 종래의 CAD와 같이 선을 그리는 것보다는 화면 안에서 물체를 제거하고 붙이고 실제 가공에 가까운 감각적인 설계수법이 포함되어 있으므로 제작을 좋아하는 사람에게 필요한 툴임에 틀림없다.

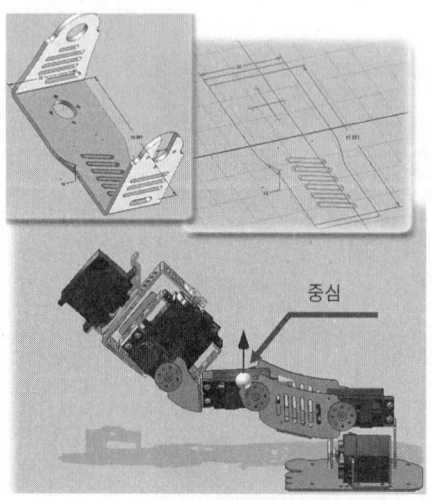

화면 5-5 ▲ Inventor7 작도 화면의 예

(주) 오토데스크
http://www.autodesk.co.kr

그림 5-8 ▲ 공책 스케치

5.3 A-Do 4호

5.3.12 A-Do의 관절 구조

A-Do의 관절은 크게 나누어 2개 구조로 이루어져 있다. 하나는, 서보 모터의 아랫면에 새롭게 축을 설치한 병렬구조의 관절이다. 보기로서 무릎 부분의 분해도를 그림 5-9에 나타내었다. 플랜지 부착의 베어링은 아키하바라에 있는 닛산상회에서 구입하였다. M2의 탭이 잘라져 있는 ϕ4mm, 길이 4mm의 축과 베어링용의 스페이서는 RS컴퍼넌트 社에서 구입하였다.

2번째 구조는 반드시 한쪽 부착 구조가 필요한 어깨나 다리 밑의 관절 구조이다. 보기로서 어깨부의 분해도를 그림 5-10에 나타내었다. 회전부분 면에 접촉하는 부분에는 1mm 두께의 테프론 시트를 붙였다.

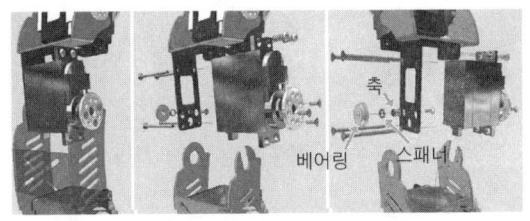

그림 5-9 ▲ 무릎부와 구조체 분해

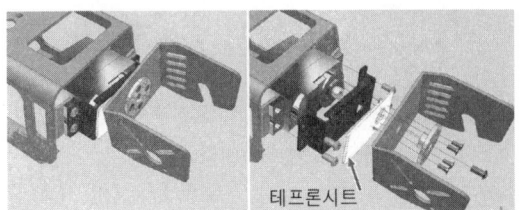

그림 5-10 ▲ 어깨부와 구조체 분해

5.3.13 A-Do의 하중

3호 때부터 부러움과 함께 'A-Do는 쓰러뜨리기 어렵다.'라는 말을 자주 들었는데, 아마도 6 : 4 비율의 몸자세를 취했기 때문일 것이다. A-Do는 상대 로봇과 경기할 경우 앞발에 하중을 두고 펀치 등의 공격에 대해 넘어지지 않는 자세를 취한다. 즉, '발끝 6 : 발뒤꿈치 4'의 하중으로 배분한 자세를 취한다. 그래서 실제 하중을 조사해 보기 위해 사진 5-25와 같이 A-Do의 발끝과 발뒤꿈치에 체중계를 장착해서 어느 정도로 무게가 배분되는지를 실험해 보았다.

실험 결과, A-Do의 처음 자세인 직립 자세에서는 42% : 58%였고, 공격 자세인 살짝 주저앉은 자세에서는 37% : 63%였다. 직감으로 만들었던 6 : 4의 이미지는 실제도 그대로 적용되었던 것이다.

방어 목적이라면 6:4의 자세가 효과적이지만, 공격시 펀치를 칠 경우라면 이 자세에서는 전혀 상대에게 충격을 줄 수 없다. 실제로 3회 대회에서는 결정타가 되는 공격을 계속 하지 못하고, 방어하고 최후까지 파손되지 않고 남아서 승리하게 된 것이며, 한마디로 운 좋게 우승하였다. 대회 후 친구에게 "다음에는 본격적인 펀치로 다운시키고 싶다."고 말했는데, 4회 대회에서는 공격 때 전신의 체중을 실어서 펀치를 연속으로 내는 동작을 작성했다. 실제로 결승전 Omnihead와의 경기에서 훌륭한 공격이 성공하여 눈물이 나올 정도로 기분 좋게 다운을 빼앗을 수 있었다.

제 5장   A-Do

　4호는 3호보다도 1kg 이상 가볍지만, 자신의 체중과 가속도를 사용하면 강력한 펀치를 만들 수 있다는 것을 알았다. 다음 대회에서는 체중을 더욱 능숙하게 사용한 공격을 많이 하고 싶다. 여담이지만 이 펀치가 깨끗하게 성공한 것은 대회 중 결승전 한 번 뿐이었다.

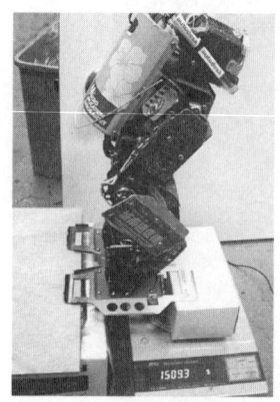

사진 5-25 ▲ 하중 측정

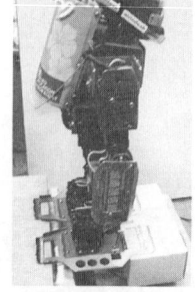

그림 5-11 ▲ 하중 배분 측정 결과

사진 5-26 ▲ OmniHead에 체중을 실어 펀치를 날리는 A-Do 4호

5.4 마무리

"너의 로봇은 전부 70점이야. 메카트로닉스도 전기장치도 운이 좋았어. 하지만 그렇기 때문에 우승한 것이지."

전대회 우승 직후 존경하는 분이 필자에게 이렇게 말했다. 4회 대회 직후 이 분은 "이번에는 진짜 실력으로 우승했어"라고 말해 주셨다. 물론 기뻤지만, 어딘가 자신감에 있어서는 조금 부끄러웠다.

솔직히 4회 대회는 아직까지도 우승했다는 실감을 느끼지 못했다. "무슨 말을 하는 거지?"라고 의아해할 것 같지만, 전대회 이상으로 A-Do 4호는 많은 분들의 도움으로 만든 로봇이었고, 그만큼 내 힘으로 만든 부분이 적었기 때문에 실감을 적게 느꼈는지 모르겠다. 나중에 그 분에게 이 말을 했더니 "그대로야! 비록 네가 제작한 부분이 적지만, 그것을 완성시키기 위해 협력해 주는 사람들을 끌어당기는 능력도 매우 중요한 것이지!"라고 말해 주셨다.

"우승한 로봇은 다음 대회에서 우승하지 못한다."는 ROBO-ONE 대회에서 A-Do는 2회 연속 우승할 수 있었다. 하지만 필자의 제작 스타일이 변한 것은 아니고, 늘 그렇듯이 감각과 모방 덕을 보았을 뿐이다. 1회 대회부터 출전한 목적이었던 '자신도 즐겁고, 관객도 즐겁게'라는 마음을 잊지 않고 다음 대회에서도 힘내고 싶다.

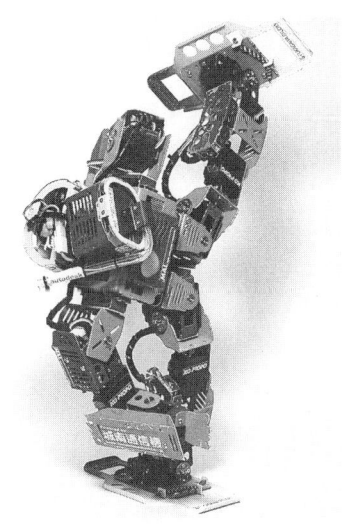

사진 5-27 ▲ 동료의 역작, 높이차기 모습

ROBO-ONE

6장
OmniHead

마에다 타케시(前田武志)

6.1 시작하면서

"이런 대회가 개최될 수 있을까?"라는 기대와 의문이 섞인 눈으로 ROBO-ONE 1회 대회를 관전했다. 이후 반년이라는 짧은 주기로 대회가 거듭됨에 따라 "모두들 굉장하구나!"라는 감탄과 함께 "언젠가는 나도 출전하고 싶다."는 생각을 하였다.

그리고 겨우 필자가 만든 로봇 OmniHead(사진 6-1, 표 6-1)로 4회 대회에 출전할 수 있었다. 게다가 첫 출전임에도 불구하고 준우승까지 차지하여 너무 기뻤다.

표 6-1 ▼ OmniHead의 사양

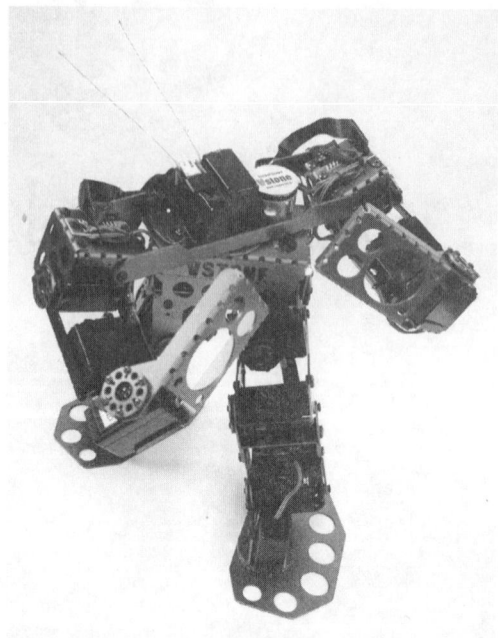

사진 6-1 ▲ OmniHead

치수	H280×W235×D126
무게	1.9kg
프레임 소재	A5052p 1.5t
자유도	다리 6 자유도×2 허리 2 자유도 어깨 4 자유도×2 총 22 자유도
CPU	H8-3664F×1 PIC16F628×3
센서	가속도센서×2 배터리 전압센서×1 전방위 카메라×1
배터리	MiMH 6V 2100mAH
동작시간	약 20분
무선방식	모선조종식 FM 40MHz
액추에이터	SANWAERG-VB×14 SANWASPEC-APZ×8
가능한 동작	보행(직진, 후진, 돌아가기) 킥, 펀치 계단 오르기 2점 도립 계단 내려가기 마스터-슬레이브 볼 던짐
부속품	볼

6.2 목표

6.2.1 손쉽게 만드는 방법

로봇을 만들기 위해서는 메카트로닉스, 전자회로, 소프트웨어, 마이크로프로세서 등 다양한 기술이 필요하다.

당연히 그 모두가 갖추어지지 않으면 로봇은 움직이지 않지만, 지금은 훌륭한 부품도 많기 때문에 모든 부품을 일일이 만들 필요는 없다. 물론 자기가 필요한 부품을 만들어도 좋다.

필자는 만들어진 시제품을 사용하기보다는 가능하면 필자가 이해할 수 있게 만드는 타입이다. 하지만 이번에는 로봇을 처음 만들기 때문에 우선은 가능하면 '쉽게' 만들 것을 기본 방침으로 정했다.

6.2.2 작지만 다양한 동작

다음으로는 가능하면 작은 로봇을 제작하려고 했다. 크기가 작으면 필요한 구동력도 작아지고 가볍기 때문에 넘어졌을 때 받는 충격도 작아서 파손되지 않을 것이기 때문이다.

ROBO-ONE은 격투기이지만 전신을 사용한 체중 승부보다는 '움직임'이 좋은 쪽이 유리하다고 생각했다. 작고 가벼우면 같은 구동력이라도 그만큼 더 민첩하게 움직일 수 있기 때문이다.

또 소형화를 추구하면서 동시에 강조한 것이 유연한 몸체이다. 넘어져도 일어서기를 하려면 각 관절의 가동범위를 최대한 넓게 잡는 것이 중요하다고 생각했다. 그리고 가동범위가 넓으면 그만큼 다양한 움직임을 할 수 있고, 시범동작도 호소력 있게 연출할 수 있을 것이다.

6.2.3 목표는 Metallic Fighter

ROBO-ONE도 대회를 거듭하면서 개인 수준에서 만드는 2족보행 로봇 분야에서도 선배들이 길을 개척해 주었다.

내가 로봇을 설계할 때 "좋은 로봇이다!"라고 느낀 것은 모리나가 씨의 Metallic Fighter와 요시무라 씨의 R-Blue Ⅳ였다. 당연히 이런 뛰어난 로봇을 목표로 설정하였다.

R-Blue Ⅳ는 다른 로봇에는 없는 우아한 몸체로 아름다웠는데, 무선조종용 서보 모터를 분해해서 사용한 것이 각선미의 비결인 것으로 생각된다.

제 6장 OmniHead

R-BlueⅣ에 비해 Metallic Fighter는 서보 모터를 분해하지 않고 그대로 사용해서 R-BlueⅣ에 비하면 약간 작고 뚱뚱하지만, 그만큼 튼튼하게 보였다. 그래서 "우선은 쉽게 만들자!"는 방침을 세우고 Metallic Fighter처럼 만들 것을 목표로 정했다.

Metallic Fighter는 하드웨어의 완성도뿐만 아니라 동작 역시 감탄할 정도로 매우 훌륭하다. 항상 다른 사람이 시도하지 않은 동작에 도전하고, 보는 사람을 즐겁게 한다. 이 점에서도 좋은 목표라고 생각했다.

6.3 기구 설계

쉽게 만들겠다는 목표에 따라 다음과 같이 기본 구성 요소를 정하였다.

- 무선조종용 서보 모터를 사용한다.
- 알루미늄 판으로 프레임을 만든다.
- 한쪽 다리는 6축, 한쪽 팔은 4축으로 만든다.
- 축이 서로 직각으로 교차되지 않게 한다.

6.3.1 액추에이터는 무선조종용 서보 모터

무선조종용 서보 모터는 모터, 기어 및 제어회로의 3요소가 갖추어진 편리한 부품이다.

무선조종 서보 모터는 다양한 종류가 있지만, ERG-VB(삼화전자기기)와 SPEC-APZ를 선택했는데(사진 6-2), 선정조건은 다음과 같다.

ERG-VB는 13kg·cm(6V)의 토크를 발생하는 강력한 서보 모터로 다리 또는 허리처럼 토크가 크게 필요한 관절에 사용한다.

SPEC-APZ는 4kg·cm(4.8V)의 토크로 힘은 약간 모자라지만 가격이 저렴해서(ERG-VB의 절반 정도) 서보 모터로서 팔처럼 토크가 필요하지 않는 관절에 사용한다.

이 2개의 서보 모터는 치수가 동일해서(높이가 1.5mm 다를 뿐, 그 외는 같다) 프레임을 변경하지 않고 서보 모터를 교체할 수 있다. 즉, 동작시키고 나서 SPEC-APZ로는 관절의 토크가 부족할 경우 ERG-VB로 변경할 수 있다.

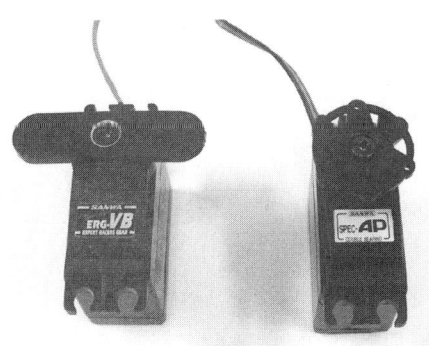

사진 6-2 ▲ SPEC-APZ와 ERG-VB

4kg·cm 정도의 토크를 가진 서보 모터는 이것보다 소형·경량인 것도 있지만, 굳이 이 크기를 선택한 것은 위에서 언급한 치수의 교환성 때문이다. 또한 부품의 활용면이나 공간의 편리성을 생각해서 서보 모터는 이 2종류로 한정하기로 했다.

6.3.2 아날로그 서보 모터와 디지털 서보 모터

채택한 서보 모터 SPEC-APZ, ERG-VB는 모두 아날로그 서보 모터이다. 당시에는 디지털과 아날로그의 차이에 대해 크게 다르다고 생각하지 않았지만, 나중에는 그 차이가 크다는 것을 알았다.

결론적으로 디지털 서보 모터는 제어 이득이 크지만, 동작 각도는 120~140도로 좁다. 반대로 아날로그 서보 모터는 위치 유지는 약간 어렵지만, 동작 각도는 180~210도로 넓다.

이 사실만 보면 동작 각도가 필요하지 않은 관절에 있어서는 디지털이 유리할 것 같지만, 아날로그는 정격 토크를 크게 넘는 곳까지 선형성을 유지하고, 또 제어를 유연하게 할 수 있기 때문에 제어 편차를 힘 제어의 대용으로 사용할 수 있다는 점 등에서 이번에는 아날로그 서보 모터를 전면적으로 선택하게 되었다.

6.3.3 알루미늄 판 자르기와 구부리기

액추에이터는 무선조종용 서보 모터로 정했지만, 액추에이터만으로는 로봇의 몸을 구성할 수 없다. 다른 재료·방법으로 프레임을 만들고 그곳에 액추에이터를 고정시켜야 한다.

여기서도 '쉽게 만들자'는 목표를 관철하기 위해 특별한 작업은 하지 않고 보통의 알루미늄 판을 구부려 만들었다.

정확하게 구부리는 것은 상당히 어려울 것 같아서 처음부터 정확하게 구부려져 있는 앵글 재료나 채널 재료를 사용할 것도 검토했지만, 수치 자유도가 없어서 단념하고 혼자의 힘으로 만들기로 했다.

알루미늄 판은 1.5mm 두께의 A5052P합금을 사용했다. 설계 측면에서 판의 두께는 1.0mm 또는 2.0mm가 좋다. 그러나 1.0mm는 강도가 부족하고, 2.0mm는 무겁고 구부리기 가공이 힘든 점을 고려하여 두께는 1.5mm로 하였다.

설계에서 판 두께를 계산할 때 나머지가 생겨서 번거롭지만, 전체적으로 CAD를 이용하는 것으로 보충할 수 있었다.

A5052P 합금은 보통 순 알루미늄계(1000번대)보다 단단하면서 튼튼하고, 구부리기 가공도 할 수 있으므로 로봇에 적합한 재료이다.

알루미늄 판에서 부품을 잘라내는 작업은 소형 공작 기계 MODELAMDX-500(Roland DG 社)을 이용했다.

6.3 기구 설계

가공은 윤곽 베이스의 2차원 가공으로 하지만, CAD 데이터로부터 툴 오프셋을 고려하여 G코드를 출력하는 저가의 CAM 프로그램을 발견하지 못했기 때문에 결국 손수 만들었다. 사진 6-3은 이렇게 해서 만들어낸 툴 패스이고, 사진 6-4는 잘라낸 알루미늄 판 모습이다.

(주) 한국 MegaRobotics   http://www.megarobotics.com

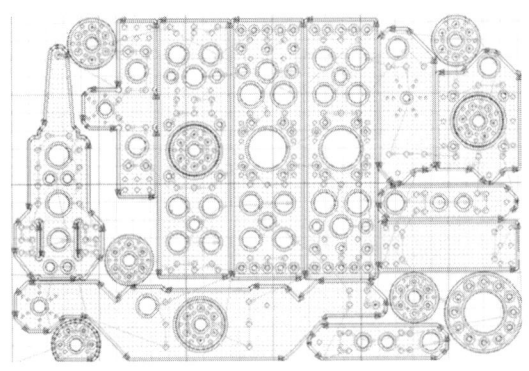

사진 6-3 ▲ 툴 패스

사진 6-4 ▲ 잘라낸 모양

잘라낸 부품을 구부리는 도구로는 K-130(호잔 社) 및 SimpleBender(이토-레이네츠 社)를 사용했다. 사진 6-5는 실제로 구부린 부품이다.

사진 6-5 ▲ 구부린 부품기기

알루미늄 판 소재로는 GFRP나 CFRP처럼 강도나 가벼움에서는 매력이 있었지만, 비싸거나 가공이 어려운 점을 고려하여 사용하지 않았다. 하지만 언젠가는 한번 시도해 볼 수 있는 재료라고 생각한다.

또한 ABS나 아크릴을 잘라내어 접착제로 접합하는 방법은 MODELA의 보급과 함께 유행하고 있다. 하지만 알루미늄과 비교하면 판 두께가 두꺼워지고, 직각 접합면의 접착 강도가 염려되었기 때문에 이번에는 채택하지 않기로 했다.

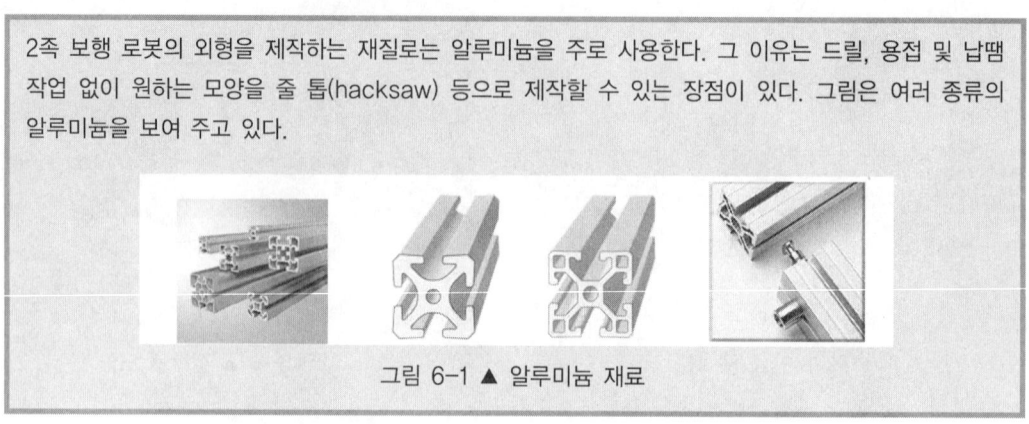

2족 보행 로봇의 외형을 제작하는 재질로는 알루미늄을 주로 사용한다. 그 이유는 드릴, 용접 및 납땜 작업 없이 원하는 모양을 줄 톱(hacksaw) 등으로 제작할 수 있는 장점이 있다. 그림은 여러 종류의 알루미늄을 보여 주고 있다.

그림 6-1 ▲ 알루미늄 재료

6.3.4 가능하면 병렬로

각 관절은 가능하면 서보 모터 출력축의 반대쪽에도 축을 설치하여 병렬 구조(그림 6-2)가 되도록 했다.

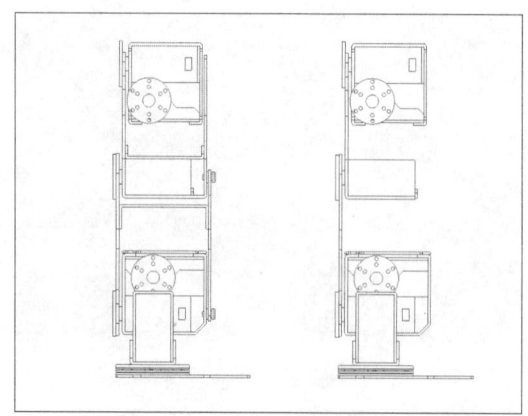

그림 6-2 ▲ 수직 구조와 병렬 구조의 기기

6.3 기구 설계

내구성은 정말 중요한데, 프레임이 약하면 서보 모터가 같은 움직임으로 가동해도 결과적으로 같은 자세가 되지 않고 안정된 동작을 실현할 수 없다. 또한 서보 모터에 부담되지 않으므로 필요한 토크가 줄어들고, 뒤집어지거나 낙하 충격에 대해서도 파손되지 않는 이점도 있다.

그런데 실제로 반대축을 만드는 것이 의외로 어렵다. 물론 구동축은 아니고 단순하게 자유로운 축을 만들뿐이지만 다음과 같은 구조가 필요하다.

- 간단하게 느슨해지는 구조는 아니다.
- 판과 판의 사이에는 결정된 간격이 유지된다.
- 밀어내는 방향의 힘에 대해서 어느 정도 견딘다.

이것을 실현하기 위해서 프린트 기판을 고정하는 데 사용하는 부시를 사용하는 방법(그림 6-3의 왼쪽)과 중공 스페이서 및 와셔를 병용하는 방법(그림 6-3의 오른쪽) 2가지를 생각했다.

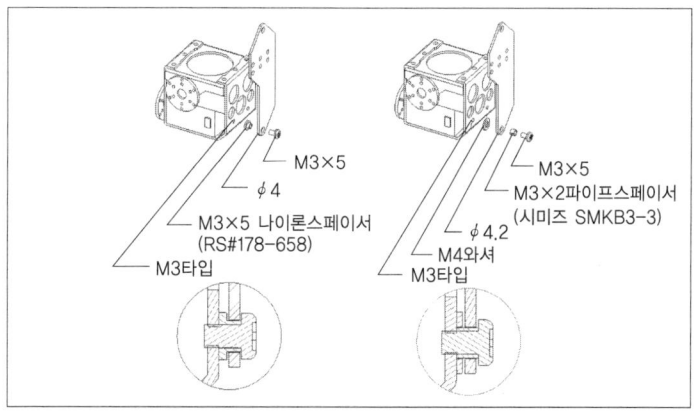

그림 6-3 ▲ 반대축 만드는 법

양쪽 동일하게 같은 치수로 완성하지만, 조립이 쉬운 것은 전자이고 튼튼한 것은 후자였다(OmniHead에서는 최종적으로 후자를 채용했다).

양쪽 모두 구름 베어링은 아닌 미끄럼 베어링을 사용했다. 토크 손실이나 마모를 생각하면 볼베어링을 사용하고 싶지만, 압입 고정이 번거롭고 크기나 무게가 커지는 단점도 있다.

미끄럼 베어링만으로 로봇을 만들고, 그 다음 문제가 있는 곳만 베어링을 넣는 방법을 사용하였다.

그런데 실제로 만들어 동작시켰을 때 베어링이 없어도 의외로 문제가 되지 않았기 때문에 결국 그대로 하였다. 부하는 크지만 고속 회전이 아니기 때문이 아닐까? 결과적으로 저렴한 이용으로 완성하였다.

6.3.5 관절의 기본 구조

설정한 목표대로 파손되지 않는 한 동일한 토크라도 짧으면 유리하다는 생각에서 가능하면 로봇을 작게 만들고자 했다.

서보 모터는 시제품을 분해하지 않고 그대로 사용했지만, 고정용의 부착물은 제거하기로 했다 (사진 6-6의 오른쪽). 물론 작게 만들기 위해서이다.

이렇게 하면 보통의 나사로 고정할 수 없게 되므로 서보 모터 케이스의 각 면을 프레임으로 눌러 붙여 고정하기로 했다(그림 6-4).

이것은 프레임의 내구성 향상에도 기여한다. 알루미늄 판을 좋아하는 치수로 구부려 사용할 수 있으면, 앵글 재료 또는 채널 재료를 이용하지 않으면서 스스로 알루미늄 판을 구부려 사용하는 최대의 이유이기도 하다.

사진 6-6 ▲ 서보 모터의 가공

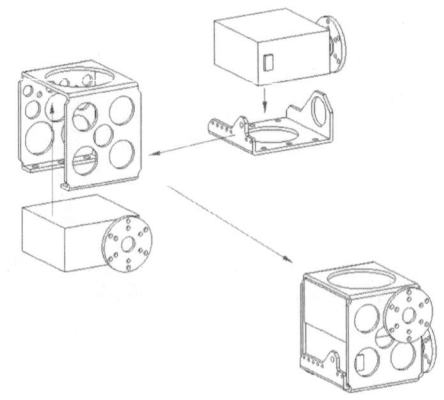

그림 6-4 ▲ 서보 모터의 고정 방법

2족보행 로봇에서는 구동력을 전달하기 위해서 다양한 종류의 기어와 타이밍 벨트 장치를 사용한다.

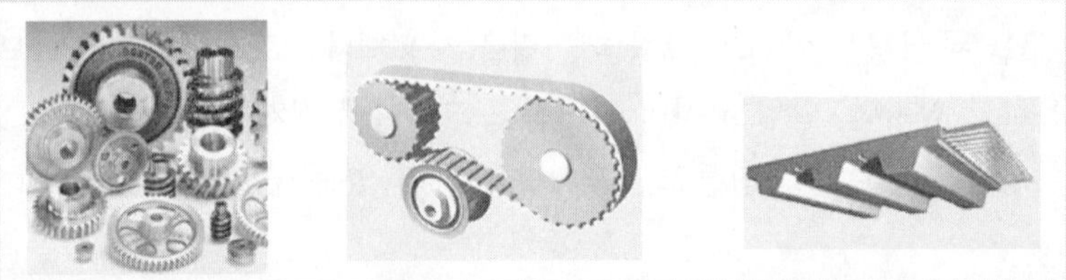

그림 6-5 ▲ 기어와 타이밍 벨트
(주) Boston Gear   http://www.bostgear.com

6.3 기구 설계

6.3.6 직교화는 하지 않는다

발목, 고관절·어깨 등과 같이 축이 여러 개 모여 있는 장소에서 각 축의 직교화에 대한 판단은 축 배치 설계에 있어서 가장 중요한 항목일 것이다.

표 6-2는 직교화의 장점·단점을 정리한 것이다. 여기서는 기계적 구조가 복잡해지는 것을 피하기 위하여 직교화하지 않기로 했다.

결과적으로 모든 축을 서보 혼 직결로 구동하게 되었다. 기구가 단순해지는 것은 장점이지만, 토크나 동작 각도가 부족했을 경우 링크비 또는 기어비로 얻을 수는 없으므로 사용하는 서보 모터의 성능에 적합한 제작 방법이 되었다.

표 6-2 ▼ 직교화의 장·단점

	비직행축	직행축
기계적 구조	간단(배치만으로)	복잡(링크 및 타이밍 벨트 등 필요)
소프트웨어	복잡(역운동학이 어렵다)	간단(역운동학도 간단)

6.3.7 다리의 축 배치

한쪽 다리에는 최소 몇 자유도가 필요할까? 일반적으로 생각하면 피치 방향 3축(발목, 무릎, 고관절), 롤 방향 2축(발목, 고관절), 요축 방향 1축, 합계 6자유도가 필요하므로 실제 OmniHead는 그렇게 설계했다(그림 6-6).

하지만 나중에 생각해 보니, 그렇게까지 할 필요는 없었을지도 모르겠다. 예를 들면 로봇의 방향을 바꾸고 싶을 때, 특별히 다리에 요축이 없어도 좌우 보폭을 조정하는 것만으로도 가능하다.

자유도는 많을수록 그만큼 유연하고 다양한 움직임을 연출할 수 있다.

직교화는 하지 않기로 하였으며, 축이 여러 개 모여 있는 발목·고관절에서는 이것들의 축은 오프셋을 가진 비틀어진 관계가 된다. 여기서 일반적으로 그림 6-7의 왼쪽과 같이 서보 모터를 배치하지만, 로봇을 작게 하기 위해서 OmniHead는 그림 6-7과 같이 오른쪽이 엇갈린 구조를 채택했다.

제 6장 OmniHead

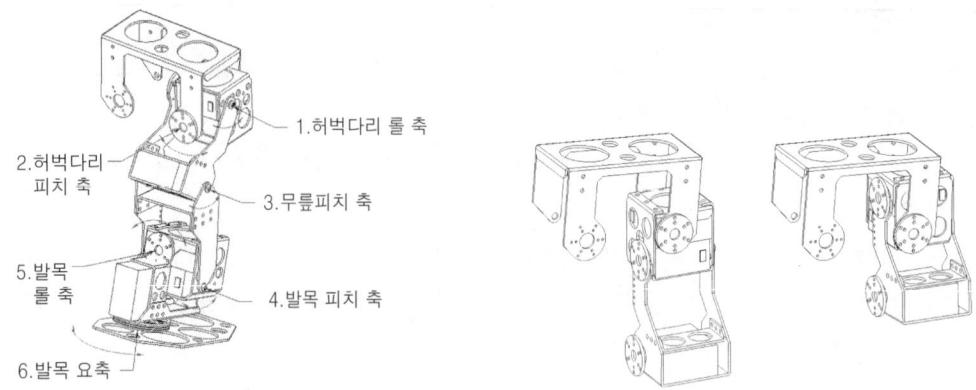

그림 6-6 ▲ 다리의 축 배치   그림 6-7 ▲ 축의 엇갈림 구조

이 방법은 같은 신장이라면 가능한 다리의 유효 길이를 길게 하려는 착상이라고 말해도 좋다. 로봇은 가급적 작게 만들면서 계단을 오르내리게 하거나 보폭을 크게 하고 싶었기 때문이다.

무릎은 일반적으로 구부리는 설계 이외에는 없으므로 남은 것은 요축이다. 이 축은 보통 고관절의 동체에 가장 가까운 쪽에 배치하지만, OmniHead에서는 굳이 동체에서 가장 먼 쪽인 발바닥으로 가져왔다. 그 의도는 다음과 같다.

- 한쪽다리 서기나 보행 중에도 회전을 제어하는 것이 수월하다.
- 동체에 서보 모터를 배치하지 않기 때문에 그만큼의 공간을 다른 것에 할당할 수 있다.
- 요축은 병렬 구조로 하기 어렵고 내구성이 좋이 않기 때문에 중요한 허벅지 관절에 배치하고 싶지 않았다.

단점이라면 중심이 내려가는 것이고, 동체로부터 본 관성 모멘트가 증가하여 그것과 안짱다리가 되지 않을까?

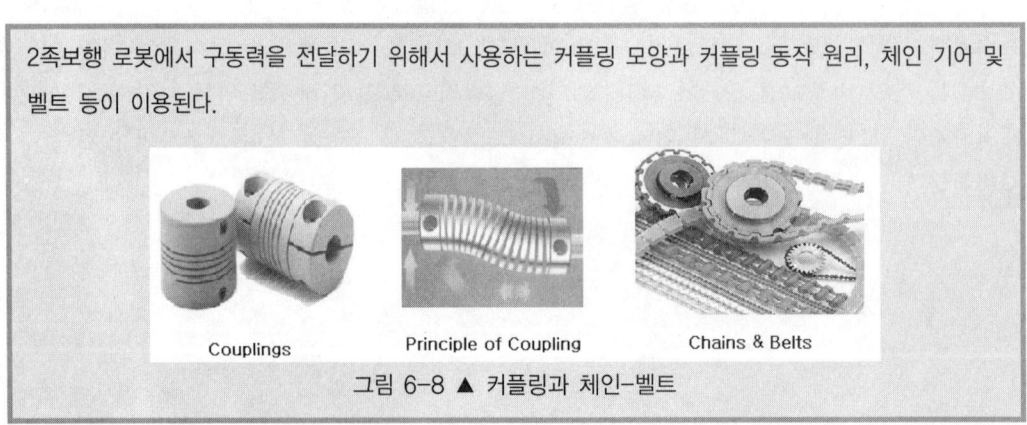

그림 6-8 ▲ 커플링과 체인-벨트

6.3.8 팔의 축 배치

팔은 한쪽 팔 4자유도로 했다(그림 6-9). OmniHead는 ROBO-ONE(4회 대회)에 출전하기 위해 만든 로봇이지만, 참가하는 데 만족할 목적이라면 그토록 많은 자유도는 필요하지 않을 것이다. 그리고 원래 경기 규칙에서는 팔에 대해서는 별다른 요구사항이 없었지만 팔이 없으면 펀치를 던질 수 없다. 공격력만을 생각한다면 장난감 로봇처럼 피치 방향 1축만으로 빙빙 돌아가는 팔도 괜찮을 것이다.

하지만 사람다운 동작(손 흔들기, 손 모으기, 물건 줍기 등)을 하고 싶다면 조금 더 많은 자유도가 필요하다.

이상의 동작을 무리 없이 구사하기 위해 OmniHead는 한쪽 팔을 4자유도로 했다.

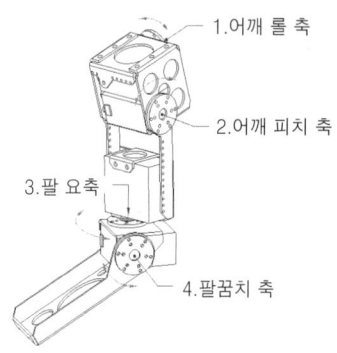

그림 6-9 ▲ 팔의 축 배치

한쪽 팔 4자유도는 조금은 사치라고 생각했지만, ROBO-ONE 4회 대회에서 결승에 진출한 로봇 16대의 팔 자유도를 다시 분석해 보면(표 6-3의 왼쪽), 한쪽 팔 4자유도인 것이 8대로 가장 많고, 5자유도인 것 2대를 포함하면 10대가 된다. 참가자 모두 역시 사람다운 동작에 마음이 끌리는 것 같다.

표 6-3 ▼ 상위 16대의 팔 자유도와 배터리 위치

팔의 자유도	로봇의 수	배터리의 위치	로봇의 수
0	1	몸체(등 포함)	11
3	5	대퇴부	1
4	8	발(발목 이하)	4
5	12		
계	16	계	16

제 6장   OmniHead

동일한 한쪽 팔 4자유도라도 여러 가지로 배치 할 수 있다. 예를 들면 팔꿈치에 관련하여 구부림 1축·회전에 1축을 사용하는 것과 구부림 2축(피치축·롤축)을 사용하는 것이 있다.

또 팔을 가진 15대의 로봇 중 대부분인 13대의 로봇이 자유도를 동체에 가장 가까운 어깨의 피치 축으로 하기 때문에 서보 혼만 수직을 유지하고 있다(그림 6-10의 왼쪽).

OmniHead에서는 '가능하면 병렬로'의 목표를 관철하기 위하여 어깨 2축은 병렬로 하였다(그림 6-10의 오른쪽). 이것은 허벅지용으로 설계한 부품을 그대로 사용하였다.

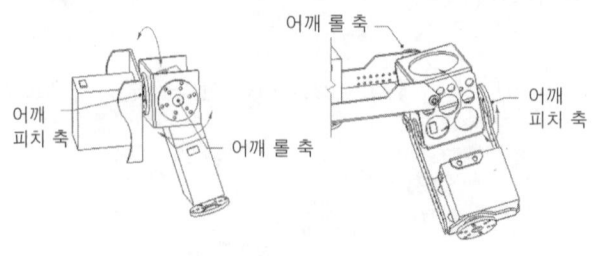

그림 6-10 ▲ 어깨의 구조

6.3.9 동체 설계

로봇을 소형으로 만들려면 그만큼 팔의 길이를 짧게 해야 한다. 그래서 목 중심으로 어깨 전체가 회전하는 축을 설치하기로 했다(그림 6-11의 왼쪽).

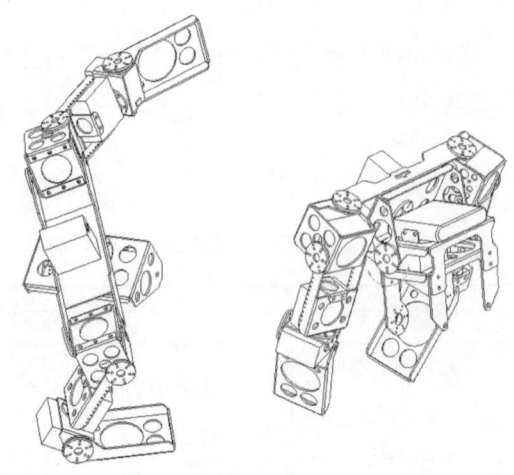

그림 6-11 ▲ 인사축과 어깨의 회전축

6.3 기구 설계

ROBO-ONE 2회 대회에서 결승리그 4위에 빛난 마츠카와 마사유키 씨의 로봇인 간구1은 작은 몸집에도 놀라울 정도의 긴 거리 펀치를 던졌다. 간구1은 작은 서보 모터를 복잡한 링크로 유효하게 활용하는 링크 형으로, 팔은 좌우 합해서 1개 서보 모터인 것 같았다.

OmniHead는 링크 식은 아니지만, 길이를 길게 잡는 축 배치로서 참고했다. 그리고 다리의 요축을 발바닥에 배치한 적도 있으며, 허리에 여유 공간이 있기 때문에 허리에 피치축을 설치하기로 했다(그림 6-11의 오른쪽). 이른바 인사축이다.

이 시점에서 마이컴은 인사축 서보 모터의 옆 공간에 '들어가면 좋겠다'고 생각했다. 프린트 기판의 면적은 확보했지만, 배선 재료는 일반적으로 많은 공간을 요구하기 때문에 조금 더 여유 공간을 고려해야 했다. 배터리는 그 위에 싣기로 했다. 숙인 상태에서 노출되기 때문에 교환하기에 용이하다(사진 6-7).

배터리는 무거운 부품이므로 어디에 배치하는가가 무게 균형을 좌우한다. 정적으로 '넘어지지 않는 로봇'을 만들려면 가능한 한 배터리는 낮은 위치에 탑재하는 편이 유리하고, 실제로 발끝이나 발뒤꿈치에 탑재하는 로봇도 많다. 하지만 동적으로 걷는 로봇을 생각하면, 중심이 높은 편이 시정수가 느려지고, 관성 모멘트 면에서도 유리하다. OmniHead는 다이내믹한 동작을 목표로 했기 때문에 배터리는 동체 안에 넣었다.

덧붙여 말하면 ROBO-ONE 4회 대회 결승에 진출한 16대 로봇의 배터리 탑재 위치를 분석해 보면(표 6-3의 오른쪽), 상반신에 실은 로봇이 많다. 역시 모두 넘어지지 않는 것보다는 동작을 목표로 하고 있다는 것일까?

마이컴의 배터리를 동체에 수납할 수 있기 때문에 로봇 등에 물건을 짊어지지 않게 함으로 등쪽을 깔끔하게 만들 수 있다(사진 6-8).

사진 6-7 ▲ 배터리 수납부

사진 6-8 ▲ 물건을 짊어지지 않은 등

제 6장 OmniHead

　이상으로 다리 6축 2, 팔 4축 2, 동체 2축으로 전부 22축에 대하여 설명했다. 이 중 직립으로 된 것은 발바닥의 요축과 동체의 요축 그리고 팔꿈치의 요축 뿐이다.

　발바닥과 동체의 요축은 주로 수직 방향으로 힘이 걸리는 축으로, 트러스트 베어링이 삽입되어 있다. 하중은 트러스트 베어링에 대해 압력을 주는 방향으로 작용한다.

　팔꿈치 요축은 이전의 팔꿈치 윗부분만 유지하고 있으므로 부하도 가볍고 정밀도도 필요하지 않다.

6.3.10 편리한 CAD

　이상의 설계는 거의 전부 3차원 CAD에서 실행했다. 3차원 CAD는 수작업이나 2차원 CAD에 비해 조작하는 것이 귀찮은 점도 있지만, 제작하기 전에 여러 각도에서 볼 수 있다는 이점이 많다.

　종래의 기법으로 일단 실물을 만들고 그에 대해 어디를 개량해야 할지를 생각한다. 그리고 다음 버전을 만드는 과정을 거치면서 3차원 CAD를 사용하여 화면상의 처음 프로세스를 종료하면 재빨리 다른 차원의 실물을 만들 수 있다. 이러한 이유 때문에 앞으로도 계속 CAD를 사용할 것 같다.

6.4 전기계(電氣系)

사진 6-9는 이번에 OmniHead용으로 제작한 CPU 보드이고, 그림 6-12는 블록도를 나타낸 것이다.

이제부터 어떻게 이 구성으로 결정되었는지를 설명한다.

사진 6-9 ▲ CPU 보드

그림 6-12 ▲ CPU 보드의 블록도

6.4.1 PIC? H8? SH2?

CPU는 무엇으로 할까? 링크 방식이 아니고, 마이컴 제어의 다중 서보 모터형 로봇을 제작하기 때문에 마이컴을 탑재하지 않으면 안 된다.

요즘은 소형이면서 고성능인 마이컴을 저렴하게 구입할 수 있다. 그 중에서 내부 메모리가 있고 크기가 작으며, 자세 사이를 보간하면서 무선조종 서보 모터 펄스를 만들 정도의 연산능력이 있는 CPU로 H8/3664F(루네사스 테크놀로지 社)를 선택했다.

6.4.2 PWM은 소프트웨어로 할까? 하드웨어로 할까?

무선조종 서보 모터는 PWM 신호로 움직인다. 마이컴 쪽은 사용하는 서보 모터의 개수(OmniHead는 22개)만큼 PWM 신호를 만들어야 한다.

무선조종 서보 모터에 입력하는 펄스 신호의 경우 주기는 정확하지 않아도 되지만, 펄스 폭은 정확한 정밀도가 요구된다.

이번에 메인 CPU로 선택한 H8/3664F에는 다양한 타이머 기능이 탑재되어 있는데, 그 중 output compare 기능을 사용하면 compare 매치에 의해 하드웨어적으로 출력 핀을 최대 4채널까지 조작할 수 있다. 이것이 로봇의 축 수만큼 있으면 별 문제없지만, 4채널밖에 없기 때문에 좀 더 연구가 필요하다.

무선조종 서보 모터를 제어하는 데 필요한 펄스 폭은 최대 2.5msec 정도인데 비해, 주기는 50~60Hz 즉 20~16.7msec 정도로 길다. 이것을 이용해서 그림 6-13과 같이 시분할함으로써 6~8배 많은 수의 서보 모터를 움직일 수 있다.

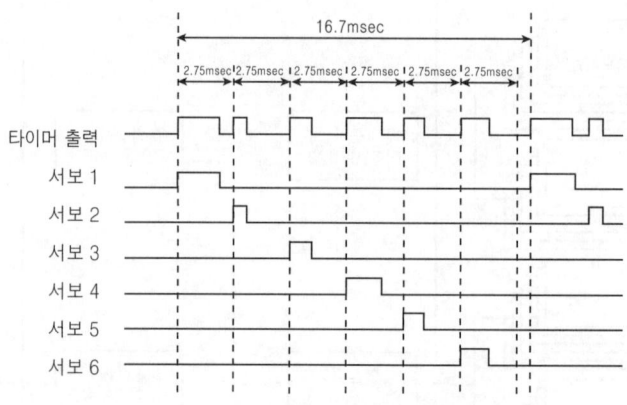

그림 6-13 ▲ 서보 모터에 공급하는 펄스를 시분할로 작성한다

6.4 전기계(電氣系)

시분할하기 위해서는 하나의 타이머 출력을 순차로 전환해서 다른 출력 핀에 분배해야 한다. 이 분배 작업은 원래 메인 CPU 내부에서 인터럽트에 의해 소프트웨어적으로 처리한다. 이 방식이라면 하드웨어에서는 CPU의 I/O핀과 각 서보 모터의 신호선을 직접 연결하는 것만으로 처리할 수 있으므로 CPU 이외 다른 외부 회로가 필요하지 않게 된다. 이 정도의 공간(인사 축으로 서보 모터의 가로, 약 50mm 사방)에 들어간다고 생각하여 이 방식으로 작업했다.

하지만 실제로 움직여 보면 의외로 큰 지터(jitter)가 발생하면서 겉으로도 식별할 수 있을 정도로 서보 모터가 커졌다. 원인은 외부 인터럽트에 의한 타이밍 지연이므로, 해결하려면 역시 펄스 분배작업을 하드웨어적으로 설계할 필요가 있다고 생각한다. 그래서 CPLD나 FPGA를 추가하는 것을 생각했지만, 원래 CPU만으로 해결된다고 생각했기 때문에 기판에 여유 공간이 없다. 74시리즈 등의 범용 로직 IC의 플랫 패키지 판도 들어가지 않는다.

로봇의 구조를 변경하여 기판을 크게 하려고 생각하고 있을 때, PIC마이컴(PIC16F628)에는 아주 작은 패키지(SSOP20핀, 7.2 5.3mm)가 있다는 것을 발견하고 이번에는 이것을 부-CPU로 이용하는 것으로 지터 문제를 해결하였다.

IC 마이컴에는 펄스만을 분배하는 매우 간단한 소프트웨어를 삽입했다. 또 외부에 발진자를 붙일 장소가 없었기 때문에 내부 RC발진을 이용하였다.

6.4.3 무선은 무선조종으로 할까? 시리얼로 할까?

ROBO-ONE에서는 사람이 명령을 내리고 로봇이 싸운다. 이 통신 수단으로 생각할 수 있는 것은,

- 무선조종
- 무선 시리얼
- 무선 LAN
- 블루투스
- 적외선
- 음파
- 음성 인식

등이 있지만, 확실한 통신과 용이한 장착 등을 고려하여 무선조종 방식을 선택했다.

무선조종 수신기는 원래 무선조종용 서보 모터를 연결하도록 만들어져 있고, 서보 모터의 제어 신호는 물론 미리 알고 있으므로 간단하다.

다양한 동작을 지시할 것을 감안하여 송수신기는 채널수가 많은(동시에 염가인) 기종으로 RD8000(삼화전자기기)을 선택했다. 여기에 부속된 수신기 RX-811을 로봇에 탑재하고 조작 명

제 6장 　OmniHead

령을 보낸다.

　수신기 출력 신호는 그림 6-14의 윗부분과 같은 파형이다. 이것을 그림 6-14의 아래 부분과 같은 2채널의 신호로 압축하고 메인 CPU에 인터럽트 신호로 입력한다. 덧붙여 이 압축은 단순한 OR회로로 충분하지만, 앞으로의 확장성과 부품의 편의성을 생각해서 서보 모터 쪽과 같은 PIC마이컴을 부-CPU로서 탑재했다.

　송신기의 레버 상태는 기본적으로는 디지털 정보로서 취급하지만 마스터-슬레이브적인 모드로 설계하고 싶었기 때문에 아날로그 값으로도 취급할 수 있는 하드웨어로 해두었다.

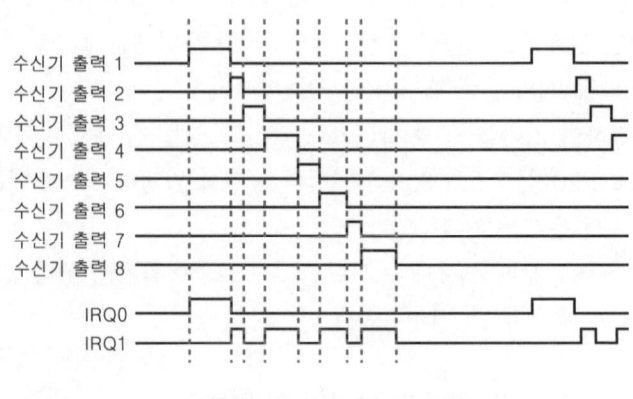

그림 6-14 ▲ 수신기의 신호

6.4.4 센서와 자율성

　이번의 경우 CPU 보드에는 가속도 센서를 탑재했다. 사용한 부품은 ADXL202E로, 2축(전후 방향, 좌우 방향)의 가속도를 검출한다. ADXL202E는 펄스 출력과 아날로그 전압 출력의 2가지 사용법이 있지만, 펄스 출력으로 메인 CPU의 인터럽트 포트에 입력하는 방식을 선택했다.

　가속도 센서는 중력 센서이기도 하지만, 정적으로는 경사 센서로도 사용할 수 있다. 현재의 OmniHead에서는 넘어지는 것을 자동으로 검출하는 기능과 자동 복귀 기능만으로 사용하지만, 앞으로는 자세 제어에도 이용할 생각이다.

　또 배터리 전압을 모니터링할 수 있도록 저항으로 분압해서 A/D 포트에 입력하고 있다. 여기서 얻은 배터리 전압 정보는 아직까지 LED의 점멸 횟수로 외부에 알려 주는 기능만 있을 뿐이지만, 언젠가는 스스로 '연료'를 보충하기 위해 기지로 돌아오는 로봇을 만들고 싶다.

6.4.5 배터리

에너지원은 역시 2차 전지이다. 설계 시점에서 쉽게 구입할 수 있는 것을 고려해서 리튬 이온 전지나 리튬-폴리머 전지는 피하고, 손쉽게 니켈-카드뮴 전지나 니켈-수소 전지를 사용하기로 했다.

전압은 4.8V로는 역부족이고, 7.2V는 서보 모터를 망가뜨릴 것 같아서 중간값인 5셀(cell)-6V를 선택했다.

처음에는 무선조종용 니켈-카드뮴 전지팩(600mAH)을 사용했지만, 용량이 작고 약간 비싸서 비교적 저렴한 니켈-수소 전지(2100mAH)를 포장한 것(사진 6-10)으로 변경했다. 이렇게 변경하면서 체험한 것은 배터리는 무거운 부품이기 때문에 무게 균형에 큰 영향을 준다는 것이다. 그래서 변경했을 경우 그 때까지 만들었던 동작을 대부분 수정해야 한다. 그러므로 시합 직전에 변경할 때에는 반드시 주의해야 한다.

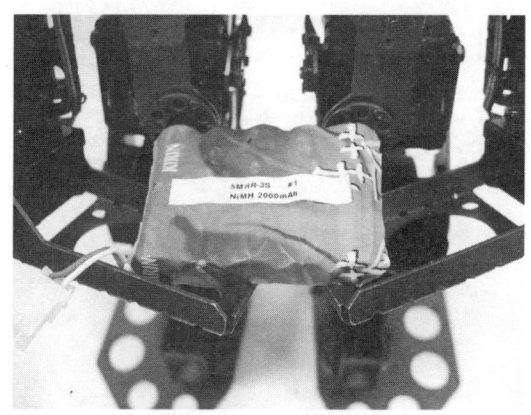

사진 6-10 ▲ 전지 팩

6.4.6 배선

아무리 노력해도 이해되지 않는 것이 배선이다. 로봇은 전신이 움직이기 때문에 배선을 눈에 띄지 않게 짧게 연결하면 굴절 부분이 커서 끊어지기 쉬운 반면에, 배선을 길게 하면 다른 부분에 걸리기 십상이다.

OmniHead에서는 모든 가동 부분이 축 주위로 회전하므로 회전축에 가까운 부분을 통과시키면 가장 짧은 배선으로 깔끔하게 처리된다. 속이 비어 있는 관통 축 안에 배선할 수 있는 서보 장치가 있으면 이 문제가 해결될 것이다.

배선 작업을 하는 동안에 전선을 심하게 움직였을 때 선이 끊어지는 경우가 여러 번 있었는데, 아마도 구부릴 때 반경이 작아서 피로 현상으로 끊어져 버린 것 같다.

제 6장 OmniHead

　전기인두를 항상 휴대하여 배선이 끊어질 때마다 그 즉시 고칠 수도 있겠지만, 여기서는 수월한 작업을 위해 '배선을 눈에 띄지 않게 하는 방법'은 포기하고, 프레임에서 멀리 떨어져서 크고 완만하게 구부리는 방법으로 변경했다.

　최종적으로 실제 장착한 모습이 사진 6-11이다. 완만하게 구부리는 방법으로 구부러지는 것을 제어하기 위해 플랫 케이블(flat cable)을 이용하였다. 원래 CPU 보드에서는 핀 헤더(pin header)로 출력되는데, 그것을 그대로 분해하지 않고 사용하였다. 또 기능적으로는 모두 비슷하지만, 플랫 케이블의 색깔이 검은 것을 선택했다. 디자인적으로 좋을지 모르지만, 배선이 틀리기 쉽기 때문에 주의가 필요하다.

사진 6-11 ▲ 배선

6.5 펌웨어

지금까지 OminiHead의 하드웨어에 대하여 설명하였다. 실제로 로봇을 움직이려면 하드웨어에 덧붙여 소프트웨어가 필요하다.

소프트웨어는 로봇 내부의 CPU로 움직이는 제어 프로그램(펌웨어)과 외부의 PC상에서 실행하는 동작 에디터로 크게 구분된다.

여기에서는 로봇에서 실행하는 펌웨어에 대하여 설명하겠다.

6.5.1 로봇의 움직임

보행로봇을 만들 때 당연히 로봇의 '움직임' 즉, 각 관절의 각도를 어떻게 결정해야 하는지를 생각하지 않으면 안 된다. 궁극적으로는 아무 것도 가르치지 않아도 스스로 움직임을 학습하는 로봇이 등장할 것이다.

이러한 설계 방법으로,

(1) 미리 결정된 움직임을 재생하는 방법
(2) 리얼타임으로 산출하는 방법
(3) 마스터 슬레이브로 조종하는 방법

등을 생각할 수 있다.

(1)은 가장 간단한 방법으로, 많은 로봇이 이 방법으로 움직인다.

(2)는 역운동학 또는 센서 값을 이용하여 이론에 근거해 관절의 각도를 계산하는 많이 사용하는 방법이다.

(3)은 앞의 방법과 다르게 로봇을 움직일 때 각 관절의 각도를 직접 사람이 결정하는 방법인데, 보통은 로봇을 모방한 특수한 입력 장치를 이용한다. 인간이 즉각 대응한다는 의미에서 가장 융통성 있는 방식이라고 할 수 있다.

OmniHead의 경우 '쉽게 만들자'는 기준에 따라 가장 간단한 (1)의 방법을 쓰기로 했다. 단, ROBO-ONE 제3회 대회의 경우 츠토우 씨의 강왕환Ⅱ(剛王丸Ⅱ)나 타키자와 씨의 Adamant 3호가 마스터 슬레이브 방식을 매우 효과적으로 이용하고 있어서 이러한 방법을 OmniHead에 부분적으로 사용하였다.

6.5.2 동작

각 관절의 각도를 결정하면 로봇은 어떤 자세를 취하게 된다. 즉, 각 관절의 각도값은 자세 그 자체라고 말할 수 있다. 이러한 여러 가지 자세를 연속적으로 재생하면 어떤 움직임이 되는데, 이것을 동작이라고 말할 수 있다.

정리하면 여러 개의 자세(각 관절의 각도값)와 이런 자세를 바꿔 가는 시간이나 순서를 정의한 것이 동작 데이터이다. 단, 여러 개의 자세를 순서대로 재생하는 데 그치면 형식적인 움직임이 되어 버린다. 보행으로 말하면 1보 걷고 멈추는 동작과 2보 걷고 멈추는 동작, 3보 걷고 멈추는 동작 등을 모두 각각 만들어야 한다.

이러한 문제를 해결하기 위해서 루프 구조를 실현할 수 있는 방법을 채택했다. 따라서 하나의 동작 데이터는 개시부·루프부·종료부의 3개 부분을 갖게 된다. 자세한 내용은 '6.6 동작 에디터'의 절을 참조한다.

동작 데이터는 최종적으로는 로봇의 CPU보드에 기록된다. 이것에 근거해서 실제로 각 서보 모터를 구동하는 것은 펌웨어의 일이다.

6.5.3 펌웨어의 구성

그림 6-12는 펌웨어의 블록도이다. 수신기로부터의 신호나 나중에 언급하게 될 오토 데모(auto demo)의 지령에 근거하여 어느 동작을 실행할 것인지를 결정하는 것이 상위 모듈이다. 또 하위 모듈은 주어진 동작 데이터에 근거해서 최종적으로 각 서보 모터를 구동하는 펄스를 발생한다. 시스템 전체의 제어 주기는 서보 모터의 펄스 주기와 동일한 60Hz로 했다.

이제부터 각각의 모듈에 대하여 설명하겠다.

6.5.4 수신기 신호 읽기

수신기로부터의 신호는 그림 6-14의 밑과 같이 2채널로 압축되어 인터럽트 신호로 메인 CPU에 입력된다. 메인 CPU 쪽의 소프트웨어는 인터럽트가 걸리면 프리런(free run)하는 타이머 값을 읽어내어 그 값과 이전 번의 값을 비교함으로써 펄스 폭을 측정한다.

덧붙여서 소프트웨어적으로 처리하기 때문에 다른 인터럽트 처리 등에 의해 인터럽트가 지연했을 경우에는 측정값의 지터(jitter)가 된다. 수신기의 신호는 전파를 경유하기 때문에 원래 노이즈가 있고, 또 그렇게 미묘한 스틱 조작을 하는 것도 아니므로 지터는 소프트웨어적으로 평균화함으로써 제거된다.

6.5 펌웨어

메인 CPU 안에 있는 타이머의 입력 캡처(Input capture) 기능을 쓰면 정확하게 측정할 수 있지만, 이번에는 모두 출력 비교 기능(output compare, '6.5.10 펄스 발생 모듈' 참조)으로 사용하였다. 그래서 제1회 ROBO-ONE 기술협의회(Technical Conference)에서 "CPU는 지금 당장은 필요 없어도 나중을 생각해서 여유 있는 것을 고르는 것이 좋다."는 모리나가 씨의 말이 다시 생각났다.

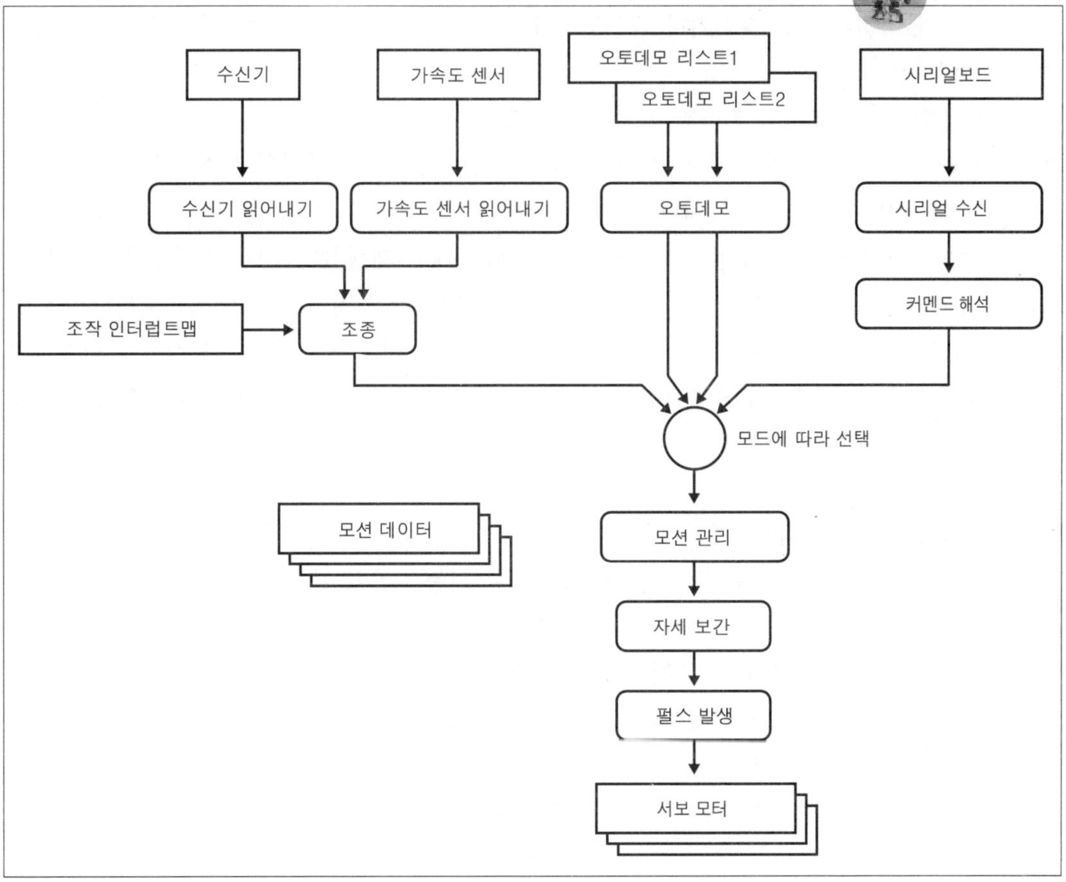

그림 6-15 ▲ 펌웨어의 블록도

6.5.5 가속도 센서 읽기

탑재한 가속도 센서는 ADXL202E이다. ADXL202E의 출력은 아날로그 출력과 PWM 출력이 있지만, 여기서는 PWM 출력을 이용했다. 수신기와 같이 메인 CPU의 인터럽트 신호로 입력하고, 소프트웨어적으로 펄스 폭을 측정한다.

6.5.6 조종 모듈

조종 모듈에서 하는 일은 수신기나 센서로부터 들어오는 정보를 판단하여 다음에 어떤 동작을 재생할 것인가를 결정하는 것이다.

송신기를 다양하게 조작함에 따라 어떤 동작을 할당하는가에 대해서는 나중에 언급할 동작 에디터로 미리 설정한다. 이러한 분배 맵(map)에 근거하여 수신기나 센서의 신호로부터 실제 동작을 불러내는 것이 이 모듈의 역할이다.

재생해야 할 동작이 없을 때는 무부하 회전(idling) 동작을 재생한다. 그리고 무부하 회전 도중 가속도 센서가 넘어진 상태를 감지하였다면 넘어진 방향에 따른 일어나기 동작을 재생하게 되어 있다. 이렇게 하면 앞으로 넘어졌을 때나 뒤로 넘어졌을 때 어느 쪽이라도 자동적으로 적절하게 일어나기 동작을 재생한다. 옆으로 넘어졌을 때를 가정한다면 가속도 센서로 2축을 이용하기 때문에 검출하는 것이 가능하다.

6.5.7 오토 데모 관리 모듈

미리 정의된 순서대로 동작을 순차적으로 발생하는 기능을 오토 데모라고 한다. ROBO-ONE의 대회에 있어서 참가 자격 심사나 시합 전 시범 동작을 완전 자동으로 하기 위한 기능이다.

정의된 순서는 동작 참조와 반복 횟수로 구성된다. 이 정의된 순서에 따라 차례대로 송신기를 조작하는 것처럼 데이터를 하위 모듈로 보내는 것이 이 모듈의 역할이다.

CPU 보드에는 DIP-SW가 설치되어 있는데, 이것으로 표 6-4와 같이 2개의 오토 데모를 포함한 4개의 모드를 선택할 수 있다. 즉, 이 DIP-SW의 상태에 따라 동작 관리 모듈의 제어를 변경할 수 있다.

표 6-4 ▼ DIP-SW에 의한 모드 설정

SW3	SW4	모드
ON	ON	프로포 조정모드
ON	OFF	오토데모 1
OFF	ON	오토데모 2
OFF	OFF	모션 에디터 모드

6.5.8 동작 관리 모듈

동작 관리 모듈은 상위 조종 모듈이나 오토 데모 관리 모듈의 지시에 따라서 주어진 동작을 재생하는 모듈이다.

오토 데모 관리 모듈에는 재생하는 동작과 반복 횟수가 주어진다. 조종 모듈에는 재생 동작만 주어지고, 나중에 동작 종료 지시가 주어졌을 때 동작 종료 단계로 들어간다. 이에 따라 보행이나 거꾸로 서기 동작 도중 종료 지시가 있으면 초기 자세로 돌아간다.

재생 동작은 자세 단위로 분해되고, 자세 보간 모듈에 보내진다.

6.5.9 자세 보간 모듈

OmniHead는 자세와 자세 사이를 매끄럽게 보간하여 동작을 구성하였다. 이 보간을 실행하는 것이 자세 보간 모듈이다.

보간 알고리즘은 여러 가지 일을 생각할 수 있다. 가장 단순한 것은 직선 보간인데, 이것은 '갔다가 돌아오는' 동작에 대해 추종성이 좋지 않은 문제가 있다(그림 6-16의 (가)). 이에 대한 원인은 정점에서 속도가 불연속으로 변화하고 결과적으로 무한대의 가속도를 요구하는 데 있다.

이러한 문제에 대한 대책으로 보간은 2차 곡선으로 실행하는 한편, '갔다가 돌아오는' 지시값에 대해서는 정점에서 일단 속도가 제로(zero)인 가속도 제어를 실시하였다(그림 6-16 (나)).

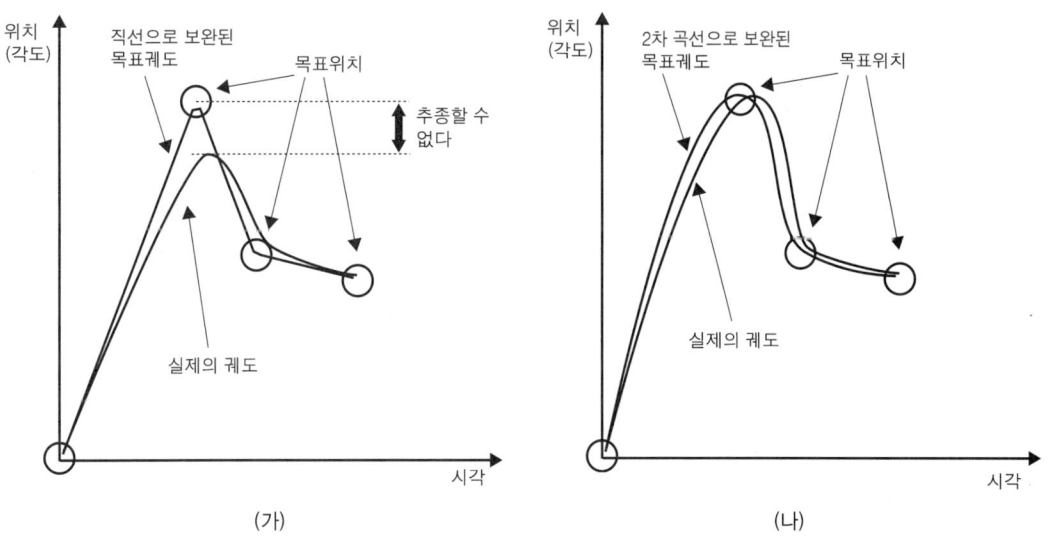

그림 6-16 ▲ 직선 보간과 곡선 보간

이 보간 처리는 모든 서보 모터에 대하여 60Hz의 주기로 실행하고, 메인 CPU에 있어서는 가장 중요한 처리가 된다. OmniHead의 메인 CPU는 16MHz의 H8/3664F이지만, 실측해 보면 각종 인터럽트를 포함해서 평균적으로는 18% 정도이고, 최대 부하 때에는 25% 정도의 CPU 전력을 소비하였다.

6.5.10 펄스 발생 모듈

이 모듈은 상위의 자세 보간 모듈에서 결정한 관절 각도를 입력하고, 그 결과에 따라 얻은 폭의 펄스 신호를 발생하여 서보 모터를 구동한다.

'6.4 전기계'에서 알아본 바와 같이 메인 CPU 내 타이머의 출력 비교 기능에 의해 그림 6-13과 같은 시분할된 펄스를 발생한다. 이것을 각 서보 모터에 분배하는 것은 부-CPU의 역할이다.

6.6 동작 에디터

로봇을 조종할 때의 방법은 앞에서 설명한 바와 같다. 하지만 실제로는 이에 더해서 동작 데이터가 필요하다. 여기에서는 동작 데이터를 작성하는 동작 에디터에 대하여 설명하겠다.

6.6.1 시스템 구성

그림 6-17은 동작 에디터의 시스템 구성을 나타낸다.

로봇과 PC는 시리얼 통신(RS-232C)으로 접속되고, PC에서 실행되는 동작 에디터의 조작 내용이 실시간으로 로봇에 반영된다. 사용자는 동작 에디터를 조작하고 로봇의 움직임을 즉각 확인하면서 자세나 연결 동작을 편집한다.

로봇 쪽 CPU 보드의 주된 일은 동작 에디터로부터 송신되는 각 관절의 목표 각도를 받아서 실제로 서보 모터를 구동하는 것이다. 그리고 자세간의 보간 작업은 로봇 쪽에서 실행하지만, 보간된 현재의 값을 돌려 줌으로써 PC 쪽에서도 현재 값을 알 수 있게 하였다.

이렇게 작성한 동작 데이터는 최종적으로 로봇 쪽에 기록된다. 이번에는 통신을 확실하게 하기 위해 무선조종방식을 채용했기 때문에 실전에서는 PC 없이 움직일 수 있었다.

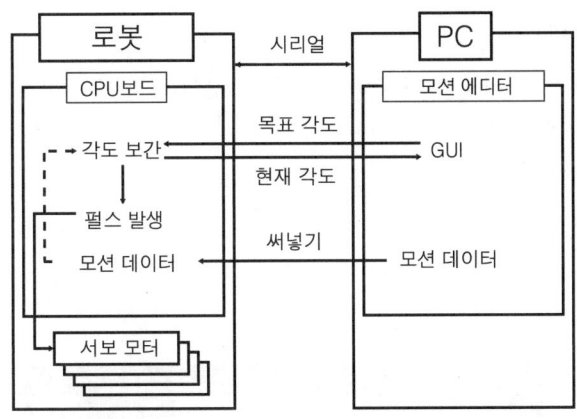

그림 6-17 ▲ 동작 에디터의 시스템 구성

6.6.2 동작 에디터 "TopDancer"

화면 6-1은 이번에 작성한 동작 에디터를 나타낸 것이다. 화면의 왼쪽이 로봇의 자세를 편집하는 자세 에디터 부분인데, 각 관절에 대응하는 관절 슬라이더(slider)로 구성된다.

화면의 오른쪽은 자세간의 이동을 정의하는 시퀀스 에디터 부분으로, 1행의 블록은 하나의 자세에 대응하고, 천이 시간이나 루프 구조 등을 정의한다.

화면에 나타나 있는 부품이나 배경은 보통의 BMP 그림 파일로 구성되어 있다. 따라서 이른바 스킨(skin)으로 사용자가 그림을 바꿔 넣거나, 배치를 변경할 수 있다. 즉, 축 배치가 전혀 다른 로봇에도 활용할 수 있다.

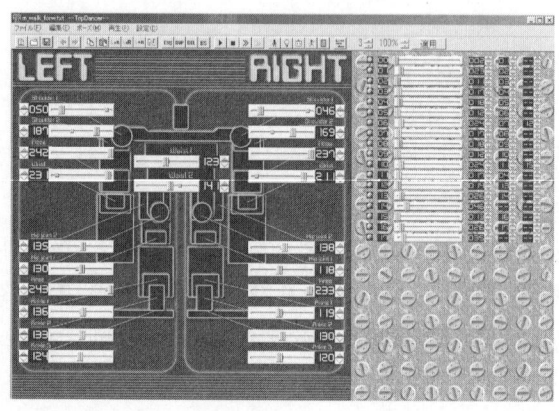

화면 6-1 ▲ 동작 에디터 'TopDancer'

6.6.3 관절 슬라이더

화면의 왼쪽에 로봇의 각 관절에 대응하여 배치된 것이 관절 슬라이더인데(화면 6-2), 동작을 작성할 때 가장 빈번하게 조작하는 것이다.

기본적으로 각 관절의 목표 각도를 직접 지정하기 위하여, 슬라이더의 노브(knob)를 끌어당겨서 자연스럽게 각도를 변경할 수 있다. 또한 수치를 보면서 1씩 미세 조정할 수도 있다.

동시에 처음 위치나 로봇으로부터 돌아오는 현재 위치도 표시하고, 초기 위치에서 이동량이나

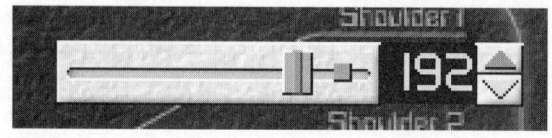

화면 6-2 ▲ 관절 슬라이더

보간 상황을 볼 수 있다.

그리고 Windows의 애플리케이션과 같이 각 슬라이더를 '선택'할 수 있다. 복수 선택한 상태에서 마우스 휠로 정리해 각도를 변경하거나 선택한 슬라이더만을 복사하여 다른 자세에 붙일 수 있다. 즉, '저쪽 자세의 오른손 부분만을 이쪽 자세로 복사'라는 조작을 간단하게 시행할 수 있다.

6.6.4 자세의 연속 동작(시퀀스) = 동작

화면의 오른쪽 영역이 복수의 자세를 연속적으로 재생할 때 순서나 시간을 정의하는 연속 동작(시퀀스) 에디터 부분이다.

화면 6-3에 나타낸 1행의 블록이 하나의 자세에 대응한다.

화면 6-3 ▲ 시퀀스 에디터의 1행

왼쪽 단의 자세 선택 부분을 클릭하면 화면 왼쪽의 자세 에디터 화면에 그 자세가 나타난다. 각각의 자세가 가지고 있는 요소는 다음과 같다.

- 일련 번호
- 천이 시간
- 통상시 다음 자세 번호
- 종료시 다음 자세 번호

천이 시간은 앞의 자세에서 목표한 자세가 되기까지의 시간을 정의하는 것으로, 간단한 제어 주기(1/60초)로 하고 있다. 목표한 자세로의 천이시간이 종료했을 때 다음에는 어느 자세로 이동할 것인지를 결정하는 것이 다음 자세 번호이다. 다음 자세 번호에는 다음과 같이 '통상시'와 '종료시'의 2종류가 있다.

'통상시 다음 자세 번호'는 통상 상태에서 참조하는 것으로, 보통은 '자신의 번호+1'을 지정한다. 지정하지 않으면(공란으로 한다), 그 동작의 종료를 의미한다. 그리고 여기서 자기보다 작은 번호를 지정함으로써, 앞으로 돌아가는 루프 구조를 작성할 수 있다.

이렇게 해서 만든 루프 구조는 기본적으로 무한 루프가 된다. 루프를 종료시키기 위한 조건 분기가 되는 것이 '종료시 다음 자세번호'이다. 보행 동작 등은 도중에 불안정한 자세가 많아서 종료시키고 싶을 경우도 갑자기 초기 자세(홈 포지션)로 돌아가는 것은 무리가 있기 때문에 돌아가는 동작을 정확히 정의하기 위해서 이러한 구조로 하고 있다.

화면 6-4는 위에 언급한 루프 구조를 이용한 예를 나타낸 것이다. 2종류의 '다음 자세 번호'를 이용해서 '걷기 시작·정상보행·걷기 종료'를 하나의 동작 안에 정의한다. 덧붙여 '6.7 동작 작성 예'의 사진 6-12는 이 동작의 사진이다.

그 밖에 연속 동작(시퀀스) 내에서 자세를 삭제하거나 추가 삽입하는 기능이 있다. 자세를 추가 삽입하는 기능은 현재의 자세와 바로 전 자세와의 사이에 새로운 자세를 삽입하는 것으로, 새로운 자세의 관절 각도는 각각의 중간, 천이시간도 반으로 하고, 정확히 자세간의 중간점을 삽입하는 방법으로 했다. 즉, 처음과 마지막은 생각한 바와 같지만 중간 궤도가 마음에 들지 않을 때에는 중간점을 삽입해서 지정하지 않는다.

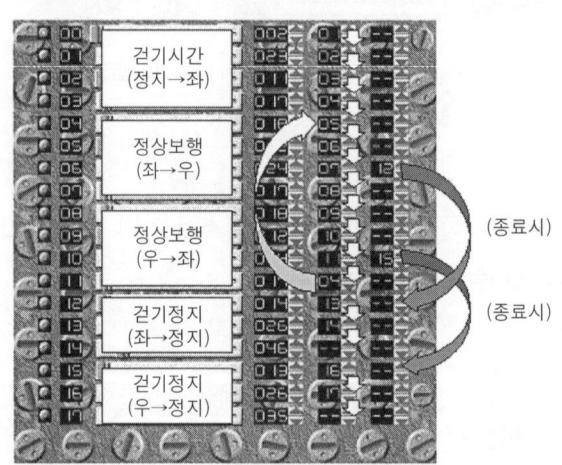

화면 6-4 ▲ 걷기 동작과 루프 구조

6.6.5 송신기 조작 분배

그림 6-18은 OmniHead의 조종에 이용하는 무선조종 송신기 RD8000을 나타낸 것이다.

좌우 2개의 스틱으로 각각 상하 좌우 2채널(합계 4채널)의 아날로그 값과 그 밖의 스위치로 합계 4채널 분의 디지털 값(2단계 또는 3단계)을 얻을 수 있다.

이것 가운데 좌우 2개의 스틱 조작(각각 8방향)으로 전진이나 펀치 동작 등 각종 동작을 분배하기로 했다. 남은 스위치에 분배 맵 변환이나 마스터 슬레이브 모드의 ON/OFF를 실시한다.

이 분배 맵의 편집을 실시한 것이 화면 6-5의 송신기 조작 분배 화면이다.

6.6 동작 에디터

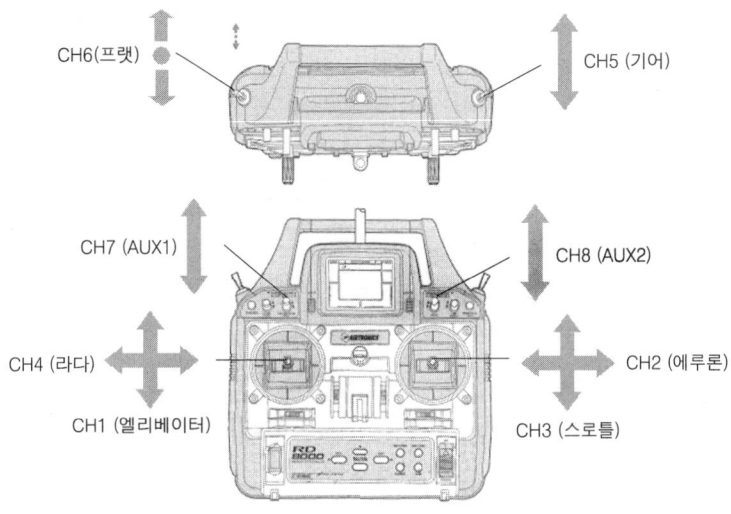

그림 6-18 ▲ RD8000의 조작과 각 채널의 관계

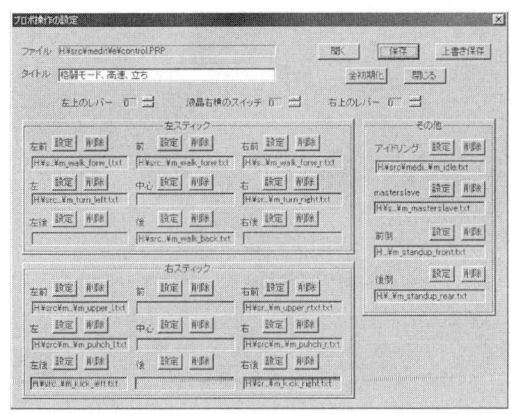

화면 6-5 ▲ 송신기 조작 분배 화면

송신기의 우측에 있는 AUX2 스위치(2단계), GEAR 스위치(2단계), 좌의 플랩(flap) 스위치(3단계)로 총 12개의 맵을 변환할 수 있지만, 그 분배는 다음과 같이 실행했다.

FLAP 스위치 … 서기(선 자세)·엉거주춤한 자세·웅크린 자세
AUX2 스위치 … 격투 모드·연기 모드 변환
GEAR 스위치 … 고속·소폭 보행 변환

각 맵에서는 선 자세·엉거주춤한 자세·웅크린 자세 등 초기 자세가 다르기 때문에 각각의 맵

마다 다른 일어나는 동작을 설정할 수 있다. 마찬가지로 각 맵마다 무부하 회전 때의 동작과 마스터 슬레이브 때의 기준 동작을 설정할 수 있다.

무부하 회전 때는 계속 멈춰 있어도 좋겠지만, 아무런 동작을 하지 않을 때라도 발 동작(footwork)이나 숨을 쉬는 동작으로 움직이게 함으로써 보다 자연스러운 움직임을 연출할 수 있다.

6.6.6 마스터 슬레이브 모드

마스터 슬레이브 모드는 로봇의 각 관절에 포텐시오미터를 가진 제어기를 작성하고, 다이렉트로 조종하는 것이 왕도일 것이다. 여기에서는 제어기를 만드는 것이 번거롭고 무선 조종 방식에서 채널수가 부족하기 때문에 뒤에서 설명하게 될 좀 더 간단한 실장을 채용하였다.

마스터 슬레이브 방식의 좋은 점은 사람이 직접 조작하여 어떤 상황이라도 빠르게 임기응변으로 대응할 수 있다는 것이다. 그 특징으로는 실시간으로 임의의 조작량으로 조작할 수 있으며, 우선 팔만이라도 상하좌우 자유롭게 움직일 수 있으면 상대의 급소를 찌르는 것은 가능하다고 생각했다.

이것을 실현하기 위해서는 적은 채널수의 스틱 정보로부터 10축 정도 있는 상반신의 서보 모터를 제어하지 않으면 안 된다. 각 서보 모터마다 간단한 수식을 주는 방법도 생각할 수 있지만, 식을 주는 것이 번거롭기 때문에 이번에는 여러 개의 자세를 스틱 비율에 따라서 보간하는 방법을 채택했다.

구체적으로 예를 들면, 우선 4개의 자세 P_a, P_b, P_c, P_d를

P_a : 팔이 왼쪽 위, P_b : 팔이 오른쪽 위

P_c : 팔이 왼쪽 아래, P_d : 팔이 오른쪽 아래

로 정의한다. 그리고 송신기의 오른쪽 스틱의 좌우 위치를 $x(0<x<1)$, 상하 위치를 $y(0<y<1)$로 하면, 보간된 자세 P는

$$P = (1-y) \times ((1-x) \times P_a T + x \times P_b) + y \times ((1-x) \times P_c + x \times P_d)$$

의 식으로 계산한다. 이렇게 하여 오른쪽 스틱 한 개로 전체를 상하좌우 자유롭게 움직일 수 있다.

이번 시스템에서는 송신기의 왼쪽에 있는 AUXI 스틱을 마스터 슬레이브 모드의 ON/OFF 전환 스위치로 했다. 마스터 슬레이브 모드를 ON으로 하면 지정된 서보 모터(상반신 서보 모터)의 제어가 상기의 보간값에 의해 오버 라이드 되는 구조이다.

덧붙여 말하면, 마스터 슬레이브 때의 관절 각도는 보간에 의한 것이기 때문에 원래 자세의 범위를 넘는 것은 아니다. 또 기초가 되는 자세는 각 조작 맵마다 개별로 설정할 수 있다.

6.6 동작 에디터

따라서 서 있을 때나 주저앉아 있을 때도 손끝이 지면에 닿지 않고, 동시에 지면에 가까운 곳에서 '곧장 서기'를 할 수 있는 마스터 슬레이브 동작이 가능하다.

6.6.7 오토 데모 편집

ROBO-ONE에 있어서 데모 동작은 중요하다. 보여 주고 싶은 동작이 늘어나면서 규정연기를 포함한 2분 동안의 시연 시간이 짧게 느껴진다. 그 자리에서 송신기를 조작하여 각각의 동작을 시작해도 되지만, 2분 동안의 데모를 모두 미리 프로그래밍 해 두고 일단 시작하면 그 다음은 지켜보기만 하면 된다.

2분 동안의 데모를 작성할 때 매우 긴 1개의 동작으로 작성할 수도 있지만, 이번에는 기본적인 동작을 나열한 리스트를 만들어 순서대로 재생하는 방법(오토 데모)을 채택했다.

화면 6-6은 오토 데모를 설정한 화면이다. 미리 작성한 동작 파일을 차례차례 등록하고 반복하는 횟수를 조정하는 간단한 인터페이스로 되어 있다.

덧붙여, 여기서 말하는 반복 횟수란 몇 회째의 조건 분기에서 종료 쪽에 분기하는가를 지정하는 것이다. 예를 들면 화면 6-4와 같은 걷기 시작, 걷기 종료를 포함한 보행 동작을 반복하는 횟수를 3으로 지정하면, '걷기 시작하여 3보 걷고 걷기 종료'라는 동작이 된다. 걷기 시작해서 '1보 걷고 걷기 종료'라는 동작을 3회 반복하는 것은 아니다.

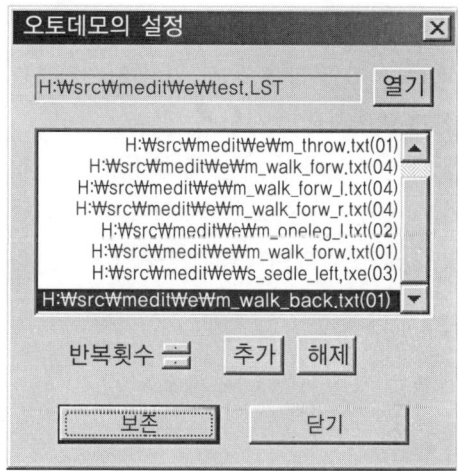

화면 6-6 ▲ 오토 데모 설정 화면

6.6.8 그 밖의 기능

동작 에디터를 실제로 사용해 보면, 다양한 기능을 요구하게 된다. 다음은 이미 실장되어 있는 편리한 기능의 한 예이다.

- 관절 단위의 복사·붙여넣기 기능
- 자세 단위의 복사·붙여넣기 기능
- UNDO·REDO기능
- 좌우 반전 기능
- 거울 복사 기능
- 관절 오프셋 조정 기능
- 모터 ON/OFF 기능
- 써넣기 기능

관절 슬라이더와 똑같이 시퀀스 에디터 부분도 자세 단위로 '선택'하여 복사·붙여넣기를 할 수 있다.

UNDO·REDO 기능은 가장 빈번하게 사용하는 기능의 하나로, 없으면 매우 불편한 기능이다.

기본적으로 OmniHead는 좌우 대칭이므로 값을 반전하기만 해도 우반신에서 좌반신으로 복사하거나 좌우를 바꿔 넣을 수 있다. 오른쪽 펀치 자세를 하고 있을 때 좌우 반전시키면 왼쪽 펀치 자세가 되고, 미러(mirror) 복사하면 양손 동시 펀치 자세가 된다. 이 조작은 선택한 관절만 실행하는 것도 가능하고, 전신에 대해서도 실시할 수 있다.

관절 오프셋 기능은 로봇에 관절 각도를 송신할 때 보정량을 더해 주는 기능이다. 서보 모터를 교환하는 등의 이유로 각도가 어긋났을 때에도 동작 데이터를 변경하지 않고도 보정할 수 있다. 또, 동일한 로봇이 여러 대 있을 때 동작 데이터를 공통화할 수 있다.

6.7 동작 작성의 예

6.7.1 보행

OmniHead의 기본적인 보행 동작은 걷기 시작 4자세, 1보 4자세 2, 걷기 종료 3자세 2로써, 총 18자세로 이루어져 있다(사진 6-12).

이러한 보행 동작을 작성하는 데 있어서 생각한 것은 어쨌든 성큼성큼 걷게 하고 싶다는 것이었다. 보폭을 좁게 해서 종종걸음으로 걷게 하는 것은 간단하고, 실제로 그런 로봇이 많기 때문에 격투전에서 불리할지라도 우선은 어느 정도 황새걸음으로 걸을 수 있는지 시도해 보고 싶었다.

실측 보폭 약 105mm로 1보 걷는 데 걸리는 시간이 71frame=1.18sec이므로, 속도는 약 89mm/sec라는 계산이 나온다. 또 신장 280mm에 대한 보폭 105mm는 38%에 해당하고, 신장 170cm의 사람으로 말하면 보폭 64cm, 시속 1.9km에 해당한다.

6.7.2 일어나기

사진 6-13은 반동을 이용한 동적인 일어나기 동작을 보여 준다. 이 동작은 벌렁 드러누워 있는 상태에서 다리를 들어 올려 발을 내리치는 반동을 이용해서 일어서는 동작이다. 내리치기를 시작해서 웅크리는 자세까지 걸린 시간은 65frame=1.1sec이다.

이런 동작은 각각의 자세로 정지할 수 없다. 동적으로 움직인 경우에 처음으로 바르게 움직이는 동작이 된다.

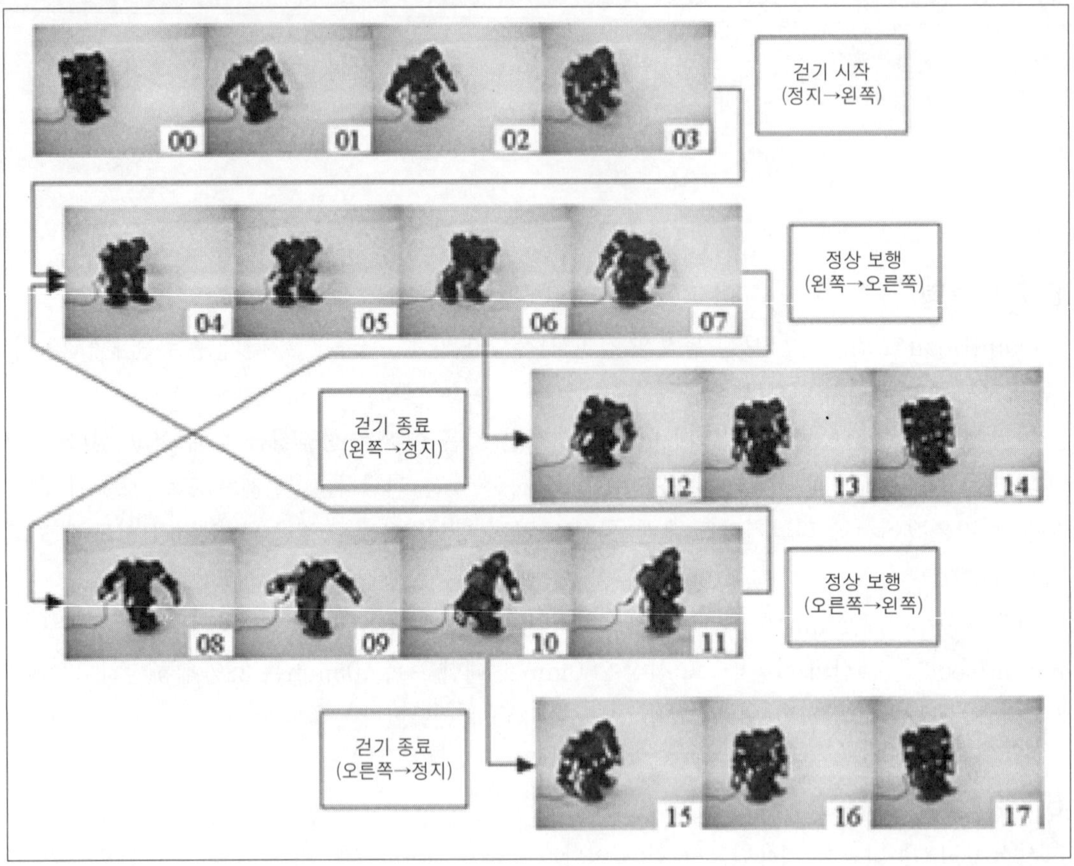

제 6 장 OmniHead

사진 6-12 ▲ 보행 동작

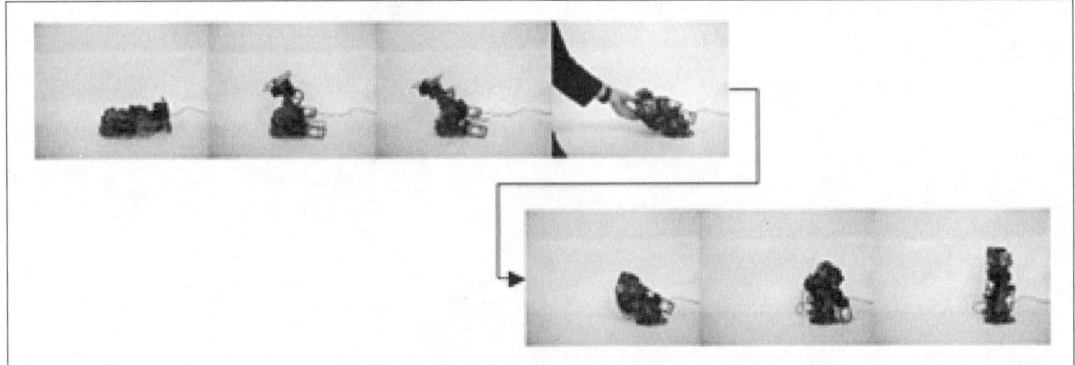

사진 6-13 ▲ 반동에 의한 일어서기 동작

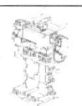

6.7.3 아이들링

아이들링 동작의 예로 사진 6-14는 싸움 자세를 보여 준다. 2개의 자세는 거의 같지만, 허리 높이가 미묘하게 다르다. 이 2개의 자세는(불필요한 전력을 사용하면서) 반복하고 있을 뿐이다.

ROBO-ONE 제4회 대회 때에는 이러한 '숨쉬기하는 모습'의 아이들링 밖에 준비하지 않았지만, 여기에 여러 가지 동작을 넣으면 '가만히 있을 때 체조를 시작' 하거나 '웅크리고 잠시 있을 때 지면에 글자를 쓰기 시작' 할 수 있다.

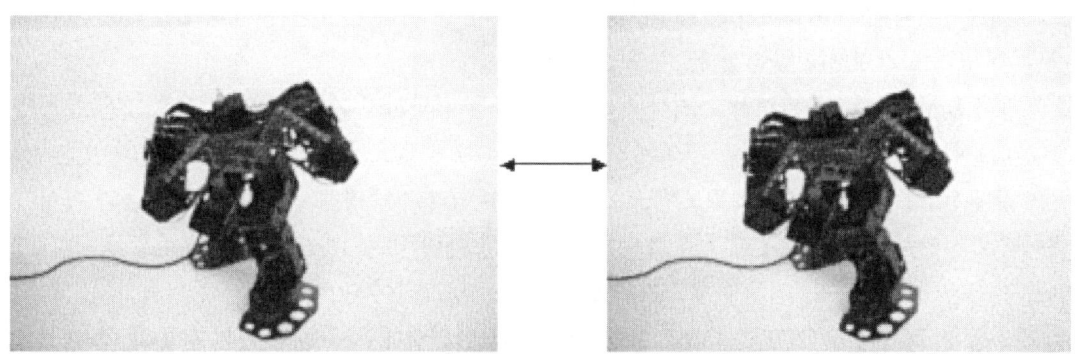

사진 6-14 ▲ 싸움 자세에서의 아이들링 동작

6.8 마무리

지금까지 OmniHead에 대해 기구계부터 소프트웨어까지 해설하였다. 로봇에 관해서는 앞으로도 하드웨어와 소프트웨어가 함께 계속 진화할 것이다. 여러분이 만든 깜짝 놀랄만한 로봇을 만날 수 있기를 기쁘게 기다리겠다.

무사히 OmniHead를 완성하고 게다가 준우승이라는 결과까지 거둘 수 있던 것은 많은 분들의 도움 때문이다.

처음 무선조종 서보 모터로 2족보행 로봇을 만들 수 있다고 증명해 준 모든 선배님들과 아이가 태어나도 상관하지 않고 로봇에 몰두하도록 허락해 준 아내, 로봇 제작을 응원해 주고 공구나 기계를 자유롭게 사용하며, 업무중에도 기판을 만들어도 너그러이 대해 준 회사 동료들, 즐겁게 노는 장소를 만들어 주신 ROBO-ONE 대회, 대회장과 인터넷에서 응원해 주신 분들과 이 해설을 쓸 기회를 주신 옴 출판사와 성안당 출판사 관계자 분들 및 독자 여러분들에게 감사의 마음을 전한다.

RO BO-O-NE

7장

강왕환(剛王丸)

츠토우 사토루(津藤 智)

7.1 시작하면서

강왕환은 마스터 슬레이브 컨트롤러를 특징으로 하며, 오락성과 동작 보행을 기본으로 한 보행 알고리즘을 실행하고, 학문성을 추구하고 있는 로봇이다. 강왕환은 ROBO-ONE에서의 성적은 '예선에서 2번 탈락'과 '8강 2회'로 좋은 결과는 얻을 수 없었지만, 외형이나 오락성을 인정받아 영화 출연까지 했다.

미력하지만 지금까지 축적한 로봇 기술을 공개하고, 앞으로 ROBO-ONE에 도전하길 원하는 분들에게 도움이 되는 정보를 제공하고 싶다.

7.2 강왕환의 시작

7.2.1 가능할지도 모르겠다

'뭐 재미있는 책이 없을까?' 생각하면서 서점의 책장을 보다가 '로보콘 매거진 No.10'을 발견하였다.

"이것은 재미있다!"
"RC 서보 모터를 사용하면 간단하게 로봇이 완성된다!"
"최근 마이컴 보드는 이렇게 작고, 게다가 인터페이스가 충실하다!"
"전기 초보자도 사용할 수 있을 정도의 정보가 실려 있다!"
"4족 로봇도 실려 있다"

"~은 2족 로봇으로 가능하지 않을까?", "나만의 로봇을 만든다!"는 마음으로 연쇄 반응이 일어나 나의 마음은 이미 멈출 수 없는 상태가 되었다. 그래서 바로 책에 실려 있는 마이컴 보드와 RC 서보 모터를 구입해서 실험을 시작하였다. 처음에는 마이컴 보드의 사용 방법이나 RC 서보 모터의 구동 방법 등을 공부했지만, 로봇의 기기 설계가 완성될 무렵 제1회 ROBO-ONE 개최 일정이 공개됨에 따라 ROBO-ONE에 출전하는 것을 목표로 잡았다.

7.2.2 강왕환의 제작 목표

먼저 '어떤 로봇을 만들까?'를 결정하지 않고서는 로봇의 사양을 결정하거나 설계를 시작할 수 없다.

필자는 언제나 '외부의 흔들림에 강하고 자립성이 높으면서 조종이 간단한 2족 보행 로봇'을 만드는 것이 큰 목표였다. 언젠가는 평탄하지 않은 맨땅에서도 보행할 수 있고, ROBO-ONE 대회에서 상대와 맞붙어 싸워도 넘어지지 않게 발놀림할 수 있는 로봇을 만들고 싶었다. 그러려면 적어도 보행동자에 대해서는 외부 상황을 센서로 검출하고, 상황에 따른 제어량을 발생시켜 구동계에 인가하는 피드백 제어를 실시간으로 해야 한다.

이처럼 외부 상황에 대응할 수 있게 만들면 자율성은 높아지지만, 유감스럽게도 내가 원했던 로봇은 완전 자립형 로봇이 아니었다. 사람이 직접 조종하는 로봇을 만들고 싶었다. 어디까지나 사람이 로봇을 직접 조종하고, 움직이는 것은 로봇에게 맡기는 것이다. 이렇게 생각하게 된 데에는 어렸을 때 보았던 로봇 만화영화(애니메이션)의 영향 때문이 아닐까?

7.3 강왕환의 특성

7.3.1 하드웨어의 구성

ROBO-ONE에는 처음부터 참가하였지만, 현시점에서 강왕환은 로봇 본체와 마스터 슬레이브 방식에 의한 콘트롤러로 구성한 로봇이다. 각각의 특성은 표 7-1과 표 7-2에 나타내었으며, 사진 7-1은 강왕환 본체의 외관도이다.

강왕환의 마스터 슬레이브 컨트롤러는 분리할 수 있으며, 오락성이 매우 높다. 이러한 목표는 로봇 조종에 대해 생각한 결과 겨우 도달한 것이다. 처음 이것을 선보인 제3회 대회에서 많은 주목을 받았고, 마침내 강왕환과 마스터 슬레이브 컨트롤러가 영화에 출연하기도 했다.

표 7-1 ▼ 강왕환의 본체 특성

치수	높이 320mm×가로 252mm×세로 129mm 다리 길이 허벅지 관절~무릎 관절 70mm 　　　　무릎 관절~발목 관절 70mm 　　　　발목 관절~발바닥 25mm 　　　　계 165mm	통신 속도	RC 서보모터의 데이터 통신 　SH2→PIC16F84A 11bit 21 0.8msec 마스터슬레이브 컨트롤러의 데이터 통신 　가는 길 SH2→PIC16F874(마스터)→1byte 　오는 길 PIC16F874(마스터)→SH2 18byte 　가고 오는길 5msec (무선 포함)
무게	본체와 양 어깨 1.4kg 다리　　　　0.45kg×2 계 2.3kg	센서	2축 가속도센서(ADXL202)×1 2축 자이로센서(GYA352)×1
자유도	다리 6 자유도×2 팔　4 자유도×2 허리 0 자유도, 머리 0 자유도 계 20 자유도	배터리	모터용 NiMH 7.2V 1500mAH 제어　NiMH 6V 700mAH
각도 분해능	약 0.13deg/bit 플레인지 11bit	무선	2.4GHz 대 주파수 오므론 MW64OR
CPU	SH7045F(알파프로젝트 AP-SH2-0A) PIC16F84A×3	액츄에이터	RC서보모터 PDS-2144FET×10 RC서보모터 PDS-974FET×6 RC서보모터 PDS-2174FET×4

7.3 강왕환의 특성

표 7-2 ▼ 강왕환의 콘트롤러 특성

치수	1/2 사람 팔 크기
무게	3.5kg
자유도	어깨(팔)4 자유도2
CPU	PIC16F8742
센서	각도센서 (볼륨저항 5KΩ)×8 2축 조이스틱 2 보턴 SW×10
무선	2.4GHz대 주파수 호핑방식 스펙트럼 확산 오므론 MW640R

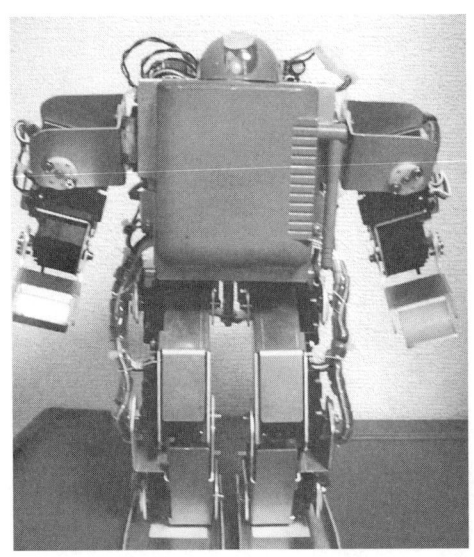

사진 7-1 ▲ 강왕환의 겉모습

7.3.2 모터

강왕환 본체의 자유도는 다리와 팔에만 부여하고, 머리나 허리의 자유도는 부여하지 않았다. 그 이유 중 중요한 것은 모터 구동용과는 별도로 제어용 전지를 갖고 있으며, 시중에 판매되는 무선 유닛과 자이로(gyro)가 무겁기 때문이다.

다리의 모터는 ROBO-ONE에 출전시켜 본 PDS-2144FET라는 RC 서보 모터를 사용하였다. 여기서 모터의 토크를 검증해 보자. PDS-2144FET의 최대토크는 13kgf·cm이고, 강왕환의 중심 위치는 허벅지 관절 부근에 있다.

그림 7-2처럼 총중량이 2.3kg, 발목에서 중심까지의 거리가 14cm, 경사 각도가 15도(deg)일 때, 발목 관절에 걸린 부하 토크는

$$2.3\text{kgf} \times 14\text{cm} \times \sin(15\text{deg}) = 8.3\text{kgf} \cdot \text{cm}$$

가 되고, 정적인 계산에서 13kgf·cm의 모터 최대 토크에 대한 여유는 1.5배가 된다. 그러나 실제로는 보행시의 가속 토크, 관성력이나 격투시의 외란(외부에서 인가되는 쓸 데 없는 신호)과 같은 동적인 힘이 더해지면 모터의 최대토크를 가볍게 넘어버리는 경우도 있다. 따라서 정적인 계산으로 최대토크의 범위를 넘지 않도록 총중량을 확인하고, 모터나 다리 길이, 동작 범위 등을 설정해야 한다.

제 7 장 강왕환(剛王丸)

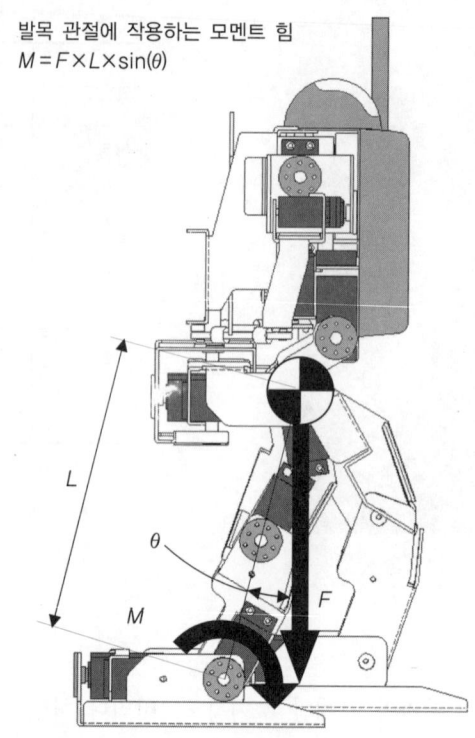

발목 관절에 작용하는 모멘트 힘
$M = F \times L \times \sin(\theta)$

그림 7-1 ▲ 발목 관절에 작용하는 모멘트

참고로, 로봇 액추에이터의 선정 방법에 '모터 출력/중량비' 항목이 있는데, 이는 가볍고 출력이 큰 모터를 선정하자는 의도이다. 로봇은 액추에이터를 많이 사용한다. 강왕환도 큰 것과 작은 것을 합쳐 20개의 모터를 탑재하고 있으며, 모터만의 중량도 925g이나 된다.

표 7-3은 로봇에 자주 사용하는 디지털 RC 서보 모터의 토크/중량비를 나타낸 것으로, 참고하길 바란다.

표 7-3 ▼ 디지털 RC 서보 모터의 토크/ 중량비

모터 명칭	제조사	최대 토크	무게	토크/무게
KRS-2346ICS	콘도과학(주)	20kgf·cm	56.7g	0.353
PSD-2144FET	콘도과학(주)	13kgf·cm	54.5g	0.238
HS-5945MG	HITEC	13kgf·cm	56.0g	0.232
PSD08044FET	콘도과학(주)	24kgf·cm	142.5g	0.168
S5050	후타바전자공업	19kgf·cm	127g	0.150

7.3.3 제어계 CPU

그림 7-2는 강왕환의 제어계를 구성하는 블록도이다.

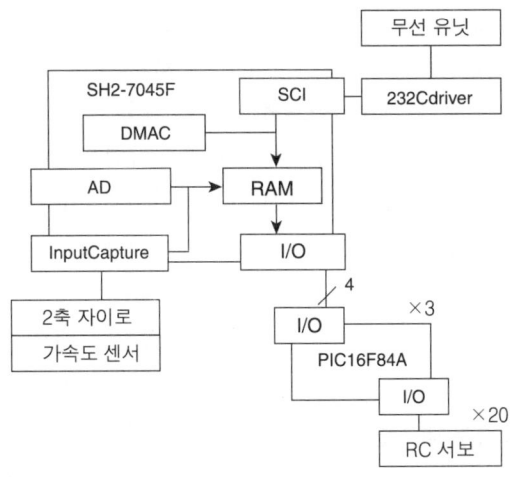

그림 7-2 ▲ 강왕환의 제어계 블록도

강왕환은 AP-SH2-0A(알파프로젝트 社) CPU 기판을 탑재하였다. AP-SH2-0A는 SH7045F와 1M 바이트(32bit, NoWait)의 외부 SRAM을 탑재하고 있다. 또 C컴파일러, AP-SH2-0A 한정의 디버거와 ROM 라이터 등의 개발 환경도 StarterKit로 구입할 수 있다. 이 CPU 기판에는 고속·대용량의 메모리가 있기 때문에 대량의 동작 데이터를 링크 리스트에 보존해 둘 수 있으므로 편리하다.

7.3.4 제어계 부-CPU

CPU 기판에는 제어 대상이 되는 I/O를 접속할 수 있다. 강왕환의 I/O는 다음과 같은 것을 포함하고 있다.

- 출력계 : 20채널의 RC 서보 모터
- 입력계 : 2축 자이로와 2축 가속도 센서

그러나 SH7045F만으로 이것들의 I/O를 처리하는 것은 곤란하다. 어느 쪽이나 SH7045F의 I/O포트 E에 탑재된 멀티 평션 타이머 펄스 유닛(MTU)이라는 타이머 기능을 사용하는 것이 효과적이지만, SH7045F의 타이머 기능은 16개 밖에 없다. 2축 자이로와 2축 가속도 센서의 입력을 측정하는 것만으로도 8개의 타이머를 사용해 버린다. 그래서 포트 E는 센서 입력 전용으로 비워 두고, 이후의 시스템 확장에 남겨 두기로 했다.

그리고 다른 I/O포트를 사용해서 관절 각도 데이터를 부-CPU에 전송하여, 부-CPU가 RC서보 모터용의 PWM신호를 만드는 방법을 쓰기로 했다.

이러한 기능은 FPGA로 달성하는 것이 효과적이지만, 강왕환을 제작하기 시작했을 무렵에는 FPGA 기판이 시판되지 않았고, 개인이 만들려면 전기 회로의 지식이 필요하는 등의 장벽이 높았다. 그래서 PIC를 부-CPU로 하여 PWM신호를 만들어 내는 것으로 하였다. 관절 각도 데이터의 카운트 값을 추출한 후, 차분해서 차분값을 누적 카운트하면서 PWM신호로 해서 신호를 출력해 가는 방법이다. 강왕환은 이 방법으로 0.13도의 분해능을 8비트 마이컴으로 달성하였다. 이 알고리즘에 대해서는 '7.5.1 다축제어 알고리즘'에서 설명하겠다.

부-CPU의 PIC는 PIC16F84A를 사용했다. 그림 7-3은 PIC16F84A의 회로도이다. 소프트웨어는 어셈블러로 작성하기 때문에 힘들지만, 그만큼 전기회로는 매우 간단하다. 관절 각도 데이터의 수신을 위해 4비트의 데이터 버스와 2비트의 핸드 쉐이크 신호도 I/O포트에 설치했다. 약간의 처리를 거쳐서 소프트웨어에 의한 핸드 쉐이크 4비트 폭 병렬포트가 된다.

그러나 최신 PIC16F628 등을 사용해서 시리얼 통신으로 데이터를 보낼 수 있으므로 4비트 폭 패러렐 포토의 상세한 설명에 할애한다. 그리고 나머지 포트 모두 RC 서모 모터용 출력 채널이 된다. PIC 1개당 7채널을 출력할 수 있고, 강왕환에는 3개의 PIC16F84A를 탑재하였다.

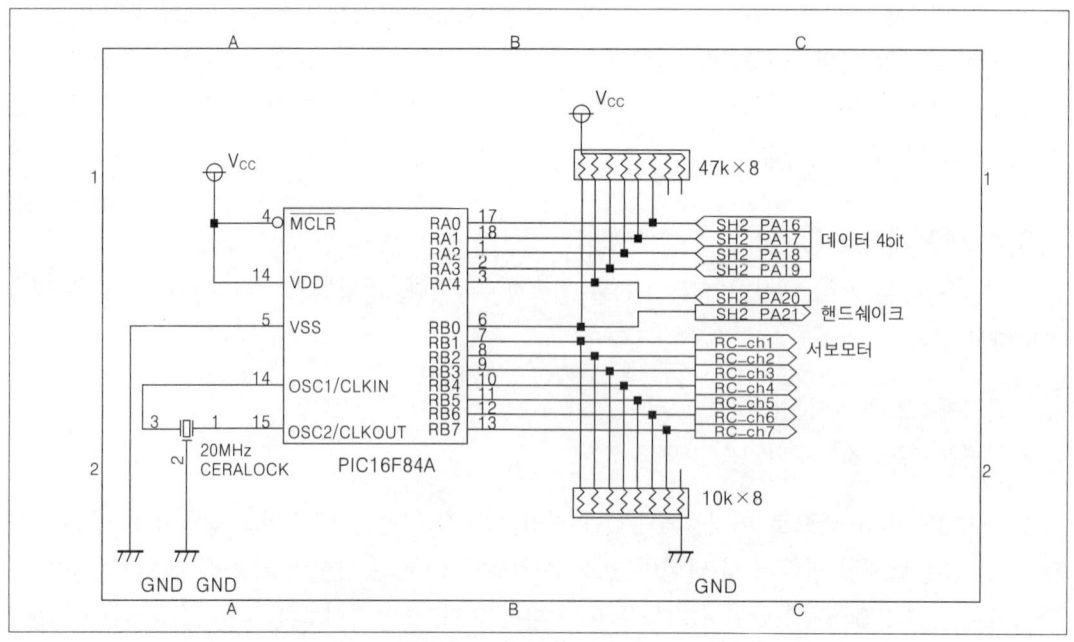

그림 7-3 ▲ PIC16F84A에 의한 RC서보 모터 드라이버 회로

7.4 기기 설계

7.4.1 컨트롤러 설계

ROBO-ONE이 2족보행 로봇 격투기인 것은 당연하지만, 시범동작만 필요한 예선 경기는 정해둔 순서에 따라 컨트롤러를 조작하는 것만으로 된다. 하지만 결승 토너먼트가 되면 자신의 로봇과 컨트롤러뿐만 아니라, 상대 로봇도 보면서 조작하게 된다. 그래서 시합중에는 매우 어수선하고, ROBO-ONE 시합에서 조종 실수를 하는 것을 자주 볼 수 있다.

이것을 해결하려면 조작 방법이 복잡하지 않고, 직감적으로 조작할 수 있어야 한다. 대표적인 툴이 '조이스틱(사진 7-2)' 이다.

조이스틱을 사용하여 레버를 앞으로 눕히면 전진하고, 뒤로 눕히면 후진하며, 레버를 원래대로 돌리면 정지 동작이 되도록 조작을 직감적으로 할 수 있다. 게다가 2차원 조이스틱을 사용하면 좌우 횡이동이나 좌우 종이동도 할 수 있다.

뿐만 아니라 2차원 조이스틱은 전후좌우 십자형 조작만 아니라, 원형 조작도 할 수 있다. 예를 들면 전진하고 있는 로봇의 방향을 선회로 바꾸고 싶을 때, 즉 앞으로 넘어뜨리고 있던 조이스틱을 비스듬히 앞 방향으로 돌려 넘어뜨리고 싶을 때가 있다. 이것을 실현하려면 당연히 선회 보행 동작이 필요하지만, 직진 보행에서 선회 보행으로 동작을 연속적으로 변화시키는 연결 동작이 필요하다. 조작을 간단하게 하려면 그만큼 동작이 복잡하게 된다.

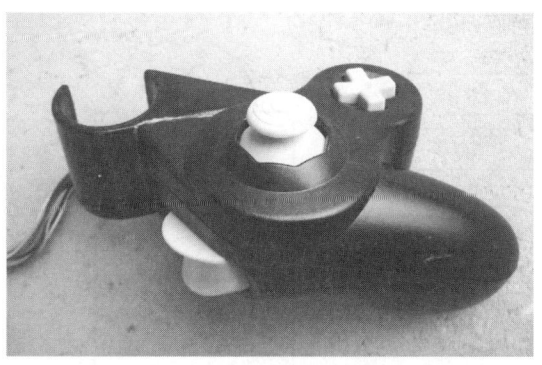

사진 7-2 ▲ 조이스틱(마스터 콘트롤러의 왼쪽 조작부)

제 7 장 강왕환(剛王丸)

다시 생각해 보면, 조이스틱은 이동 방향을 지정하기에는 유효하지만, 아쉽게도 팔 조작을 표현하는 것은 어렵다. 팔 동작은 위치 결정이 목적이며, 위치 결정을 지시하기에는 조이스틱의 자유도가 부족하기 때문이다.

최근 ROBO-ONE 로봇은 팔의 자유도가 증가하여 한쪽 팔만 3자유도 이상인 것이 많다. 벡터를 맞추기까지는 어렵지만, 임의의 3차원 공간에 팔 끝의 위치를 결정할 수는 있다.

조이스틱으로 팔 끝의 위치를 지정하려면 한쪽에 3자유도로 양팔이면 2가 된다. 일반적으로 조이스틱은 2자유도까지 이용할 수 있지만, 그것 이상은 스위치로 동작 방향을 바꾸어 사용한다.

따라서 조이스틱으로는 임의의 팔 끝 위치를 결정하는 조작을 할 수 없으므로 조이스틱을 스위치 대신으로 하여 커맨드(command) 등록한 팔의 움직임을 재생하는 방법이 사용되고 있다. 그 결과 어수선한 결승 토너먼트에서 스위치의 선택 실수에 의한 오동작이나 팔의 동작수가 한정되는 부자유함이 발생하게 된다.

이 문제의 효과적인 해결 방법은 로봇 팔의 조작을 마스터 슬레이브 방식으로 처리하는 것이다. 게다가 마스터 슬레이브를 착의식으로 사람의 팔 사이즈까지 대형화해서 마스터의 끝에 배치한 조이스틱 컨트롤러를 손으로 잡을 수 있으면 조이스틱으로 다리 조작도 할 수 있다. 이렇게 만들어진 것이 강왕환의 마스터 슬레이브식 컨트롤러이다.

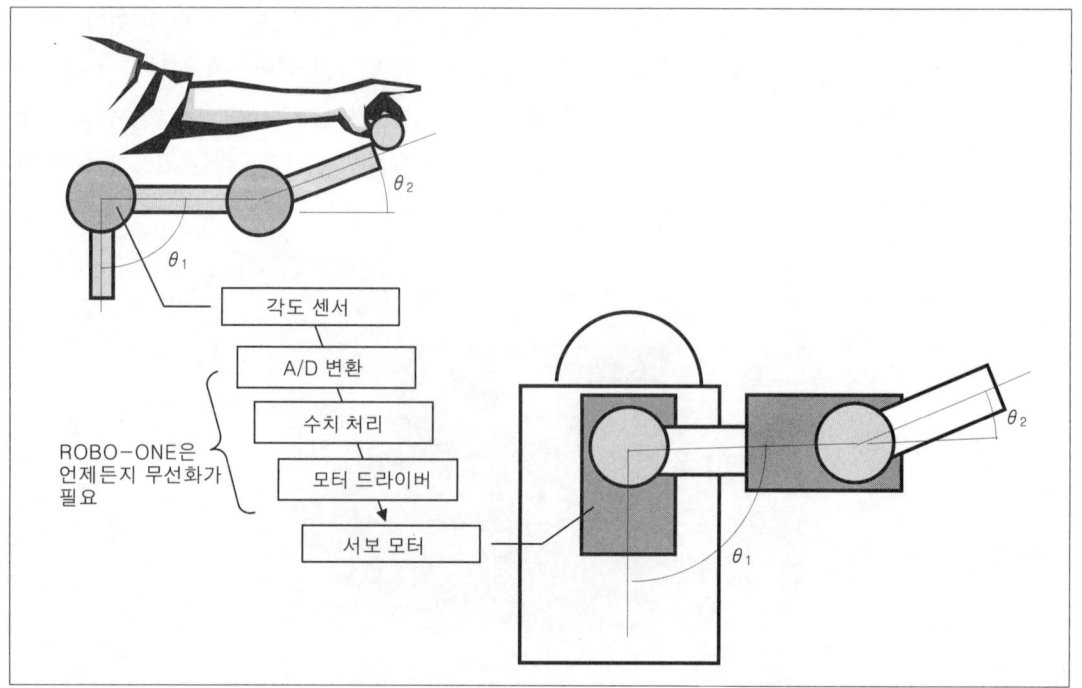

그림 7-4 ▲ 마스터 슬레이브의 기본

7.4 기기 설계

그러면, 마스터 슬레이브란 무엇인가? 그것은 로봇 팔의 원격 조작 방법으로 옛날부터 이용되고 있는 기술인데, 마스터(콘트롤러) 쪽의 정보를 바탕으로, 슬레이브(로봇 팔) 쪽을 제어하는 것이다. 간단한 예로 그림 7-4와 같이 마스터 팔의 관절 각도를 검출하고, 로봇 팔의 관절 각도 목표값으로 위치 결정하면 된다. 최근 화제가 된 마스터 슬레이브 방식으로 '수술용 로봇'이 있다.

본래 로봇 팔의 목적은 '사람을 대신해서 일을 하는' 것이다. 로봇의 손끝 위치 결정 정밀도가 중요하지만, ROBO-ONE에서는 그것보다 조작성이 중요하다. 만일 손가락 위치가 어긋나 있으면 사람이 마스터 슬레이브로 피드백하면 된다. 그 정도의 동작지연은 충분히 허용할 수 있다.

ROBO-ONE에 있어서 로봇 팔의 목적은 공격용 펀치, 쓰러졌을 때 일어나기, 데모용 연출이지만, 어깨의 3자유도와 팔꿈치의 1자유도를 사용하여 팔의 움직임을 제법 표현할 수 있다. 예를 들면 장갑을 낀 권투선수 팔의 움직임은 가능하지만, 유도의 업어치기는 가능하지 않는 수준이다. 그러나 이것보다 하나라도 자유도가 부족하면 팔의 움직임이 꽤 썰렁하게 된다. 로봇의 한쪽 팔이 4자유도여서 마스터 한쪽 팔도 4자유도만큼을 준비할 수 있으면 그림 7-4와 같이 간단하게 마스터 슬레이브 방식의 제어를 실현할 수 있다.

7.4.2 마스터 암 설계

강왕환의 마스터 슬레이브 식 컨트롤러는 다음과 같은 특징이 있다.

- 마스터 암을 사람 팔 크기로 만들어 착용하면 사람의 팔 움직임으로 로봇의 팔을 조작한다.
- 마스터 암 끝에 배치한 조이스틱 컨트롤러를 이용하여 로봇의 다리를 조작한다.

'사람의 팔 움직임을 검출하는' 것이 의외로 어렵다. 왜냐하면 사람의 어깨 관절은 로봇으로 말하면 3축이 직교하고 있기 때문에 각도를 정확하게 잡아내는 것이 어렵기 때문이다. 특히 팔 내부에 회전축이 있는 요축은 어렵다. 따라서 위치 결정 정밀도가 중요하지 않으면 검출 정밀도도 중요하지 않기 때문에 굳이 직교에는 관계없이 로봇 팔 관절의 방향 순서인 피치→롤→요 순서로 관절을 늘어놓은 직교하지 않는 링크식의 팔로 하기로 했다.

다음은 마스터 암 끝에 부착된 조이스틱(사진 7-2)인데, 이번에는 게임기의 컨트롤러를 그대로 사용하기로 했다. 그렇지만 게임기 컨트롤러는 양손으로 잡는 구조로 되어 있기 때문에 한 손으로 들 수 있도록 컨트롤러를 둘로 나누기로 했다.

이번에 사용한 컨트롤러의 2차원 조이스틱은 포텐시오미터가 2개 배치된 것이었기 때문에 그대로 A/D 변환 회로에 접속했다. 또 버튼은 감압 고무로 작용하는데, 버튼을 누르지 않으면 저항이 무한대가 되며, 버튼을 누르면 저항이 $0.2 \sim 0.3 k\Omega$이 된다. 그래서 $10 k\Omega$의 저항을 직렬로 접속해서 분압회로로 H/L의 로직 회로를 만들고, 마스터 컨트롤러용 CPU의 I/O포트에 접속했다. 마찬가지로 마스터 암의 관절 각도를 계측하기 위해서 $5 k\Omega$의 소형 볼륨 저항을 각 관절에 배치하고, CPU의 A/D 변환 회로에 접속했다. 정밀도가 필요하면 포텐시오미터 또는 인코더(encoder)를 사용하지만, 정밀도가 중요하지 않고 마스터 암을 움직이는 것은 입력이므로 동작 범위에 약간의 여유가 있다면 가격이 매우 저렴한 볼륨 저항으로 충분하다.

마스터 컨트롤러용 CPU에는 PIC6F874를 2개 사용하는데, 그림 7-5는 입력 회로를 나타낸 것이다.

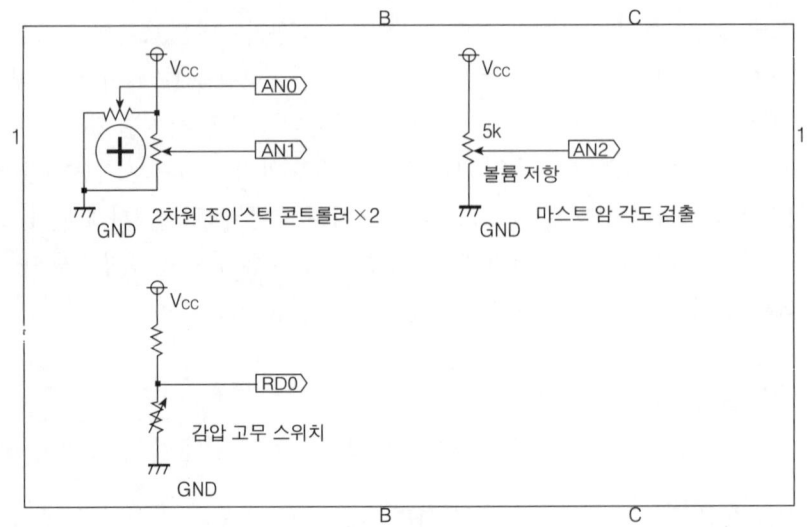

그림 7-5 ▲ 마스터 컨트롤러용 센서 입력 회로

마지막으로 마스터 암의 링크(link)를 사람 팔의 어느 곳에 배치하는가를 생각했다. 결론은 팔의 앞에 배치하는 것이다. 팔 앞에 배치하면 마스터 암의 링크 길이는 사람의 팔 길이보다 짧아진다. 사람의 팔을 구부렸다 펴는 것으로 링크 길이가 부족하게 되는 일도 있지만, 사람의 팔은 7자유도로 용장 자유도가 있어 문제없이 조작할 수 있다.

또 종류에 따라서는 그림 7-6과 같이 링크 길이가 신축하도록 조이스틱 부분에 슬라이드 기구도 부가했다. 그리고 동시에 슬라이드 기구에 멈춤 장소를 설치하지 않음으로 손목의 요축 주위도 회전이 자유로운 상태가 되게 했다.

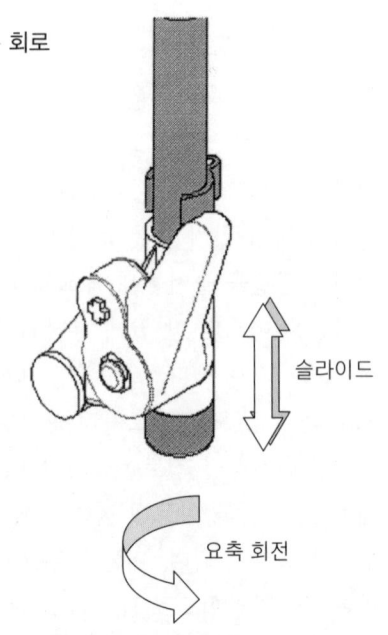

그림 7-6 ▲ 마스터 암의 용장성

7.4 기기 설계

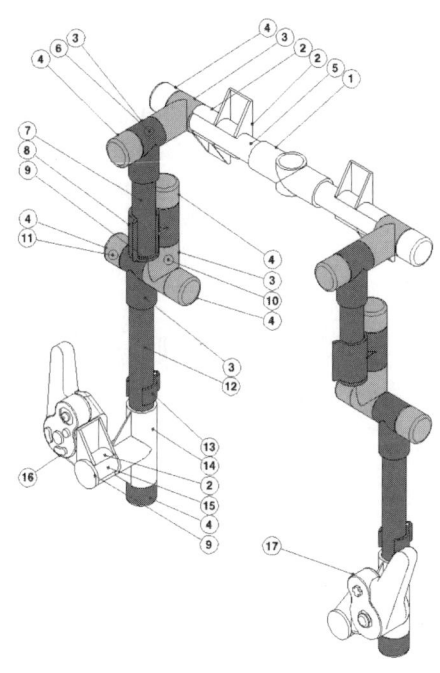

그림 7-7 ▲ 마스터 암의 링크 구조

표 7-4 ▼ 마스터 암의 부품표

No	번호	개수	비고
①	J-120B	1	
②	J-113A	6	
③	J118B	8	
④	J-49	12	
⑤	이렉터 파이프	2	185mm에서 절단
⑥	이렉터 파이프	2	89mm에서 절단
⑦	이렉터 파이프	2	132mm에서 절단
⑧	j-18	2	
⑨	j-110A	4	
⑩	이렉터 파이프	2	104mm에서 절단
⑪	이렉터 파이프	2	111mm에서 절단
⑫	이렉터 파이프	2	290mm에서 절단
⑬	J-38	2	
⑭	J-7B	2	
⑮	이렉터 파이프	2	67mm에서 절단
⑯	오른쪽 조작부	1	
⑰	왼쪽 조작부	1	

이렇게 하여 마스터 암 어깨의 3자유도와 팔꿈치의 1자유도, 여기에 조이스틱부에 설치한 회전기구와 슬라이드 기구가 2자유도가 되어 합계는 6자유도이다. 사람의 팔 자유도는 7자유도이므로 부자연스러운 마스터 암의 조작을 피할 수 있다. 그림 7-7은 마스터 암의 링크 구조를 나타낸 것이다.

한편, 마스터 암의 링크나 관절을 이루고 있는 재료는 DIY 기계에서 구입할 수 있는 조립 파이프 가구의 파이프와 조인트를 조합한 것이다. 사용하는 부품 번호도 표 7-4에 제시했으므로 흥미있는 분은 시도해 보길 바란다. 이러한 가공 조립에서 가장 어려운 일은 볼륨 저항의 스플라인 축을 압입하는 설치 구멍을 가공하는 것이다. 분도기(divider)로 원의 중심을 찾는 것과 적당한 압입 부분을 찾으면서 서서히 구멍을 넓혀 가는 것이 좋다.

7.4.3 팔 설계

마스터 암 다음은 슬레이브 암, 즉 로봇 팔의 설계 작업이다. 로봇 팔 설계시 중점을 둔 것은 오락성 있는 팔을 연출하기, 일어나기 동작을 실현할 수 있는 토크와 팔의 길이와 위치, 마지막으로 외형이었다.

오락성 있는 팔을 연출하기 위해서는 역시 4자유도가 필요하다. 앞에서 설명한 것처럼 어깨의 3자유도와 팔꿈치의 1자유도가 있으면 공격용 펀치를 시작으로 부드러운 팔의 움직임도 표현할 수 있다.

그림 7-8은 강왕환의 팔 구조이다. 피치, 롤, 요축 순으로 있지만, 팔에 대해서 직교는 전혀 신경 쓰지 않았다. 가장 신경 쓴 것은 팔꿈치의 가동 범위인데, 접근전이나 일어나기 동작 효과가 나올 수 있도록 기계적으로는 180도(그림 7-9)로 했다.

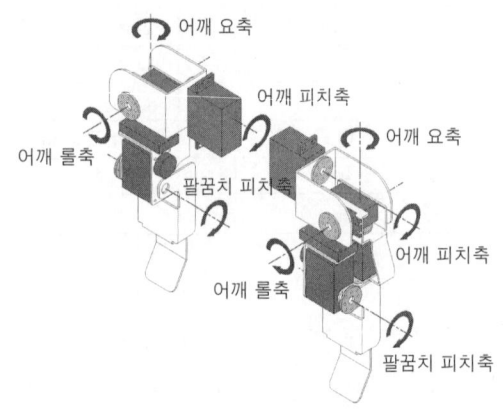

그림 7-8 ▲ 강완환의 팔의 자유도 배치

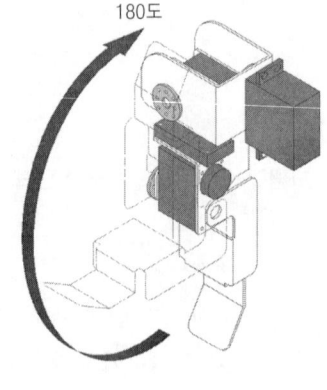

그림 7-9 ▲ 강완환의 팔꿈치의 가동범위

전기적인 가동각의 확대는 이후의 과제로 하였다. 또 일어나기 동작을 고려해서 어깨 피치와 팔꿈치 관절에는 토크가 높은 아날로그 서보 모터를 채용했다. 그래서 팔에도 불구하고 다리 정도로 커져 버렸기 때문에 유지보수 기능은 떨어지지만 서보 모터의 기판을 분해해서 배치하는 ROBO-ONE 유행의 기술을 팔꿈치 관절에만 적용해 보았다.

아날로그 서보 모터는 디지털 서보 모터에 비해 위치 보존 능력은 떨어지지만 탄력성이 있기 때문에 충격을 흡수하는 데 적합하다. 팔은 모두 아날로그 서보 모터로 구성하고 싶었지만, 비용 문제로 어깨의 롤과 요는 사용한지 오래된 소형 디지털 서보 모터 PDS-947FET를 사용했다. 디지털 서보 모터와 아날로그 서보 모터는 목적에 따라 선택하면 된다.

7.4.4 다리 설계

아직 완성되지 않았지만 강왕환은 평평하지 않는 바닥에서도 보행할 수 있고, ROBO-ONE 본선에서 상대와 맞붙어 싸워도 넘어지지 않는 발놀림을 할 수 있는 로봇으로 만들고 싶다. 이를 위해서 보행 동작을 실시간으로 만들어야 하는데, 그래서 운동역학이나 기하학 연산을 피할 수 없다.

갑자기 고도의 연산을 구축하려면 어렵기 때문에 우선은 보행 동작에 대해서는 컨트롤러로부터 동작 명령을 받아 로봇에 탑재된 CPU에 목표 관절 각도를 실시간으로 발생시켜 동작시키기로 했다.

실시간 발생 소프트웨어의 연산 부하를 경감시키는 데 있어서 CPU 전력을 높이는 방법과 정수 연산으로 특화하는 방법 및 연산 자체를 간단하게 하는 방법 등 여러 가지 접근 방법이 있지만, 기기 설계를 고안하면 연산을 간단하게 할 수도 있다.

- 발 관절 축의 직교
- 허벅지 관절~무릎 관절과 무릎 관절~발목 관절까지 길이의 일치

로봇의 다리 설계에서 자주 볼 수 있는 설계 지침으로, 물론 강왕환도 채택하였다. 발 관절축의 직교화에서는 그림 7-10의 (가), (나)에 나타낸 것처럼 아래 2개 방법이 자주 사용된다.

(1) 타이밍벨트를 사용한다.
(2) 직교하듯이 늘어놓는다.

(1)과 같은 레이아웃은 세련된 다리를 만들 수 있지만, 타이밍벨트 부품이 많아지면서 제작 및 유지 보수에 시간을 들이고 싶지 않은 필자에게는 적합하지 않은 방법이다.

반면에, (2)의 레이아웃은 최근 ROBO-ONE에 출전하는 로봇에서 자주 보는 2개 모터의 몸체를 결합하는 방법인데, 2가지 마음에 걸리는 점이 있다.

하나는 바로 앉는 자세를 가정하면 허벅지 모터와 발목 모터의 충돌로 바로 앉는 정좌 높이가 결정되기 때문에 의외로 낮게 바로 앉는 자세를 할 수 없는 점이다. 다리는 세련되지만, 세로 방향으로 배치한 모터의 긴 치수 때문에 간섭이 일어난다. 낮게 앉는 자세와 세련된 다리 중에서 어느 쪽을 선택해야 한다면 일반적으로 세련된 다리일 것이다. 그렇지만 낮게 바로 앉기 자세가 가능하면 팔이 그 정도 길지 않거나 허리의 피치 축 관절이 없어도 일어나기 동작을 할 수 있을 것이다.

또 하나는 겉모습은 허술하지만, 기능적으로는 가동범위를 넓게 잡을 수 있는 장점이 있다. 그리고 모터와 다리의 골격부재가 간섭하지 않도록 다리의 골격부재는 오목 형상으로 만들고, 오목 형상의 판금부품은 가공이 하기 쉬운 장점도 있지만 모터가 훤히 보이는 상태가 된다.

제 7 장 강왕환(剛王丸)

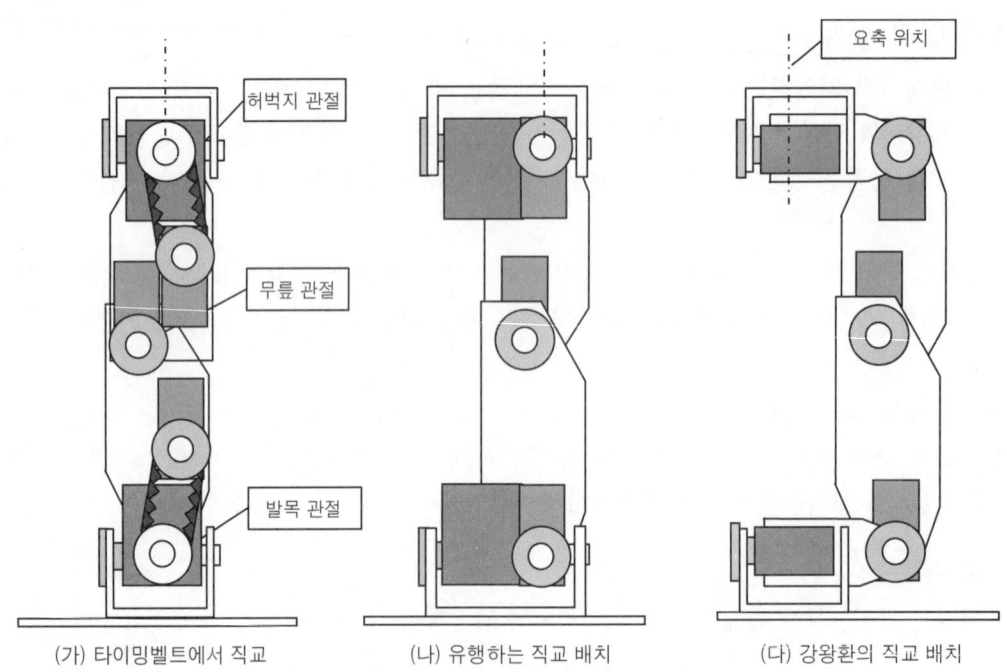

(가) 타이밍벨트에서 직교 (나) 유행하는 직교 배치 (다) 강왕환의 직교 배치

그림 7-10 ▲ 다리 관절 축의 직교화 레이아웃

　이 2가지 문제점을 해결하기 위해서 강왕환은 그림 7-10의 (다)와 같은 구조를 채택했다. 즉, ROBO-ONE에서 유행하는 2개 모터의 몸통을 결합하는 구조와는 다르게, 피치 축의 모터 몸통을 판금으로 감싸서 모터 몸통 쪽이 회전하게 하는 것이다. 그리고 롤 축의 모터를 가로 두기로 하여 낮게 앉은 자세를 할 수 있는 구조로 하였다. 물론 모터를 감싸는 판금은 외장을 겸하게 하므로 정면으로 보이는 모양을 좋게 하면서 자신 있는 판금설계로 형태에 다소의 변화를 갖게 했다. 물론 가공은 판금 가공업자에게 부탁했다. 강왕환은 3차원 CAD로 설계하고, 3차원 모델 데이터를 가공업자에게 제공하여 부품을 제작하였다. 이 때 판금 부품값을 줄이기 위해 1관절 1부품으로 완성하도록 판금 설계를 하였다. 판금 부품은 한쪽 다리에 6개, 한쪽 팔에 4개로 모터 개수와 같다. 덕분에 유지보수에 소비되는 시간을 줄일 수 있었다.

　강왕환의 다리에는 또 하나의 특징이 있다. 그것은 양쪽 다리의 요축을 동일 축상에 배치하였다는 것이다(사진 7-3). 이렇게 함으로써 보통 3개의 모터를 사용해서 실행하는 상체 선회와 양쪽 다리 요 축 회전을 2개의 모터로 할 수 있다. 게다가 그 요축을 배면 쪽에 배치함으로써 작은 상체 선회 각도라도 쉽게 중심 이동이 가능하게 되었다.

　하지만 동일 축상에 배치하기 때문에 직접 2개 모터를 연결하는 것은 불가능해서 링크나 기어를 통해서 요축에 동력을 전달할 필요가 있다. 강왕환은 링크에 의한 동력전달방식을 채택했다.

7.4 기기 설계

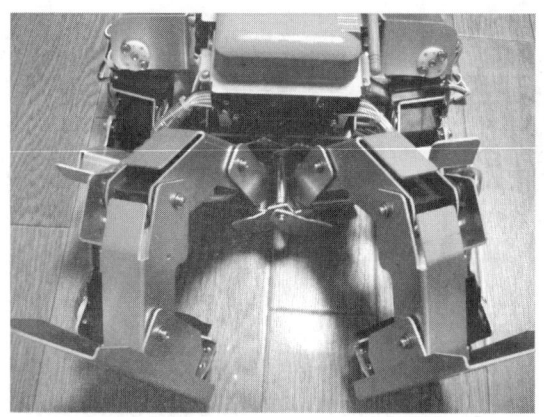

사진 7-3 ▲ 허벅지 관절 요축의 구조

요축을 상체 중심에서 멀게 함으로써 중심 이동을 쉽게 할 수 있는 구조로 했다. 하지만 결과는 걸을 때마다 상체가 흔들리는 불안정한 구조가 되었다. 요축을 멀게 함으로써 강한 상체 관성 모멘트가 발생했다. 또 가동 범위(±50도)를 우선하기 위해서 링크를 종속 구성으로 하였기 때문에 유지 토크가 부족하였다. 이것은 설계의 실수였다. 가동 범위(±20도)를 줄이고, 링크를 감속 구성으로 하였더니 흔들림이 어느 정도 가라앉았다.

한편, 링크 길이를 1:1로 사용할 때는 '링크 출력각도=모터 출력각도'이므로 문제없지만, 링크 길이가 $n : m$으로 증속이나 감속 구성으로 되면 기하학으로 해결하여야 한다. 이 구조는 기계 설계에서 흔히 말하는 4절 링크이다. 4개의 링크 길이와 출력 링크의 각도가 결정되면 입력 링크의 각도는 기하학적 계산으로 그림 7-11과 같이 구해진다.

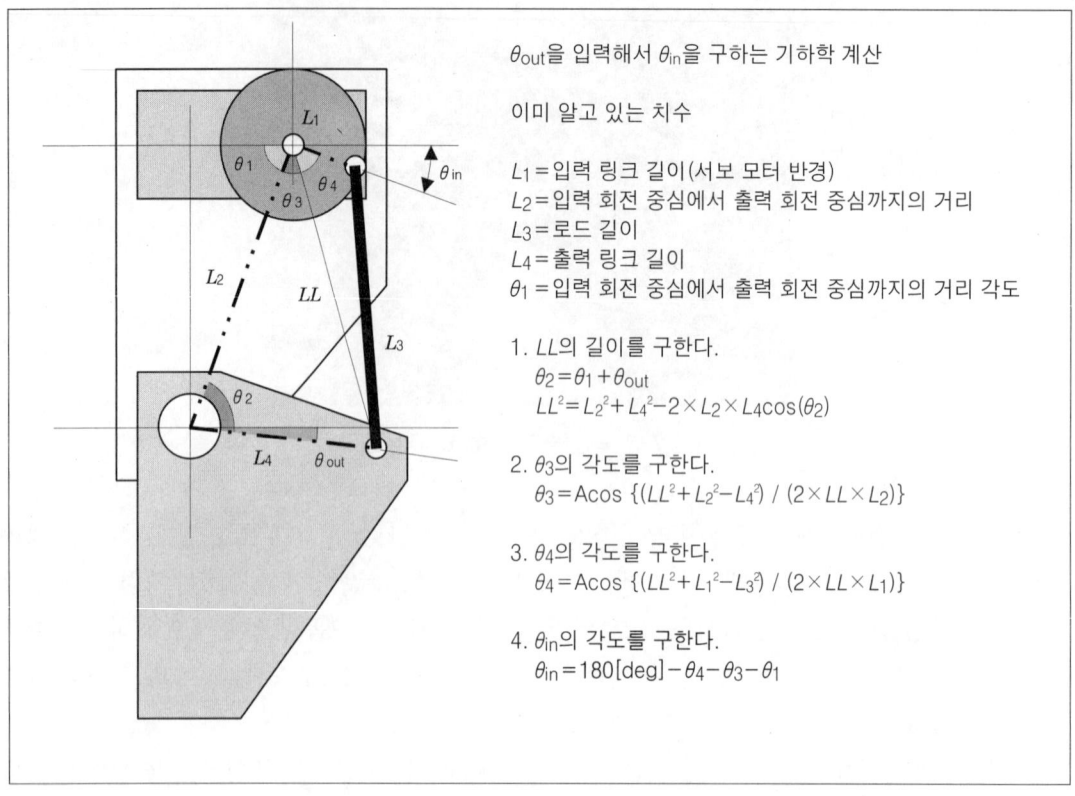

그림 7-11 ▲ 4절 링크의 기하학 계산

7.4.5 동체 설계

기기 설계의 마지막은 동체이다. 강왕환의 동체에는 어깨 피치축 모터, 다리 요축 모터, 무선 유닛, CPU 기판, 드라이버 기판, 2축 자이로, 가속도 센서, 제어용과 구동용의 배터리를 탑재한다.

동체 설계에서 주력했던 점은 다음과 같다.

- 중심 위치의 배려
- 배터리 교환의 작업성

중심 위치는 그림 7-12와 같이 양팔과 동체와 다리 고관절 롤 축부로 된 상체의 중심과 다리의 고관절 피치 축의 연직 방향 라인 상에 오게 했다.

이렇게 설계함으로써 직립 아이들 때 고관절 피치 축 모터의 유지 토크를 이론적으로 '0'이 되게 할 수 있다.

7.4 기기 설계

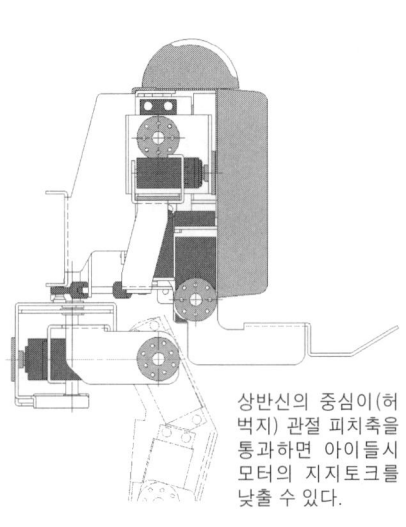

그림 7-12 ▲ 상체의 중심 위치

상반신의 중심이(허벅지) 관절 피치축을 통과하면 아이들시 모터의 지지토크를 낮출 수 있다.

사진 7-4 ▲ 배터리 교환 작업

역으로 중심 위치가 피치 축에서 멀리 있으면 다리의 고관절 피치 축 모터에는 '상체의 중량×멀어진 거리'만큼의 토크가 항상 필요하므로 전류를 낭비하게 된다. ROBO-ONE은 경기 시간이 길기 때문에 배터리를 오래 사용하는 방법을 강구해야 한다. 다만 완전한 무부하 상태에서는 발진이 쉽게 일어나기 때문에 부하를 조금만 걸어 두는 상태가 좋은 것 같다.

한편, 그림 7-12의 강왕환 상체의 중심 위치는 실물로 맞춘 것이 아니라 3차원 CAD로 중심 위치를 파악하면서 설계를 진행하여 목표 위치에 맞춘 것이다. 배터리 위치, 서보 모터 위치, 팔 위치, 무선 위치 및 모든 부품을 퍼즐처럼 조합해서 외형도 좋고 최소 치수가 되는 레이아웃을 찾았다. 이 작업 과정에서 배터리 교환의 작업성도 결정했다.

사진 7-4처럼 강왕환의 동체부는 나사를 풀어서 2개로 분할할 수 있는 구조로 되어 있으므로 분할하면 배터리 교환을 쉽게 할 수 있다.

여기서 참고해서는 안 될 것이 있다. 강왕환은 단3형이나 단4형의 배터리를 1셀씩 배터리 상자에 장착해서 사용하고 있는데, 이것은 채택하지 않는 편이 좋을 것 같다. 쓰러지면서 전지가 어긋나 순간적으로 정지하여 CPU가 재시동(리셋)되기 때문이다.

게다가 부-CPU는 재시동(리셋)되지 않고 살아 있는 상태라면 시스템적으로는 폭주 상태가 된다. 따라서 ROBO-ONE에서는 배터리는 복수 셀을 패킹한 시제품이나 자작 접속품을 사용하는 것이 좋다.

7.5 실장 애플리케이션

7.5.1 다축 제어 알고리즘

'7.2.4 제어계 부-CPU'에서 언급한 것처럼 강왕환은 메인CPU인 SH2 MTU의 정보를 사용하지 않고, 부-CPU인 PIC16F84A에서 RC 서보 모터용 각도 지령값인 PWM신호를 만든다.

강왕환은 높은 분해 능력을 얻기 위해 0~2457.6μsec의 PWM 신호폭을 1.2μsec 분해능으로 출력할 수 있다. 각도로는 PDS-2144FET라면 대부분 0.13도 정도의 분해능에 상당한다. PIC16F84A는 타이머 기능을 갖고 있지 않기 때문에 PWM신호를 만들려면 다음의 절차가 필요하다.

(1) 출력 포트를 ON
(2) 어셈블러 프로그램으로 카운트
(3) 출력 포트를 OFF

이상의 순서에 따라 프로그램을 작성하여야 한다.

PIC16F84A를 20MHz로 동작시키려면 CPU의 명령 실행 스텝은 0.2μsec이고, 1.2μsec의 분해능을 달성하려면 6스텝으로 실시해야 한다. 또 가동 범위를 180도로 하면 180/0.13=1385가 되고, 11비트나 필요하게 된다. PIC16F84A는 8비트 마이컴이기 때문에 상위와 하위로 나뉜 16비트의 연산을 처리할 필요가 있다.

이 과정을 프로그램 7-1에 나타내었는데, 1카운트당 6스텝으로 연산할 수 있는 16비트 고속 카운터이다. 다만, 이 프로그램은 카운터 실행 전에 수치데이터를 가공함으로써 고속처리를 실현하였다.

예를 들면, PIC16F84A의 수치 판정은 '가감산 결과가 0인지 아닌지'를 기본으로 하기 때문에 만일 초기값이 0을 제외한 값이 없도록 하면 특별한 처리가 되는 0 판정(프로그램 7-2)은 필요 없다. 구체적으로 프로그램 7-1의 주기에 기재한 것처럼 데이터 가공을 실시하였는데, 이에 따라 0000H 이외의 데이터는 모두 취급할 수 있다.

7.5 실장 애플리케이션

프로그램 7-1 ▼ 16비트 고속 카운터

```
;****************************************************************
;**********1카운트 6사이클   1.2μ sec에서 실행되는 고속  16비트 카운터**********
;****************************************************************
;******
;******①
;******
;******②
;******예  123H  →  ①123H  →  ②223H
;******예  0FFH  →  ①0FFH  →  ②1FFH
;******예  100H  →  ①000H  →  ②100H
;******
;******   000H    10000H

;****** Counter for PWM1
HCNT1
      DECFSZ HBIT1,F       ;HBIT1

      GOTO   CALLFF1       ;0
LCNT1                      ;0
      DECFSZ LBIT1,F       ;LBIT18bit
      GOTO   LCNTWAIT1     ;0
      MOVF   OUTPWM1,W     ;0
                           ;OUTPWM1>
      MOVWF  PORTB         ;PWM
;****** Wait for PWM1
LCNTWAIT1
      NOP                  ;
      GOTO   LCNT1
;****** Counter FUNCTION for PWM1
CALLFF1                    ;
      CALL   CNTFF
      GOTO   HCNT1         ;
;****** Counter FUNCTION for over 8bit
CNTFF                      ;

      MOVLW  0FEH          ;
      MOVWF  LOOP
      NOP
      NOP
LOOPFF NOP
      NOP
      NOP
      DECFSZ LOOP,F
      GOTO   LOOPFF
      RETURN
```

제 7 장　강왕환(剛王丸)

프로그램 7-2 ▼ 0 판정

```
;************************************************
;********  PIC16F84A으로  0을 판정하는 프로그램 *********
;************************************************
;******  결국 수치 판정은 INCFSZ,DECFSZ에 의해서 0을 판정하지만,
;******  BTFSC, BTFSS에서 스테이터스 레지스터를 판정하지 않으면
;******  어디서든지 3스텝 이상이 필요하다.


;******0 판정 ******
0JUDGE
        INCF    DATA,F          ;DATA는 데이터의 보관 장소
        ;모두
        DECFSZ  DATA,F          ;모두 -1이 된다.
                                ;
        GOTO    NOTZERO         ;0
ZERO                            ;0
        ;***=0으로 처리***       ;
NOTZERO                         ;0
        ;***≠0으로 처리**        ;
```

다음은 다중 채널의 PWM신호를 만드는 순서이다.

(1) 다중 채널의 PWM신호 카운트 값과 각 채널에 대응하는 출력 포트를 카운트 값이 작은 순으로 선택한다.
(2) 카운트 값의 차분을 구한다.
(3) 출력 채널 번호를 누적으로 비트(bit) OR 연산하고, 시계열 순의 출력 비트 열을 준비한다.
(4) 카운트의 차분값을 순서대로 카운트한다.
(5) 카운트업할 때마다 대응하는 출력 비트 열을 출력한다.

강왕환은 PIC6F84A 1개당 7채널의 출력을 가지고 있지만, 그림 7-13에 5 채널의 PWM 신호를 예제로 하여 구체적인 값으로 상기의 순서를 설명한다.

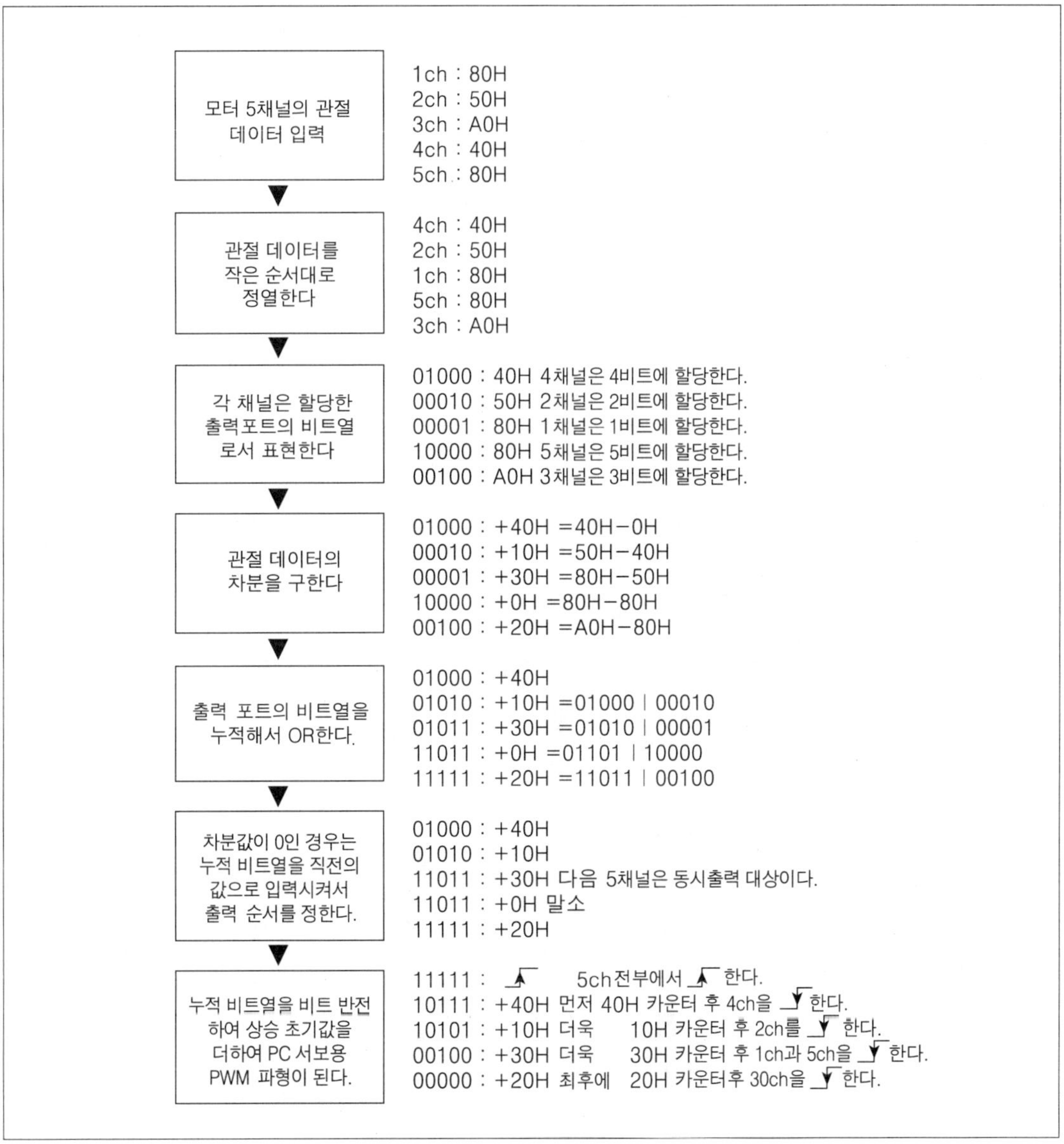

7.5 실장 애플리케이션

```
┌─────────────────┐      1ch : 80H
│ 모터 5채널의 관절 │      2ch : 50H
│   데이터 입력    │      3ch : A0H
│                 │      4ch : 40H
└────────┬────────┘      5ch : 80H
         ▼
┌─────────────────┐      4ch : 40H
│  관절 데이터를   │      2ch : 50H
│  작은 순서대로   │      1ch : 80H
│    정렬한다      │      5ch : 80H
└────────┬────────┘      3ch : A0H
         ▼
┌─────────────────┐      01000 : 40H 4채널은 4비트에 할당한다.
│  각 채널은 할당한 │     00010 : 50H 2채널은 2비트에 할당한다.
│  출력포트의 비트열│     00001 : 80H 1채널은 1비트에 할당한다.
│   로서 표현한다   │     10000 : 80H 5채널은 5비트에 할당한다.
└────────┬────────┘      00100 : A0H 3채널은 3비트에 할당한다.
         ▼
┌─────────────────┐      01000 : +40H =40H-0H
│   관절 데이터의   │     00010 : +10H =50H-40H
│    차분을 구한다  │     00001 : +30H =80H-50H
│                  │     10000 : +0H  =80H-80H
└────────┬─────────┘     00100 : +20H =A0H-80H
         ▼
┌─────────────────┐      01000 : +40H
│  출력 포트의 비트열│    01010 : +10H =01000 | 00010
│  누적해서 OR한다. │    01011 : +30H =01010 | 00001
│                  │     11011 : +0H  =01101 | 10000
└────────┬─────────┘     11111 : +20H =11011 | 00100
         ▼
┌─────────────────┐      01000 : +40H
│ 차분값이 0인 경우는│    01010 : +10H
│ 누적 비트열을 직전의│  11011 : +30H 다음 5채널은 동시출력 대상이다.
│ 값으로 입력시켜서  │    11011 : +0H  말소
│ 출력 순서를 정한다.│    11111 : +20H
└────────┬─────────┘
         ▼
┌─────────────────┐      11111 :  ↑    5ch전부에서 ↑ 한다.
│ 누적 비트열을 비트 반전│ 10111 : +40H 먼저 40H 카운터 후 4ch을 ↓ 한다.
│ 하여 상승 초기값을  │   10101 : +10H 더욱  10H 카운터 후 2ch를 ↓ 한다.
│ 더하여 PC 서보용    │   00100 : +30H 더욱  30H 카운터 후 1ch과 5ch을 ↓ 한다.
│ PWM 파형이 된다.   │   00000 : +20H 최후에 20H 카운터후 30ch을 ↓ 한다.
└─────────────────┘
```

그림 7-13 ▲ PWM 신호 출력 알고리즘

7.5.2 보행 알고리즘

강왕환의 보행 동작은 앞에서 설명했던 것처럼 동작 명령을 받은 후 로봇에 탑재된 CPU로 1주기 분의 목표 관절 각도를 생성하여 동작시킨다.

2족보행 로봇의 보행 알고리즘에서 중요한 것은 중력 벡터와 관성력 벡터의 합력이 발 밑으로 된 지지 다각형의 내측을 지나게 하는 것이다. 이 관계는 그림 7-14와 같이 로봇 관련 문헌에서

제 7장 　강왕환(剛王丸)

자주 보는 ZMP(Zero Moment Point)를 나타낸 것이다. 그렇지만 강왕환의 경우 ZMP를 발바닥이 아닌 발목에 배치하였다. 모터의 유지력이 한정되어 있기 때문에 발목의 모터에 걸린 토크를 가능한 한 작게 하고 싶었기 때문이다.

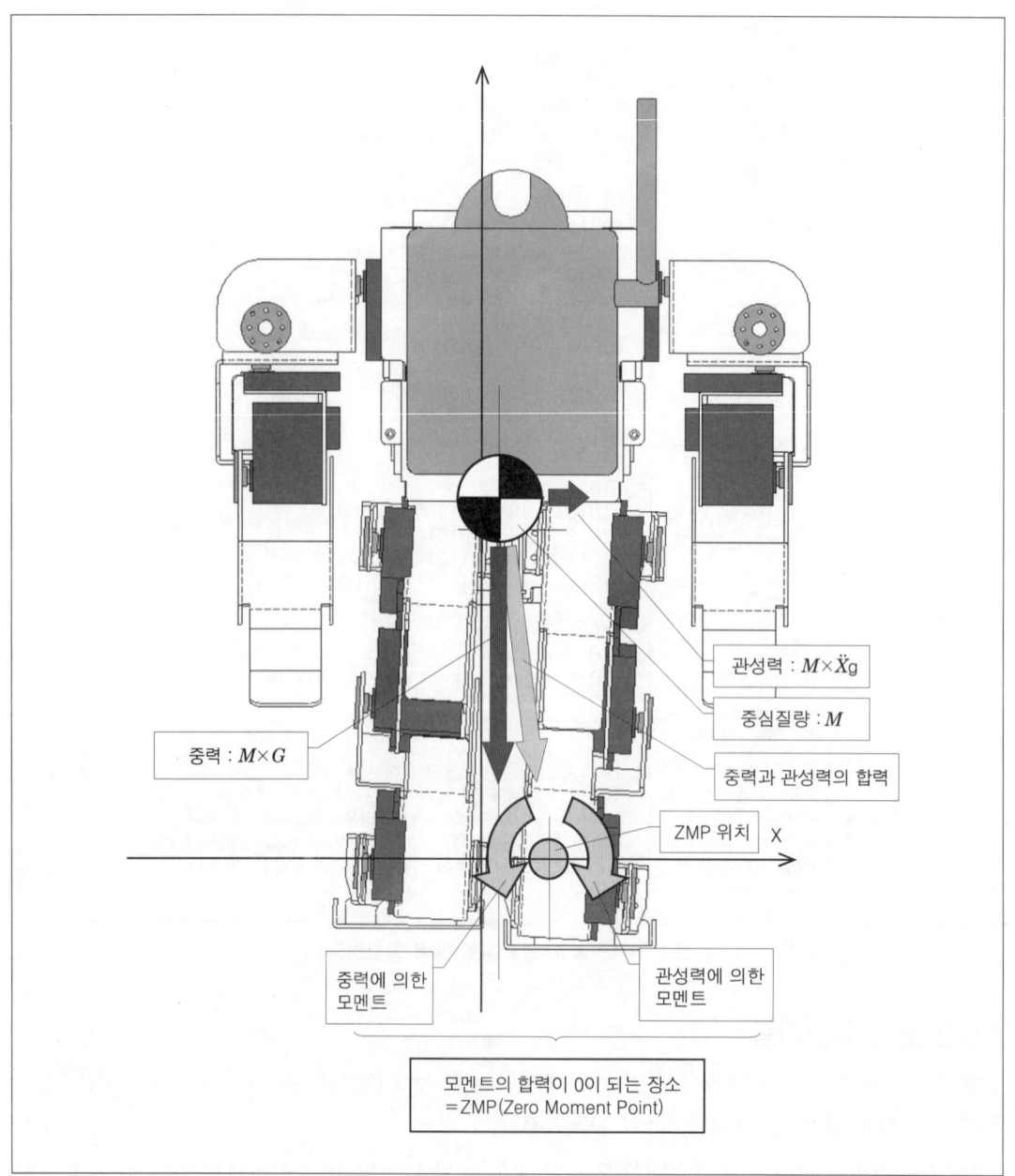

그림 7-14 ▲ ZMP

7.5 실장 애플리케이션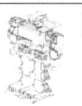

한편, 강왕환은 향후 평탄하지 않은 지면을 보행하거나 외란 적용을 고려하여 이 ZMP를 고려한 동보행 제어를 구축하였다. 다만 현시점에서는 상반력 등을 검출한 피드백 제어는 실시하지 않고, 상체를 좌우로 흔드는 롤 동작만 ZMP의 기본식을 직접 푼 일반식을 사용한 보행 패턴에 의한 순방향(feed forward) 제어를 실시하였다.

그런데 진행방향에 있어서 1질점계에 단순화한 기본식을 사용하면 상체가 전후로 흔들리는 동작이 되어 버린다. 사람은 그렇게 걷지 않는다. 등속의 정상적인 보행중에는 상체에 가속도가 없는 동작이 적당할 것이다. 따라서 진행 방향에 대해서는 큰 발바닥에 의지한 등속 운동으로 보행 동작을 생성하기로 했고, 진행 방향에 관한 동적 제어는 이후의 과제로 남겨 두었다.

한편, 상체를 좌우로 흔드는 롤 동작에 있어서 ZMP 기본식은 아래와 같다. 여기서 그림 7-15와 같이 로봇의 모델을 질량 M의 1질점계로 하고, 중심 위치를 X_g, 중심 가속도를 $\ddot{X}_g$, 중삼 위치가 양다리의 중앙에 있을 때를 시각 0으로 $X_g=0$이 되는 기준 위치로 한다. ZMP가 발목의 중심에 오도록 제어할 때 ZMP의 위치는 기준 위치에서 X_{zmp}만큼 떨어진 위치가 된다.

ZMP의 기본식은 ZMP 주위 모멘트의 균형식을 세우면 된다.

중심에 작용하는 관성력 $M \times \ddot{X}_g$에 중심 높이 H를 인가한 모멘트 ⋯①

중력 $M \times G$에 ZMP에서의 중심 위치 $(X_{zmp} - X_g)$를 인가한 모멘트 ⋯②

①과 ②가 적합한 것은

$$M \times \ddot{X}_g \times H_g + M \times G \times (X_{zmp} - X_g) = 0 \qquad (7.1)$$

이라는 식이 성립한다. 이 식의 일반해는 다음과 같다.

$0 \leq t \leq T$에 있어서

$$X_g = G_1 \times \exp(-a \times t) + G_2 \times \exp(a \times t) + G_3 \qquad (7.2)$$
$$G_1 = -X_{zmp} / \{1 + \exp(-a \times T)\} \qquad (7.3)$$
$$G_2 = -X_{zmp} / \{1 + \exp(+a \times T)\} \qquad (7.4)$$
$$G_3 = X_{zmp} \qquad (7.5)$$
$$a = \sqrt{(G/H_g)} \qquad (7.6)$$

여기서 T는 $t=0$으로 중심 위치 $X_g=0$의 상태에서 중심 이동이 시작되고, $t=T/2$로 중심 이동 속도가 0이 되며, $t=T$로 원래의 $X_g=0$으로 돌아가는 시간을 나타낸다.

강왕환에 있어서 실 모델의 정수는 $X_{zmp}=27$mm, $H_g=130$mm이고, 보폭 $W=30$mm, $T=0.6$sec의 경우 진행 방향에는 등속 이동으로, 롤 방향에는 ZMP의 식을 적용하는 중심 이동의

제 7 장 강왕환(剛王丸)

궤적은 그래프 7-1과 같게 된다. 횡축은 진행 방향으로, 종축은 롤 방향 중심 위치가 된다.

그림 7-15에서 알 수 있듯이 지지각(지지하는 다리)과 유각(들린 다리)의 발을 바꾸는 주기 T 사이에 '지지각의 발목에 ZMP가 온다'는 것을 나타내고, 이론적으로는 X_g가 0 근처라도 유각을 움직일 수 있게 된다. 물론 정보행은 X가 0 근처일 때 유각을 움직이면 로봇이 쓰러지는 것은 말할 것도 없다.

한편, 롤 동작만으로는 보행이 되지 않기 때문에 유각 동작에 대해서 설명하겠다. 유각이란 보행하기 위해서 앞으로 내딛는 다리를 말하는데, 언제 내딛기를 시작해서 언제 끝나는가가 문제가 된다. 강왕환은 안전을 생각해서 다음과 같은 조건으로 유각의 동작 타이밍을 결정하였다.

- 롤 최대 진폭이 되는 $T/2$sec를 중심으로 $\pm T/4$sec의 사이를 유각의 동작시간
- 중심 이동 속도는 등속으로 하고, 보폭/2/T로 한다.
- 발목에서 발가락 끝까지의 길이 중심 이동 속도 $T/4$ = 보폭/2
- 발목에서 발뒤꿈치까지의 길이 중심 이동 속도 $T/4$ = 보폭/2

안전한 이유는 1질점계 모델로 이 관계를 만족시키고 있으면 $T/2\pm T/4$sec의 범위는 이론적으로 ZMP가 지지각의 발바닥 지지다각형의 안에 있기(등속 이동이면 가속도는 0이므로 중심 투영점이 AMP가 된다) 때문이다.

강왕환의 발목에서 발끝까지의 길이는 50mm이고, 발목에서 발뒤꿈치까지의 길이는 60mm이다. 이에 대해 보폭 W=30mm, T=0.6sec이면 보폭/2는 15mm이므로 발목에서 발끝까지의 길이 50mm보다 충분히 짧다. 따라서 다리의 동작으로 약간의 외란 모멘트가 발생해도 ZMP는 발바닥(발목 근처)에 있는 상태를 유지할 수 있는 가능성이 높다.

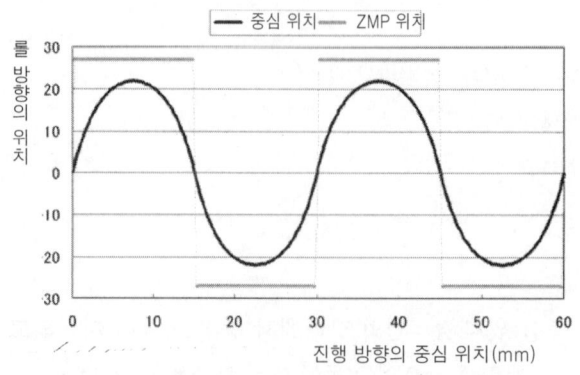

그래프 7-1 ▲ 중심 위치와 ZMP 위치

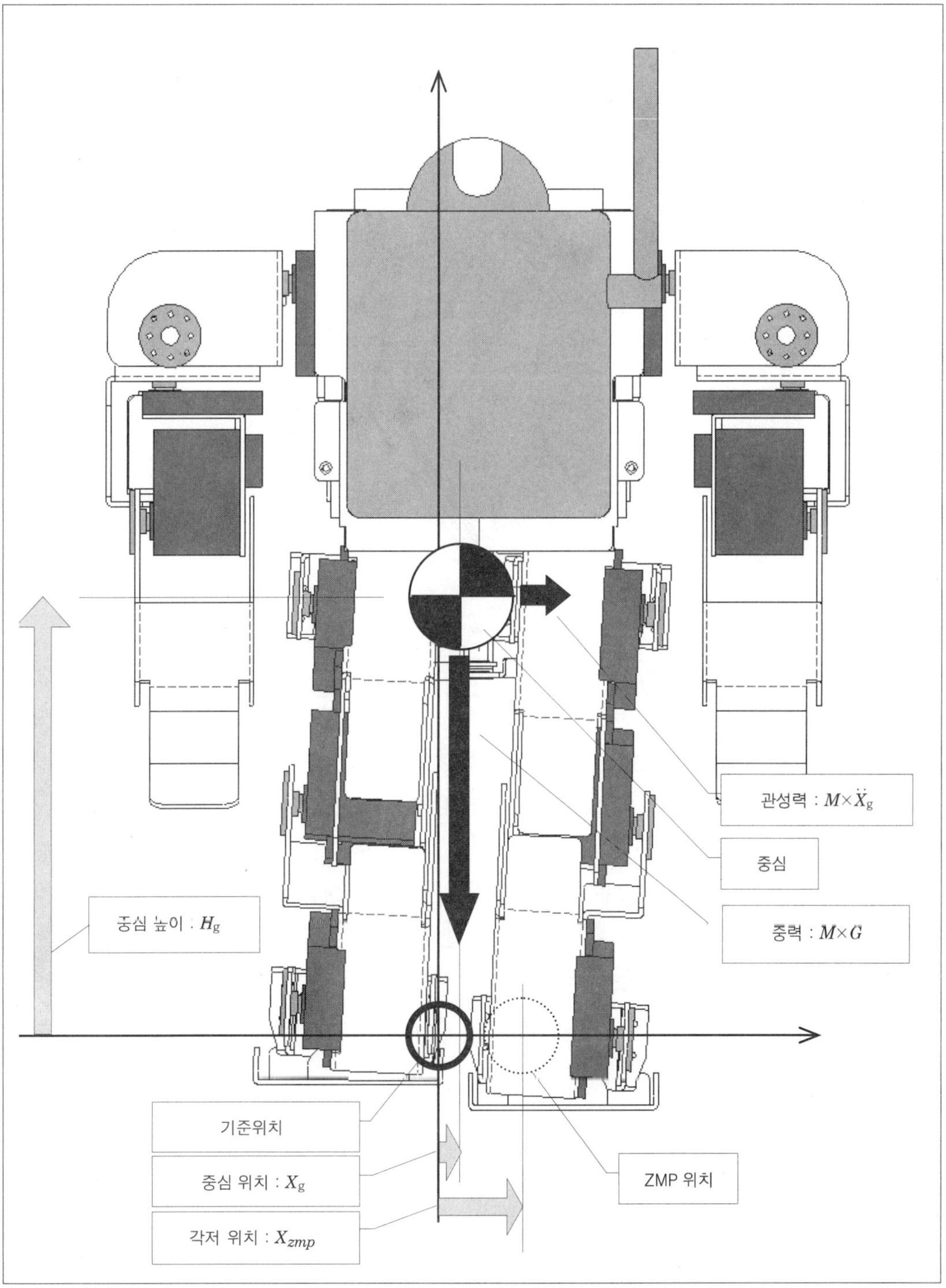

7.5 실장 애플리케이션

관성력 : $M \times \ddot{X}_g$

중심

중력 : $M \times G$

중심 높이 : H_g

기준위치

중심 위치 : X_g

ZMP 위치

각저 위치 : X_{zmp}

그림 7-15 ▲ ZMP 기본식의 모델 그림

그림 7-16의 걷는 모습을 참고하길 바란다. 이 2개의 동작을 조합하면 강왕환의 부드러운 보행이 가능해진다.

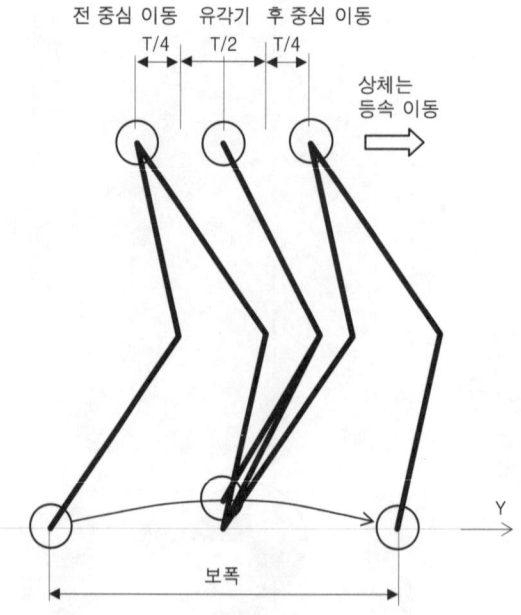

그림 7-16 ▲ 강왕환이 진행 방향으로 걷는 모습

7.5.3 마스터 슬레이브 제어 알고리즘

강왕환은 마스터 슬레이브 방식을 채용하여 오락성을 높였지만, 형태 및 부정지 보행이나 외란 적용이라는 앞으로의 목표가 있다. 후자의 제어는 실시간을 고려하여 알고리즘을 개발한 것으로, CPU 부하를 어느 정도는 경감할 수 있을지도 모르지만, 최종적으로는 CPU 전력에 의지하게 된다. 그 때 마스터 슬레이브의 제어부하가 크면 실장할 수 없게 되고 오락성이 떨어져 버린다. 그래서 마스터 슬레이브 제어는 다음의 목표를 정했다.

- 보간은 실시하지 않고 리얼타임에서 RC 서보 모터의 주기로 데이터를 출력한다.
- 마스터로부터 보내진 데이터 가공은 최소로 한다.

이렇게 하면 강왕환 본체의 소프트웨어 구성이 매우 간단해진다. 그러나 '실시간으로 데이터를 수신' 하는 데에는 연구가 필요하다.

일반적인 시리얼 통신의 수신 데이터를 캡쳐하는 함수로 프로그램 7-3에 C언어로 WaitCommandSCI( )라는 함수를 넣었다. 강왕환은 SH7045F라는 CPU를 채용하였지만, 이 CPU 시리얼 통신의 수신 사양에 'RDR에 유효한 수신 데이터가 저장되어 있는 것을 표시하는

7.5 실장 애플리케이션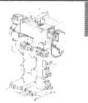

EDEF가 1의 경우, 다음 데이터가 수신되면 오버런이 되고, 후자의 수신데이터는 없어진다.'고 쓰여져 있다. 즉 모든 데이터를 캡처하고 싶다면, 프로그램 7-3에 기재한 것처럼

while(SCI0.SSR.BIT.RDRF==0);

에서 수신 데이터의 유무 상태(status)를 감시할 필요가 있다. 게다가 1바이트라면 별 문제 없지만, 강왕환처럼 18바이트의 데이터를 연속으로 수신하면 CPU에 과중한 부하가 걸려 실시간 보행 제어를 할 수 없게 된다.

프로그램 7-3 통상적인 시리얼 수신 처리 프로그램

```
/*******************************************************************/
/*시리얼 통신의 수신 데이터를 어플리케이션에서 RAM에 써넣는 보통의 방법*/
/*수신 데이터는 1회 1Byte,
/*18byte의 데이터를 수신하기 위해서는 WaitCommandSCI를 18회 실행해야 한다.*/
/*******************************************************************/
char    WaitCommandSCI {
        char CommandNo;

        /*시리얼 통신의 스테이터스를 감시한다.*/
        /*수신이 완료되면 빠르게 데이터 출력되지 않도록*/
        /*다음 데이터가 처리되지 않도록 주의한다.*/

                while   SCI0.SSR.BIT.RDRF==0   ;

        /*시리얼 통신의 스테이터스 영역,  에러 발생시의 순서까지는 아니다*/

                SCI0.SSR.BIT.RDRF=0;
                SCI0.SSR.BIT.ORER=0;
                SCI0.SSR.BIT.FER=0;
                SCI0.SSR.BIT.PER=0;

        /*수신된 데이터를 함수값으로 처리한다*/
                CommandNo=SCI0.RDR;
                returnÅiCommandNoÅj;
}
/*******************************************************************/
/*18byte 수신 데이터를 전역변수 RXdata[18]로 처리한다*/
/*18byte 수신 데이터를 확보하기 위해서는 CPU가 처리한다*/
/*******************************************************************/
void    WaitCommand18byte void   {
        int i;

        for   i=0;i<18;++i   {
                RXdata[i]=WaitCommandSCI
        }
}
```

제 7 장 강왕환(剛王丸)

그래서 강왕환은 SH7045F에 있는 DMAC라는 특수기능을 사용하였다. DMAC는 CPU를 대신하여 내장 주변 모듈에서 RAM으로 데이터를 고속으로 전송하는 기능이다. 자세한 내용은 제조사의 매뉴얼을 참고하길 바라며, 강왕환에서 사용하고 있는 DMAC를 이용한 시리얼 수신 프로그램을 프로그램 7-4에, SH7045F의 DMAC의 레지스터 설정을 프로그램 7-5에 기재하였다.

프로그램 7-4 ▼ DMAC에 의한 시리얼 수신 처리 프로그램

```
/****************************************************/
/*DMAC에서 시리얼 통신의 수신 데이터를 RAM에 연속전송하는 방법*/
/*수신 데이터는 전역변수 RXdata[18]로 처리한다*/
/*WaitCommandDMA을 1회 실행시키면 18바이트의 데이터가 수신된다*/
/****************************************************/
void    WaitCommandDMA (void)  {

        /*강완환은 시리얼 통신주기<<정기확인 주기로서 사용하기 위해서는*/
        /*전송이 완료되기 전까지는 확인한다*/
                while (DMAC0.CHCR.BIT.TE==0) ;

        /*비트 0은 1에서 DMAC 실행상태이기 때문에*/
        /*지정 횟수 전송완료의 비트 1이 1이 되기 때문에 클리어하지 않으면 다시 동작하지 않는다*/
                DMAC0.CHCR.LONG &=  0xFFFFFFFD;

        /*전송 전의 어드레스까지 되돌아간다*/
        /*전역변수에서 확인된 배열의 선두 어드레스 지정*/
                DMAC0.DAR=&RXdata[0];

        /*전송횟수(18byte)의 재세팅*/
                DMAC0.DMATCR=0x12;
}
```

프로그램 7-5 ▼ 시리얼 수신의 DMAC 레지스터 설정 순서

```
?#include      "sh7040.h"/*알파로직 사 제 SH-2 7045F StarterKit에 부속된 헤더화일*/
unsigned char        RXdata[18];   /*DMA에서 데이터를 저장하는 장소*/
/*************************************************/
/*보드 초기화*/
/*************************************************/
void port_init   oid
{
      int lp;

      /*************************************************/
      /*보드의 설정은 DMAC 외에는 여러 가지 중략*/
      /*************************************************/
```

7.5 실장 애플리케이션

```
    /*보조동기 8byte 패러티, 스톱비트, 멀티 없음, φ/1클럭*/
        SCI0.SMR.BYTE=0x00;
        SCI0.SCR.BYTE=0x00;

    /*28.7MHz에서 115200bps로서 n=0과 n=7에서 오차 -2.68%이다*/
        SCI0.BRR=0x07;

    /*조금 대기한 뒤에 수신 인터럽트와 송수신 동작을 허가*/
        forÅilp=0;lp<2;++lpÅj;
        SCI0.SCR.BYTE=0x70;

    /*전회는 시리얼 통신의 수신 데이터를 CPU에서 변환된다*/
    /*DMAC에서 데이터를 지령한 RAM영역에서 데이터를 전송한다*/
    /*전송모드는 직접어드레스 전송모드를 사용한다*/
    /*전송의 어드레스로서 시리얼 CH0의 수신 데이터가 저장되는 어드레스를 설정한다*/
        DMAC0.SAR = (int *) (& (SCI0.RDR));

    /*전송의 어드레스로서 RAM에 확보한 메모리 영역의 어드레스를 설정한다*/
    /*전역변수로서 확보한 배열의 선두어드레스를 지정한다*/
        DMAC0.DAR=&RXdata[0];

    /*전송횟수를 지정한다*/
    /*시리얼통신은 1회 1byte, 이번은 18byte를 얻었기 때문에 0×12로 된다*/
        DMAC0.DMATCR=0x12;

    /*CH0의 직접 어드레스 전송모드에서 전송방법을 지정한다*/
    /*18회 데이터를 보내기 때문에 매회 전송앞단에 어드레스를 증가시켜야 한다*/
    /*전송은 시리얼 수신 테이터에서 어드레스를 바꿀 필요가 있다*/
    /*전송요구는 시리얼 통신의 수신 데이터 인터럽트 SCI0의 RXI0을 설정한다*/
    /*전송 크기를 byte로 지정*/
    /*DMA완료 후에는 인터럽트를 발생시키지 않는다. 전송결과는 어플리케이션에서 정기적으로 관찰한다*/
    /*우선 DMA를 실행시키지 않는다*/
    /*DMA를 개시시키지 않을 때는 DMAC0.CHCR.LONG |= 0x00000001;가 된다*/
        DMAC0.CHCR.LONG=0x00004d00;

    /*채널 전체의 기동허가를 발생시킨다*/
        DMAC.DMAOR.WORD=0x0001;

}
```

로봇을 직접 제작하기에 앞서 인터넷에서 제공하는 로봇 제어 시뮬레이션 프로그램을 이용하여 동작 특성을 미리 살펴 볼 수 있다. Robot Battle은 진화시켜 나아가는 로봇 프로그래밍 게임이다. 이 시뮬레이션 프로그램은 스크립트 프로그램을 통해서 지능형 로봇을 설계할 수 있으며, 몇몇 학교에서는 기초 프로그래밍 교과목에서 현재 이 프로그램을 사용하고 있다.

그림 7-17은 Robot Battle 시뮬레이션을 보여 주고 있다.

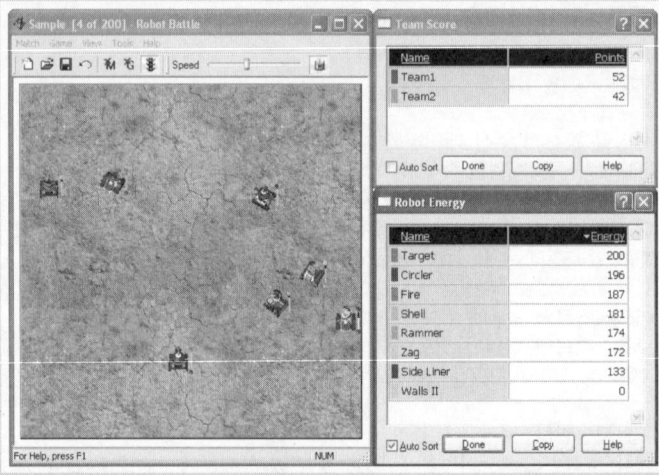

그림 7-17 ▲ Robot Battle 화면(Robot Battle, http://www.robotbattle.com)

7.6 마무리

강왕환에 탑재한 로봇 기술 중 특히 중요한 것만을 소개했지만, ROBO-ONE 대회가 거듭할 때마다 마스터 슬레이브 방식을 많이 사용함으로써 보행 속도가 빨라지고 있다. 머지않아 강왕환의 기술을 능가하는 2족보행 로봇이 등장할 것이다.

ROBO-ONE을 통해 아마추어 로봇 애호가의 기술 수준이 높아지길 기대하겠다.

> Matlab에서 제공하는 Robotics Toolbox를 이용하면 동역학 및 궤적 추적과 같은 로봇 제작에서 유용한 많은 정보를 얻을 수 있다. 따라서 Toolbox는 실제 로봇을 통한 실험에 앞서서 결과를 해석할 수 있는 모의실험용 프로그램이다.
> 그림 7-18은 Toolbox를 이용하여 모의 실험한 결과를 나타낸 것이다.
>
>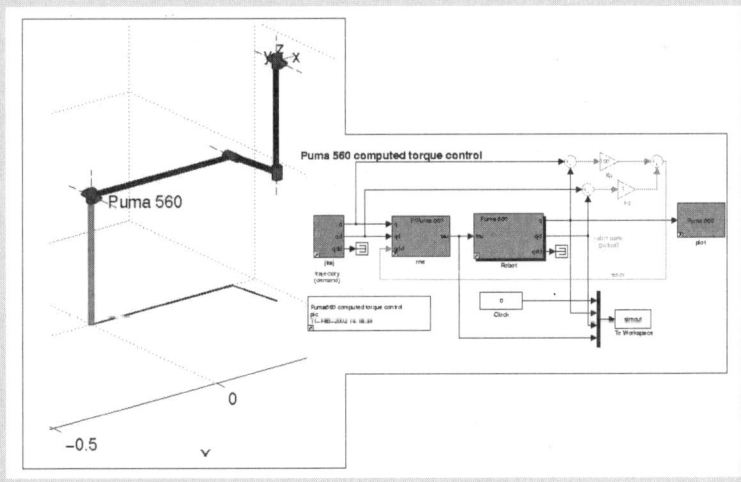
>
> 그림 7-18 ▲ MATLAB 시뮬레이션 결과
> (Robot Simulation, http://www.cat.csiro.au/cmst/staff/pic/robot)

ROBO-O-ONE

8장
하지메 로봇 4호기

사카모토 하지메(坂本 元)

8.1 시작하면서

  2족보행을 할 수 있는 소형 인간형 로봇 '하지메 로봇'의 제작 과정을 소개하겠다. 격투경기 대회에서 2연패를 달성하고, 고속보행 경기에서 성공을 거두는 등의 성적을 갖고 있는 '하지메 로봇 4호기'를 기본으로 로봇 설계, 로봇을 구성하는 하드웨어, 로봇을 제어하는 소프트웨어 및 보행 알고리즘 등을 설명하겠다.

  사진 8-1은 '하지메 로봇 4호기'의 겉모습으로, 목에 ROBO-ONE 반다이 컵 우승 메달을 걸었다. 4호기는 2003년 2월부터 7월에 걸쳐 개발되었고, 그 이후 로봇 대회 및 전시회 등에서 활약하였다.

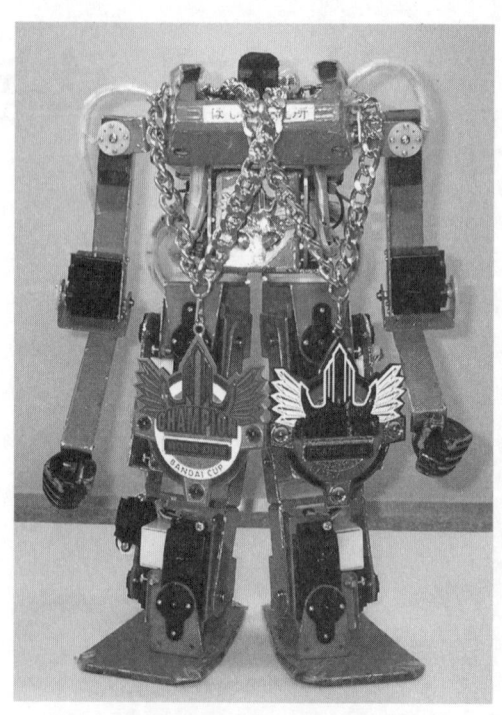

사진 8-1 ▲ 하지메 로봇 4호기의 겉모습

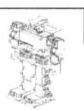

8.1.1 하지메 로봇 4호기의 사양

하지메 로봇 4호기는 키 41cm, 중량 약 3kg의 소형 인간형 로봇이다. 사양은 표 8-1과 같다. 관절수 즉 자유도는 총 19로, 발은 6×2의 자유도, 몸체는 1자유도, 팔은 3×2의 자유도이다. 센서는 자이로 및 가속도 센서를 탑재하고 있으며, 보행 중 로봇의 자세를 제어한다. 무선조종용 송신기를 사용하여 무선조종할 수 있고, 내장 배터리로 약 15분 동안 작동시킬 수 있다.

표 8-1 ▼ 하지메 로봇 4호기의 사양

높이	41cm
너비	26cm
두께	17cm
무게	약 3kg
자유도	19(다리 6×2, 몸통 1, 팔 3×2)
센서	자이로 2, 가속도 센서 2, 거리센서 1
조종	무선통신용 송수신기
배터리	7.2V, 6V
동작시간	15분

8.1.2 하지메 로봇 4호기의 성적

표 8-2는 하지메 로봇 4호기가 출전한 주요 대회와 성적을 나타낸 것이다. 격투경기 ROBO-ONE 반다이 컵에서 2연패를 달성하였고, 보행 경기 ROBO-ONE C to C에서는 격투 경기장의 대각선을 10초 이내로 보행하는 데 성공하였으며, 축구(soccer) 경기인 제1회 로보 스퀘어 배에서는 복식 조로 싸우는 축구 시합에서 팀 우승을 하였다.

표 8-2 ▼ 하지메 로봇 4호기의 경기대회 성적

개최 시기	대회	성적	분류
2003년 7월	제1회 로보스크에어배	팀우승	축구시합
2003년 8월	제1회 ROBO-ONE반다이컵	우승	격투경기
2003년 8월	제4회 ROBO-ONE	16강	격투경기
2003년 8월	ROBO-ONE C to C	성공	보행경기
2003년 11월	제2회 ROBO-ONE반다이컵	우승	격투경기

8.2 개발 목표

이제부터 하지메 로봇 4호기의 개발 배경 및 목표에 대하여 설명하겠다.

8.2.1 하지메 로봇의 개발 배경

필자가 로봇을 개발하기 시작한 것은 2002년 2월부터이다. 2족보행 로봇의 격투 대회인 제1회 ROBO-ONE이 개최된 것을 인터넷에서 알게 되었고, 본격적인 2족보행을 할 수 있는 인간형 로봇을 개인도 개발할 수 있는 시대가 도래했음을 알았다.

인터넷에서 정보를 수집하고 로봇 제작의 첫 번째 시도라 할 수 있는 하반신만으로 된 '1호기'를 제작했다. 처음 보행할 때까지는 시간이 걸렸다.

그럼에도 그 해 8월에 개최된 제2회 ROBO-ONE에 전신으로 된 '2호기'를 완성시켜 출전했다. 사진 8-2는 2호기의 모습이다.

시합 결과는 예선을 통과하고 16강까지 진출했다. 2호기는 정보행을 할 수 있고, 센서로 적을 찾아서 공격하는 기능을 갖추고 있었다. 2호기는 본래 인간형 로봇으로 만들고 싶었던 기능인 보행과 자율 기능을 포함시켜 완성한 것이다.

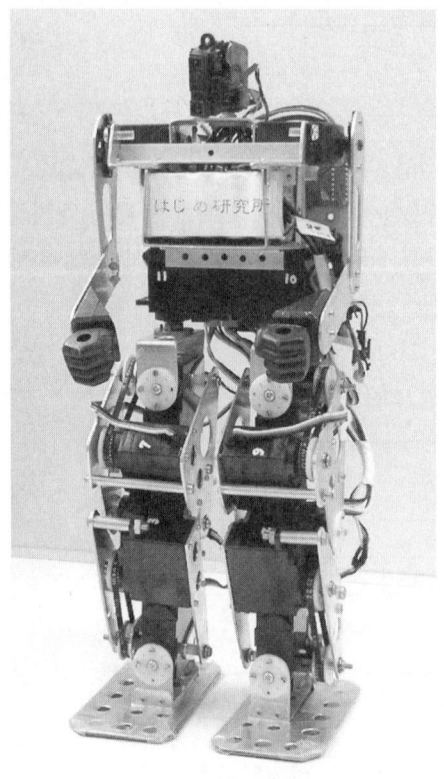

사진 8-2 ▲ 2호기의 모습

8.2.2 하지메 로봇 4호기의 개발 목표

4호기는 2호기의 고성능화 즉, '보행과 자율의 능력을 발전시키기' 위한 개발용 기기로서의 의미를 부여하였다. 개발 목표는

(1) 빠르고 안정된 보행
(2) 완전자율에 의한 동작

으로 정했는데, 이렇게 정한 까닭은 2족보행 로봇을 즐기려면 좀 더 빨리 보행하는 로봇을 제작할 필요를 느꼈기 때문이다. 또 2호기의 자율기능도 격투기 등의 실전에 사용할 수 있는 수준이 아니었기 때문이다.

이러한 목표를 달성하기 위해 4호기는 다음과 같은 목표를 세우고 개발을 진행하였다.

(1) 토크가 큰 모터를 사용해서 강한 다리와 허리를 설계하여 카메라나 센서 등을 장착해서 다소 무거워져도 보행할 수 있게 한다.
(2) 카메라에 의한 화상 처리나 자율 동작 등 로봇의 운동제어 이외의 부분은 무선 LAN으로 접속되는 원격 PC로 처리한다.

목표를 정하고 어떤 로봇으로 만들 것인가가 확실해지면, 본격적으로 설계 작업에 들어간다. 목표를 정하지 않으면 설계할 때 여러 조건을 동시에 만족시켜야 하는 타협 조건을 맞추다가 설계를 진행할 수 없게 된다.

8.3 디자인

하지메 로봇의 설계를 예로 들어 2족보행 로봇을 설계할 때의 포인트를 설명하겠다.

8.3.1 하지메 로봇 4호기의 모습

하지메 로봇 4호기는 목표대로 강한 다리와 허리를 가지고, 무선 LAN을 부착한 마이컴을 탑재할 수 있는 기기로 완성했다. 사진 8-3은 하지메 로봇 4호기의 전체 모습이고, 그림 8-1은 주요 치수를 나타낸 것이다.

다리에는 무선 조종용 대형 서보 모터를 사용하고, 상체는 마이컴이 들어가도록 가슴이 앞뒤로 조금 나온 구조이다.

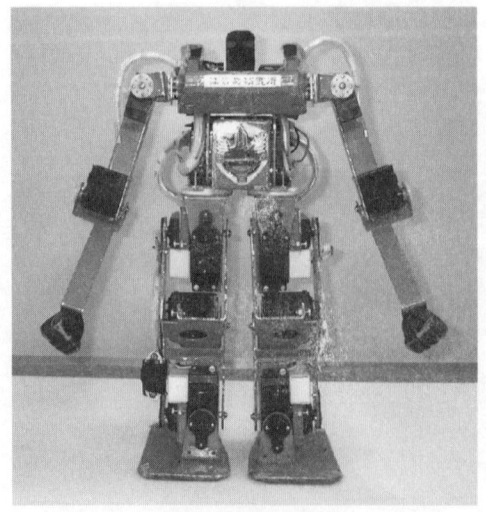

(가) 앞면

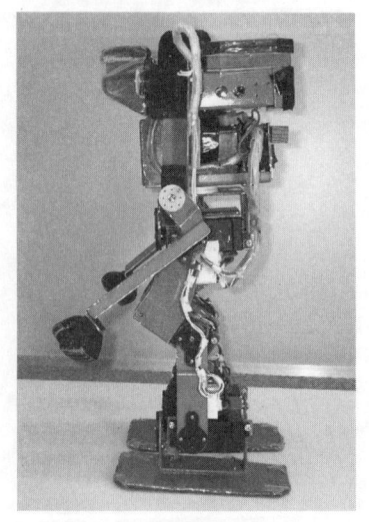

(나) 왼쪽 옆면

8.3 디자인

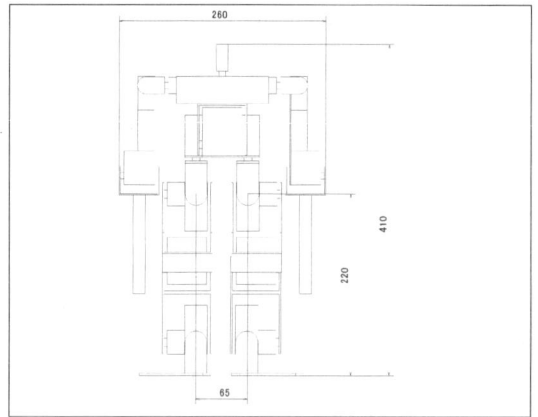

(가) 정면

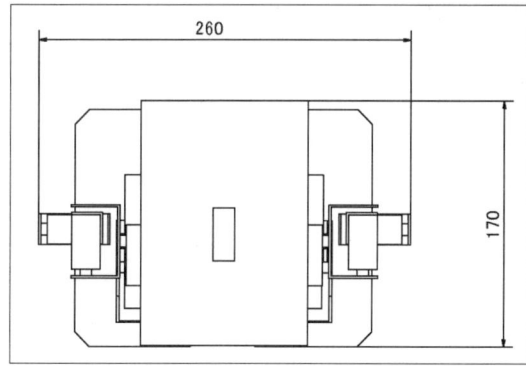

(나) 왼쪽 옆면

(다) 위에서 내려다 본 모습

그림 8-1 ▲ 하지메 로봇 4호기의 주요 규격

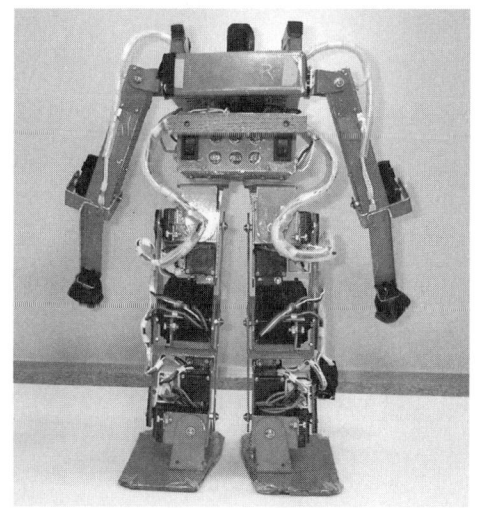

(다) 뒷면

사진 8-3 ▲ 하지메 로봇 4호기

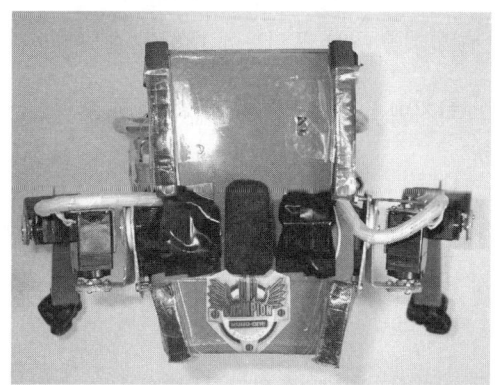

(라) 위에서 내려다 본 모습

관절수 즉, 자유도는 모두 19이다. 그림 8-2의 축 배치에 나타낸 것처럼 다리에 6×2, 동체의 전후방향에 1, 팔에 3×2인 구조이다.

다리는 보행을 우선하기 위해서 일반적으로 자주 사용되는 6축 구조로 했다. 몸체는 일어나기를 생각해서 복부가 앞뒤로 깊이 구부러지도록 했다. 팔은 가볍게 하기 위해 축 수를 줄이고, 다리의 모터에 비해 가볍고 작은 모터를 사용했다.

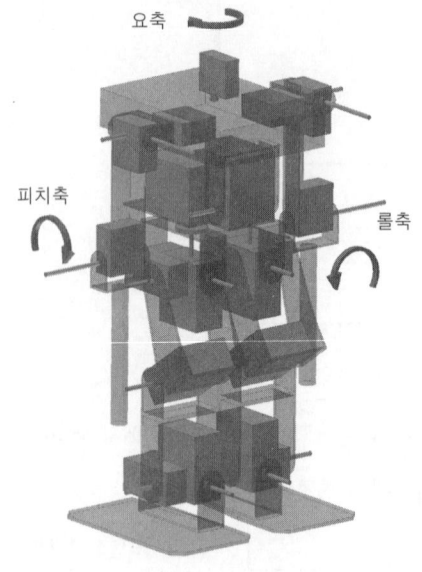

그림 8-2 ▲ 축 배치

8.3.2 하지메 로봇의 설계 포인트

사진 8-4는 지금까지 제작한 하지메 로봇이다. 하지메 로봇을 제작하면서 쌓아온 2족보행 로봇 설계를 위한 포인트에 대하여 설명하겠다.

하지메 로봇을 설계할 때의 주된 포인트는 다음 4가지이다.

(1) 가볍고 작게 만든다.
(2) 단순하게 만든다.
(3) 중심의 균형을 잡는다.
(4) 관절의 가동범위를 넓게 잡는다.

이제부터 순서에 따라 설명하겠다.

8.3 디자인

사진 8-4 ▲ 하지메 로봇들

(1) 가볍고 작게 만든다.

2족보행 로봇은 토크가 큰 모터를 사용해서 가능한 가볍고 작게 만들 필요가 있다. 로봇이 한쪽다리로 서 있을 때, 한쪽다리에 모든 체중을 지지할 수 있는 힘이 필요하다. 로봇이 너무 무거우면 관절부의 모터가 모두 지지할 수 없게 된다. 그렇게 되면 명령을 내린 각도로 관절 각도를 유지하지 못하고 흔들거리면서 로봇의 자세가 불안정하게 된다. 게다가 모터가 고장날 수도 있다. 관절에 걸린 부하는 토크(중량×길이)로 계산되기 때문에 가볍고 작은 편이 좋다는 것을 알 수 있다.

모터는 로봇 전체 중량의 반 이상을 차지한다. 모터를 선정함에 있어서 중량 대 토크, 크기 대 토크 등의 비율을 조사하여 가볍고 작은 로봇을 만들기로 했다.

로봇의 구조재인 프레임은 주로 가볍고 튼튼한 소재인 알루미늄(A50502) 판을 사용하고, 강도가 그다지 필요하지 않은 부분은 플라스틱 판을 사용하였다. 설계할 때 무게를 10g이라도 가볍게 하고, 크기를 1mm라도 작게 하려고 노력하였다.

(2) 단순하게 만든다.

로봇은 가능한 한 단순하게 만든다 하지메 로봇은 부품수를 적게 하고, 구조는 단순하게 설계하려고 노력했다. 망가지지 않으면서 설계·제작시간을 고려한 것이다. 덕분에 4호기는 여러 격투기 대회에서 싸우면서도 고장은 적은 편이었다. 다리는 이미 몇 만 보를 걷고 있지만 고장은 없고, 격투 때 쓰러져서 팔의 모터가 세 번 고장났을 뿐이다. 최근에는 다리 모터의 회전에 의한 마찰이 늘어서 모터의 유지보수 필요성을 느끼고 있다.

4호기는 모든 관절을 모터로 직접 구동한다. 관절부는 기계적인 덜그럭거림이 적게 최대한 억제하고, 모터의 출력 토크의 손실 없이 로봇의 관절에 전하며, 관절의 동작 속도를 느리게 하고 싶지 않았기 때문에 링크 및 타이밍 벨트 등의 기구는 사용하지 않았다.

　모터의 출력축을 직립 구조로 하면 축에 부담이 걸리거나 로봇의 내구성이 떨어지기 때문에 반대쪽에도 축을 달아 모터를 병렬구조로 프레임에 붙였다.

　사진 8-5는 반대축을 나타낸 것으로, 반대축은 베어링으로 축을 지지한다.

　병렬구조로 할 수 없는 관절, 즉 허벅지 관절의 요축이나 어깨의 피치축에는 면으로 힘을 받을 수 있도록 테프론이나 플라스틱 등의 미끄러지기 쉬운 재질의 와셔를 사이에 끼웠다.

　사진 8-6은 직립부를 보강한 허벅지 관절이다.

 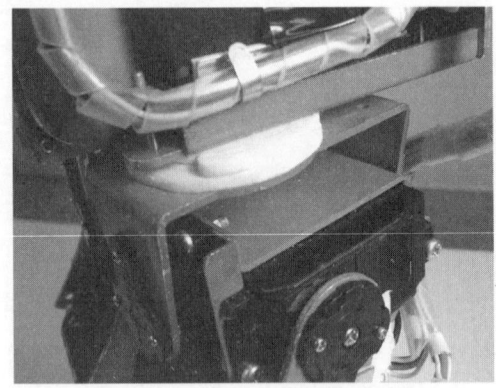

사진 8-5 ▲ 왼쪽 무릎의 반대축　　　　사진 8-6 ▲ 왼쪽 허벅지 관절의 직립 구조

　발목과 허벅지 관절은 사진 8-7처럼 피치 축과 롤 축 방향으로 움직이도록 이른바 직교축으로 했다. 직교축으로 하면 다리의 길이에 대해 허벅지 관절과 무릎의 축간, 무릎과 발목의 축간이 크게 떨어지고, 다리의 가동범위가 커지는 이점이 있다. 또 사람의 관절 형태에 가까워진다는 의

사진 8-7 ▲ 왼쪽 발목의 직교축

8.3 디자인

미도 크다. 직행 축이 되도록 모터를 배치할 때는 모터 케이스를 잘라내어 2개의 모터를 조합함으로써 가능한 한 깔끔하게 정리했다.

(3) 중심의 균형을 잡는다.

로봇에 모터를 배치할 때에는 중심의 균형을 생각하는 것이 중요하다. 중심은 로봇이 직립했을 경우 전후좌우 동작에서도 발바닥의 중심 부분에 실리게 한다.

그림 8-3은 4호기의 중심 위치를 나타낸 것이다. 그림 8-3의 (가)처럼 위에서 내려다보면 좌우의 중심에 있고, 전후 방향에 대해서는 발바닥의 중심에서 약간 앞에 있음을 알 수 있다.

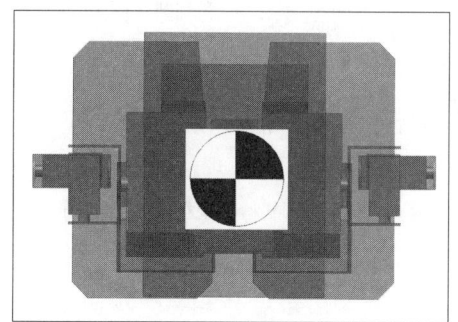

(가) 위에서 내려다 본 중심 위치

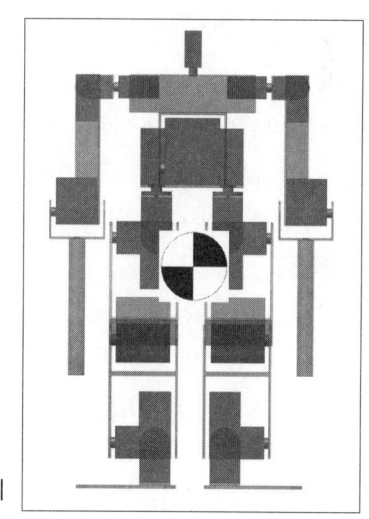

(나) 정면에서 본 중심 위치

그림 8-3 ▲ 중심 위치

중심의 높이는 그림 8-3의 (나)처럼 정면에서 보면 허벅지 관절보다 약간 밑에 있음을 알 수 있다. 정지 시에는 중심이 낮은 것이 안정하다. 보행 시 좌우 방향으로의 중심 이동은 중심이 높을 때 동작하기 쉽다.

중심 위치는 일어나기 동작에도 영향이 있기 때문에 이것을 고려해서 적절한 위치로 한다. 중심 위치에 대해서는 모터의 배치를 고려하는 것에 더하여 배터리 등과 같은 무거운 부품의 배치를 우선으로 생각해야 한다. 4호기에서 배터리는 허리에 배치하고, 마이컴은 등에 짊어지는 것이 아니라 가로놓기로 상체에 배치했다.

사진 8-8은 배터리의 배치, 사진 8-9는 마이컴의 배치를 나타낸 것이다.

제 8장 하지메 로봇 4호기

사진 8-8 ▲ 허리에 배치한 배터리

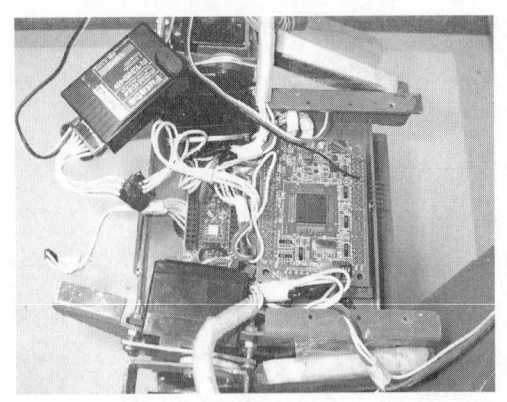
사진 8-9 ▲ 상체에 배치한 마이컴

(4) 관절의 가동 범위를 넓게 잡는다.

로봇의 관절수를 늘리면 사람의 움직임에 보다 가까운 동작을 할 수 있다. 다만 모터수를 늘리면 중량도 늘어난다. 또 모터가 차지하는 공간이 넓기 때문에 모터의 배치가 로봇의 형상에 영향을 준다. 모터를 배치할 때 보행 및 일어나기 등의 여러 동작을 할 수 있게 관절의 가동범위를 생각해서 결정한다.

- 보행 시 허벅지 관절 좌우의 간격이 좁으면 좌우 방향으로 중심 이동량이 적게 된다. 다만 너무 좁게 하면 허벅지 관절 요축의 회전이 제한되어, 다리의 발끝이 외측으로 향하기 어렵게 된다. 요축의 가동범위를 최소한으로 억제하여 허벅지 관절의 간격을 가능한 한 좁게 설계한다.
- 일어나기 동작시 중심을 발바닥에 싣기 위해 필요한 관절의 가동 범위를 확보할 수 있는지 확인한다. 그림 8-4는 일어나기 동작의 검증 모습을 나타낸 것이다.

지금까지 하지메 로봇의 설계 포인트에 대하여 설명했다. 설계는 3차원 CAD, 예를 들면 오토 데스크 인벤터(Inventor) 등을 사용하면 편리하다. 인벤터는 여기서 설명한 중심 위치의 표시나 가동 범위를 확인할 수 있고, 그대로 2차원 도면으로 변환할 수 있다.

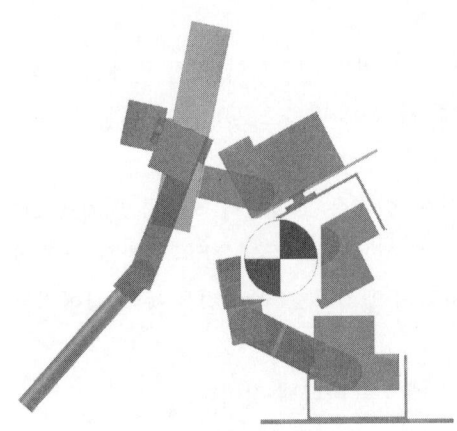
그림 8-4 ▲ 일어나기 동작의 검증 모습

8.4 하드웨어

하지메 로봇 4호기를 구성하는 하드웨어에 대하여 설명하겠다.

8.4.1 구조재(프레임)

로봇의 구조를 만드는 프레임은 가볍고 튼튼한 소재의 알루미늄(A502) 판을 사용하고 있다. 힘이 걸리는 곳으로부터 순서대로 알루미늄 판의 두께 2mm, 1.5mm, 1mm을 사용하고, 힘이 그다지 걸리지 않는 곳에는 2mm 두께의 플라스틱 판을 사용하였다. 구체적으로 하반신에는 2mm 두께의 알루미늄 판을, 상반신과 모터 직교 축에는 1.5mm 두께의 알루미늄 판을, 상면의 넓은 부분에는 플라스틱 판을 사용했고, 팔은 구입한 알루미늄 앵글(30×30mm, 두께1.2mm)을 잘라 내어 사용하였다. 같은 판 두께라도 구부림으로 만들면 내구성이 증가하기 때문에 이 점을 고려해서 제작한다.

8.4.2 액추에이터

로봇 관절을 움직이려면 무선 조종용 서보 모터를 사용한다. 2호기는 강한 다리와 허리를 만들기 위해 다리의 서보 모터는 토크가 19kgf·cm인 S5050(후타바 전자공업 社)을 사용했는데, 이 서보 모터는 무선 조종용 서보 모터 중에서도 토크가 큰 대형 서보 모터이며, 동시에 큰 부하라도 각도 편차가 작은 디지털 제어 방식의 서보 모터이다. 팔에는 표준 사이즈로 토크가 큰 PDS-2144FET(콘도과학 社)를 선택했다.

표 8-3은 무선조종용 서보 모터의 사양이다.

표 8-3 ▼ 무선 조종용 서보 모터 사양

형번	제작사	토크	스피드
S5050	후타바전자공업사	19kgf·cm	0.2 초/60도
PDS 2144FET	콘도과학사	13kg·fcm	0.13 초/60도

❖ 각도 범위의 확대

선정한 무선 조종용 서보 모터는 각도가 ±70도 범위까지 밖에 움직이지 않았기 때문에 서보 모터 내부의 제어 회로를 변경하여 ±90도까지 동작 각도를 넓혔다. 서보 모터의 동작 각도가 넓어지면 관절의 가동범위도 넓어지고 일어나기 동작 등의 관절을 깊게 구부리는 동작이 쉬워진다.

8.4.3 마이컴

로봇을 제어하는 마이컴 보드로는 AP-SH2F-4A(알파프로젝트 社)를 선택했다. 70×50mm 크기의 소형 기판으로 SH7046F(루네사스 테크놀로지 社) 32비트 CPU가 탑재되어 있으며, 클럭이 50MHz로 고속이고, 입·출력 기능이 많다.

마이컴과 무선 조종용 서보 모터를 접속하기 위해서 AND회로를 제작했다. 마이컴에서 6채널 펄스 신호를 출력하고, AND회로(로직 IC 7409)를 사용해서 시분할하고 24개까지 무선 조종용 서보 모터에 펄스 신호를 보낼 수 있다. 그 밖의 자이로, 가속도 센서 및 수신기의 신호를 입력할 수 있는 인터페이스 회로를 제작했다.

그림 8-5는 하드웨어의 시스템 구성을 나타낸 것이다.

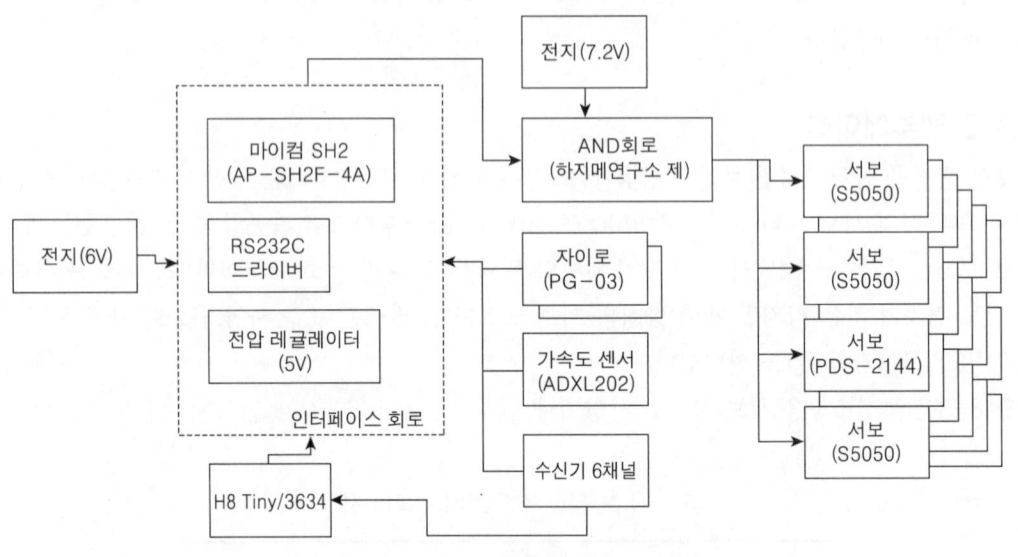

그림 8-5 ▲ 하드웨어의 시스템 구성

8.4.4 배터리

배터리는 모터용과 마이컴 용으로 나누어 2개를 탑재하였다. 모터에 부하가 걸리면 소비전류가 늘어서 전압이 저하한다. 이 때 마이컴에 제공하는 전압이 감소하면 마이컴이 재시동되기 때문에 별도의 전원을 사용했다.

8.4 하드웨어

무선 조종용 서보 모터의 사양에 의하면 정격 6V이지만, 출력 토크를 높이기 위해서 모터용 전류에는 7.2V 1100mAh의 니켈-카드뮴 전지를 사용하였다. 니켈-카드뮴 전지는 방전 전류가 크고, 전지의 잔량이 적어서 출력 전압의 저하가 작다. 모터의 출력 토크를 안정시키기 위해서 니켈-카드뮴 전지를 사용하였다.

마이컴 용 전지는 니켈-수소 전지 6V 300mAh를 사용하였다.

8.4.5 무선

무선 방식의 경우 수신호기가 소형이며 통신의 안정성이나 신뢰성을 생각해서 무선조종용 송신기를 선택했다. 6채널 식의 송신기 FF6 Super for ROBOT/BOAT(후타바 전자공업 社)는 지상/수상용의 주파수 40MHz 대역으로 사용할 수 있다. 통신 방식은 AM이나 FM보다 신뢰성이 높은 PCM 방식이다.

송신기의 신호로 로봇을 움직이기 위해서 수신기로부터의 신호를 마이컴에 접속하고, 송신기의 좌우 스틱을 조작하여 하나의 명령을 만든다. 신호는 펄스로 출력되기 때문에 마이컴의 인터럽트 입력 단자에 접속하고, 내부 타이머와 조합해서 펄스폭을 구한다.

8.4.6 센서

센서는 로봇의 자세 제어 등에 사용한다. 각속도를 검출하기 위한 레이트 자이로를 2축, 가속도 및 중력 가속도를 검출하기 위한 가속도 센서를 탑재하였다. 또 대상물까지의 거리를 계측하기 위한 거리 센서를 탑재하였다.

자이로는 무선 조종용 자이로 PG-03(GWS)를 사용하였다. 보통은 무선 조종 비행기 등에 사용되고, 수신기와 무선조종용 서보 모터의 사이에 삽입하여 사용한다. 로봇에서는 자이로 출력을 복수의 서보 모터에 피드백 제어하길 원해서 자이로를 마이컴에 접속했다.

그림 8-6에 나타낸 것처럼 마이컴에서 기준 펄스를 줄력하고, 자이로 출력 펄스를 마이컴에 입력시키고, 기준 펄스폭과의 편차에 의해 각속도를 구했다. 기준 펄스의 출력은 마이컴의 펄스 출력 단자를 사용하고, 자이로의 출력 펄스는 마이컴의 펄스 입력 단자에 입력시켰다.

가속도 센서는 ADXL202(아날로그 디바이시스 社)를 사용하였다. 신호는 아날로그 전압으로 출력되고 있기 때문에 마이컴의 AD단자에 입력시켰다. 거리 센서에는 GP2D12(샤프 社)를 사용하였다.

오른쪽 발목보다 조금 위에 붙어 있어서 공까지의 거리를 측정할 수 있다. 공을 찰 때 정확한 위치 결정을 할 수 있다. 신호는 아날로그 전압으로 출력되기 때문에 마이컴의 AD단자에 입력시켰다.

제 8장 하지메 로봇 4호기

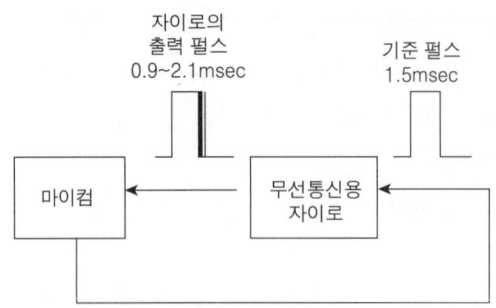

그림 8-6 무선조종용 자이로와 마이컴의 접속

8.4.7 그 밖의 부품

그 밖에 다음과 같은 부품을 사용하였다.

(1) 나사

로봇 전체에는 나사를 많이 사용하였다. 중량도 무시할 수 없을 정도로 무거워지므로 가능한 한 알루미늄 제 나사와 너트를 사용하여 무게를 줄였다.

(2) 베어링

모터의 반대축을 만드는 데 플랜지 부착 미니어처 베어링의 실드 있는 LF-730을 사용하였다.

(3) 케이블

무선 조종용 서보 모터에서 나와 있는 표준 케이블을 모두 사용하였다. 관절이 움직이는 데 방해되지 않도록 매우 유연하게 구부러지는 실리콘 케이블을 사용하였다. 실리콘 케이블의 두께는 전원 라인에는 단면적 $0.5mm^2$, 신호선에는 단면적 $0.2mm^2$를 사용하였다.

(4) 스위치

마이컴과 모터용으로 전원 ON/OFF에 모두 2개를 사용하였다.

(5) 충격흡수 고무

고속 보행을 위해서 사진 8-10에 나타낸 것처럼 발바닥에 충격 완화를 위한 방진 고무를 사용하였다. 발바닥은 모서리가 서 있는 바닥에 걸리지 않고 쉽게 미끄러지기 위해서 발바닥 주위에 테이프를 붙였다.

사진 8-10 ▲ 발바닥의 고무

8.5 소프트웨어

하지메 로봇의 소프트웨어를 개발하기 위해 사용한 소프트웨어 개발 환경에 대하여 설명하겠다. 그리고 로봇을 제어하기 위한 소프트웨어로서 소프트웨어의 구조, 보행 알고리즘, 센서에 의한 제어, 동작 작성에 대해서도 설명하겠다.

8.5.1 소프트웨어 개발 환경

개발하는 데 Windows PC를 사용하였고, 프로그램은 C언어로 작성하였다. Windows PC에서 Gygwin이라는 무료 Linux 환경으로 gcc 컴파일러를 사용하였다. gcc는 여러 가지 CPU에 사용할 수 있기 때문에 Windows PC에서 실행할 수 있는 파일이며, 마이컴 보드에서 실행할 수 있는 파일을 출력할 수 있다.

우선은 PC상에서 디버그를 하고 나서 마이컴에 프로그램을 전송함으로써 개발을 할 수 있다. 마이컴 보드에서 디버그나 로봇의 파라미터를 조정하기 위해서 마이컴 내부에 실행되고 있는 C언어의 변수를 실시간으로 표시/고쳐 쓰기를 할 수 있는 애플리케이션(실시간 모니터)을 작성했다.

8.5.2 소프트웨어 구성

그림 8-7은 소프트웨어의 전체 구성을 나타낸 것이다. 소프트웨어는 무선 조종용 서보 모터의 평균적인 사양에 알맞고, 로봇 제어는 16msec마다 연산을 실시한다. 그 빈 시간을 이용해서 마이컴이 변수를 모니터할 수 있는 리얼타임 모니터 처리를 실행한다. 로봇으로의 지령은 송신기 입력처리 또는 자동처리에 의해 선택된다. 지령을 받아서 동작·시퀀스로 목표값을 정하고, 궤도 생성은 현재 장소에서 목표값까지의 가감속 곡선 등에 의한 보간을 행한 발끝의 XYZ 좌표 데이터를 작성한다. 그 데이터를 역운동학 계산, 즉 sin, cos함수를 사용하여 각 관절 각도로 변환한다. 자이로 제어입력의 경우에는 관절 각도를 자이로 신호로 피드백 제어한다. 관절 각도를 무선 조종용 서보 모터의 각도로 변환하고 그에 따른 펄스를 출력하였다.

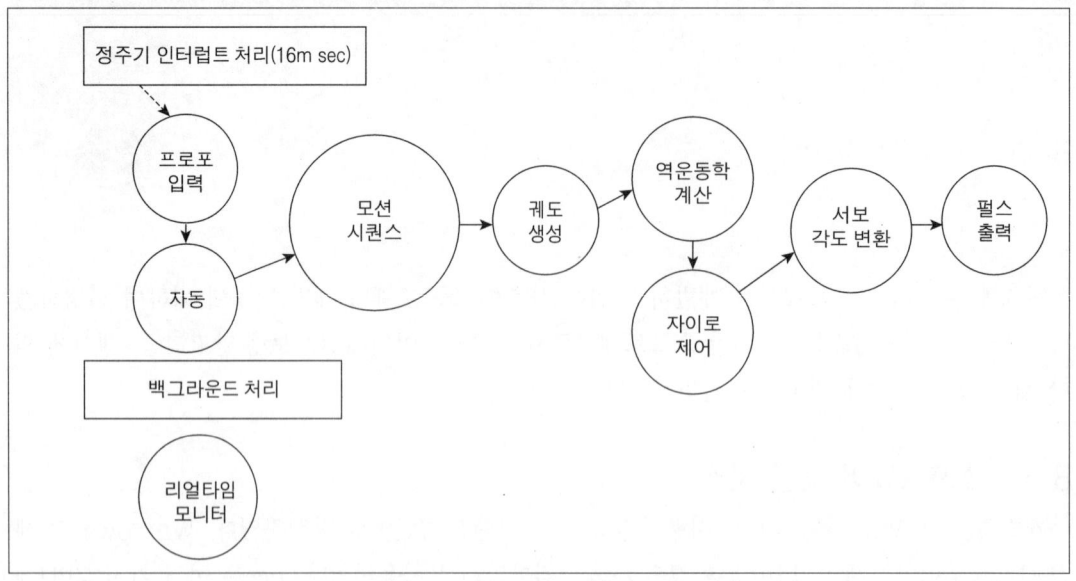

그림 8-7 ▲ 소프트웨어 전체 구성

8.5.3 보행 알고리즘

하지메 로봇의 특징은 고속보행에 있다. 참가한 로봇 중 4호기 단 한 대만 고속보행 경기인 ROBO-ONE C to C에 성공하였다. 보행 알고리즘은 로봇마다 각각 다르겠지만, 하지메 로봇의 보행 방법에 설명하겠다.

(1) 정보행

우선 로봇 보행의 기본인 정보행에 대하여서 설명하겠다. 정보행은 신체의 중심이 발바닥의 범위에 들어가도록 걷는 방법이다.

사진 8-11은 정보행으로 보행하는 것을 보여 주고 있으며, 표 8-4는 정보행 데이터이다.

8.5 소프트웨어

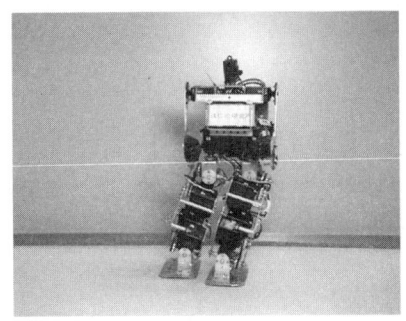

(가) 왼쪽 발로 중심 이동(체중을 싣는다)

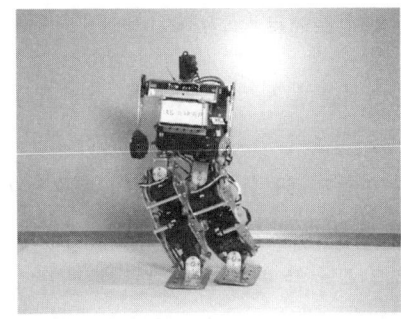

(라) 오른쪽발로 중심이동(체중을 싣는다)

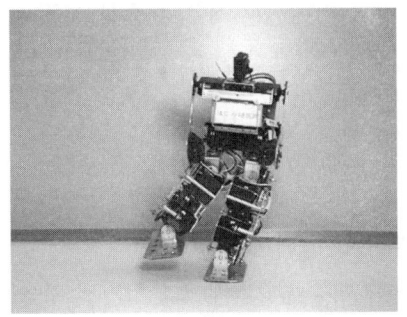

(나) 오른쪽 발을 들어올린다.

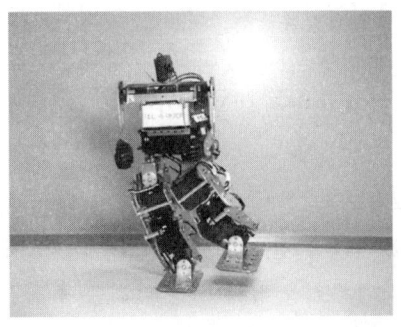

(마) 왼쪽 발을 들어올린다.

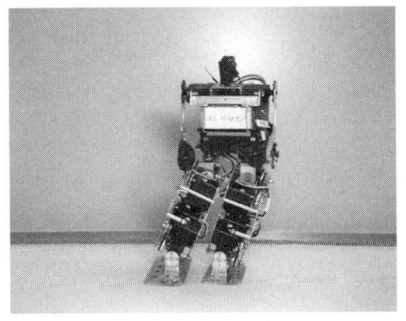

(다) 오른쪽 발을 내린다.

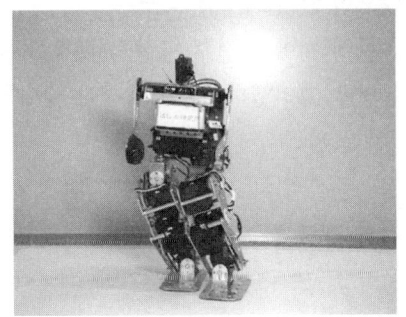

(바) 왼쪽 발을 내린다.

사진 8-11 ▲ 정보행으로 걷는 모습

표 8 4 ▼ 정보행의 데이터(2호기)

중심이동	1.5초
다리의 상하이동	2.2초
다리를 든 높이	25mm
보폭	35mm
좌우 이동 거리	±48mm
→ 1보 3.7초	

정보행의 포인트는 다음과 같다.

- 관성력을 무시할 수 있도록 천천히 움직일 것
- 한쪽 발을 들어 올린 때 다리가 흔들리지 않을 것. 흔들리면 자세가 불안정하게 되어 움직임을 만들기 어렵다. 프레임의 내구성이 부족하고 모터의 토크가 부족한 것 등의 원인을 생각할 수 있으므로 개선할 필요가 있다.
- 처음에는 큰 발바닥에 고무를 부착하는 것으로 시작한다.

표 8-4를 보면 앞으로 나아가는 보폭 35mm보다도 좌우로 중심을 이동하는 거리 ±48mm의 쪽이 움직임이 크다는 결과를 얻었다. 더욱 능숙하게 걷기 위해서는 좌우로 중심 이동하는 거리를 작게 하면 쉬울 것이다. 구체적으로는 허벅지 관절 좌우의 간격을 좁혀서 중심 위치를 높게 한다. 그렇지만 중심 위치가 낮은 편이 정지시 안정성이 좋다.

(2) 고속보행

표 8-4를 보면 1보 걷는 데 총 3.7초가 경과되고, 다리를 올려서 내리는 데 2.2초, 중심 이동하는 데 1.5초가 경과된다. 다리를 빨리 움직이려면 중심 이동을 0초에 접근시키면 가속도가 커져서 관성력에 의한 영향을 무시할 수 없게 된다. 따라서 가속도를 포함한 중심 이동 패턴으로 하지 않으면 안 된다.

정상 보행 시에는 전후 방향의 속도를 일정하게 즉, 가속도를 0으로 판정하고, 좌우 방향의 중심 이동만을 고려했다. 걷기 시작할 때와 걷기가 끝날 때에는 전후 방향의 가속도가 변화하지만, 단순화하기 위해 무시한다.

로봇의 중심 위치도 단순화하기 위해 허벅지 관절 부근(그림 8-3 참조)의 1점에 있게 하였다.

그 결과 사진 8-12와 같은 방법으로 보행하였다. 정보행 시의 사진 8-11과 비교하면 중심 이동량도 작고, 또 중심 이동 시간에 차이가 발생하는 것을 알 수 있다.

8.5 소프트웨어

(가) 오른쪽 발을 올린다(정상으로 오른쪽 중심이동 개시)

(다) 왼쪽 발을 올린다(정상에서 왼쪽 중심 이동 개시)

(나) 오른쪽 발을 내린다

(라) 왼쪽 발을 내린다

사진 8-12 ▲ 고속 보행으로 걷기

표 8-5는 고속 보행의 데이터이다. 1보 0.2초, 보행 속도 300mm/sec(계산값)을 실현하였다. 중심 이동을 위한 시간이 0초인 것이 특징이고, 항상 좌우 어떤 쪽의 다리가 지면에서 떠 있다.

사진 8-13은 실제 고속 보행을 1초간 30코마로 촬영한 모습이다.

표 8-5 ▼ 고속 보행의 데이터(5호기A)

중심이동	0초
다리의 상하 이동	0.2초
다리를 든 높이	23mm
보폭	60mm
좌우 이동 거리	±12mm
→ 1보 0.2초 보행속도	300mm/sec

제 8장 하지메 로봇 4호기

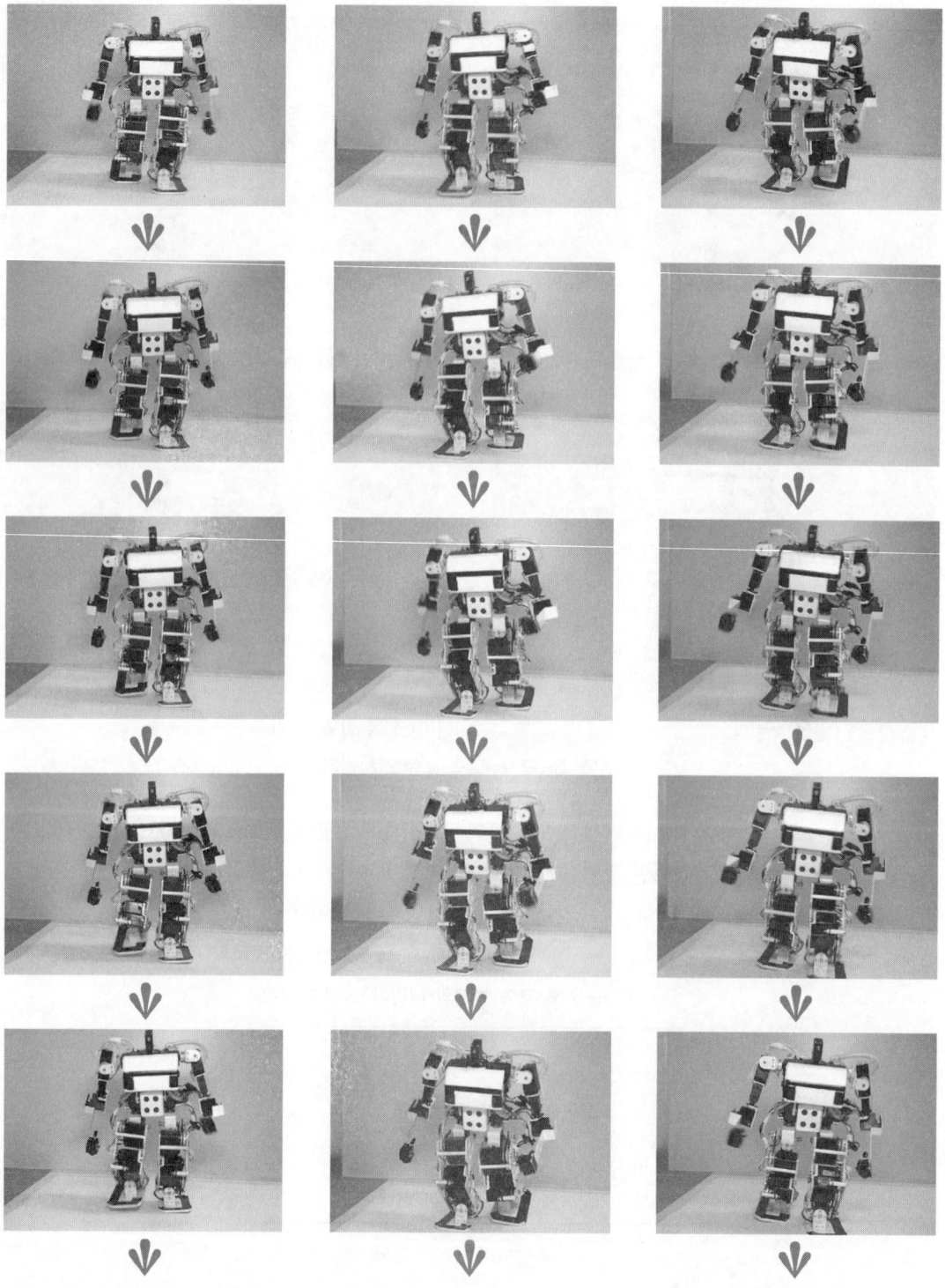

8.5 소프트웨어

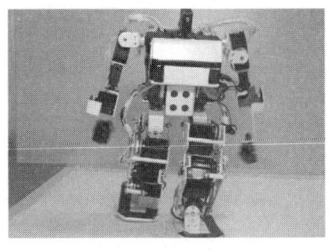

사진 8-13 ▲ 고속 보행(30코마/초로 촬영)

(3) 보행 조정 순서

이제부터 보행 조정 순서에 대하여 설명하겠다. 정보행 및 고속 보행 모두 보행 조정 순서는 같다.

① 직립 자세 및 보행 준비(무릎을 구부림) 자세에서 다리 부분은 정확하게 원점 조정을 실시한다. 특히 발의 내구성은 충분한지, 균형이 전후좌우로 기울어 있지 않은지를 확인한다.

② 제자리걸음 동작에서 한쪽다리를 들어 올렸을 때의 발의 내구성을 확인하고, 한쪽다리로 서기 위해 필요한 좌우방향의 중심 이동량을 측정한다.

③ 보행동작을 프로그램하기 때문에 보행시간, 보폭, 중심 이동량 등의 파라미터를 조정하고 잘 걸을 수 있는 곳으로 결정한다.

보행 알고리즘이 정체 상태에 빠졌을 때 사람의 걷는 방법을 관찰했다. 중심 위치나 균형, 자유도 등이 로봇과 같지 않지만 참고가 되었다.

8.5.4 자이로에 의한 제어

자이로로 검출한 각도를 모터에 피드백 제어하고 로봇의 진동을 억제해서 자세의 안정화를 꾀하였다. 사진 8-14와 같이 하지메 로봇 4호기는 자이로를 어깨에 탑재하고, 롤 방향과 피치 방향의 각속도를 검출한다. 그리고 발목과 허벅지 관절의 모터에 피드백 제어를 실시한다.

그림 8-8의 블록도에 나타낸 것처럼 각속도에 비례한 관절 각도에 대해서 가감산을 실시하였다.

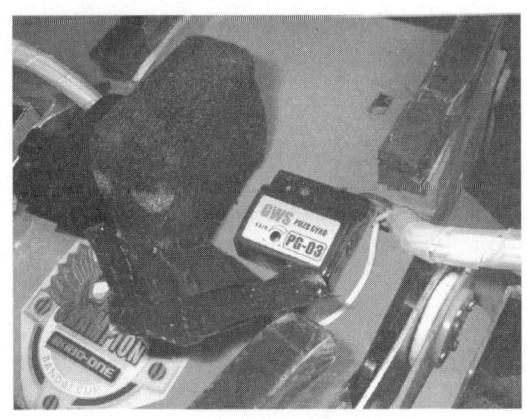

사진 8-14 ▲ 어깨에 탑재한 자이로

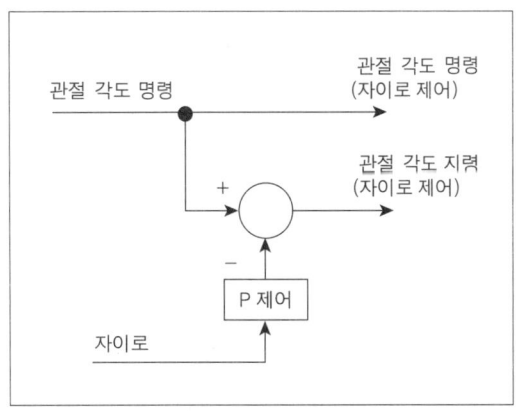

그림 8-8 ▲ 자이로에 의한 피드백 제어의 블록도

8.5.5 가속도 센서에 의한 제어

중력 가속도를 검출할 수 있는 가속도 센서를 사용하여 중력 가속도 방향에 따라서 로봇의 기울기를 알 수 있도록 했다.

$$각도 = asin(가속도\ G)$$

응용 분야로 로봇의 쓰러짐 판단, 자동 일어나기, 수동 제어 등을 실시할 수 있다. 하지메 로봇은 쓰러짐 판단을 할 수 있다. 일어나기 동작시 엎드린 것인지, 누워 있는 것인지를 센서로 판단하였다. 예를 들면 쓰러진 상태에서는 보행 명령을 받을 수 없도록 인터록(동시동작 방지)을 넣어서 조종 실수로부터 로봇을 보호할 수 있게 하였다.

센서의 구조나 마이컴과의 접속 방법에 따라서 센서를 사용할 때 주의가 필요하다.

(1) 아날로그 신호 등의 경우에는 노이즈 저감용 필터를 설치한다.
(2) "0"점이 시간과 함께 움직이는 것을 고려한다. 신호를 적분해서 사용하는 경우에는 특히 주의한다.
(3) 신호 이상 검출과 비상 조처를 마련한다.

8.5.6 동작

하지메 로봇이 할 수 있는 날렵한 움직임으로 킥 동작에 대해 설명하겠다. 동작 작성은 사용하기 쉬운 툴을 갖추는 것이 동작을 빨리 만들 수 있으며, 동작 완성도에도 영향을 준다.

사진 8-15는 킥 동작을 촬영한 상황이다. 빠르게 발을 차면 관성력이 커지기 때문에 무시할 수 없게 된다. 특히 찬 다음 앞 방향으로 쓰러지기 쉽다. 균형을 잡기 위하여 여러 번의 실험으로 시행착오를 하지 않으면 안 되지만, 관성력을 없애는 방향으로 팔을 흔들고, 상체를 위로 향해 젖히게 하는 동작 을 한다. 사람은 그 정도 의식을 하지 않아도 균형을 잡도록 움직이므로 사람의 동작을 관찰하면 참고가 될 것이다.

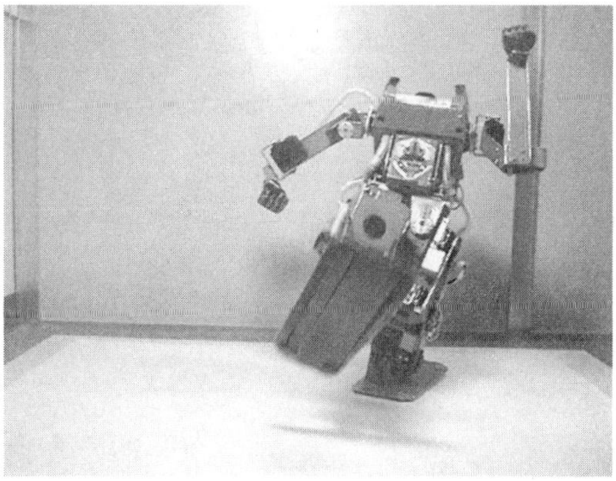

8.5 소프트웨어

제 8 장 하지메 로봇 4호기

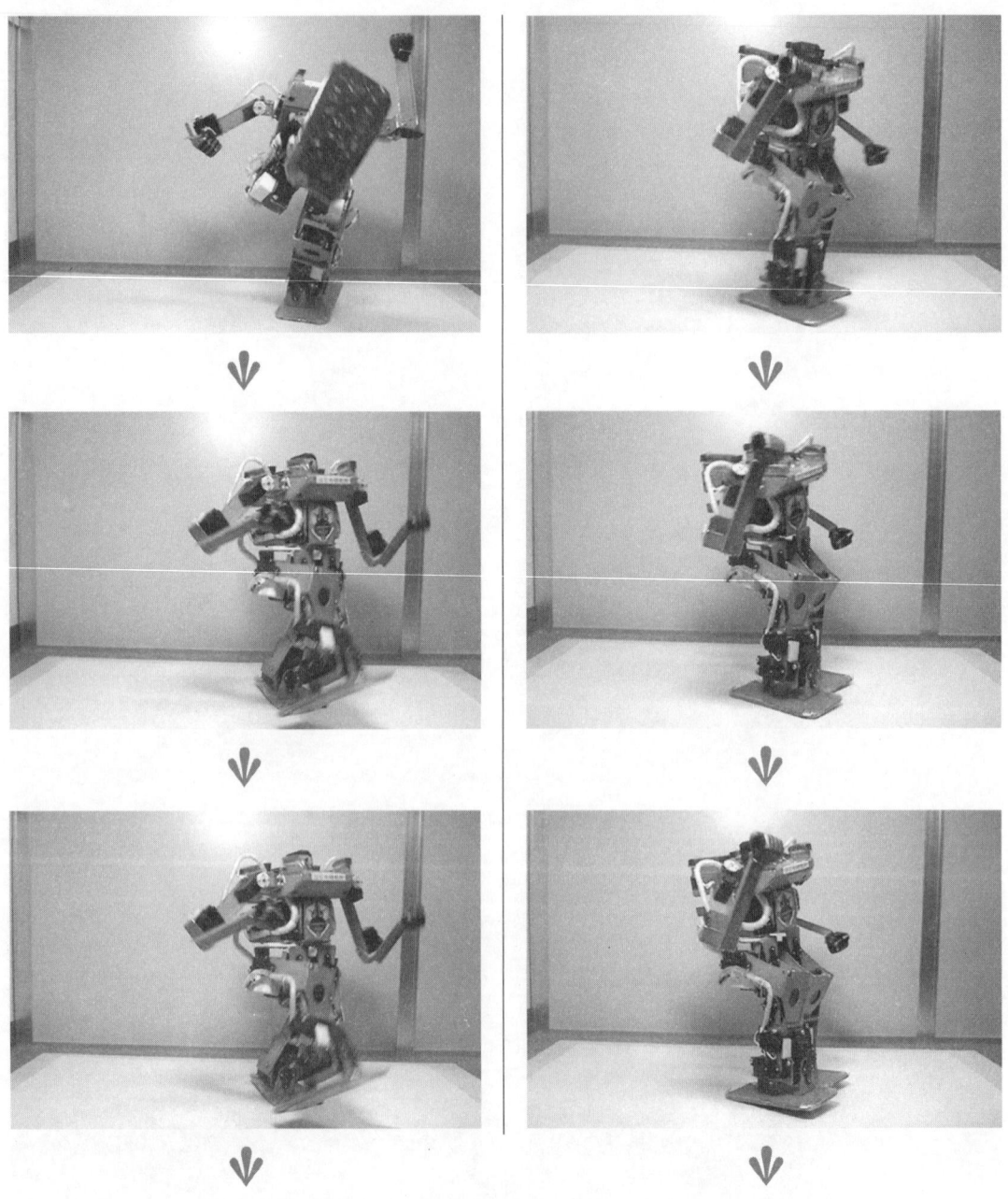

사진 8-15 ▲ 킥 동작(6코마/초로 촬영)

8.6 마무리

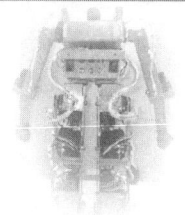

하지메 로봇 4호기의 개발 목표는 보행과 자율 능력을 높이는 것이다. 보행에 대해서는 고속 보행을 실현하여 만족할만한 결과가 얻어졌다. 자율 능력에 대해서는 아직 개발해야 할 과제가 많아 계속해서 도전할 예정이다.

4호기는 무선 조종용 송신기로 조종하지만, 하지메 로봇에 대화 기능을 부가한 예를 소개하겠다. 블루투스에 의한 무선으로 로봇과 PC를 접속하고, 대화 기능은 PC로 처리한다. 사람과 인간형 로봇이 음성으로 커뮤니케이션할 수 있으면 한층 친밀감이 생겨날 것이다.

사진 8-16은 태극권을 하도록 음성으로 로봇에 지시를 내리는 모습이다. 이렇게 대화를 할 수 있는 태극권 로봇은 오락 컴퓨팅 연구 센터에서 개발한 것이다.

이상 하지메 로봇의 제작 과정에 대하여 설명했으며, 여러분이 로봇을 만들어 보고 싶은 꿈을 실현하는 데 도움이 되기를 기대한다.

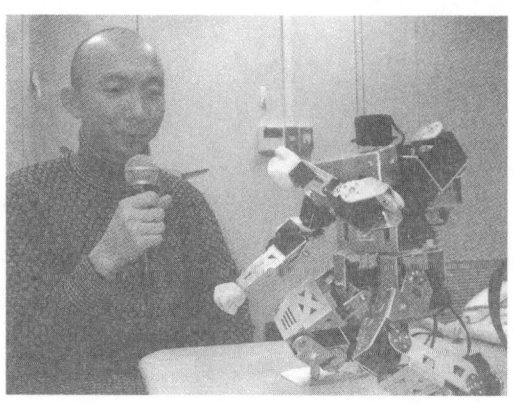

사진 8-16 ▲ 하지메 로봇과 사람의 대화 모습

제 8 장 하지메 로봇 4호기

취미용 로봇을 제작하는 분들에게 저렴한 가격으로 다양한 종류의 로봇 부품을 구할 수 있는 Budget Robotics 웹사이트를 소개하였다. 저렴한 가격의 로봇 외형을 제작할 수 있는 프레임, 다양한 색깔과 모양의 베이스, 바퀴와 같은 부속품, 기어 모터, 센서와 거의 모든 종류의 로봇 액세서리가 제공된다. 그림 8-9는 각종 로봇의 베이스와 그리퍼이다.

Sirius Tankbot   Tracked Robot   Wrist/Gripper

그림 8-9 ▲ 완구용 로봇의 베이스와 그리퍼

(주) 마이크로로봇(http://www.microrobot.com)
(주) Budget Robotics(http://www.budgetrobotics.com/)

집필자 약력

1장   西村輝一 (にしむら　てるかず, 니시무라 테루카즈)
　　　ROBO-ONE 위원회 대표

2장   西山一郎 (にしやま　いちろう, 니시야마 이치로우)
　　　로봇 작가.
　　　저서 "RoboBooks 자립형 로봇 제작 바이블"(공저. 옴사)

3장   吉村浩一 (よしむら　こういち 요시무라 코우이치)
　　　1971년 11월생
　　　다양한 금속가공 경험이 있음
　　　현재, 주식회사 이토레이에스 Robotics 개발 설계 담당

4장   森永英一郎 (もりなが　えいいちろう, 모리나가 에이이치로우)
　　　전기통신대학 전자공학과 졸업. 제어 전공
　　　전기업체에 취직. 새로운 시장을 개척할 상품을 개발하고 있음
　　　마이크로마우스 등의 로봇을 제작하는 것이 취미
　　　로봇 경력은 20년

5장   菅原雄介 (すがわら　ゆうすけ 스가와라 유우스케)
　　　1972년 군마현 생
　　　석권전공대학 기계공학과 졸업
　　　현재, 종합경비보장주식회사에서 경비로봇을 연구 개발하고 있음
　　　"A-Do"가 ROBO-ONE 제3회, 제4회 대회에서 우승

6장   前田武志 (まえだ　たけし, 마에다 타케시)
　　　1970년 4월생
　　　1994년 게임 관련 유한회사 설립
　　　1995년 대판대학 대학원 수사과정 수료. 이후, 게임 소프트웨어 개발에 종사
　　　2002년 4월 국제 전기통신 기초기술 연구소(ATR)에서 로봇 개발에 종사
　　　2000년 12월 웨이스톤 주식회사 설립. 화상처리, 로봇 개발에 종사

7장   津藤　智 (つとう さとる, 츠토우 사토루)
　　　마이로봇을 제작한 회사원
　　　홈페이지 {{{{http://www.geocities.co.jp/Technopolis/7050/

8장   坂本　元 (さかもと　はじめ, 사카모토 하지메)
　　　1967년 화가산현 생
　　　1989년 상지대학 이공학부 졸업, 동년 천기중공업주식회사 입사
　　　2000년 천기중공업주식회사 퇴사
　　　2002년 유한회사 하지메 연구소설립. 로봇을 개발 및 판매를 하고 있음

찾아보기

숫자

0 판정	300
2축 직교축	170
3 차원CAD	172, 299
3점 지지	145
4절 링크의 기하학 계산	398
4점 지지	145
4핀 딥스위치	47
A/D 컨버터	145

알파벳

A5052	323
A5052P	246
A5052SP	220
ABS	199
ADXL202	329
ADXL202E	260
AP-SH2F-4A	328
AutoDesk Inventor	101
AUX2 스위치	273
BlueStick 코드레스 어댑터	41
Bluethooth	41
BTC050	42
BTH003	165
CFRP	248
CMT	73
CN1, CN2, CN3, CN4, CN5, CN6	44
COM1	54
CPU	33
CPU 보드	262
CPU의 동작 모드	48
Cygwin	331
DIP-SW	266
DMAC	310
EGX-300	235
ERG-VB	246
ERG-VX	213
FLAP 스위치	273
FREEDOM	25
GCC Develpoer Lite	37
GEAR 스위치	273
GFRP	248
GNU C	77
GNU 툴	49
GP2D12	329
H8/3664F	258
HS-5645MG	92
HSWB-01	214
HSWB-02	166
I/O	288
I/O 기판	73
ICS	223
iMCs05	173
JACK	48
K-130	234
KRS-2346ICS	94
LF-730ZZ	330
M64610FP	91
Mal Servo System	227
MATLAB Simulink	105
MCU 모드 2	48
MCU 모드 3	49
MODELA	235, 248
MODELAMDX-500	247
MSC.VisualNastran4D	107
MTU	65
PCM 방식	330

찾아보기

PDS-2123FET	88	SH7045F	61
PDS-2143FET	88	SH7046F	189, 328
PDS-2144FET	89	SimpleBender	247
PDS-2344FET	94	SPEC-APZ	247
PDS-8044ICS	93	SW1	47
PDS-947FET	89	TCNT	66
PECR1	63	TCR	66
PECR2	63	TGR	66
PEIOR	63	TIOR	69
PFC	61	TMDR	68
PG-03	329	TopDancer	270
PIC16F628	259	UNDO-REDO	275
PIC18F452	227	URS-03	39
PSD-2144FET	89	USB-COM 포트 변환	39
PSD-947FET	89	USB-RSAQ2	39
PWM	65	WDT	74
PWM 모드	65	WNA-RS	40
PWM 발생 프로그램	70	ZMP	143, 148, 304
PWM 신호	61		
PWM 에디터	232	**ㄱ**	
PWM 출력	61		
RAM	47	가동 범위	205
RC 서보모터	152	가속	129
RD8000	272	가속도 센서	204, 260, 265, 338
ROBO-BUS	225	각도범위	328
ROBO-ONE	3	간이 RAM 전송 프로그램	56
ROBO-ONE on PC	113	간이 보행 패턴	127
ROBO-UNICON	225	감속	131
ROM	48	감압 센서	144
RS232C 무선 트랜시버	40	강도 부족	184
RX-811	259	개발 환경	37
S9150	87	거꾸로 서기	200
S9250	87	거리 센서	329
S9450	88	고속 보행	334
		고유 진동수	133

찾아보기

곡선 보간	268
관성	206
관성 모멘트	116, 118, 252, 297
관절	250
관절 각도	127
관절 슬라이더	270
관절 오프셋 기능	276
관절오프셋기능	275
구조재	234, 327
기구 해석	107
기본 설정	228

ㄴ

나사	163
나사의 경량화	164
나사의 종류	163
내부 RC 발진	259
니켈 수소 전지	168, 261, 329
니켈 카드뮴 전지	168, 261, 329

ㄷ

다리 관절	219
다음 자세 번호	271
다축 제어 알고리즘	300
동체	254
디지털 값	273
디지털 서보 모터	61, 246, 295
딥 스위치	58

ㄹ

라이브러리(library)	60
로봇 팔	292
롤 축	159
루프 구조	272

리튬 폴리머 전지	168, 224, 232
링크 길이	293

ㅁ

마스터 슬레이브 모드	273
마스터 슬레이브 컨트롤러	284
마스터 유닛	225
마스터 팔	291
마스터 팔 링크 구조	292
마스터-슬레이브	263
마스터-슬레이브 모드	274
마스터-슬레이브 제어 알고리즘	308
마스터-슬레이브 컨트롤러	285
마이컴	328
마이컴 보드	56, 203
마찰	224
멀티 플렉서	146
명 가공	164
모듈	264
모멘트	305
모션 관리 모듈	267
모션 시퀀스(motion sequence)	332
모션 에디터(motion editor)	269
모션(motion)	37, 269, 328
모션(동작) 작성	231
모터	286
무부하시의 서보 모터 특성	99
무선	34
무선 시스템	40
무선 점검	36
무선 조종 수신기	259
무선에 의한 조종 설정	232

찾아보기

ㅂ

발바닥 센서	143
발진	224
방전 특성	232
방진 고무	330
배선	35, 261
배터리(battery)	168, 224, 261, 329
버링(burring) 가공	162
베어링	155, 330
보행	112
보행 알고리즘	303
보행 조정 순서	337
보행 패턴	116
부스터 7	96
부트 모드	49
부하 토크	109, 286
분산 처리 시스템	188
분산형 처리 시스템	182
브래킷	115

ㅅ

서보 모터	33, 35, 61, 87
서보 모터 유닛	225
서보 모터의 구조	89
서보 모터의 보간	117
서보 모터의 특성조사	97
서보 브래킷	158, 187, 234
서보 혼	160, 199, 202
서보모터 위치조정 프로그램	79
센서(sensor)	329
소스 프로그램 편집	51, 56
소프트웨어 개발환경	331
소프트웨어 구성	331
수신기 신호	264
수학 함수	59
스위치(switch)	330
스테레오 잭	48
스트롱 기어(strong gear)	97
스페이서(spacer)	224
슬라이드 기구	293
시리얼 통신(serial)	269
시뮬레이션	36, 101
시퀀스 에디터	270

ㅇ

아날로그 값	272
아날로그 서보 모터	61, 223, 246, 295
아이들링(idling)	279
알루미늄	163
알루미늄 서보 혼	188, 221
알루미늄 판	182
압력 센서	144
액추에이터	221, 245,
에디터(editor)	49
역운동학	263
역운동학 계산	331
역운동학 모듈	173
연결 방법	159
오토 데모 관리	266
와셔(washer)	161, 324
요축	159, 191
워치독 타이머	72
유각	306
유니버셜 기판	182
인터럽트 신호	259
인터럽트 처리함수	77
인터벌 타이머	74, 76

347

찾아보기

일어나기	277
입력 캡쳐	65

ㅈ

자동 일어나기	328
자세	264
자세 보간 모듈	267
자세 선택	271
자세 에디터	231, 270
자세 제어	204
자세(포즈)	231, 264
자유도	159, 186, 191
자이로	337
저 중심화	197
전도(쓰러짐)판정	338
정보행	116, 332
제어 유닛	192, 203
제어 이득	246
제어계 CPU	288
제어계 서브 CPU	288
제자리 걸음	129
제자리 걸음 프로그램	133
조이스틱(joystick)	290
조종 명령	79
조종 모듈	266
중공 스페이서	249
중심	322
중심 위치	286, 298
중심 이동	108, 118, 127, 129
지지각	306
지터(jitter)	259, 264
직교	251
직교축	324
직교축 유닛	170
직립 상태	228
직선 보간	267
집중 처리 시스템	188
집중형 제어 유닛	206

ㅊ

착지 점검	147
천이 시간	271
초기 위치	228

ㅋ

카운터(counter)	65
컨트롤러(controller)	290
컴파일러 옵션 설정	50, 55
컴파일러(complier)	37
킥 동작	338

ㅌ

타이머 I/O 컨트롤 레지스터	69
타이머 모드 레지스터	68
타이머 제너럴 레지스터	66
타이머 카운터	67
타이머 컨트롤/상태 레지스터	74
타이밍 벨트	296
탭 가공	157
테프론 시트	161
토크	286, 323

ㅍ

파라미터(parameter)	223
판금 가공	157
판금자동전개기능	173
펀치 동작	206
펀치(punch)	201

찾아보기

펄스 발생 모듈	268
펄스 폭 변조	258
펄스 폭(pulse width)	131, 258
펌웨어(firmware)	263
포텐시오미터	292
프레임	249, 323, 327
프로토 타입(proto type) 선언	60
프로포 명령	232
프로포(무선 조종용 송수신기)	329
플랫 케이블	262
피드백 제어(feedback control)	337
피치 축	159
핀 펑션 컨트롤러(pin function controller, PFC)	62

ㅎ

하이 파워 기어(high power gear)	94, 221
하이퍼 터미널(hyper terminal)	57
하중	237
하중의 검출	143
한발을 올리는 프로그램	131
할당된 맵의 편집	272
핸드세이크 신호(hand shake signal)	289
허벅지 관절	326
회전축	153, 197, 201, 219
힘 센서	143

부록

1. 로봇 제조업체

1. 로봇기술(http://www.robot-kisul.co.kr)
   - ☎ 041-530-1678, 팩스 : 041-543-1678
   - ♣ 충남 아산시 신창면 순천향대학교 신가공 기술혁신센터 202호

2. 와우로봇(http://www.wowrobot.co.kr)
   - ♣ 경기도 안산시 단원구 원곡동 643-7 102호

3. 로보티즈(http://www.robotis.com)
   - ☎ 02-2168-8787, 팩스 : 02-2168-8795
   - ♣ 서울시 영등포구 문래동 3가 55-7 에이스타워 605호

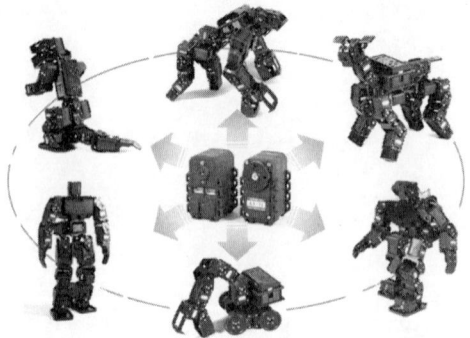

4. 한울로보틱스(http://www.robotics.co.kr)
   - ☎ 042-478-9090
   - ♣ 대전광역시 유성구 전민동 461-69 원자력벨리

5. 메가로보틱스(http://www.megarobotics.com)
   - ☎ 02-3141-5101~6, Fax : 02-3141-5107
   - ♣ 서울시 마포구 성산동 260-4 금수빌딩 203호

6. 미니로봇(http://www.minirobot.co.kr)
   - ☎ 032-234-1781
   - ♣ 경기도 부천시 원미구 약대동 193번지 부천 테크노파크 401동 901호

부록

7. 로보블럭(http://www.roboblock.co.kr)
    ☎ 02-2679-8556
    ♣ 서울시 영등포구 문래동4가 8-1 4층

8. 우리기술(http://www.wooritg.com)
    ☎ 02-2102-5100
    ♣ 서울시 구로구 구로동 212-13 벽산디지털벨리 3차 12층

9. 마이크로로봇(http://www.microrobot.com)
    ☎ (02) 540-1710
    ♣ 서울시 강남구 청담동 40-26호 보우빌딩 1층

10. 휴모봇(http://www.humobot.com)
    ☎ (02) 3436-7761
    ♣ 서울시 광진구 화양동 1번지 건대 산학협동관 709호

11. 로보테크(http://www.robotech.co.kr)
    ☎ (051) 301-6488
    ♣ 부산광역시 사상구 모라1동 715-13

12. 유진로보틱스(http://www.yujinrobot.com)
    ☎ (02) 2026-1430
    ♣ 서울시 금천구 가산동 345-30번지 남성프라자 1214호

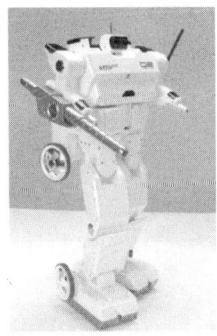 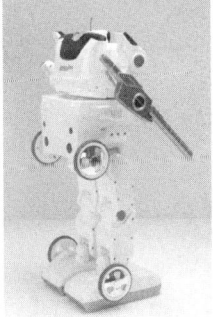

부록

13. 이지로보틱스(http://www.izirobotics.com)
    - ☎ (031) 777-3322
    - ♣ 경기도 성남시 중원구 상대원동 440 선일테크노피아 803호

14. 다진시스템(http://www.dajin.com)
    - ☎ (054) 450-1234
    - ♣ 경북 구미시 형곡동 143-8번지 다진빌딩 4층

15. 로보스타(http://www.robostar.co.kr)
    - ☎ (031) 455-0684
    - ♣ 경기도 안양시 동안구 호계2동 907-5

16. 세호로보트산업(http://www.sehorobo.com)
    - ☎ (031) 432-1040
    - ♣ 경기도 시흥시 정왕동 시화공단 3바 610

17. 다사테크(http://www.dasatech.co.kr)
    - ☎ (032) 329-5551
    - ♣ 부천시 원미구 약대동 부천테크노파크 401동 1101호

18. 하니테크(http://www.hanitech.co.kr)
    - ☎ (02) 337-4910
    - ♣ 서울시 마포구 서교동 467-1번지, 파빌리언 오피스텔 #205

19. 로보옵틱스(http://www.robooptics.co.kr)
    - ☎ (02) 909-5050
    - ♣ 서울시 노원구 월계동 469-35호 진영빌딩 4층

부록

20. 한국MT시스템(http://www.mt.co.kr)
    - ☎ (02) 2663-1105
    - ♣ 덕트 청소용 로봇 개발업체

21. 한림메카트로닉스(http://www.ductrobot.co.kr)
    - ☎ (02) 571-1306
    - ♣ 서울시 서초구 양재동 3-2 인환빌딩 3층

22. 로보콘(http://www.robocon.co.kr)
    - ☎ (02) 577-6533
    - ♣ 서울시 강남구 역삼동 824-19 동경빌딩 7층

23. 로보쓰리(http://www.robo3.com)
    - ☎ (02) 544-9145
    - ♣ 서울시 강남구 논현동 192-16 성진빌딩 5층

24. 모스트아이텍(http://www.mostitech.com)
    - ☎ (02) 3472-9981
    - ♣ 서울시 서초구 서초동 1631-5 수복빌딩 2층

25. 이지테크(http://www.ezlab.com)
    - ☎ (02) 2608-2633
    - ♣ 서울시 양천구 신정4동 1008-12 4층

26. 삼성 전자(http://www.sec.co.kr)
    - ☎ 1588-3366
    - ♣ 경기도 수원시 영통구 매탄동 416

2. 액추에이터(전동기) 제조업체

액추에이터는 전기 및 공압과 같은 에너지원으로부터 동작을 발생시키는 기계장치이다. 여기서는 2족 로봇에 많이 사용되는 전동기(영구자석형, 브러시리스, R/C 서보 모터, 스텝 및 기어 장치 붙은 모터)를 취급하는 국내외 회사를 소개한다.

① (주) 메가로보틱스(http://www.megarobotics.com)
    ☎ 02-3141-5101
    ♣ 서울 마포구 성산동 26-4 금수빌딩 203호

로봇 과학 교육과 첨단 산업 발전에 기여하고자 설립되어, 세계 최초로 인공지능 관절형 로봇 액추에이터(AI Motor)를 개발하여 이를 상용화하였다.

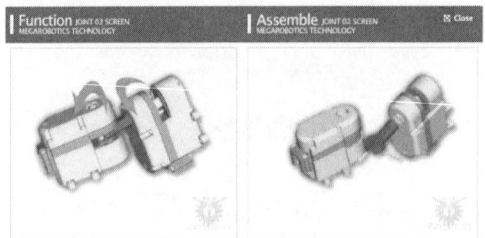

② (주) 하이텍 RCD 코리아(http://hitecrcd.com)
    ☎ 043-717-2062
    ♣ 충북 청원군 오창면 양청리 653번지

세계시장에 고품질의 R/C 제품과 서비스를 제공한다.

③ (주) 하비전자(http://www.hobbytech.co.kr)
    ☎ 02-2639-8208
    ♣ 서울시 구로구 구로본동 611-26 801호

④ (주) Astro Flight(http://www.astroflight.com)
　　☎ (310) 821-6242
　　♣ 13311 Beach Ave. Marina Del Rey, CA 90292
모형비행기 및 모형 자동차용 기어 전동기를 제작하며, 로봇용 모터를 기어 박스와 함께 공급한다.

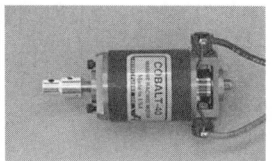

⑤ (주) Pontech(http://www.pontech.com)
　　☎ (413) 235-1651
　　♣ 9978 Langston St. Rancho Cucamonga, CA 91730
값싼 서보와 스텝 모터를 제공하고, SV203 시리즈는 원격 조종으로 8개까지 서보 모터를 제어할 수 있다.

⑥ (주) Tamiya(http://www.tamiya.com, http://www.tamiyausa.com)
　　☎ 電話　054-286-5105,　(949) 362-6852
　　♣ 靜岡市駿河區恩田原3-7　〒422-86102 Orion Aliso Viejo, CA 92656-4200
세계에서 가장 큰 교육용 프라스틱 모델 제조회사이다.

3. 배터리 및 전원장치 제조업체

2족보행 로봇은 배터리 또는 배터리팩을 사용하여 전원을 공급받는다. 그러나 일반 슈퍼마켓에서 판매하는 알카라인 배터리는 로봇용으로는 적합하지 않다. 따라서 이상적인 로봇용 배터리는 충전용으로, 니켈-카드뮴(ni-cad) 배터리와 니켈 금속 하이드라이(NiMH) 배터리가 최근에 많이 사용되고 있다.

① (주) 벡셀(http://www.bexel.co.kr)
　☎ 02-2635-0022
　♣ 서울시 영등포구 양평동 5가 108-2

2차 전지 업계의 전문가와 노하우로 경험을 갖춘 벡셀은 국내에서 유일한 2차 전지 분야의 Total Technical Support System으로 고객의 요구에 적합한 제품 공급 그 이상의 고품질 서비스를 제공한다.

② (주) Robotic Power Solutions
(http://www.battlepack.com)
　☎ (502)639-0319
　♣ 305 9th St. Carrollton, KY 41008 USA

전투용 로봇에 사용하는 ni-cad과 NiMH 배터리 팩을 제조한다.

③ (주) TNR Technical(http://www.batterystore.com)
　☎ (714)427-5175
　♣ 3400 West Warner Ave., #K Santa Ana, CA 92704 USA

모든 종류의 배터리를 선택할 수 있는 제조업체로서 여러 가지 모양으로 인터넷을 통한 가격 및 성능 비교가 가능하다.

④ (주) Thomas Distributing(http://www.nimhbattery.com)
　☎ (217)466-4200
　♣ 128 East Wood Paris, IL 61944 USA

NiMH 배터리를 전문적으로 취급하는 제조 회사로, 배터리 선택의 폭이 매우 넓으며, 선택 기준 등을 제시한다.

부록

4. 통신(RFID/적외선) 제조업체

로봇 분야에서 사용하는 무선 통신 방법은 적외선 또는 라디오 주파수(RF)를 사용하는 것이다. 적외선 방식은 기본적으로 짧은 거리의 통신에 사용하고, RF 통신은 조금 먼 거리에서 벽을 통과하거나 굴곡이 있는 장소에서도 사용 가능하다.

① RFID/USN 협회(http://www.karus.or.kr)
  ☎ 02-34545-1901
  ♣ 서울시 강남구 삼성동 141-28 동신B/D 8층
국내 RFID/USN 분야의 체계적이고 효율적인 보급기반 마련과 정부 및 산학연의 합리적 역할 분담을 통한 생산적 협력체제를 구축

② (주) Innotech Systems(http://www.innotechsystems.com)
  ☎ (631)262-1260
  ♣ 320 Main St. Port Jefferson, NY 11777 USA
적외선 및 RF 원격 제어 시스템을 공급하는 업체로서 음성으로 동작하는 원격 제어 장치를 마이컴용으로 개발하였다.

③ (주) Bluetooth(http://www.bluetooth.com)
컴퓨터-컴퓨터 사이의 무선 통신에 대한 표준화 제공한다.

④ (주) Computronics Corporation
 (http://www.computronics.com.au)
  ☎ (+61) 8-9470-1177
  ♣ Locked Bag 20 Bentley Western Australia 6983
RF 송수신기 제작 및 고휘도 LED, 전자회로, Display장치

⑤ (주) Reynolds Electronics(http://www.rentron.com)
  ☎ (719) 269-3469
  ♣ 3101 Eastridge Ln. Cannon City, CO 81212 USA
PicBasic, Basic Stamp, Microchip PICmicro, Intel 8051용 RF제어기

부록

5. 로봇 정보 제공 사이트

로봇 정보를 제공해 주는 미국과 유럽 대학 및 연구소 웹사이트이다.

① Robot Projects(http://www.robotprojects.com)

② Robotics Information and Articles(http://www.leang.com/robotics/)
　　Controlling servo motors with various microcontrollers
　　RF serial communication for the MIT Handy Board
　　H-Bridge 모터 구동 회로, 적외선 근접 센서

③ Wayne Gramlich's personal Projects(http://gramlich.net/projects/index.html)
　　Wayne씨의 개인 홈페이지로서 전자회로 및 로봇 분야를 포함한 다양한 정보를 수록했다.
　　Wayne's "RoboBricks"는 참고자료가 많다.

④ Tomi Engdahl(http://www.hut.fi/~then)
　　헬싱키 공과대학교의 전자 회로 및 로봇 분야의 다양한 정보를 제공한다.

⑤ Carnegie Mellon 대학교 로봇 연구소(http://www.frc.ri.cmu.edu)
　　미국 피츠버그에 있는 카네기 멜론대학 내의 로봇 연구소

⑥ Georgia Tech 이동 로봇 연구소(http://www.cc.gatech.edu/ai/robot-lab)
　　미국 조지아 공과대학의 이동 로봇 연구소

⑦ NASA : Robotics Education Project(http://robotics.nasa.gov)
　　♣ 7410 Pebble Dr. Fort Worth, TX 76118 USA

부록

⑧ JPL Rover and Telerobotics(http://robotics.jpl.nasa.gov)
미항공우주구(NASA) 제트추진 연구소의 로봇 사이트

⑨ Tiny Mobile Robot(http://home.megapass.co.kr/~cch8960/)
2001년부터 국내에서 소형 이동로봇을 만들어 공개하는 사이트

⑩ Buyer's Index(http://buyersindex.com)
로봇 제작에 필요한 다양한 부품 및 공구들에 대한 정보를 제공한다.

⑪ Circuit Cellar(http://www.circuitcellar.com/)
로봇용 임베디드 제어기 설계자들에게 필요한 정보를 제공한다.

⑫ Micro Magazine(http://www.micromagazine.com/)
로봇 제어 분야에 대해서 20년 동안 책으로 정보를 제공하고 있다.

⑬ Robot Science & Technology (http://www.robotmag.com/)
좋은 내용의 로봇 소식을 인터넷상으로 제공하는 사이트이다.

⑭ Seattle Robotics Encoder(http://www.seattleribitics.org/encoder/)
인터넷상으로 제공되는 초보 로봇 제작자에게 유용한 사이트이다.

부록

6. ROBO-ONE 대회 참가자들의 홈페이지

① 2006년 KT배 로보원 대회 참가자

② 니시무라 로봇 클럽(http://www5b.biglobe.ne.jp/~nrc/)

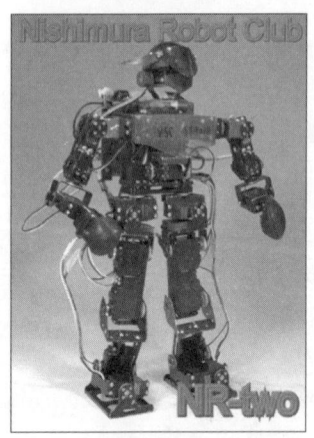

로켓추진 2족보행 로봇을 개발하고 있다.

③ A-Do 홈페이지(http://www.kt.rim.or.jp/~suu/)
Robo-One 4회 대회 우승한 A-Do 홈페이지

④ 진사토 씨 홈페이지(http://www.mi-ra-i.com/R/)
2족보행 로봇 제작과 서보 제어에 대한 자료를 제공한다.

⑤ Ito's Homepage
(http://www02.so-net.ne.jp/~itou/)
Silf-H2라는 로봇을 제작한 이토 홈페이지
Actuator로 DC motor 사용

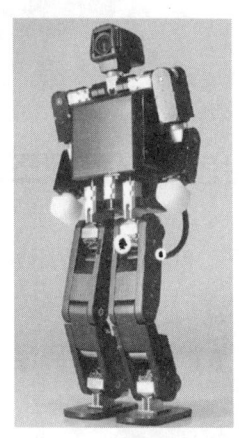

⑥ MR1(http://www.aist.co.jp/robot/)
단순하게 만든 로봇인데, 머리로 균형을 유지한다.

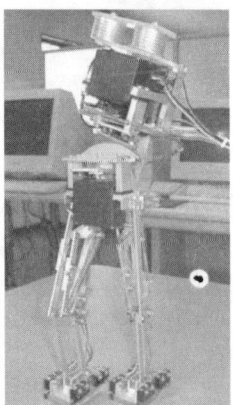

⑦ 강왕환(http://www.geocities.co.jp/Technopolis/7050/)

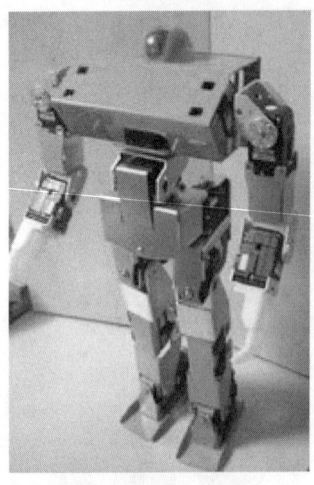

7. 일본의 로봇 제조업체

① NEC 파페로(http://www.incx.nec.co.jp/robot)

1997년부터 가정용 로봇 및 기술개발에 주력하고 있다.

② SONY 아이보(http://www.jp.aibo.com/index.html)

③ SONY 큐리오(http://www.sony.co.jp/SonyInfo/QRIO)
④ HONDA 아시모(http://world.honda.com/ASIMO)
⑤ KONDO(http://www.kondo-robot.com)

⑥ BANDAI(http://www.bandai.co.jp)
⑦ ZMP 피노(http://www.zmp.co.jp)
⑧ FUJITSU HOAP(http://www.automation.fujitsu.com/products/products07.html)
⑨ ROBO GARAGE 크로이노(http://www.robogarage.com)

8. 완구용 장난감 로봇 제조업체

① (주) Budget Robotics(http://www.budgetrobotics.com/)
저가의 취미용 로봇을 키트 단위로 조립할 수 있도록 제공한다.

부록

② (주) Diversified Enterprises(http://www.robotalive.com/)
취미용 로봇을 다양하게 준비하여 소비자가 선택할 수 있는 사이트이다.

③ (주) Zagros Robotics(http://www.zagrosrobotics.com/)
기본적인 취미용 로봇을 기본 단위로 조립할 수 있도록 제공한다.

④ (주) Toys "R"Us(http://inc.toysrus.com/)
저가의 완구 소매회사로서 다양한 종류의 로봇 용품을 취급한다.

⑤ (주) K'NEX(http://www.knex.com/)
미국 펜실베니아 해필드에 위치한 KNEX사의 완구용 조립 모델

⑥ (주) Pitsco/Dacta(http://www.pitsco-legodacta.com)
LEGO 각종 부품을 공급하고 취미용 로봇을 키트 단위로 조립할 수 있도록 제공한다.

⑦ (주) EASYTECH(http://www.ezlab.com)
LEGO 각종 부품을 공급하고 NI와 제휴 기술 제공한다.

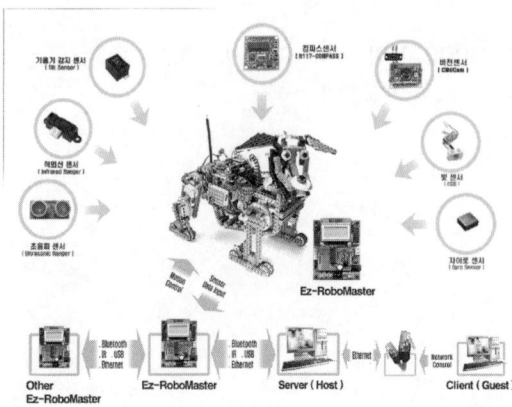

9. 로봇용 센서 제조업체

① (주) Robot Electronics(http://www.robot-electronics.co.uk)
다양한 종류의 로봇용 센서를 제공한다.

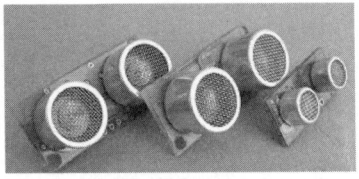

② (주) Agilent Technologies(http://www.semiconductor.agilent.com)
다양한 종류의 반도체소자와 전자부품정보를 제공한다.

③ (주) Servo-Tek Products(http://www.servotek.com)
다양한 종류의 회전용 엔코더, 타코미터 및 속도센서 정보를 제공한다.

④ (주) OMRON(http://www.omronrfid.com)
무선통신장치 및 다양한 종류의 로봇용 센서를 제공한다.

⑤ (주) Analog Devices(http://www.analog.com)
가속도 센서 및 다양한 종류의 센서 정보를 제공한다.

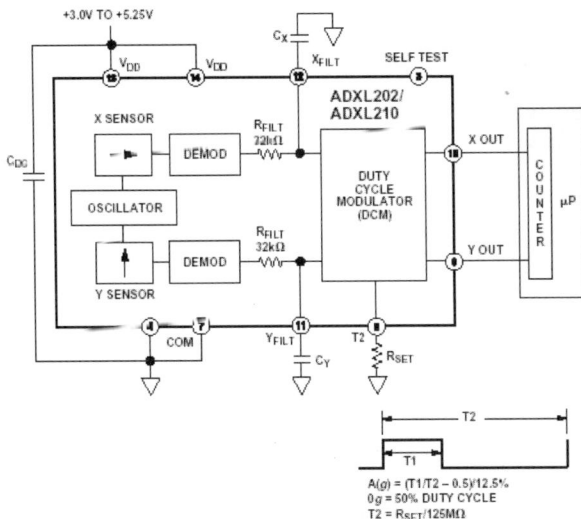

⑥ (주) Spectron(http://www.spectronsensors.com)
1~2축 기울기 센서 및 다양한 종류의 로봇용 센서를 제공한다.

⑦ (주) Polaroid Ultrasonic Sensors / SensComp(http://www.senscomp.com)
폴라로이드 초음파센서 9000시리즈를 제공한다.

10. 로봇용 카메라/바퀴 제조업체

① (주) CMUcam Vision Sensor(http://www-2.cs.cmu.edu/~cmucam)
다양한 종류의 로봇용 카메라를 제공한다.

② (주) Polaris Industries(http://www.polarisusa.com)
감시용 카메라 장비와 무선 통신용 비디오정보를 제공한다.

③ (주) Colson caster(http://www.colsoncaster.com)
다양한 종류의 케스터와 바퀴 정보를 제공한다.

⑥ (주) National Power Chair(http://www.npcinc.com/)
로봇 액세서리에 관련된 모든 부품을 제공한다.

부록

11. 국내 로봇 대회

1. 한국지능로봇 경진대회(http://irc.postech.ac.kr)
   - 지능로봇은 첨단기술의 시스템기술, 설계기술, 전자 및 제어, 영상, 통신, 재료, 전산, 센서기술 등 전 방위적인 기술의 결정체로 개발로봇의 상용화, 벤처 창업화 및 유연생산 자동화시스템 구축에 기여한다.
   - 행사 주관 : 포항시. 포항지능로봇연구소 .포항공과대학교
   - 심사일시 : 2005.10.13(목)(지능로봇), 2005.10.14(금)(청소로봇)

2. 로보원 코리아(http://www.robo-one.or.kr)
   - 제1회 한국 휴머노이드 로봇 격투(로보원) 대회가 2003년 7월 19일 부천 테크노파크 단지에서 개최되었으며, 세계 유일의 인간형 로봇에 의한 과학기술 문화 행사이다. 현재 로보원 대회는 국내외 로봇 전문가, 매니아들은 물론 일반인에게까지 주목받고 있는 과학기술과 엔터테인먼트성을 접목한 인간형 지능 로봇 경진대회이다.
   - 2006 KT배 국제 로보원 대회 개최 일정
     1. 일 시 : 2006년 3월 25일 – 26일(2일간) 각 오후 12시 30분
     2. 장 소 : 마산 올림픽 기념 공연장
     3. 주 최 : 아시아 로보원 위원회
     4. 주 관 : KT, 코엑스
     5. 행사 사이트 : http://irobas.co.kr/2006/kor/about/info06.asp

3. 로보콘 대회(http://www.kbs.co.kr/robocon)
   - ABU Asia-Pacific Robot Contest! Come participate in Robot Contest!! 세계 각국의 젊은이들과 공학적 창의력을 겨루는 기회!
   - ABU 로보콘은 세계 50여 개국 100개 이상의 방송국이 소속되어 있는 아시아 태평양 방송연맹(ABU)이 주관하는 방송 사상 초유의 국제협력 이벤트
   - ABU Asia-Pacific Robot Contest 2006 KULAL LUMPUR (예정)

367

부록

4. 마이크로로봇 경연대회(http://microrobot.snu.ac.kr)
   - 한국 마이크로로봇 경연대회는 한국의 로봇기술을 꽃 피우고자하는 열망을 담아 1983년 제1회 대회를 시작하여 어느덧 청년의 나이가 되었습니다. 그 동안 수많은 미래의 로봇 과학자들을 배출하였고, 국제 규격 적용과 경기를 통해 세계 최고 수준의 기술력을 배양하였습니다.
   - 일시 : 2006. 8. 25 (금) 오전 10:00
   - 장소 : 서울대학교 문화관 중강당
   - 부문 : 고등부 및 대학일반부
   - 참가 신청 일시 : 2006.7.17(월) ~ 2006.7.30(일)
   - 참가 신청 방법 : 인터넷접수

5. 라인트레이서대회
   - 서울시립대 대회(http://zetin.uos.ac.kr/trace.htm)
   - 한양대 대회(http://default.hanyang.ac.kr)
   - 경북대 오프로드 대회(http://tracer.knu.ac.kr){{{{

6. 로봇축구대회(http://www.krsa.org)
   - 로봇 축구 대회는 첨단 과학기술과 대중과의 만남을 꾀하며, KAIST(KAIST)의 김종환 교수에 의해 '95년 10월 한국에서 창안된 이래, 젊은 과학인들의 도전과 경연의 장으로 꾸준히 성장하여 왔다.
   - 대회 기간 : 2006. 4. 27(목) 4.28(금)
   - 장 소 : 경남대학교 실내체육관
   - 주 최 : 한국과학문화재단, FIRA

7. 지능형로봇 기술평가대회(http://robot.standard.go.kr)
   - 신성장 동력산업인 지능형 로봇의 성능 및 안전에 대한 평가기준을 확립하여 KS규격 제정 및 국제표준 제안
   - 지능형 로봇의 품질과 안전을 보증함으로써 우리기업의 세계시장 선점 및 국제경쟁력 확보에 기여
   - 로봇 전문가 및 이공계 로봇 인력의 자부심을 고취
   - 주 최 : 산업자원부 기술표준원
   - 대 상 : 지능형 로봇 기술평가대회(기술표준원 주최)
            휴모노이드로봇대회(산자부 주최, 로보틱스연구조합 주관)
            로봇올림피아드대회(로봇축구협회 주관, 과기부 후원)

• 주 관
 − 기계산업진흥회 : 대회 진행 및 홍보 총괄
 − 산업기술시험원 : 기업 평가지원, 일반부 청소/극한작업로봇
 − 로보틱스연구조합 : 일반부 휴머노이드로봇
 − 대한로봇축구협회 : 로봇올림피아드
 − 부천산업진흥재단 : 대회 지원
• 후 원 : SBS, KTV, 매일경제신문, 전자신문, KIST, 지능형로봇사업단, 공작기계공업협회, 기계공제조합, (주)첨단

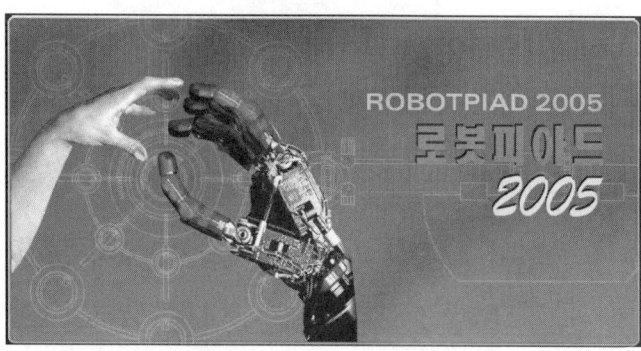

12. 국제 로봇 대회

1. 카네기 멜론 대학 Mobot 대회(http://www-2.cs.cmu.edu/~mobot/)
 미국 피츠버그에 있는 카네기 멜론 대학에서 개최하는 이동 로봇 대회

2. Robothon 대회(http://www.seattlerobotics.org/)
 미국 시애틀에서 개최되는 아마추어 로봇 대회

3. BattleBots 대회(http://www.battlebots.com/)
 미국에서 개최되는 배틀 로봇 대회

부록

4. BotBall 대회(http://www.botball.org/)
   미국 연구소에서 개최하는 실용 로봇 대회

5. Team Saber 홈페이지(http://www.teamsaber.com/)
   베틀 로봇 애호가인 Team Saber의 개임 홈페이지

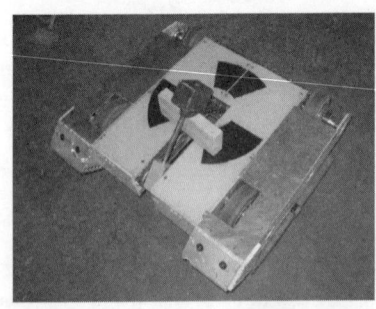 

6. RoboCup 대회(http://www.robocup.org/)
   2050년경에 세계 축구대회 우승팀과 경기하여 승리를 염원하는 로봇 축구 대회

7. FIRA Robot 월드컵 대회(http://www.fira.net)
   중국에서 개최되는 로봇 축구대회

8. Western Canadian Robot 대회(http://www.robotgames.com/)
   캐나다 서부에서 개최되는 로봇 대회

9. Robot Sumo 대회(http://www.robots.org/events.htm)
   미국 샌프란시스코에서 매년 개최되는 로봇 대회

ROBO-ONE을 위한
2족보행로봇 제작가이드

정가 : 20,000원

지은이 : ROBO-ONE 위원회 편
옮긴이 : 홍선학 · 김송미 · 이범로
펴낸이 : 이 종 춘
펴낸곳 : 성안당.com

주　소 : 경기도 파주시 교하읍 문발리
　　　　 출판문화정보산업단지 536-3
전　화 : (031) 955-0511
팩　스 : (031) 955-0510
등　록 : 1973.2.1 제13-12호

2006. 11. 1 초판1쇄 인쇄
2006. 11. 8 초판1쇄 발행

ⓒ 2006 성안당.com

ISBN 89-315-0519-1

이 책의 어느 부분도 저작권자나 성안당.com 발행인의 승인 문서 없이 일부 또는 전부를 사진 복사나 디스크 복사 및 기타 정보 재생 시스템을 비롯하여 현재 알려지거나 향후 발명될 어떤 전기적, 기계적 또는 다른 수단을 통해 복사하거나 재생하거나 이용힐 수 없음.

※ 파본은 구입서점에서 교환해 드립니다.

독자 상담 서비스 : 080-544-0511　　홈페이지 : www.cyber.co.kr

열|린|교|육|의|시|작 - 성안당.com

www.cyber.co.kr

철저한 수강자 중심 교육
@인터넷 동영상 강의

www.cyber.co.kr 교육몰

✓ 입증된 저자 직강   ✓ 고화질·고음질 등 최상의 온라인 서비스   ✓ 1:1 원격 교육방식을 통한 철저한 회원 관리

기술사분야	소방분야	환경분야	컴퓨터분야
IT분야	통신분야	건축분야	인문/실용분야
전기분야	안전분야	사회복지사분야	공무원분야
기계분야(품질경영)	전자분야	정보처리분야	속독·기억/한자분야

성안당과 함께 하는 **인터넷 동영상 강의** 여러분의 실력을 쑥쑥!!

성안당.com
www.cyber.co.kr / www.sungandang.com

동영상 강의·통신판매·각종수험정보·도서정보

Tel : (031)955-0888

열|린|교|육|의|시|작 - 성안당.com   www.cyber.co.kr

성안당 인터넷 동영상 강의

속독 · 기억 · 한자 · 인문 분야
실용 · 사회복지 · 안전 · 공무원 분야

속독/기억/한자/인문 분야

➡ **초스피드 속독법**

- 강사: 손동조 선생
- 수강기간: 100일
- 수강료: 190,000원
- 교재: 15,000원

➡ **초스피드 기억법**

- 강사: 손주남 선생
- 수강기간: 100일
- 수강료: 200,000원
- 교재: 23,000원

➡ **한자 100일 연상 기억법**

- 강사: 손주남 선생
- 수강기간: 100일
- 수강료: 50,000원
- 교재: 15,000원

➡ **한자 부수별 연상기억법**

- 강사: 손주남 선생
- 수강기간: 60일
- 수강료: 10,000원
- 교재: 15,000원

안전 분야

➡ **건설안전 (산업)기사 실기**

- 강사: 김희연 선생
- 수강기간: 60일
- 수강료: 150,000원
- 교재: 18,000원

➡ **산업안전 (산업)기사 실기**

- 강사: 김희연 선생
- 수강기간: 60일
- 수강료: 150,000원
- 교재: 25,000원

➡ **신경향 건설안전 (산업)기사 필기**

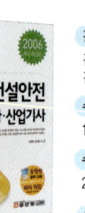

- 강사: 김희연 선생, 김기홍 선생
- 수강기간: 100일
- 수강료: 200,000원
- 교재: 30,000원

➡ **신경향 산업안전 (산업)기사 필기**

- 강사: 김희연 선생
- 수강기간: 100일
- 수강료: 200,000원
- 교재: 30,000원

인문/응용 분야

➡ **국어능력검정시험, 국어상담사, 문장사**

- 강사: 남영신 선생
- 수강기간: 60일
- 수강료: 150,000원
- 교재: 13,000원

이 책은 쉽고 효과적으로 국어 여행을 할 수 있도록 돕기 위해서 만든 안내서이다. 소리 표기 방법이나 두음법칙, 띄어쓰기와 같이 많이 쓰고 있지만 잘못 사용할 수 있는 어법을 다양한 사례로 설명하고 있다. 또한 기존의 딱딱한 문법책의 틀에서 벗어나 일상에서 쓰이고 있는 국어를 토대로 하여 기초부터 전문분야까지 두루 재미있게 해설하였다.

사회복지 분야

➡ **사회복지사 자격증**

- 강사: 박봉운 선생, 박동일 선생
- 수강기간: 60일
- 수강료: 200,000원
- 교재: 20,000원

이 책은 사회복지사 1급 시험을 대비하기 위한 자격 수험서로 인간행동과 사회환경, 사회복지조사론 등 8과목을 1권에 모은 문제집이다. 과목의 핵심 요점과 필수 문제를 종합적으로 정리하였고, 문제 유형과 출제 경향을 완전히 파악할 수 있도록 핵심 포인트 해설로 일목 요연하게 내용을 설명하여 수험생이 좀더 쉽고 체계적으로 학습할 수 있도록 하였다.

---

since1873 도서출판·IT **성안당.com**
www.cyber.co.kr · www.sungandang.com

경기도 파주시 교하읍 문발리 출판문화정보산업단지 536-3   Tel : (031)955-0511   Fax : (031)955-0510

열|린|교|육|의|시|작 - 성안당.com   www.cyber.co.kr

성안당 인터넷 동영상 강의

환경 분야 I

수질환경

수질환경(산업)기사

- 강사: 이승원 선생
- 수강기간: 100일
- 수강료: 200,000원
- 교재: 35,000원

수질환경(산업)기사 실기 (실험)

- 강사: 이승원 선생
- 수강기간: 100일
- 수강료: 150,000원
- 교재: 25,000원

수질환경(산업)기사 실기 실험

- 강사: 평혜림 선생
- 수강기간: 100일
- 수강료: 50,000원
- 교재: 25,000원

과년도 수질환경(산업)기사 (30일특강)

강의 준비중
- 강사: 이승원 선생
- 수강기간: 60일
- 수강료: 200,000원
- 교재: 30,000원

대기환경

대기환경(산업)기사

- 강사: 이승원 선생
- 수강기간: 100일
- 수강료: 200,000원
- 교재: 35,000원

대기환경(산업)기사 실기 (실험)

- 강사: 이승원 선생
- 수강기간: 100일
- 수강료: 150,000원
- 교재: 20,000원

대기환경(산업)기사 실기 실험

- 강사: 이철한 선생
- 수강기간: 100일
- 수강료: 50,000원
- 교재: 20,000원

과년도 수질환경(산업)기사 (30일특강)

강의 준비중
- 강사: 이승원 선생
- 수강기간: 60일
- 수강료: 200,000원
- 교재: 28,000원

폐기물

폐기물처리(산업)기사

- 강사: 이승원 선생
- 수강기간: 100일
- 수강료: 200,000원
- 교재: 30,000원

폐기물처리(산업)기사 실기

- 강사: 이승원 선생
- 수강기간: 100일
- 수강료: 150,000원
- 교재: 10,000원

이 책은 성안당의 인터넷 동영상 강의 교재로, 국가기술검정(환경분야)의 다양한 출제경향과 깊이를 가늠하여 출제경향과 수험서의 이질적 공백을 최소화하는데 전력을 다하였다.

특히 입기위주의 난변석인 수험서를 탈피하기 위해서 보편적인 원리와 법칙에 입각한 공정의 이해와 수식의 전개과정, 기초개념을 토대로 한 응용과 단위환산기법에 주력하였다.

토양환경

토양환경기사

- 강사: 이승원 선생
- 수강기간: 100일
- 수강료: 150,000원
- 교재: 25,000원

토양환경기사 실기

- 강사: 이승원 선생
- 수강기간: 100일
- 수강료: 150,000원
- 교재: 25,000원

이 책은 한국산업인력공단의 출제기준에 의거하여 각 단원을 정리하였고, 암기위주의 단편적인 수험서를 탈피하기 위하여서 개념과 원리를 보다 세심하게 정리하였으며, 공정의 경우는 독자의 이해를 극대화하기 위해 그 흐름을 도시화 하였다.

특히, 서술형 주관식 또는 기술사시험에 응시할 수 있는 자료로 활용할 수 있도록 각 단원을 서술형 답안지 형태로 편집하였을 뿐만 아니라 용어의 정리를 보다 철저하게 하여 독자들이 사전을 찾는 수고스러움이 없도록 하다. 그리고 반드시 암기해 두어야 할 중요한 내용이나 용어는 진한 고딕체로 표시하여 출제가 예상되는 중요 단원을 한 눈에 파악할 수 있도록 하다.

경기도 파주시 교하읍 문발리 출판문화정보산업단지 536-3   Tel:(031)955-0511   Fax:(031)955-0510 www.cyber.co.kr 발전을 향한 쉼 없는 진보 · 시작은 빠를수록 좋다!!

성안당 인터넷 동영상 강의

환경 분야 II

기술사

▶ 대기관리기술사
- 강사: 이승원 선생
- 수강기간: 180일
- 수강료: 1,000,000원
- 출간예정

▶ 수질관리기술사

- 강사: 이승원 선생
- 수강기간: 180일
- 수강료: 1,000,000원
- 해설집: 350,000원
- 출간예정

▶ 건설안전기술사
- 강사: 김순채 선생
- 수강기간: 365일
- 수강료: 1,000,000원
- 해설집: 300,000원
- 출간예정

▶ 건설기계기술사

- 강사: 김순채 선생
- 수강기간: 365일
- 수강료: 1,000,000원
- 교재: 60,000원

▶ 소방기술사
- 강사: 김순채 선생
- 수강기간: 365일
- 수강료: 800,000원
- 해설집: 300,000원
- 출간예정

▶ 건축시공기술사

- 강사: 박상훈 선생
- 수강기간: 365일
- 수강료: 1,000,000원
- 교재: 80,000원

▶ 토질 및 기초 기술사
- 강사: 김순채 선생
- 수강기간: 365일
- 수강료: 1,000,000원
- 해설집: 350,000원
- 출간예정

공무원

▶ 환경공학 개론(3강좌) (수질공학, 대기공학, 폐기물·소음진동)

- 수강기간: 100일
- 수강료: 200,000원 (3강좌 모두 신청시)
- 교재: 39,000원

분야별 신청시:
- **수질공학 개론**
  - 강사: 평혜림 선생
  - 수강기간: 100일
  - 수강료: 80,000원
- **대기공학 개론**
  - 강사: 이철한 선생
  - 수강기간: 100일
  - 수강료: 80,000원
- **폐기물·소음진동 개론**
  - 강사: 이승원, 서영민 선생
  - 수강기간: 100일
  - 수강료: 80,000원

▶ 9급 공무원 한국사

- 강사: 김대식 선생
- 수강기간: 60일
- 수강료: 50,000원
- 교재: 15,000원

▶ 10급 공무원 한국사

- 강사: 김대식 선생
- 수강기간: 30일
- 수강료: 50,000원
- 교재: 24,000원

▶ 일반 화학 (환경직 공무원)

- 강사: 김경하 선생
- 수강기간: 100일
- 수강료: 120,000원 (교재비 포함)
- 교재: 20,000원

소음

▶ 소음진동(산업)기사 필기

- 강사: 이승원 선생, 서영민 선생
- 수강기간: 100일
- 수강료: 200,000원
- 교재: 20,000원

성안당.com
동영상 강의 · 통신판매 · 각종수험정보 · 도서정보
Tel : (031)955-0888

열|린|교|육|의|시|작 - 성안당.com　　　　　　　　　　www.cyber.co.kr

성안당 인터넷 동영상 강의

소방 분야

시
리
즈
①

▶ **소방설비 기사 필기 (전기)**
- 강사: 공하성 선생
- 수강기간: 100일
- 수강료: 200,000원
- 교재: 33,000원

▶ **소방설비 산업기사 필기 (전기)**
- 강사: 공하성 선생
- 수강기간: 100일
- 수강료: 200,000원
- 교재: 33,000원

이 책은 학원 강의를 듣듯 정말 자세하게 설명해 놓았습니다. 시험의 기출문제를 분석해 보면 문제은행식으로 과년도 문제가 매년 거듭 출제되고 있음을 알 수 있습니다. 그러므로, 과년도 문제만 충실히 풀어보아도 쉽게 합격할 수 있을 것입니다.

그런데, 2004년 5월 29일부터 소방관련법령이 전면 개정됨으로써 "소방관계법규"는 2005년부터 신법에 맞게 새로운 문제들이 출제됩니다. 본 서는 여기에 중점을 두어 신법에 맞는 출제가능한 문제들을 최대한 많이 수록하였고, 해답의 근거를 표기하여 신뢰성을 높였습니다.

공하성 저 / 1,064쪽 / 32,000원(요점노트, 모의고사, 해설가리개 포함)

시
리
즈
②

▶ **소방설비 기사 실기 (전기)**
- 강사: 공하성 선생
- 수강기간: 100일
- 수강료: 150,000원
- 교재: 33,000원

▶ **소방설비 산업기사 실기 (전기)**
- 강사: 공하성 선생
- 수강기간: 100일
- 수강료: 150,000원
- 교재: 33,000원

이 책은 학원 강의를 듣듯 정말 자세하게 설명해 놓았습니다. 책을 한 장 한 장 넘길 때마다 확연하게 느낄 것입니다. 또한, 기존 시중에 있는 다른 책들의 잘못 설명된 부분에 대해 지적해 놓음으로써 여러 권의 책을 가지고 공부하는 독자들에게 혼동의 소지가 없도록 하였다.

소방설비기사의 기출문제를 분석해보면 문제은행식으로 과년도 문제가 매년 거듭 출제되고 있습니다. 그러므로 과년도 문제만 풀어보아도 충분히 합격할 수 있다는 점에 중점을 두어 국내 최대의 과년도 문제를 실었고, 각 문제마다 중요도를 표시하여 구분을 확실히 하였습니다.

공하성 저 / 1,032쪽 / 33,000원(요점노트, 모의고사, 해설가리개 포함)

시
리
즈
③

▶ **과년도 소방설비 산업기사 실기 (전기)**
- 강사: 공하성 선생
- 수강기간: 100일
- 수강료: 200,000원
- 교재: 23,000원

▶ **소방시설 관리사**
- 강사: 공하성 선생
- 수강기간: 100일
- 수강료: 350,000원
- 교재: 50,000원

이 책은 전문 Engineer가 되기 위한 많은 수험생들과 소방공무원, 현장실무자들을 위한 수험서입니다.

소방안전관리론 및 화재역학, 소방수리학, 약제화학 및 소방 전기를 비롯하여 위험물의 성상 및 시설기준, 소방시설의 구조 및 원리를 100% 상세히 설명하였고 소방시설관리사의 출제경향을 완전 분석하여 출제 가능한 문제로만 최대한 많이 수록하였다.

공하성 저 / 1,088쪽 / 50,000원(요점노트, 모의고사, 해설가리개 포함)

시
리
즈
④

▶ **소방설비 기사 필기 (기계)**
- 강사: 공하성 선생
- 수강기간: 100일
- 수강료: 200,000원
- 교재: 33,000원

▶ **소방설비 산업기사 필기 (기계)**
- 강사: 공하성 선생
- 수강기간: 100일
- 수강료: 200,000원
- 교재: 33,000원

이 책은 학원 강의를 듣듯 정말 자세하게 설명해 놓았습니다. 시험의 기출문제를 분석해 보면 문제은행식으로 과년도 문제가 매년 거듭 출제되고 있음을 알 수 있습니다. 그러므로, 과년도 문제만 충실히 풀어보아도 쉽게 합격할 수 있을 것입니다.

그런데, 2004년 5월 29일부터 소방관련법령이 전면 개정됨으로써 "소방관계법규"는 2005년부터 신법에 맞게 새로운 문제들이 출제됩니다. 본 서는 여기에 중점을 두어 신법에 맞는 출제가능한 문제들을 최대한 많이 수록하였고, 해답의 근거를 표기하여 신뢰성을 높였습니다.

공하성 저 / 1,032쪽 / 32,000원(요점노트, 모의고사, 해설가리개 포함)

시
리
즈
⑤

▶ **소방설비 기사 실기 (기계)**
- 강사: 공하성 선생
- 수강기간: 100일
- 수강료: 150,000원
- 교재: 33,000원

▶ **소방설비 산업기사 실기 (기계)**
- 강사: 공하성 선생
- 수강기간: 100일
- 수강료: 150,000원
- 교재: 33,000원

이 책은 학원 강의를 듣듯 정말 자세하게 설명해 놓았습니다. 책을 한 장 한 장 넘길 때마다 확연하게 느낄 것입니다. 또한, 기존 시중에 있는 다른 책들의 잘못 설명된 부분에 대해 지적해 놓음으로써 여러 권의 책을 가지고 공부하는 독자들에게 혼동의 소지가 없도록 하였다.

소방설비기사의 기출문제를 분석해보면 문제은행식으로 과년도 문제가 매년 거듭 출제되고 있습니다. 그러므로 과년도 문제만 풀어보아도 충분히 합격할 수 있다는 점에 중점을 두어 국내 최대의 과년도 문제를 실었고, 각 문제마다 중요도를 표시하여 구분을 확실히 하였습니다.

공하성 저 / 1,072쪽 / 33,000원(요점노트, 모의고사, 해설가리개 포함)

Tel : (031)955-0888

www.cyber.co.kr 발전을 향한 쉼 없는 진보 · 시작은 빠를수록 좋다!!

성안당 인터넷 동영상 강의

컴퓨터 · 통신 분야
기계 · 정보처리 분야

컴퓨터 분야

시스코 랜 스위칭

- 강사: 이중호 선생
- 수강기간: 100일
- 수강료: 100,000원
- 교재: 23,000원

maya 5
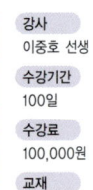
강의 준비중

3ds max 8.x

강의 준비중

After Effects 6.5

강의 준비중

통신 분야

디지털 전자회로

- 강사: 박종선 선생
- 수강기간: 30일
- 수강료: 50,000원
- 교재: 13,000원

무선설비기사 산업기사

- 강사: 박종선 선생
- 수강기간: 100일
- 수강료: 200,000원
- 교재: 13,000원

무선설비산업기사 실기

- 강사: 백주기 선생
- 수강기간: 60일
- 수강료: 150,000원
- 교재: 20,000원

무선설비기사 실기

- 강사: 백주기 선생
- 수강기간: 60일
- 수강료: 200,000원
- 교재: 20,000원

기계 분야

품질경영기사

- 강사: 임용구 선생
- 수강기간: 150일
- 수강료: 30,000원

품질경영기사 실기

- 강사: 임용구 선생
- 수강기간: 100일
- 수강료: 30,000원

정보처리 분야

정보처리(산업)기사 필기
(김도연, 이재홍, 홍재연)

- 강사: 김도연 선생 / 이재홍 선생 / 홍재연 선생
- 수강기간: 60일
- 수강료: 100,000원
- 교재: 25,000원

정보처리(산업)기사 필기
(기출문제 풀이)

- 강사: 김도연 선생 / 이재홍 선생 / 홍재연 선생
- 수강기간: 60일
- 수강료: 20,000원
- 교재: 25,000원

동영상 강의 · 통신판매 · 각종수험정보 · 도서정보   Tel : (031)955-0888

since1973 도서출판 IT 성안당.com
www.cyber.co.kr www.sungandang.com

www.cyber.co.kr

발전을 향한 쉼 없는 진보 · 시작은 빠를수록 좋다!!

성안당 인터넷 동영상 강의 — 건축 · 전기 · 전자 분야

건축 분야

➡ 전산응용 건축제도 기능사 실기 (기초)

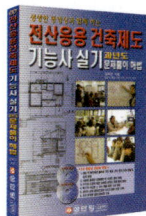

강사	수강료
김희정 선생	37,000원 (3강좌 모두 신청시)
수강기간	교재
30일	20,000원

분야별 신청시
- 기초편
  - 강 사 : 김희정 선생
  - 수강기간 : 30일
  - 수 강 료 : 7,000원
- 중급편
  - 강 사 : 김희정 선생
  - 수강기간 : 30일
  - 수 강 료 : 15,000원
- 고급편
  - 강 사 : 김희정 선생
  - 수강기간 : 30일
  - 수 강 료 : 15,000원

➡ 전산응용 건축제도 실기 (기출문제풀이)

강사	수강료
김희정 선생	13,000원
수강기간	교재
30일	20,000원

전기 분야

➡ 적중 전기 기사

강사	수강료
전수기 선생 임경순 선생 정종연 선생	350,000원
수강기간	교재
100일	35,000원

➡ 적중 전기 산업기사

강사	수강료
전수기 선생 임경순 선생 정종연 선생	350,000원
수강기간	교재
100일	30,000원

➡ 적중 전기공사 기사

강사	수강료
전수기 선생 임경순 선생 정종연 선생	350,000원
수강기간	교재
100일	35,000원

➡ 적중 전기공사 산업기사

강사	수강료
전수기 선생 인건순 선생 정종연 선생	350,000원
수강기간	교재
100일	30,000원

➡ 적중 전기기능사

 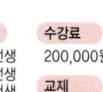

강사	수강료
전수기 선생 임경순 선생 정종연 선생	200,000원
수강기간	교재
90일	20,000원

전자 분야

➡ 패스전자기사

강사	수강료
박동철 선생	200,000원
수강기간	교재
100일	35,000원

성안당 홈페이지(www.cyber.co.kr)에 접속한 후
인터넷 동영상강의(성안당 교육몰)에
들어오시면 신청 확인 후
24시간 이내 강의 오픈

성안당.com
www.cyber.co.kr   www.sungandang.com

동영상 강의 · 통신판매 · 각종수험정보 · 도서정보   Tel : (031)955-0888

(주)첨단이 발행하는 기술전문지는 첨단을 지향합니다

- 살아서 움직이는 산업계 동향
- 국내외의 앞서가는 기술정보 및 제품정보

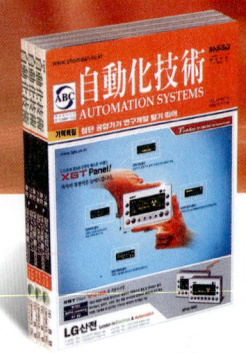

월간 자동화기술
국배변형판
1985년 3월 1일 창간

메카트로닉스와 토털 자동화를 통해
국내 산업의 국제경쟁력 강화를 촉진
하는 자동화 시스템 관련 기술 정보지

월간 신제품신기술
타블로이드판
1991년 4월 1일 창간

국내외 최신 기술정보와 신제품
안내를 한눈에 볼 수 있는
국내 최대의 산업기술 정보지

월간 전자기술
국배변형판
1988년 1월 1일 창간

전자부품에서 세트 제품 시스템을
포함한 핵심 전자기술을 제시하는
전자기술 전문지

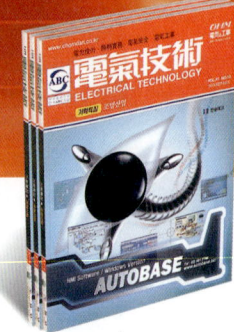

월간 전기기술
국배변형판
1964년 10월 1일 창간

전통 전기기술부터 전기
관련 컴퓨터, 전력전자 응용기술까지
폭넓은 기술 정보를 제공하는
전기기술 전문지

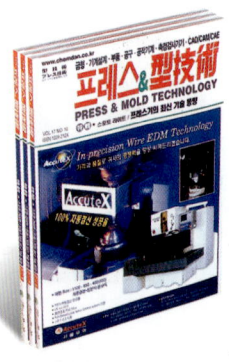

월간 프레스 & 형기술
국배변형판
1988년 3월 1일 창간

금형 설계 및 제작에 관련된
현장의 핵심 노하우가
살아 숨쉬는 금형 전문지

월간 표면실장기술
국배변형판
2000년 10월 1일 창간

국내 유일의 SMT(표면실장기술전문지)
STM관련 기술동향 · 시장분석 기사로 업계
의 호평을 받고 있다.

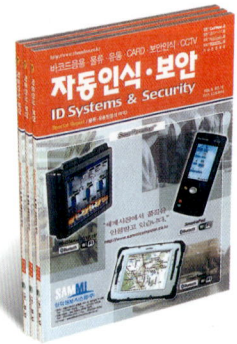

월간 자동인식 · 보안
국배변형판
1996년 5월 1일 창간

ID 및 보안 전분야에 걸친 선진
기술 동향 및 응용사례 소개,
저변 확대를 위한 각종 정보 제공

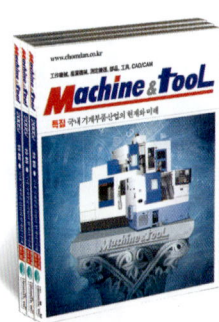

월간 MACHINE & TOOL
- 2005년 9월 1일 창간
- 기계분야를 총 망라한 신개념의 기술잡지
- 최신의 기계기술기사
  - 기술 및 시장동향 소개

기술전문지발행그룹
주식회사 첨단

서울특별시 영등포구 신길6동 4579
TEL:(02)3142-4151(代) FAX:(02)338-3453

www.chomdan.co.kr
www.chomdan.com
www.chomdantrans.co.kr